CHAQUE MATCH A UNE HISTOIRE

25 ENTRAÎNEURS UNIVERSITAIRES QUÉBÉCOIS LIVRENT LEURS CONFIDENCES ET LEURS SOUVENIRS

PRÉFACE

C'est un plaisir et surtout un honneur pour moi que d'écrire ces quelques mots dans le livre de Freddy. Comme beaucoup qui vont lire cet ouvrage, il est très intéressant de découvrir à travers les réponses, les opinions et la philosophie de cette palette de coachs qui ont évolué, ou continuent d'évoluer, dans le circuit universitaire québécois.

Si je peux me permettre de le dire, c'est une première de voir un livre dans lequel les coachs se sont ouverts et parlent de façon transparente de leur vécu durant de nombreuses années. Et qui d'autre que Freddy pour aller chercher ces confidences? Freddy le passionné et connaisseur de foot, Freddy qui n'est plus à présenter pour être allé dans tous les stades universitaires, soit pour regarder des matchs, soit pour les retransmettre en direct sur le web. Nombreux sont ceux qui le reconnaissent aussi par sa voix dans les gradins, particulièrement ceux des Carabins de Montréal, lors de la retransmission des matchs locaux; matchs qui sont retransmis avec toute la passion et le professionnalisme de l'homme.

Ce livre, «Chaque match a une histoire» permettra a beaucoup de gens de comprendre et de savoir qui sont ces femmes et ces hommes derrière cette couverture de coach et qui se dédient avec dévouement à cette tâche; une tâche jalonnée de joies et de déceptions, mais qu'il faut adopter et accepter de recommencer année après année.

Je me sens privilégié d'avoir côtoyé plusieurs de ces coachs à commençant par Pat Raimondo dont je suis l'assistant-entraîneur depuis 20 ans, Samir Ghrib, Christophe Dutarte, Pierre Clermont, Kevin McConnell, Boubacar Coulibaly... Rien que du beau monde réuni autour d'un seul objectif, comment faire pour rendre meilleures leurs équipes respectives. Et c'est dans ce livre «Chaque match a une histoire», qu'on apprend comment ils s'y prennent, parfois avec l'émotion à son maximum, mais toujours avec des stratégies qui leur sont propres. Je ne pourrai pas écrire tous les mots sans reconnaître que j'aurais tellement aimé lire les réponses et l'opinion d'un coach aussi formidable qu'Helder qui nous a malheureusement quitté trop tôt. Helder, la force tranquille qui s'entendait avec tout le monde dans ce circuit et qui gardait toujours son sourire teinté de gentillesse et de respect de l'autre.

À Freddy, je dirais bravo pour la réalisation de cet ouvrage qui a dû lui demander beaucoup d'énergie, de patience et surtout de détermination à réaliser. Prendre le temps de le lire serait une façon non seulement de mieux connaître ces coachs passionnés de notre circuit universitaire québécois, mais aussi de dire merci à l'homme pour son dévouement à notre sport à tous, le SOCCER.

Abdoulaye MANÉ

AVANT-PROPOS

Lorsque j'ai pris le micro pour la première fois lors d'un double programme Carabins de l'Université de Montréal - Citadins de l'UQAM, le 5 septembre 2014, je n'imaginais pas que six années plus tard, j'aurais couvert trois championnats canadiens et vu débuter et graduer plus d'une centaine d'athlètes. Ce projet, c'était celui de Mathieu Dauphinais, agent à l'information sportive, qui trois semaines plus tôt a pris le pari de monter une équipe pour permettre aux passionnés de soccer universitaire de pouvoir suivre les matchs en webdiffusion. En faisant le choix de rejoindre cette aventure, j'ignorais que celle-ci me mènerait en Colombie-Britannique, au micro de USPORTS CANADA pour commenter les matchs en français. Avoir accès aux salons où se tenaient les réunions d'alcôve, prémices de la naissance de la Canadian Premier League, voir les expressions faciales sur les visages des athlètes quelques secondes avant d'entrer sur le terrain, assister au débriefing des arbitres et les voir minutieusement préparer les matchs à venir, autant de privilèges visuels et auditifs auxquels j'ai pris part comme spectateur avant de prendre le micro pour décrire presque 100 matchs à l'heure où j'écris ces lignes.

Ce livre est le résultat d'un an et demi de recherche aux quatre coins de la province. Ce projet est né pour répondre à plusieurs épineuses questions. Que reste-t-il de la mémoire d'un entraîneur lorsque celui-ci a terminé son mandat? Comment «fabrique»-t-on des champions et des championnes? Est-il nécessaire d'avoir été un bon joueur pour faire un bon entraîneur? Quel homme ou quelle femme doit émerger de l'athlète qui arrive du cégep au terme de ses années d'études? Quid des cas jugés difficiles? Faut-il les écarter ou leur laisser une chance? Autant de questions dont traite le présent ouvrage, au premier abord. Cet ouvrage qui vous apparaîtra en partie biographique et qui se veut une mémoire de plus de 30 années d'entraînement pour les plus anciens. Des anciens qui, à travers leurs récits de vie, nous dévoilent comment leurs convictions ont guidé le cheminement des athlètes qu'ils ont eu à leur charge. Entre crises, joies et déconvenues, à travers ces récits, c'est tout un pan du sport universitaire qui nous est dévoilé. La figure des entraîneurs jugés «diaboliques» de par le caractère impartial que demandait leur fonction, laisse place à des personnages émouvants qui, pour la première fois, laissent parler leur émotions en évoquant sans anicroches ni faux semblants, ce qui les anime, les motive et comment ils transmettent cette ambition de donner le meilleur de soi à chaque athlète qu'ils entraînent. Cet ouvrage mêle entraîneurs précurseurs et jeunes premiers ainsi que des courants de pensées et de management qui se sont croisés sur le terrain et qui, dans l'ouvrage, découvriront que finalement ils n'étaient pas si différents les uns des autres.

On demande souvent à l'auteur d'une création, ce qu'il veut laisser à la postérité, je répondrai que je ne laisse rien, je trace juste le chemin comme d'autres passionnés l'ont fait avec moi. Qu'ils soient agents d'information sportive, entraîneurs, télé descripteurs, monteurs, gérants de la Ligue du Cepsum ou qu'ils s'appellent Mathieu Dauphinais, Francis Maheu, Louis Bordereau, Moustapha Sall, Sylvain Bilodeau, Luc Carbonneau, Arnaud Anderson, Thomas Gâté, Florian Lautissier, Philippe Ménard, Lina Thériault, Mario Al-Ayass, Frantz-Kenley Pierre ou encore ma «Castafiore» préférée Erika Vallerand, avec ces partenaires d'estrade, nous nous sommes maintes fois demandé si une finale universitaire serait un jour diffusée sur une chaîne télévisée. À l'heure où j'écris ces lignes, j'espère bien qu'un jour sans attendre la prochaine Coupe du Monde 2026, l'enfant du Québec pourra esquisser quelques pas de joie à la vision d'un but marqué par son équipe préférée. Et parce que tous les enfants grandissent avec des héros et des héroïnes, ils commencent à se souvenir de quelques personnes parmi ceux et celles qui ont bâti le soccer universitaire d'hier et d'aujourd'hui.

En Afrique, on dit qu'un ancien qui disparaît, c'est une bibliothèque qui brûle, alors prenez le temps de parcourir ces pages de récits exposés ici, pour la première fois, afin de les rendre immortels.

Freddy AMEGAVIE

SOM
MAIRE

UDEM

4
2
10
22
19

adizero

PAT RAIMONDO

UDEM

« Chaque match a une histoire », que t'évoque cette phrase?

P.R Euh, tu as raison! Chaque match a sa propre histoire, au-delà du score. Chaque match a des hauts et des bas, des moments forts, des moments importants pour certains joueurs et des connexions donc tu as raison! Chaque match a sa propre histoire!

Qu'est-ce qui t'a donné envie de faire ce métier? À quel moment as-tu attrapé le virus du coaching?

P.R Très jeune, vers 15-16 ans, j'ai rapidement compris que malgré mes souhaits, je ne ferais pas carrière en tant que joueur. J'ai donc commencé à réfléchir à ce que je devais faire: devenir arbitre? coach? gérant? Je suis finalement devenu coach, et ma carrière a démarré très tôt. Dès le tout début, ce qui m'a plu c'est de pouvoir inspirer les jeunes: c'est vraiment ce que j'aime faire.

Tu as donc suivi toute la formation?

P.R J'ai suivi mes mentors, dont un coach de basket, Rocco Bono, le frère de Wally Bono, de l'équipe BC Lions. Alors qu'il était mon prof d'éducation physique au secondaire, il m'a conseillé d'obtenir au plus tôt diplômes et certificats car la théorie c'est bien beau mais pour évoluer, il faut du concret. Je me rappelle que sur ses conseils, je me suis décidé à commencer par obtenir mes licences.

Quelles licences possèdes-tu aujourd'hui?

P.R Une licence A canadienne, l'UEFA A, le PNCE niveau 4, entre autres.

Faut-il forcément avoir été un bon joueur pour faire un bon entraîneur?

P.R C'est un faux débat qui continue de circuler dans le monde du soccer. C'est tellement faux, tellement « old school », « dinosaur thinking ». Un médecin n'est pas né médecin, pareil pour un chirurgien ou un pilote. Tu apprends un métier, le métier de coach en l'occurrence. Avoir un parcours de joueur peut aider à comprendre certaines situations mais ce n'est pas obligatoire. Je pense qu'on retrouve encore cette façon de penser dans le milieu du soccer. Le coaching est un métier qui s'apprend, comme à la NBA[1] ou la NFL[2]. Dans la Ligue nationale de hockey en revanche, on a compris que pour être un bon entraîneur, un bon éducateur ou un bon coach, il n'est pas nécessaire d'avoir eu une carrière de joueur, car c'est un métier, et comme tout métier, ça s'apprend!

Effectivement, Arrigo Sacchi a d'ailleurs bien résumé ce principe avec sa phrase mythique: « Je ne savais pas que pour devenir jockey, il fallait d'abord avoir été un cheval ». Il faut savoir que son équipe a continué d'enchaîner les victoires.

P.R Exact!

Quelle est la plus grande qualité d'un entraîneur, selon toi?

P.R Il y en a plusieurs, je pense que c'est un tout. Pour moi, les entraîneurs qui ont marqué l'histoire du foot et sont restés des sources d'inspiration, sont avant tout des personnes humbles. Ce sont des gens qui sont capables de rire, ont un bon sens de l'humour et se mettent au service du sport. Ils ne se croient pas plus grands que le sport, que le foot. Cette humilité compte énormément à mon avis. Il faut également être passionné et dévoué; et enfin, être là pour les bonnes raisons c'est-à-dire le sport, le jeune et l'athlète.

« JE VEUX DES PERSONNES AVEC DES QUALITÉS ET DES VALEURS MORALES »

Aimé Jacquet, l'entraîneur de l'équipe de France de football en 1998 disait: « le football, c'est le reflet de notre société. Regardez bien l'expression d'un joueur sur le terrain: c'est sa photographie dans la vie ». Sur quel(s) critère(s) te bases-tu pour recruter tes étudiants-athlètes?

P.R Les critères ont évolué au fil des années. Ils ont évolué au point où, aujourd'hui, quand un jeune candidat se présente dans mon bureau, le football est le dernier aspect auquel je m'intéresse. Je préfère parler de ses valeurs, de ses principes, de sa vie de famille, de comment il s'entend avec ses frères, ses sœurs, son voisin, en apprendre sur sa relation avec ses parents, etc. C'est extrêmement important pour moi car on veut de bonnes personnes, surtout au niveau universitaire parce que de bonnes personnes peuvent faire de bons joueurs. Il faut être un bon gars, un bon coéquipier. Je suis totalement d'accord avec Aimé Jacquet. J'applique également ma philosophie car c'est la personnalité qui fait le joueur. S'il a une bonne personnalité, il peut être un bon joueur. S'il a une mauvaise personnalité en revanche, il ne peut pas être un bon joueur. C'est ce que j'ai changé au cours des années. Je veux des personnes avec des qualités et des valeurs morales. Avant de savoir jouer au foot, il faut que ce soit de bonnes personnes. Bien entendu, il faut qu'ils en aient dans les pieds mais d'abord, qu'ils soient de bons êtres humains.

La première fois que l'on rencontre Pat Raimondo, quelle est la philosophie qu'il faut s'attendre à se faire inculquer? Quand tu rencontres tes athlètes pour la première fois, quelles valeurs vas-tu leur transmettre?

P.R C'est une question qu'il faudrait plutôt poser à mes athlètes mais je dirais que je souhaite leur transmettre la passion. Je veux qu'ils sachent que je tiens à eux, je n'ai pas d'intention cachée vis-à-vis de mes joueurs. Je ne veux pas les vendre, je ne veux pas les échanger, je ne veux pas les mettre sur le mercato. Je veux qu'ils aillent à l'école, je veux qu'ils réussissent et je veux qu'ils prennent du plaisir sur le terrain et, pourquoi pas, qu'ils gagnent quelques matchs pendant qu'ils y sont. (Rires)

Quelle est ta routine d'avant-match avec l'équipe?

P.R Pour moi, et pour performer, il faut être dans des conditions familières. Les gars doivent être calmes et savoir ce qui se passe. On doit leur donner une programmation assez serrée, dans laquelle ils savent à quoi s'attendre et ce qu'il faut qu'ils fassent. On n'aime pas arriver « dans le rush », on demande donc aux joueurs d'arriver 90 minutes avant le coup d'envoi. Personnellement, je suis souvent dans le bureau 4 heures avant le match, parce que je n'aime pas être stressé et courir. De plus, je pense que quand les joueurs arrivent et voient le vestiaire prêt, le plan de match prêt, le coach calme, l'équipement prêt, ça les met dans un état d'esprit de performance. Il ne reste plus qu'à gérer le match et se soucier des performances sur le terrain. On aime bien arriver au match en ayant passé en revue la majorité des aspects au cours de l'entraînement durant la semaine. Même à l'extérieur, on arrive à un match en ayant tout préparé et structuré, ça limite ainsi les surprises le jour du match.

[1] National Basketball Association
[2] National Football League

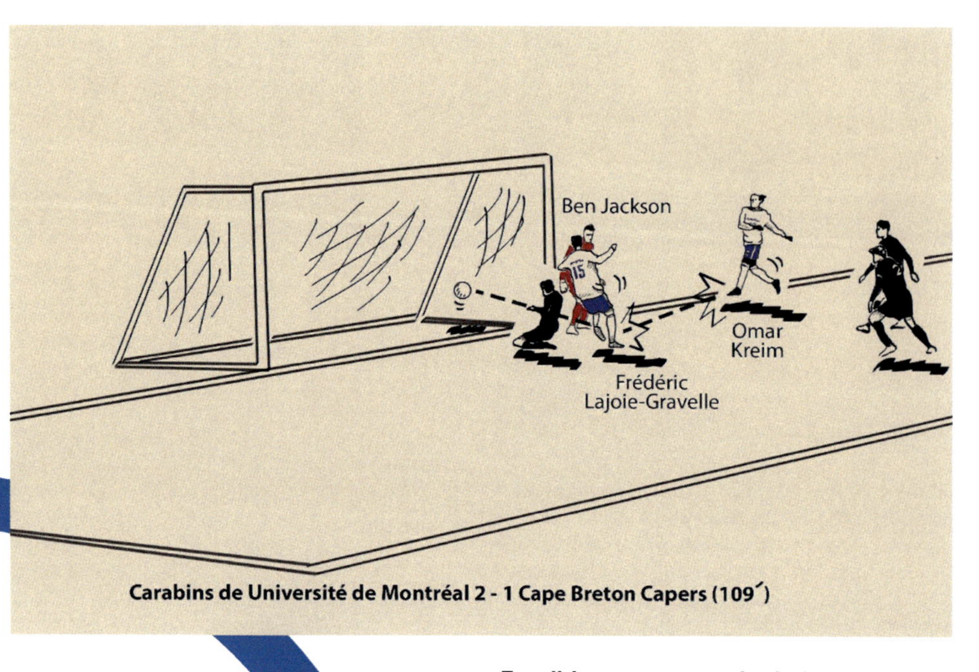

Faut-il imposer son style de jeu ou s'adapter à l'adversaire en face?

P.R J'ai eu la chance de jouer des deux façons. A l'UDEM, on a maintenant un effectif qui nous permet d'imposer notre style de jeu et c'est aux autres de s'adapter à notre équipe actuelle. J'ai déjà été du côté de celui qui subit lors de notre match contre la Russie à l'occasion des Universiades. C'était à Kazan en Russie devant 12 000 personnes, on avait eu 5 entraînements ensemble, alors que nos adversaires en avaient eu 50, on a dû s'adapter ! Je pense donc que c'est un peu un mélange des deux. Cependant, la philosophie pourrait se résumer à cette phrase que je dis toujours: « il faut faire ce que le match te demande de faire ». Pour le résultat, si l'on se fait malmener, il faut subir, mais pas encaisser. Si l'on peut mener et s'imposer sur le rythme, on doit le faire.

Donc il faut trouver le juste équilibre...

P.R Oui, il y a des moments dans le match où tu peux dominer, mais pendant 10 minutes tu vas souffrir, parce que l'adversaire est inspiré et a un regain d'énergie. A ce moment là tu vas subir, mais il ne faut pas encaisser. Il s'agit donc bien de trouver un équilibre entre les deux.

Quelle est la part de l'entraîneur dans le résultat final selon toi?

P.R Je pense que le jour du match, cette part est minime. Pendant la semaine de préparation qui précède le match, un entraîneur et son staff peuvent avoir un grand rôle à jouer, c'est difficile à chiffrer en termes de pourcentage. Pendant les grands matchs, lorsque c'est serré, le coach peut faire une ou deux choses pour aider ses athlètes. Mais, la beauté du soccer c'est que le jour du match, le match appartient aux athlètes. Ce n'est pas comme au football américain ou au basket, où ce sont les coachs qui dominent. Les entraîneurs ont donc très peu d'influence pendant le match, mais ont une grande importance pendant la phase de préparation.

Gère-t-on tous les athlètes de la même façon? Est-ce qu'il t'est déjà arrivé, à l'occasion, de déroger à vos principes? Si oui, pourquoi?

P.R Déroger aux principes? Non, tout le monde doit être logé à la même enseigne. On peut faire le rapprochement avec une maman: elle aime tous ses enfants mais il y en a toujours qu'elle aime un peu plus ou un peu moins. De la même façon, je veux être juste et équitable avec tout le monde mais ce n'est pas possible de gérer tous les athlètes de la même façon.

Comment gère-t-on les remplaçants avec une saison aussi courte que celle du RSEQ[1]?

P.R En effet, la saison d'automne ne dure que trois mois; il faut donc être ouvert et communiquer avec eux. Ils doivent comprendre pourquoi l'équipe a besoin d'eux, sur un match ou deux voire sur quelques week-ends. Il y a beaucoup plus de communication qu'avant, on sait que le joueur peut ne pas être d'accord avec le staff, mais s'il comprend la position et les raisons, il va adhérer et ne devrait pas avoir de problèmes.

Passons à l'historique à présent, raconte-nous ton match référence, celui où ton génie tactique s'est exprimé, ce match où tout s'est déroulé comme prévu et où avec ton staff vous vous êtes dit que tout a marché à la perfection.

P.R (Il hésite). C'est difficile de répondre à cette question. Je peux te citer plutôt des moments à titre d'exemples. Pour le premier qui me vient à l'esprit, on avait eu un peu de chance: on avait travaillé un coup franc toute la semaine. Les gars n'étaient pas sûrs, on devait les convaincre. Premier coup franc du match, on essaye et boum, il y a but! Tout le monde était surpris, et plus particulièrement un gars de l'équipe des Dynamites de Laval. Un autre moment marquant a été un corner, style «rugby», travaillé aussi, je me rappelle que tout le monde me disait: «ça ne marche qu'avec les filles, pas avec les gars», personne n'y croyait! Pourtant au premier corner, on tape le poteau, et au deuxième corner, l'on compte (un but) et pareil au troisième! Là, je me retourne et je demande aux gens s'ils ont quelque chose à rajouter à ce moment-là! (Rires). Il y a eu des matchs qu'on a pris beaucoup de plaisir à jouer, comme le championnat canadien de 2006, Carabins[2]-Toronto, à Toronto; ce match-là était formidable. Il y a également eu un match au CEPSUM[3] en 2003. Bien qu'on ait perdu contre St-Mary's, c'était un match exceptionnel: tout le monde s'est dépassé sur le terrain!

Donc, même si vous avez perdu ces matchs, tu les prends tout de même en référence en termes de plaisir?

P.R En termes de plaisir, de jeu, de solidarité, si on prend en compte le plan de match, les coéquipiers, les joueurs, le staff, je peux te citer deux prolongations au cours du championnat canadien qu'on a remporté en 2018. Durant les deux périodes de prolongation, c'est le « sudden death », la mort subite, mais tout le monde a gardé son sang-froid!

[1] Réseau du Sport Étudiant du Québec
[2] Équipe de soccer de l'Université de Montréal
[3] Centre d'Éducation Physique et des Sports de l'Université de Montréal

Les joueurs et tout le monde étaient sûrs qu'on allait gagner! Il n'y avait pas de stress. Ils sont rentrés en prolongation et m'ont dit: «relax coach; on s'en occupe». On savait qu'on pourrait jouer jusqu'au lendemain matin, sans perdre. Ces moments-là sont spéciaux. On a donc eu plus de moments de référence, que de matchs entiers, même si l'on a pu jouer certains matchs pleins d'émotions! Ça fait 19 ans qu'on joue ici au CEPSUM et l'on a connu beaucoup de hauts et de bas.

Et donc, à l'inverse quel est le pire match de ta carrière de coach, celui au cours duquel rien n'a fonctionné comme prévu, que ce soit à cause des conditions climatiques, d'une expulsion rapide, d'un retour au score improbable, etc. Est-ce qu'il y a un match en particulier qui te vient en tête?

P.R Il y a quelques matchs qui me viennent à l'esprit tels que le championnat canadien où on a gagné la médaille de bronze. On prend deux cartons rouges contre l'équipe de Laval et on perd 1 à 0. Malgré que notre effectif ait été réduit à 9 contre 11, on a quand même réussi à l'emporter avec un score de 3 à 1.

C'était en 2008 et Kerfalla Kourouma avait marqué, il me semble...

P.R Exact, c'était bien en 2008. Kerfalla marque, Wandrille prend un carton rouge injuste et on en prend un deuxième car l'adversaire est en train de râler, parce qu'il y a un homme à terre. Ces moments-là, ce sont des matchs qui avaient commencé de la pire façon. Au bout de 15 minutes, on a plus que 9 joueurs sur le terrain. Ça a a fini par être un match mémorable, même si côté foot ça n'a pas été trop ça, parce qu'il me semble qu'on a fini ce match à 9 joueurs contre 11 et que le score était de 1 partout. Le jeu n'était pas terrible certes, mais en termes d'énergie et d'émotions, c'était formidable. Il y avait aussi les matchs à Québec, au début, pendant 7 ou 8 ans, on n'y avait jamais fini un match à 11 joueurs, ça n'a même pas commencé et tu sais déjà que tu vas te prendre un carton rouge ou qu'il y aura un coach dans les estrades, etc. Au premier championnat canadien contre Western, on était en retard, il y avait du trafic en venant du CEPSUM parce qu'il neigeait et il y avait eu un accident. On arrive en retard, échauffement en retard: au bout de 15 minutes de jeu, on prend 2 coups francs et 2 buts! Les circonstances n'étaient pas en notre faveur, on a essayé de s'en sortir mais on n'a pas pu! C'est triste pour les joueurs qui étaient là parce qu'ils méritaient mieux que ça. C'est un peu comme le match d'il y a quelques semaines (ndlr: la finale du championnat canadien 2019, soldée par un score de 2-0 en faveur de l'UQTR[1], contre les Carabins). On méritait mieux que ça, mais c'est le foot, c'est le soccer, c'est le sport!

Oui, on peut dire que si l'UDEM ouvre le score, ce n'est pas le même match...

P.R Oui! Ils (l'UQTR) ont fait ce qu'il fallait, selon leur style de jeu, je les en félicite! Mais je sais qu'avec un peu plus de réussite devant le but, avec le penalty réussi, ça change tout.

En tant que coach, quel est le geste le plus important pour toi durant une partie de soccer?

P.R Rester calme! Donner confiance au joueur, peu importe le score. Je pense que si les joueurs voient un coach en contrôle de ses moyens, même s'il gueule contre les autres entraîneurs, les arbitres, qu'il a des échanges avec la foule, un joueur sait quand son coach est en maîtrise et cela lui donne encore plus de confiance. Le coach doit prendre la responsabilité du mauvais résultat. Le bon résultat, c'est grâce aux joueurs. Le coach doit être assez humble pour prendre la responsabilité du mauvais résultat, comme ça les joueurs peuvent jouer l'esprit libéré.

«JAMAIS JE NE TRICHERAI»

Qu'est-ce que tu ne ferais jamais durant un match?

P.R Tricher, jamais je ne tricherai. Jamais je ne demanderai à un joueur de tricher non plus, que ce soit en tombant ou en restant à terre. Ça m'énerve dans le soccer quand un joueur reste à terre. Je peux juste contrôler mes gars, pas ceux de l'équipe en face. Une des raisons pour lesquelles nous jouons nos coups francs rapidement, c'est parce que je ne veux pas que nos joueurs restent à terre. Ça m'énerve quand je vois la tricherie dans les gestes, dans les mouvements parce que ça va trop vite. Nous mettons les arbitres dans de mauvaises positions. Je n'aime pas la tricherie.

Si tu pouvais inverser le résultat d'un match, d'un seul, lequel ce serait?

P.R La finale du championnat canadien 2019 contre l'UQTR.

Pas celle de 2017?

P.R Non, ce serait la finale de 2019 parce que c'était à domicile et que les 14 ou 15 gars qui ont joué se sont donnés à fond. Pour celle de 2017, c'était un sentiment différent, c'est moi qui n'ai pas été bon durant cette finale nationale. Il y a des décisions que j'aurai dû prendre mais que je n'ai pas prises.

Tu te souviens des décisions en question?

P.R Oui, mais il faudrait donner des noms de joueurs et je ne veux pas faire ça. Je dis juste qu'en 2017, c'est à cause de moi si les gars n'ont pas remporté la médaille d'or parce que je n'étais pas bon dans la préparation de cette finale, pendant la finale et lors des prolongations. Je n'étais pas bon! Je sais où l'erreur se situe dans cette finale. Dans le match contre l'UQTR en 2019 par contre, il n'y a pas grand-chose qu'on aurait pu faire différemment parce que même les remplaçants qui sont rentrés ont fait ce qu'ils avaient à faire. Ils ont tous eu une ou deux bonnes occasions. Les gars qui sont sortis ont accepté de le faire pour l'équipe donc je pense que les joueurs ont tout fait correctement et ils méritaient un meilleur résultat.

Selon toi, quelle est ta plus grande force en tant que coach?

P.R Je pense que c'est le fait que je sois aussi attaché à mes joueurs et que je ne veuille que leur bien. Je suis prêt à tout pour qu'ils soient heureux, pour qu'ils soient bien et je crois tellement en eux que, parfois, il faudrait couper et passer à d'autres, mais ce n'est pas mon caractère. Tant qu'ils sont carabins, qu'ils sont dans notre cercle, font partie de notre alignement, je les adore comme mes frères, mes enfants et je vais tout faire pour les aider, les protéger et les appuyer.

Qu'en est-il de tes faiblesses?

P.R J'en ai beaucoup! Je donne beaucoup de chances. Je crois beaucoup en ce que mes joueurs me disent. Je leur donne beaucoup d'occasions de faire ce qu'ils m'ont dit qu'ils vont faire. Parfois, je suis un peu trop patient.

Avec quel athlète as-tu adoré travailler?

P.R Je suis tellement chanceux parce que j'en ai eu beaucoup! Il y en a beaucoup de la première génération qui me sont chers, je pense notamment à Boubacar Coulibaly, Alexandre Tran-Kahnh, Étienne Godbout, Julien Rachou, Samir Kabbaj, Julien Letendre, etc. C'étaient des guerriers, des bâtisseurs. Ils ont adhéré au projet, bien qu'on avait peu de moyens, peu d'histoire,ces garsont accepté de bâtir quelque chose. Après, il y a eu Gerry Argento, Pascal Aoun, Nawar Hanna, Louis Baillargeon, Alhassane Fox, Johan Le Goff. Je conserve des relations et des souvenirs de moments spéciaux avec ces gars,c'est tellement enrichissant. Plus récemment je peux citer les frères Ismail et Kareem Sow, les frères Alexandre et Nicolas Haddad, les frères Adama et Aboubacar Sissoko, Frédérique Lajoie-Gravelle, Omar Kreim, Guy-Frank Essomé Penda, Félix Goulet, etc. Il y a beaucoup de très bonnes relations. Chacun à sa façon a bâti des relations avec nos joueurs: Wandrille Lefèvre, qui fait partie du staff d'entraîneurs, Boubacar Coulibaly, présent pendant 18 des 19 saisons. Il y a également lecoach Abdoulaye Mané, ça va faire 19 ans qu'on est ensemble! C'est un frère qui m'a défendu et protégé: quelle chance et quel privilège j'ai de l'avoir! Je pense aussi à Jean-Jacques Golou, qui m'envoie de belles sculptures du Bénin. J'ai eu la chance d'avoir une bonne relation avec beaucoup de joueurs.

Et à l'inverse, y-a-t-il eu un athlète avec qui la relation a été difficile au début, mais avec qui le travail s'est avéré payant par la suite?

P.R Avant il convient de clarifier que les relations qui ont été difficiles l'ont été seulement sur le plan du soccer, les conflits concernaient entre autres les temps de jeu et les choix tactiques, ce qui est tout à fait normal. Les conflits d'ordre personnel ont été extrêmement rares mais si je devais citer les quelques joueurs avec lesquels j'en ai eu, je dirais...

[1] Université du Québec à Trois-Rivières

Carabins de Montréal - Champions canadiens 2018-2019 à Vancouver

De la gauche vers la droite: Abdoulaye Mané (entraîneur adjoint), Manon Simard (Responsable du sport d'Excellence), Jimmy Patsilivas (entraîneur adjoint), Zakaria Messoudi, Bouba Coulibaly (entraîneur adjoint), Kosta Zampanis (entraîneur adjoint), Wandrille Lefèvre (entraîneur adjoint), Thomas Safari, Kareem Sow (caché derrière), Omar Kreim, Christopher Rose, Salim Eliasy, Rida Aboulhamid, Ismail Sow, Frédéric Lajoie-Gravelle, Mouad Ouzane, Aboubacar Sissoko, Samuel Dufort, Guy-Frank Essomé Penda, Raphaël De Chantal Dumont, Lohan Lefèvre, Samuel Leblanc, Grayg Noireault, Félix Goulet, Emmanuelle Pilon (physiothérapeute), Philippe Rouleau, Pat Raimondo (entraîneur-chef), Joseph El-Khoury (Analyste vidéo), Nicolas Haddad, Pierre Lamothe, Christophe Lett (physiothérapeute).

Le premier nom qui me vient en tête, c'est Alhassane Fox!

P.R Fox était formidable à la fin, mais j'avoue qu'au début c'était difficile, on l'a même viré d'un entraînement une fois. Fox, quel guerrier, quel champion, quel joueur! Ça a pris un peu de temps pour qu'on soit sur la même longueur d'ondes et qu'on gagne la confiance l'un de l'autre. Il y a également eu Wandrille et Nawar Hanna. Nawar était un peu difficile mais c'était un sacré joueur, parmi les meilleurs qui ont joué ici, même si lui n'y croyait pas. Nous nous y avons cru, on l'a poussé à se faire confiance et à nous faire confiance. Fox, Nawar, Wandrille... toutes des relations qui finissent quand même sur une bonne note grâce aux athlètes qui ont fait ce qu'ils avaient à faire. Ils y ont cru, les échanges étaient ouverts et honnêtes. Qui d'autre? Je peux citer Maxime Laurey, Olivier Babineau, Fernando Herrera, Vincent Perret, Éric Tsafack. On a connu des moments parfois difficiles, mais toujours dans le respect des deux côtés.

«CE SONT CES MOMENTS-LÀ QUI ME TOUCHENT LE PLUS: VOIR LES GARS RÉUSSIR !»

Quelle a été ta plus grande émotion en tant qu'entraîneur?

P.R Le premier titre avec l'université McGill, je n'avais pas compris l'ampleur de ce qu'il fallait pour gagner donc quand je voyais Salim Brahimi et Graham Butcher qui faisaient partie du staff, réagir comme ils le faisaient, je ne comprenais pas l'émotion que cela représentait pour eux de ramener cette bannière de champion à McGill, sachant que ça faisait 17 ans que le programme courait après cette médaille d'or, mais enfin la médaille a été obtenue en 1997. J'ai mieux compris leur émotion en 2018. C'est drôle parce que les gens qui ne me connaissent pas pourraient penser que mes plus grandes émotions viennent des victoires et des résultats, mais pas du tout. Ce qui m'allume et me donne le plus de joie en tant que coach, c'est le sentiment du travail accompli. C'est sortir du terrain avec Frédéric Lajoie-Gravelle en 2018 en marchant après la cérémonie de remise des médailles en se regardant l'air de dire: «Mission accomplie.» C'est la joie d'Ismail et Kareem Sow au coup de sifflet final ou encore le grand sourire d'Aboubacar Sissoko, leur joie pure, etc., ce sont ces moments-là qui me touchent le plus: voir les gars réussir!

Quel est le plus grand regret de ta carrière?

P.R Mon plus grand regret est que plus jeune, j'ai coupé pas mal de ponts, de relations parce que j'étais trop arrogant. Je pensais que je connaissais le foot, mais la réalité c'est que je ne connaissais rien. Je vois beaucoup de nos jeunes entraîneurs prendre cette voie aussi. Je regrette également l'hypocrisie qui existe entre entraîneurs dans notre milieu.

Si tu devais dire un mot au coach qui a le plus mis ton sens tactique à l'épreuve?

P.R Arrigo Sacchi, que je ne connais pas personnellement, m'a beaucoup influencé. Sa philosophie avec le Milan AC et avec l'équipe nationale où il pouvait faire tourner son effectif, peu importe qui il y avait. Si ton système et ta tactique sont bien compris, tu peux le faire. Cette philosophie m'a beaucoup aidé. J'ai rencontré Aimé Jacquet en France en 1993, un mois après qu'il ait été nommé entraîneur de l'équipe nationale. Quand je l'ai rencontré à Clairefontaine, honnêtement, je n'avais aucune idée de qui il était. Nous avons passé 2 heures ensemble, à manger et à discuter. La curiosité de ce monsieur, les échanges qu'on a eus, je me suis dit que ce n'était pas possible. Ce n'était pas possible qu'un homme de sa stature me pose des questions sur ma philosophie de coaching, c'était l'entraîneur de l'équipe de France après tout! Je l'ai vu saluer tout le monde à Clairefontaine, du portier au balayeur en passant par ses coachs adjoints. Il a un énorme respect pour l'humain. C'est Aimé Jacquet qui m'a confirmé qu'il est possible d'arriver au plus haut niveau et de rester humble. Au niveau canadien, il y a Valerio Gazzola, avec qui j'ai beaucoup travaillé et qui est un de mes mentors. Il y a également Dean Howie, qui est maintenant au Collège Champlain avec qui j'ai travaillé au Lac-Saint-Louis.

Au Québec, en tout respect, je pense que les années malsaines[1] ont fait que j'en ai gardé un goût amer donc c'est sûr que ça ne vient pas du Québec. Je peux citer également Mike Mosher de UBC[2], pour qui j'ai beaucoup de respect, Carmine Isacco de York qui est un très bon coach. Len Vickery des Golden Bears de l'Alberta était bon. Dans tout le circuit universitaire, le coach pour qui j'ai le plus de considération est le coach de Western Ontario, Rock Basacco. Nous avons fait deux Universiades ensemble; c'est un très grand homme de foot, que ce soit au niveau de la philosophie et du rapport à l'humain, mais qui n'a pas eu la chance de vraiment montrer sa valeur au plus haut niveau comme l'équipe nationale. Sinon en ce moment, il y a Kwesi Loney à Carleton, un jeune entraîneur qui est en train de faire du bon boulot.

De 2013 à 2017, L'UDEM ne gagne pas la bannière de champion RSEQ à l'automne. Comment fait-on pour passer une telle période de disette?

P.R Avec du courage! Nous avons eu une période où nous pensions qu'il fallait juste faire des petits ajustements puis est arrivé un moment où nous nous sommes parlé, joueurs et entraîneurs. Nous nous sommes parler en toute franchise. C'était fin 2016. Le parcours de l'UDEM, n'a rien de normal, ça fait 19 ans que nous sommes dans le circuit et 18 ans que nous sommes toujours au centre de toutes les conversations. Même les années où nous n'étions pas bons, nous étions toujours l'équipe à battre, ce n'est pas normal d'être au top pendant 20 ans. Il faut juste regarder l'historique des autres programmes pour dire: «Oh, c'est vrai! Qu'est-ce que Montréal a fait avec ses 10-14 bannières, ces 10 ou 12 championnats de

ligue, ces 6 médailles aux championnats canadiens en 20 ans d'histoire? Qui d'autre a ça? Ce n'est pas normal!» Donc quand nous avons eu ce petit creux, c'était normal de passer par là, mais ce n'était pas normal non plus compte tenu des standards que nous avions établis. Ce que le monde ne sait pas en revanche, c'est que nous avons connu de grandes réductions budgétaires. Donc comment avoir de meilleurs résultats avec moins de ressources? C'était quand même une période difficile pour nous. C'était à la fin des prolongations contre l'UQAM, quand nous avons perdu en 2016 alors que nous étions à 10 contre 11, encore une fois comme l'année précédente. Nous nous sommes parler sinèrement, ce qui m'a donné le courage de dire qu'il fallait changer certaines choses! Et on l'a fait! À partir de là, on a eu des joueurs de qualité dans le vestiaire comme Aboubacar Sissoko, Guy-Frank Essomé Penda, Félix Goulet, Ismail Sow, etc. Nous avons eu la chance qu'ils aient accepté le défi, résultat: on a participé à trois finales nationales d'affilée!

«CETTE GÉNÉRATION NOUS A DONNÉ BEAUCOUP DE PLAISIR»

Quelle est la génération que tu as préféré coacher et pourquoi?

P.R Il y en a deux: la première est celle de 2001 à 2006. Ce groupe était fun parce qu'on bâtissait de zéro, on établissait des standards. Personne ne nous connaissait on ne parlait pas des Carabins Soccer. J'ai eu beaucoup de plaisir à coacher cette promotion là et honnêtement j'ai beaucoup de plaisir avec la génération que je coache actuellement. Les jeunes veulent jouer, courir, ils sont tellement simples, ils sont bien ensemble. Ils veulent connaître le succès. Ils sont prêts à n'importe quoi sur le plan de structure, de succès, de philosophie. Cette génération nous a donné beaucoup de plaisir.

[1] Entre 2010 et 2013, beaucoup d'universités ont enregistré des forfaits en raison de dénonciations de joueurs non éligibles.

[2] University of British Columbia

Redmen de McGill - Champions canadiens 1997-1998 à Charlottetown

Premier rang, assis: Kevin McConnell, Marc Mounicot (co-capitaine), Graham Butcher (entraineur assistant), Salim Brahimi (entraineur assistant), Pat Raimondo (entraineur chef), Adam Mar (entraineur assistant), Sean Shepherd (co-capitaine), Peter Bryant (capitaine suppléant). *Second rang:* Marc Labrom, Rehan Ali, Gino Lalli, Shawndelle Hanna (thérapeute étudiante), Jennifer Williams (thérapeute étudiante), Caroline Lavoie (physiothérapeute), Sabrina Polletta (thérapeute étudiante), Robert Baird, Keith Dennis, Jason Frenette. *Troisième rang:* Gaetano Zullo, Dan Bernad, Simon Abadie, Jason Forsyth, Simon Raby, Eddy Zuppel, Justin Student, Andrew Eisenstark et Ehab Rashid.

Quelle est ta citation préférée?

P.R J'en ai plusieurs, la première: «Lâche la pelle!», «Arrêtez de creuser et lâchez la pelle comme ça nous pourrons sortir du trou!» Je dis ça souvent. Je dis aussi: «Faites ce que le match vous demande de faire!», «Pour avoir le résultat, il faut faire ce que le match te demande de faire, et pas ce que toi tu as envie de faire». Ces deux-là surtout, et après en blague, une qui est inspirée par le chef Gordon Ramsay: «Get that puck outta here!». À la fin des entraînements et des matchs, je la dis souvent aux gars pour rigoler.

Briangh Clough a dit: «Le jour où je m'en irai, Dieu devra abandonner son siège favori». Comment voudrais-tu que l'on se souvienne de toi?

P.R C'est un peu tôt pour penser à la fin de ma carrière, mais je dirais que je veux qu'on se souvienne de moi comme quelqu'un d'humble, qui a tout donné, qui a voulu le meilleur pour ses athlètes, qui a fait une différence dans la vie de 180 voire de 200 jeunes.

Tu es le coach le plus titré du Québec, comment fais-tu pour être chaque année encore plus assoiffé de victoire?

P.R Je ne sais pas. Lorsqu'on perd une finale, pendant 3 ou 4 jours, personne ne pouvait m'adresser la parole à la maison! Puis j'ai fini par me dire ok, comment fait-on pour accéder à une quatrième finale de suite? Parce que je ne compte pas, je tourne la page. Même si je suis au début de ma carrière, bien que ce soit ma 27e année, pour moi je commence à peine à devenir un coach potable. J'ai encore du chemin à faire, on fera les comptes plus tard, pour l'instant priorité au prochain match!

LES CARABINS AU BANC DES ACCUSÉS

Selon Pako, l'ancien assistant-entraîneur des Citadins de l'UQAM, Pat fait pression sur les arbitres. Qu'as-tu à répondre à cela?

P.R La pression ne venait pas de moi, mais d'eux (les Citadins) et de leur culture qui est un peu... moins disciplinée, il suffit de sortir les statistiques. Les fils se touchaient vite chez eux. Ce sont eux qui mettaient la pression aux arbitres, pas moi. Moi, je pensais essayer d'aider nos joueurs pendant ces matchs et honnêtement il faut comprendre parce que les arbitres, comme les coachs et les joueurs ils se recyclent. Quand la génération d'arbitres en place est en fin de carrière, je suis très silencieux sur le banc mais quand il s'agit d'un(e) jeune arbitre comme nous en avons eu cet automne. Ces personnes-là, il faut les garder honnêtes, il faut qu'elles aient le courage de remettre en question les décisions qui doivent l'être. Donc à la question de savoir si oui ou non j'ai influencé, je dirais qu'il suffit de regarder les rapports disciplinaires de ces vingt dernières années pour se rendre compte que c'est bel et bien l'UQAM qui met la pression et non moi.

Pour Peter Eustache, ton ancien capitaine en 2009, comment devient-on un grand meneur d'hommes?

P.R Il ne faut pas parler, il faut agir! Il faut inspirer. Il faut être humble, honnête, avoir l'esprit ouvert pour échanger, avoir le courage de prendre ses décisions et de les assumer. En agissant et inspirant les autres, ils vous suivront.

Il y a une légende selon laquelle à un match de championnat canadien tu as abusé des changements qui à l'époque étaient illimités... défends-toi!

P.R Au championnat canadien de 1997 à Halifax avec McGill contre l'UBC, on s'est pris un carton rouge à la 4e minute de jeu. Marc Labrom, notre défenseur central, a été expulsé donc je demande à Marc Mounicot, notre numéro 10 de l'époque, de jouer au poste de libéro. Il joue un match de feu avec Jason Forsyth derrière lui. Aux tirs au but, nous sommes menés par 3 buts à 1. Jason Frenette tire, frappe les deux poteaux et ça rentre. Jason Forsyth me dit: «Coach! Maintenant j'arrête tout!», et il fait les arrêts qu'il faut. Kevin McConnell fait 3-3. Marc Mounicot fait 4-4. Peter Bryant, qui venait d'Halifax, était notre dernier tireur. En 5 ans avec McGill. Il n'a jamais marqué aucun but! Pourtant il marque et l'on repart avec la bannière! Mais la petite histoire des changements, c'est qu'avant c'était illimité. Donc de la 4e minute, où on jouait à 10 contre 11 jusqu'à la 120e minute, je faisais un changement à chaque arrêt de jeu ou presque! En tout, plus d'une soixantaine de changements. En tout cas on a fini champions canadiens! L'année d'après; le règlement a limité à six le nombre de changements! Ai-je enfreint la règle? Non. Aurais-tu fait autrement? À toi de me le dire!

LE MOT DE LA FIN

«J'ai eu le privilège de travailler dans le circuit universitaire depuis déjà 27 ans. Ce sont 7 saisons à McGill qui ont changé mon parcours et 20 ans avec les Carabins qui ont changé ma vie. J'ai été inspiré par des centaines de jeunes à me dépasser,je leur dois beaucoup. J'ai été très choyé, j'ai eu le privilège d'avoir un staff loyal, respectueux et dédié à la cause. L'histoire continue avec les Carabins. Nous avons encore des choses à accomplir, encore de moments forts à vivre, encore des pans de souvenirs à construire. J'ai hâte d'être au prochain match!

À toi jeune joueur, si tu veux venir, jouer en équipe et étudier: bienvenue chez nous! À la fin de ton parcours, tu verras ce programme à Montréal et tu te diras: Ces gars-là travaillent!»

BOUBACAR COULIBALY

UDEM

« Chaque match a une histoire », que t'évoque cette phrase ?

B.C C'est une définition du Foot avec un grand F. Tu peux mettre les 11 mêmes joueurs, les mêmes conditions météorologiques, le même terrain, les mêmes arbitres, le même adversaire, les mêmes spectateurs et tu n'auras jamais le même match. Peut-être le même résultat, mais différemment.

Dans chaque match tu as une histoire, plusieurs en font selon les points de vue. Que tu sois joueur, entraîneur, spectateur, arbitre, personne ne verra ou ne décrira le match de la même façon. C'est ce qui nous unit. De chaque match on a nos histoires, nos émotions. On aime le foot pour ça, tu ne peux pas prédire ni savoir même si certains te diront qu'ils savent tout. Toi tu vas vivre le match d'une façon et moi d'une autre. On découvre et on apprend à chaque fois.

Qu'est-ce qui t'a donné l'envie de faire ce métier ?

B.C Je n'ai pas vraiment eu envie à un moment précis. Ce sport m'a toujours suivi et rattrapé lorsque je pensais en avoir fini avec. Comme joueur, j'ai arrêté à 16 ans, ça m'a rattrapé à 18. Je coachais des équipes de jeunes durant ma carrière de joueur. À la fin de mon parcours d'athlète, je voulais m'éloigner du foot. Je me suis retrouvé sur le banc simplement parce que c'était naturel de rester proche du terrain même lorsque je ne voulais plus jouer parce que j'appartiens à un programme exceptionnel. De fil en aiguille, j'ai découvert le coaching et j'y ai pris goût. Tu perds un peu ton approche, ton regard de joueur, ce qui prend du temps, et puis tu apprends quelque chose de nouveau ; bien qu'il s'agisse toujours de Foot, c'est complètement différent. Je dois rendre hommage à Mané et Pat parce qu'ils m'ont donné le temps de passer de joueur à entraîneur, de contribuer à ma façon, tranquillement.

Faut-il forcément avoir été un bon joueur pour faire un bon entraîneur ?

B.C Non, on ne peut pas dire ça. Il y a trop d'exemples de joueurs moyens voire d'entraîneurs qui n'ont jamais joué et qui, pourtant, ont eu du succès. Maintenant, un joueur ressent sans doute les choses sur le terrain un peu plus instinctivement. Il y a des moments clés ou ce côté instinctif peut réapparaître et t'aider. Mais Sarri entraîneur, Klopp entraîneur, Mourinho entraîneur sont aussi respectables que Beckenbauer ou Zidane.

Quelle est la plus grande qualité d'un entraîneur selon toi ?

B.C Le calme, savoir prendre du recul. Tu peux courir partout, crier le long de la ligne ou rester assis, peu importe tant que tu parviens à rester lucide et calme au moment de prendre des décisions. Une équipe est un groupe de personnalités, et dans la vie de ce groupe tu auras des moments où il faudra savoir résoudre des problèmes sur le terrain comme en dehors. Dans ces moments-là, ce n'est pas facile mais il faut pouvoir réfléchir, être lucide et juste.

Comment faire jouer une équipe quand on a moins d'un mois pour faire connaissance avec la totalité de son effectif ?

B.C C'est compliqué, je dirais en essayant de rendre tout le monde responsable d'un projet, que ce soient les joueurs, le staff, l'administration ou les anciens. Il est important qu'ils soient responsables et non simplement participants. Le choix des joueurs et surtout de leur mentalité, de leur état d'esprit sont clés lorsqu'on dispose de peu de temps. En impliquant les joueurs au maximum pour qu'ils s'approprient ce que tu veux faire, tu gagnes du temps. S'ils croient, mais surtout participent complètement au projet, tu peux avancer plus vite.

« LES RÉSULTATS VIENNENT AVEC L'ÉQUILIBRE »

D'après Aimé Jacquet, « Le football est le reflet de notre société. Regardez bien l'expression d'un joueur sur le terrain, c'est sa photographie dans la vie », sur quels critères te bases-tu pour recruter les étudiants-athlètes ?

B.C Sur cet aspect, avec Pat et Mané, je crois qu'on a tellement appris. C'est difficile de ne pas prendre tous les plus talentueux, mais les résultats viennent avec l'équilibre, avec des gars qui adhèrent à ta vision, qui respectent le maillot et le programme. De plus, c'est extrêmement important dans le cadre du sport universitaire que les gars qui viennent soient là en priorité pour étudier. On n'a pas eu un seul succès avec les joueurs dont la priorité était de jouer et qui pensaient uniquement à devenir pros. Si ce sont des étudiants, qui comprennent et respectent les valeurs, l'histoire, le maillot, ils sont donc plus engagés.

Quand tu rencontres tes athlètes pour la première fois, quelles valeurs souhaites-tu leur transmettre ?

B.C Le terme philosophie en parlant de soccer, j'ai du mal à le comprendre. Si l'on en parle en termes de questionnements, de choses qui sont ouvertes, qui évoluent et avec une place pour le changement, peut-être mais je n'utiliserais pas cela pour le foot. Si tu as Zidane et Pirlo dans ton équipe, on pourrait parler de poésie, mais ce n'est pas le cas. Tu peux avoir des valeurs, des intentions, des repères communs, des comportements, des attitudes, des caractéristiques d'équipe. Chez les Carabins, tout n'est pas explicite, on évite de trop parler par contre tu ressens et tu t'imprègnes de nos valeurs donc c'est plus fort. Lorsque tu arrives, en général tu passes faire un tour des installations. Du bureau du coach, aux couloirs, au vestiaire, aux salles de musculation et partout tu as l'histoire du programme. Je sais que, comme joueur, j'ai toujours donné plus et plus fort avec cette équipe qu'avec aucune autre, naturellement. Tu comprends vite, sans trop de mots, que tu arrives dans une équipe importante, il va falloir tout donner, donc y mettre de la passion. La marque des Carabins est d'une intensité très élevée. Au niveau du jeu, forcément et très vite tu comprends que tu vas devoir attaquer ! J'ai grandi en regardant Nantes, Marseille ou PSG dans les années 90 et ça partait vite, mais avec du talent alors même si on parle d'un niveau moindre ici, c'est le fun ! D'arriver et de se faire dire de jouer avec ambition, avec confiance, avec l'envie de prendre en charge le match.

Je sais que les gens aiment lorsque tout rentre dans un cadre et lorsque tout est simple, mais même si on parle de tactique, de système, toi qui regardes les matchs, saurais-tu me dire dans quel système jouent les Carabins ? On a joué dans tellement de systèmes au fil des années (à 3, 4 voire même 2 derrières ! Ou encore à 3, 4, 5 voire 6 au milieu ! Selon les joueurs disponibles, mais toujours avec le feu et l'intensité. Même l'animation change. Le joueur est clé, on met le joueur de l'avant. Parfois on joue avec plus de passes au milieu, elles sont parfois plus directes, parfois plus basses et d'autres fois plus hautes. Les joueurs ont une grande liberté de mouvement et on s'adapte à eux. Ils doivent reconnaître quand la possibilité d'attaquer est là et y aller à 1000 à l'heure. Je ne peux pas te dire que Pat, Mané ou moi voyons tout exactement de la même façon ou que l'on voit exactement les mêmes choses mais ce n'est pas un problème puisque nos rôles sont différents. C'est Pat l'entraîneur principal. On se rejoint en revanche sur plusieurs autres aspects tels que le maillot, l'intensité du jeu, faire bouger le ballon vite, attaquer vite et aussi souvent que possible, avec la place au talent et à la passion. Il n'y a rien de nouveau parce que quand des enfants jouent au parc, ils jouent comme ça, non ? Ils veulent le ballon et ils veulent attaquer, marquer puis enlever leur maillot pour célébrer !

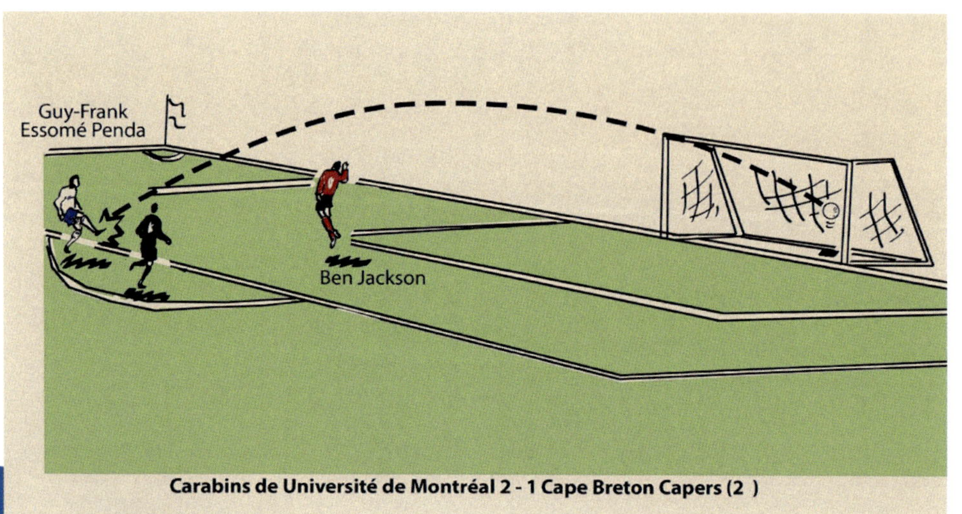

Carabins de Université de Montréal 2 - 1 Cape Breton Capers (2)

Quelle est votre routine d'avant-match ?

B.C En termes de préparation de l'équipe, tout est bouclé la veille. Sinon de façon plus personnelle, c'est la même que lors de mes années de joueur. J'aime faire une sieste si possible. Lorsqu'on joue au CEPSUM, j'aime bien la musique calme (Salif Keita, surtout parce que ça me ramène loin). Lorsqu'on joue à l'extérieur, de la musique toujours, mais beaucoup plus rythmée, ça réveille après 2-3h de bus! On essaye, avec les autres assistants et tout le staff, de gérer tout ce qui se présente autour du match pour que le coach puisse se concentrer uniquement sur les 90 minutes à venir. Il faut gérer l'échauffement, en essayant de ressentir l'atmosphère générale, l'état d'esprit des gars et en fonction de tout cela allonger ou raccourcir d'une minute ou deux, adresser un petit mot à un joueur ou un autre, etc.

Faut-il imposer son style ou s'adapter à l'adversaire en face?

B.C Respecter l'adversaire, le connaître, mais ne jamais renier son style. Les rares fois où nous l'avons fait, nous l'avons payé très cher. Nous n'avons peur de personne alors c'est clair.

Quelle est la part de l'entraîneur dans le résultat final selon toi?

B.C Comme on disait au début, le Foot et le match comportent plein d'histoires. Le match appartient aux joueurs. L'entraîneur dicte la vision, la direction, mais un match, ce sont les joueurs qui le jouent, nous on aide et on ajuste. On est donc une équipe avec chacun un rôle à jouer et le résultat final est celui de l'équipe donc difficile de dire quel pourcentage est fait par quel membre de l'équipe, les joueurs, les entraîneurs, les physios, l'administration, etc.

Gère-t-on tous les athlètes de la même façon ou t'est-il arrivé de déroger à vos principes à l'occasion?

B.C Non, parce que ce sont des hommes et que personne n'est identique. Nous avons des valeurs, des principes, des symboles et un certain mode de fonctionnement qui garantissent l'identité des Carabins. Les joueurs doivent être en accord avec tout cela, ils doivent y participer et donc comme on disait en prendre la responsabilité, être garants de ces valeurs. A la base de tout il y a le principe d'humanité qui est le plus grand, il faut avoir des principes, mais aussi être capable de se dire: «je vais changer ceci ou cela parce que je travaille avec des humains et je vais expliquer pourquoi je le fais. On peut faire certaines choses lorsqu'il est question de privilégier l'humain, lorsqu'il faut aider; ce sont de jeunes adultes donc parfois il faut les aider.

Comment gère-t-on les remplaçants lorsqu'on a une saison qui ne dure que trois mois?

B.C Chaque joueur est différent, tout dépend des cas. On fonctionne par cycles donc les joueurs peuvent être là pendant 5 ans. Prenez un jeune de 1e année par exemple, s'il se retrouve sur le banc, on essaie de lui faire comprendre qu'il y a une progression à faire, ce qu'on attend, le niveau auquel on veut le voir. Un vétéran sur le banc peut parfois poser plus de difficultés et à ce moment-là, il faut être direct sur le rôle qu'on attend de lui. Dans tous les cas, le succès de l'équipe dépend de l'adhésion de tous ou de la majorité. On cherche surtout à avoir des joueurs «coachables», donc évaluer le caractère du joueur en amont peut aider dans cette gestion. On connaît pas mal de jeunes du Québec, et puis nous avons aussi la saison hivernale qui nous permet de préparer un groupe, d'établir un fonctionnement et d'identifier à qui nous avons à faire.

Raconte-nous ton match référence, celui au cours duquel votre génie tactique s'est le mieux exprimé.

B.C Oui, le terme génie tactique, je ne sais pas mais lorsque ton équipe arrive au point où tout le monde est sur la même page, que tu n'as plus besoin de trop parler parce que chacun connaît son rôle dans chaque situation et est capable de le dépasser, lorsque comme coach tu peux te retirer, alors tu as réussi. Prendre une bonne décision pendant un match c'est bien, mais la vraie réussite tactique c'est d'amener un groupe sur la même longueur d'onde sur le long terme. Peu importe qui rentre et pour combien de temps, ils savent pourquoi et ont l'habitude. Ils bougent ensemble, pressent ensemble, travaillent les uns pour les autres. L'année où on a remporté la finale contre Cap-Breton, la clé du succès a été de «s'enlever du chemin», comme dit Pat, de laisser les gars jouer. Cela a été possible parce qu'après 2-3 ans ensemble, les gars croyaient dans le système et les variations et pouvaient s'y exprimer complètement. Ils avaient gagné et perdu, mais avec la même idée. On s'est toujours ajusté à eux à mesure qu'ils gagnaient en contrôle et en responsabilité, ce qui est une réussite sur le plan tactique. La veille de la finale, comme à chaque match de championnat canadien, on analyse l'adversaire. Le message aux gars était le suivant: jouez comme vous savez le faire, l'adversaire joue de façon très directe, le terrain est super grand, il va falloir garder le ballon et c'est ce que vous faites naturellement de toute façon. On n'avait rien besoin de changer, juste de jouer parce que les gars savaient déjà tout.

On a aussi perdu deux finales ces dernières années. Pour la première, justement, je pense qu'on a trop regardé l'adversaire, essayé de faire du génie tactique et renié à la dernière minute une partie de notre système. La seconde, on savait qu'on n'était sans doute pas au point physiquement vu le nombre de blessés tout au long de la saison, mais nous avons joué comme nous savions le faire.

Et à l'inverse, quel a été le pire match de ta carrière de coach? Celui où rien n'a fonctionné comme prévu.

B.C On sait toujours, on peut essayer de se convaincre que cela ne marche pas comme prévu, mais en réalité il y a des causes, on peut le voir venir. Le résultat n'est jamais un hasard, je n'y crois pas. Le pire match pour moi a été une finale perdue à domicile contre Laval, on a pris un but après seulement deux minutes de jeu mais il y avait des signes avant-coureurs.

Selon toi, quel est le geste le plus important durant une partie de soccer?

B.C Tout est important, mais si vraiment je devais privilégier un geste ce serait la passe, pour ce qu'elle représente symboliquement. La première ou la dernière passe, peu importe, c'est elle qui lie les joueurs entre eux. Il faut penser ensemble, bouger ensemble pour y arriver. Une passe de 60 mètres qui tombe sur le pied du partenaire ou alors 20 passes à 1 ou 2 touches, rapides et avec du rythme, de l'intensité, des intentions, c'est plaisant surtout lorsqu'il y a un but à la clé.

«IL EST IMPORTANT DE QUITTER LE TERRAIN AVEC RESPECT»

Qu'est-ce que tu ne ferais jamais durant un match?

B.C Je dirais avant, pendant et juste après un match. Je vais toujours respecter le résultat et serrer la main de l'adversaire. Qu'il ait marqué avec la main, ou qu'il ait joué à 11 derrières, un résultat se respecte et n'est jamais le fruit du hasard. En général, j'ai un immense respect pour l'adversaire peu importe de qui il s'agit; il est important de quitter le terrain avec respect aussi.

Si tu pouvais inverser le résultat d'un seul match, lequel ce serait?

B.C Je respecte le résultat de chaque match, donc aucun.

Quel est l'athlète avec qui tu as adoré travailler?

B.C Il y en a trop! Adama et Abou sont des petits frères, la famille, je les ai vu grandir, on a une relation empreinte de respect, mais si je ne devais retenir qu'un joueur, un gars avec qui tout a été facile, un gars extrêmement humble, ce serait Omar Kreim. Je suis chanceux de l'avoir côtoyé, c'est certain. Je peux même te dire que j'ai appris de lui, au-delà du foot. Il ne le sait pas, mais c'est le cas, il est de ces personnes que tu ne peux qu'admirer, droites, simples et honnêtes.

Et à l'inverse, quel est l'athlète avec lequel la relation a été difficile mais avec qui le travail s'est avéré payant?

B.C La relation entraîneur-joueur et adjoint-entraîneur-joueur est une relation différente donc je n'ai pas vraiment eu de relations difficiles au niveau des Carabins. Comme assistant, il faut rester abordable. En revanche, on ne choisit jamais la facilité lors du recrutement, c'est là que réside la force des Carabins. Comme on disait plus tôt, les joueurs doivent prendre leur responsabilité et tu remarqueras le nombre de joueurs peu connus qui ont explosé dans ce programme. On a des athlètes que personne ne voit, ou n'a vu, et à qui on donne leur chance. Ça, c'est difficile, mais avec eux la patience paye. Il y a un point commun aux grands cycles de succès du programme de 2002 à 2007 puis de 2017 à 2019, ces athlètes que peu de monde aurait vus ont été les leaders. Je peux citer Alexandre Tranh-Khanh dans le passé, de Ismail Sow ou de Guy Essome Penda maintenant. Ils n'étaient pas dans les plans et ce sont de gros caractères. Je me souviens de discussions ou Mané disait: «ce petit Ismail, il faut lui donner sa chance, il a un truc». Même chose avec Guy; ce ne sont pas les gars avec de longs CV qui ont fait le succès des Carabins, mais tous ces joueurs-là. Le point commun entre Omar Kreim, Abou Sissoko, Guy Essome Penda et Ismail Sow? Aucun n'était en Équipe du Québec[1], sur les programmes nationaux ou avec l'Impact[2], pourtant, on ne peut pas dire qu'ils ont eu un rôle mineur dans les dernières victoires. Sans eux, jamais nous ne serions champions canadiens.

Les gars venant de l'académie[3] qui ont eu du succès comme Pierre Lamothe ou Fred Lajoie Gravelle, ils ont pris des responsabilités, ils ont adhéré à nos valeurs et puis ce sont de super gars et des étudiants avant tout. Même chose par le passé, les 14 titres provinciaux et les 6 médailles nationales, tu enlèves les Tranh-Khanh, Jean Jacques Golou, Étienne Godbout et je ne pense pas que le succès aurait été le même.

Il y avait plus de 70 anciens dans les estrades en ouverture du championnat canadien, des dizaines d'autres qui envoyaient des messages, tous d'origines différentes, tous avec leur parcours au sein des Carabins, mais toujours là.

Quel est le plus grand regret de ta carrière?

B.C Je n'ai pas de regret, chaque match est un privilège, on y apprend, on y vit des émotions et on a la chance de recommencer ensuite. Certains des meilleurs souvenirs de matchs en termes de qualité, d'intensité ou même de plaisir se sont soldés par des défaites.

Quelle est la promotion que tu as préféré coacher et pourquoi?

B.C La promo de 2017-2019, elle était humble, classe, travaillante et respectueuse. Il y a eu des groupes avec autant de talent, mais quel groupe! Des gars comme Fred Lajoie, Zak Messoudi, Omar Kreim, Guy Essome, Pierre Lamothe, les frères Sow, Félix Goulet, etc., ce sont avant tout de bonnes personnes.

Quelle a été ta plus grande source d'émotion en tant que coach?

B.C La dernière minute de la finale gagnée contre Cap Breton. Au moment du dernier corner pour eux, on crie pour replacer, mais les gars doivent gérer par eux-mêmes. Le marquage est catastrophique et à la réception du corner il n'y avait qu'un seul gars de Cap-Breton, mais il la met complètement au-dessus juste avant le coup de sifflet de l'arbitre. J'étais ému surtout pour tous nos anciens, pour Pat et Mané, dont le travail de toutes ces années venait d'être récompensé alors que nous étions passés près tellement souvent. Pat et Mané ont bâti ce programme de zéro, et de voir jusqu'où ils ont su le mener, de les voir avec ces titres,a été ma plus grande source d'émotion.

[1] Sélection de la province du Québec
[2] Équipe de la ville de Montréal
[3] Académie de l'Impact de Montréal

Si tu devais dire un mot au coach qui a mis le plus votre sens tactique à l'épreuve, qu'est-ce que ce serait ?

B.C Il ne s'agit pas d'une équipe en particulier, au niveau universitaire tu as des cycles. Notre principal adversaire était Concordia puis Sherbrooke suivi de Laval et UQAM, puis Trois-Rivières l'an passé. La constante, c'est qu'on a su rester au sommet pendant 20 ans. On ne se préoccupe pas trop des adversaires, on voit ce qu'ils font, on se prépare mais on essaie d'imposer notre jeu.

Quelle est ta citation préférée et pourquoi?

B.C On revient à la philosophie? Une citation de Claude Makélélé avant un match entre la France et le Brésil en 2006 à voir dans le documentaire «Rendez-vous le 9 juillet». Libre à toi de la retranscrire ou pas! Mais en général, elle signifie que tu dois croire en toi et que tu peux réaliser ce que tu veux, peu importe le défi.

Briangh Clough a dit: «Le jour où je m'en irai, Dieu devra abandonner son siège favori». Comment voudrais-tu que l'on se souvienne de toi?

B.C Comme de quelqu'un d'humble, de respectueux et qui donne tout.

Beaucoup ne le savent pas mais tu entraînes aussi au niveau civil et secondaire. Tu as entraîné le soccer intérieur au secondaire ainsi qu'extérieur au niveau régional et provincial. Parle-nous un peu de tes expériences.

B.C En fait, l'encadrement de jeunes a débuté pour moi lorsque j'avais 21 ou 22 ans. C'était avec les jeunes du programme sport-études du Lac Saint-Louis et pendant que je jouais avec les Carabins. J'ai coaché à Villa-Maria puis Paul Gérin Lajoie d'Outremont au niveau scolaire, autant des garçons que des filles. Ma plus grande satisfaction lors de ces années avec des équipes scolaires est la confiance avec laquelle ces jeunes s'exprimaient en fin de saison. Au départ, les filles se voyaient à un niveau assez moyen pour ne pas dire bas. Ce sont des équipes qui n'avaient jamais eu de succès. Les 2e années, elles ont fini par remporter les bannières. Il n'y a pas eu de magie mais surtout un grand développement de la confiance des jeunes. Parfois, il suffit de leur faire comprendre qu'ils sont bons, de leur faire voir leurs qualités, d'autres fois c'est plus long. J'essaie de transmettre mes valeurs, ce que j'ai appris quand j'étais moi-même athlète et la plus grande leçon que j'ai apprise est que tu peux aller beaucoup plus haut que tu ne le crois ou vois. Un athlète en confiance voit le niveau de ses performances multiplié. Chaque athlète a ses particularités et si tu parviens à activer les bons ressorts, il explose. Certains ont besoin de défis, d'autres d'attention. En 2013, Marinos Papageorgopoulos, qui est aujourd'hui responsable de l'Académie des Whitecaps de Vancouver, m'a proposé de venir travailler à Chomedey, un quartier super multiculturel, j'y suis finalement resté toutes ces années. Quelle expérience! Je pense qu'après 3 mois, nous avons perdu 5 de nos 14 joueurs. À l'époque, des académies privées poussaient partout et il y avait également la pré-académie de l'Impact qui venait de débuter. Les parents, par manque d'information ou de connaissance, ont tendance à se faire vendre bien des choses, on leur dit qu'il faut aller ici, là, en Europe, etc. Les jeunes ont une telle pression à 11, 12 ans et à chaque match. Il fallait bâtir, un peu comme avec les Carabins alors c'était une occasion de vraiment prendre le temps. On a donc bâti avec des joueurs que personne ne voyait ou ne pensait bons. On a instauré un cadre collectif et placé une grande confiance en ces garçons. Nous avons perdu 8 des 10 premiers matchs de la saison Hiver 2013, mais la qualité de jeu et la volonté de ces jeunes grandissait à chaque match. Les résultats ont suivi peu après: ceux qui étaient partis voulaient revenir et des nouveaux arrivaient. Au final, les résultats étaient super bons, ce sont des jeunes qui ont presque tout gagné, qui sont sans doute les meilleurs au Québec dans leur catégorie, qui jouent avec tellement de qualités et qui ont grandi comme humains. Quelques-uns sont avec l'Académie, de nombreux autres ont été en Équipe du Québec et un a même participé à la Coupe du Monde U17 avec Haïti en 2019. Et tout ceci dans un club qui est le 6e de Laval en nombre de jeunes donc presque le plus petit. Coacher en jeunes et en club est une tout autre expérience qu'avec les Carabins. Il faut communiquer, éduquer les parents, fixer des attentes réalistes et au niveau des jeunes, leur faire comprendre que leur progression individuelle est importante. Donc il faut atténuer les défaites et relativiser les victoires. On a insisté sur la qualité technique sous pression, jouer juste, la polyvalence des joueurs, l'engagement, la responsabilité et toujours l'intensité et le fait de ne jamais lâcher. On a également insisté sur tout ce qui va au-delà du terrain, c'est-à-dire l'éducation, les habitudes de vie, etc. D'un point de vue personnel, cela a été très enrichissant, j'ai pu mettre différentes idées en pratique sur du long terme. Hors terrain, les jeunes font face à des défis qui peuvent être assez sérieux,certains viennent de milieux instables et cela rend le foot encore plus important. J'ai fait plein d'erreurs aussi et j'ai vraiment appris.

«ON PARLE DE SPORT, DONC D'UNE ACTIVITÉ HUMAINE»

À quel niveau situes-tu ta marge de progression comme entraîneur?

B.C En fait, je travaille à temps plein en plus du soccer, mais si tu enlèves la contrainte de temps, les possibilités sont illimitées. On parle de sport, donc d'une activité humaine et en plus du sport le plus pratiqué au monde avec de nouveaux exemples d'animations tactiques et des évolutions constantes donc j'aurais tendance à te dire que la progression possible est infinie pour un entraîneur. Du point de vue humain, les générations changent, un joueur de 2010 et un de 2020 sont déjà très différents donc ton approche ne peut être identique. Si on parle de tactique, je ne regarde pas un match sans en retirer de nouvelles choses, de nouvelles idées. Ma façon de voir le foot évolue chaque jour en fait et c'est ce qui est intéressant. Il faut constamment se remettre en question. Enfin, il y a la dimension technologique qui est vraiment en train de grandir. À un haut niveau, les outils d'analyse et la statistique commencent à devenir importants. Les outils du coach sont nombreux, mais encore faut-il savoir les utiliser. Savoir si une équipe a été en possession du ballon 75% du temps c'est limité par contre cela peut te donner des idées si tu vas dans le détail: à quels moments et dans quelles zones on a le ballon, avec quel résultat, contre quel type d'adversaire etc. Mon idéal en termes de coaching serait d'arriver à laisser les joueurs vivre les matchs au maximum, à se sentir le moins prisonniers possibles, à retrouver un peu de l'esprit du parc où les jeunes jouent à deux contre deux ou à quinze contre quinze avec un engagement total et de la créativité. Alors oui, tu dois avoir un cadre collectif que tu dois arriver à faire comprendre aux joueurs par la pratique et le travail hors terrain. Pour moi ce cadre est surtout une définition des idées communes, comment jouer en fonction de l'espace et de la liberté des autres. Et, responsabiliser les joueurs mais ne pas les brider. Ils apportent aussi. Souvent, un joueur va courir différemment, amener instinctivement un plus et je pense qu'il faut être ouvert à ce que les joueurs modèlent et ajustent le cadre par leurs caractéristiques naturelles. Tu amènes les choses, ils les comprennent à leur façon et les interprètent ensuite. Finalement, on veut arriver à un point où les joueurs se sentent tellement à l'aise, comprennent leurs zones mais bougent au-delà, qu'ils soient imprévisibles mais toujours ensemble, toujours les uns en fonction des autres. Arriver au point où tous les joueurs sont épanouis. Quel défi! Si tu y penses comme cela et en sachant que tu atteins rarement ce genre d'équilibre, alors tu recherches toujours l'amélioration. Cela demande du développement personnel, sur les aspects tactiques, psychologiques, technologiques, sur la communication, voilà ma marge de progression... elle est infinie. Je progressais encore comme joueur à 29 ans donc comme coach je veux juste apprendre ce que je peux.

Un mot sur la Canadian Premier League en terme de développement du soccer canadien?

B.C La meilleure chose qui puisse arriver pour nos jeunes est qu'il y ait des championnats de haut niveau ici au Canada. Donc la CPL, c'est positif mais il faut plus. Et, il faut voir si ce sera viable, si on trouvera le moyen d'attirer le public.
Je pense qu'on doit aller plus loin, avoir des promotions-relégations par exemple pour vraiment faire interagir tous les clubs de tous les niveaux et offrir plus de possibilités à plus de joueurs; mais il faut les moyens surtout avec l'étendue géographique du pays. En tout cas, le statu quo n'aide pas. Il serait intéressant que les dirigeants, les équipes soient encore plus forcées de performer.
Parce que du talent il y en a. Quand on regarde Abou Sissoko, Omar Kreim et la vitesse à laquelle ils se sont imposés en CPL... Abou, il est au-dessus de ce niveau-là mais il était peu connu. On se rappellera qu'il avait été repêché par Hamilton en 2018 et non conservé au terme du camp. 1 an après il est sur le 11 d'étoiles et on parle même de la MLS pour lui! Il y a un problème déjà dans l'identification et la connaissance des joueurs.

Rangée du bas (de la gauche vers la droite): Alexandre Tranh-Kanh, Etienne Godbout, Abdoulaye Mané (coach), Pat Raimondo (coach), Vito Schiavoni (coach), Boubacar Coulibaly, Samir Kabbaj. *Rangée du milieu (de la gauche vers la droite):* Christian Ayih Akakpo, Julien Rachou, Athmane Mechouar, Jonathan Gervais Hupé (physio), Marc-André Sarrazin (physio), Guillaume Hamel (physio), Julien Letendre, Mathieu Séguin, Jean-Jacques Golou. *Rangée du haut (de la gauche vers la droite):* Julien Brière, Hermann Zé, Rachid Benhaj, Robin Lim, Olivier Gonzales, Joel Dimitri Nana, Said Mekary, Julien De La Riera, Alexandre Joyce, Karim Toumi, Jean-François Dazé.
Absent: Nabyl Bekraoui.

Au niveau universitaire, le cadre est professionnel et les joueurs complètent leur développement. Je crois qu'on fait notre part de façon sérieuse. Mais ensuite, quel est l'incitatif pour les clubs de MLS ou de CPL de vraiment chercher et trouver un Abou?

Il n'y en a pas vraiment. Parce que cela demande plus de ressources et de temps alors qu'on fonctionne toujours sur du court terme et avec la garantie de n'avoir aucune concurrence proche.

Un club termine dernier en MLS ou en CPL, il sera là l'an prochain. Plus il y aura de compétition, plus on sera forcé d'investir à long terme, de développer des jeunes réellement. Alors la CPL c'est un pas dans la bonne direction mais simplement un pas. La CPL essaie de travailler avec USPORTS et les quelques gars de 5e année de chez nous ou Cap-Breton font très bien en CPL.

Je pense que le soccer de jeunes, le professionnalisme que tu trouves au niveau universitaire, le semi-pro puis la CPL et la MLS sont complémentaires et peuvent permettre aux joueurs d'avoir un parcours complet de développement. Et pour finir par jouer pro ici au Canada.

QUELLE ÉQUIPE!

Le milieu de terrain en diamant avec J-J Golou, Nabyl Bekraoui, Rachid Benhaj (je complétais en jouant derrière les 3 comme 6) ressemble à celui de 2017-2019 (avec Sissoko, Kreim, Lamothe), peut-être avec plus de technique, de qualité de dribble mais moins d'équilibre. Rachid est le meilleur dribbleur qu'on ait eu (petits ponts, crochets, ambidextre en plus). Nabyl est sans doute le joueur du plus haut niveau (ancien pro au Portugal, très rapide, endurant et un pied droit incroyable). J-J Golou lui était super polyvalent et combatif. Et puis derrière Samir Kabbaj, un 10 transformé en défenseur central, Etienne Godbout, Christian Ayih Akakpo et Julien Rachou qui était un sacré joueur. Devant, on avait Alex Tranh Kanh et Julien De La Riera. Cette équipe est demeurée invaincue aux championnats nationaux mais le format de l'époque (deux groupes de trois) fait qu'avec un score nul au premier match, on a gagné que la médaille de bronze mais quelle équipe! Notez aussi que cette même équipe a un peu bousculé l'Impact à plusieurs reprises en matchs amicaux.

MONTRÉAL
adidas

KEVIN MCCONNELL

UDEM

«Chaque match a une histoire et finit par un résultat», que t'évoque cette phrase?

K.M La réalité, c'est qu'il y a un résultat à la fin de chaque match mais on vit plein de choses pendant les 90 ou 120 minutes, voire plus, qu'il dure.

Qu'est-ce qui t'a donné envie de faire ce métier d'entraîneur?

K.M Tout d'abord parce que j'ai une passion pour le sport; ensuite parce que mes années universitaires comme joueur ont été les meilleures années de ma vie. J'en ai gardé les plus beaux souvenirs et les plus grandes amitiés. Je voulais m'impliquer plus et je l'ai fait avec John Abbott quand j'ai quitté McGill en 2001. J'ai passé tous les automnes depuis 1993 (à part 1999 où j'ai enseigné en Angleterre) soit comme joueur, soit comme entraîneur au collégial ou à l'université. La raison principale pour laquelle je suis là, c'est que je voulais créer un environnement justement où nos étudiants-athlètes pourraient se créer ces souvenirs et ces amitiés.

Faut-il forcément avoir été un bon joueur pour être un bon entraîneur, sachant que tu étais réputé pour être un joueur très technique?

K.M C'est certain que ce n'est pas nécessaire, mais y a certaines personnes qui vont dire que ça pourrait nuire aussi. Ce qui est important c'est d'avoir la passion, de vouloir aider des personnes, des joueurs et d'avoir les capacités pour le faire. Il n'est pas nécessaire d'être capable de faire quoi que ce soit sur le terrain. Il faut juste être capable de créer un environnement qui va aider les étudiants athlètes à atteindre leur plein potentiel.

Quelle est la plus grande qualité d'un entraîneur selon vous?

K.M Bonne question! Je dirais l'honnêteté! C'est certain que nous avons la possibilité d'avoir une grande influence sur des personnes avant tout et sur les athlètes et c'est important que nous soyons honnêtes dans nos discours et dans notre communication avec eux. Il y a plein d'autres facteurs qui sont importants, mais l'honnêteté demeure le plus important.

Comment fait-on pour faire jouer une équipe lorsqu'on a moins d'un mois pour faire connaissance avec la totalité de son effectif?

K.M Nous essayons d'observer le plus possible les forces et les faiblesses des individus et du collectif puis nous à partir de ces informations nous montons une équipe avec le plus de chance de succès. C'est certain que c'est un défi mais un défi que l'on relève avec beaucoup d'enthousiasme et de positivité. Dans la vie, le changement est une constante, j'apprécie énormément qu'il y ait un renouvellement chaque année au sein du programme.

D'après Aimé Jacquet, «Le football est le reflet de notre société. Regardez bien l'expression d'un joueur sur le terrain, c'est sa photographie dans la vie». Sur quels critères vous basez-vous pour recruter vos étudiants-athlètes?

K.M Avant tout, nous voulons recruter de bonnes personnes. Des individus qui ont de l'ambition, qui veulent atteindre leur plein potentiel, qui sont là pour les études en priorité et qui veulent faire partie d'une vraie équipe qu'on essaie de recréer chaque année. Cela fait plusieurs années maintenant qu'on utilise des termes analogiques: on est en train de construire et de créer notre équipe tout au long de la saison. Nous voulons des individus qui veulent faire partie de ça. Nous voulons des individus qui ont l'esprit ouvert, qui seront honnêtes avec nous, qui seront transparents et évidemment on veut avoir des caractères forts, capables d'imposer leurs qualités sur le terrain et enfin, nous voulons avant tout de bonnes personnes ici. J'ai eu la chance et le grand privilège d'avoir côtoyé plein de personnes formidables, quelques joueuses exceptionnelles, mais surtout beaucoup de personnes fantastiques.

«ÇA NE S'EXPLIQUE PAS, ÇA SE RESSENT, C'EST TOUT!»

Puisque nous parlons de personnalités, comment agis-tu en entrevue pour évaluer une joueuse qui conviendra à ce que tu recherches?

K.M Je réalise que oui j'ai un feeling dès le début. Pouvoir identifier qui va être un bon «fit» dans ce que nous essayons de faire ici, là ou avec d'autres, qui ne va pas bien fonctionner où, le tout sans fermer la porte à qui que ce soit. Après, c'est certain qu'on a des sentiments et en vieillissant, nous restons à ces sentiments. Ça ne s'explique pas, ça se ressent, c'est tout!

Quelle est la philosophie inculquée par Kevin McConnell quand il rencontre ses athlètes pour la première fois?

K.M Nous sommes là parce que c'est un sport et les sports en fin de compte, ça nous apporte du plaisir. Nous voulons avoir du plaisir en tout temps et nous on est là parce nous sommes passionnés par ce sport. Nous sommes passionnés par le sport d'équipe, le collectif, créer quelque chose qui est plus grand que l'individu. Cela fait partie de ce que nous recherchons en tout temps: jouer avec plaisir, faire de son mieux en tout temps, être des travailleurs qui ne lâchent jamais. Nous voulons avoir cet esprit de plaisir de combativité, de compétition en tout temps sur le terrain que ce soit un match ou un entraînement,un jeu de soccer ou de tennis, nous voulons avoir du plaisir. Nous voulons avoir une influence sur les coéquipières et sur les autres individus qui font partie de l'équipe.

Quelle est ta routine d'avant match?

K.M J'ai cessé de penser à mettre les points sur les «i» et les barres aux «t». Nous assurerons de faire tout ce qui est en notre pouvoir pour aider l'équipe à bien performer parce que nous savons que pendant le match nous n'allons pas pouvoir faire grand-chose. Mais c'est une des beautés de notre sport. Nous essayons de préparer les individus et l'équipe pour qu'ils soient indépendants de nous. Nous pensons seulement à un petit discours collectif et quelques conversations ici et là. Nous avons juste hâte au match.

Faut-il imposer son style de jeu ou s'adapter à l'adversaire en face?

K.M Nous imposons notre jeu et nous l'adaptons en fonction des demandes et circonstances tout au long d'un match. Nous focalisons toute notre énergie sur ce que nous pouvons contrôler. Nous ne pouvons pas contrôler l'action d'un adversaire, individuellement comme collectivement, comme nous ne pouvons pas contrôler une décision de l'arbitre ou encore la température. Nous mettons toute notre énergie sur ce que nous pouvons faire. Il y a de petits facteurs qu'on doit prendre en compte selon les individualités d'un adversaire ou les équipes qui jouent, mais c'est vraiment un petit œuf comparé aux centaines de milliers d'œufs que nous mettons dans notre propre panier.

Carabins de Université de Montréal 2-0 Vert et Or de Sherbrooke (11')

Quelle est la part de l'entraîneur dans le résultat final selon vous?

K.M Je crois que l'impact de l'entraîneur sur les résultats d'un match est vraiment dérisoire comparé au travail des individus sur le terrain. Cela dit, nous essayons de maximiser notre influence positive sur notre équipe pour les aider à atteindre les résultats qu'ils souhaitent. Je pense qu'un entraîneur peut être plus nocif que bénéfique sur les performances d'une équipe. Par rapport aux résultats que l'équipe va avoir, j'essaye juste de donner des conseils qui vont augmenter leurs chances de succès. Si je leur mets des contraintes, cela peut avoir un effet néfaste sur la performance.

Il t'arrive pourtant de faire un changement gagnant, par exemple si je prends le match contre l'UQAM au Cepsum où vous l'avez emporté avec un score de 1 à 0, tu fais entrer en jeu Nahida Baalbaki et juste après s'en suivent un débordement d'Alexa Arsenault et un but de Baalbaki. Peut-on crier au génie?

K.M Ce sont les joueuses les véritables génies, pas les coachs. Cela dit, les changements font partie des petites influences qu'un entraîneur peut avoir sur le déroulement d'un match. Encore, ce n'est pas une décision de génie, c'est juste une action d'une joueuse de génie, tout simplement.

Gère-t-on tous les athlètes de la même façon ou t'est-il arrivé de déroger à vos principes à l'occasion?

K.M Tout le monde a droit au même traitement. Nous sommes honnêtes avec les joueuses et nous les traitons avec respect. Nous avons à cœur leur expérience puis leur cheminement vers le développement de leur plein potentiel. Nous traitons tout le monde de façon égal de ce côté-là. Cela dit, il y a des individus qui ont besoin d'être gérés d'une certaine façon et d'autres qui ont besoin d'autres choses. Il y a des individus qui ont besoin d'un peu plus et y en a d'autres qui ont besoin d'un peu moins. Mais de façon générale, tous les individus, masculins ou féminins, jeunes ou vieux, ont beaucoup de similitudes; tout le monde veut qu'on fasse preuve de respect et d'honnêteté envers lui. Nous avons de l'énergie pour tout le monde et pour toutes celles qui veulent le bien de l'équipe.

Comment penses-tu justement que tes diplômes et ton expertise en psychologie peuvent aider dans ce sens?

K.M J'ai mon bac en éducation physique et une maîtrise en psychologie du sport. Je pense qu'il serait difficile de trouver un bon entraîneur qui ne réalise pas que c'est ce qui se passe entre les oreilles qui est primordial pour la performance de l'individu et l'équipe. Bien entendu, les expériences que j'ai vécues lors de mes études, mais aussi évidemment lors de mes années comme entraîneur, et comme joueur, m'ont aidé à gérer des individus puis gérer une équipe.

Comment gère-t-on les remplaçants lorsqu'on a un si long cours à gérer?

K.M La réalité est que quand on a tellement de matchs en si peu de temps, la profondeur c'est très important. Nous essayons de convaincre tous ceux qui passent par chez nous de l'importance de tous au succès de l'équipe. Nous voulons faire face à un adversaire plus redoutable le mardi, le mercredi, le jeudi (jours d'entraînement), que les vendredis et dimanches (jours de match). C'est ce que nous préconisons, nous essayons de créer un environnement où toutes les joueuses, peu importe si elles sont sur l'alignement partant, sur le banc ou dans les estrades, réalisent qu'elles ont une influence sur l'équipe. Cette influence peut être positive comme elle peut être négative. De plus, on veut qu'elles réalisent qu'elles ont toutes la capacité de descendre des estrades, d'aller sur le banc et d'embarquer sur le terrain et vice versa.

«NOUS SOMMES PRÊTS À TENTER LE TOUT POUR LE TOUT»

Tu as eu une idée que je n'ai encore jamais vue de mémoire c'est l'idée du changement de gardienne par une joueuse de champ. À part peut-être une fois contre Sherbrooke où ça n'a pas marché dans la finale RSEQ en 2012, c'est vraiment une stratégie qui cause beaucoup de fil à retordre à tes adversaires. Comment t'est venue cette idée?

K.M Je l'ai vécu comme joueur quelquefois avec mon collègue ici, Pat Raimondo. Ce sont juste les circonstances lorsque tu tentes le tout pour le tout. À McGill, c'est vrai que ça n'arrivait pas très souvent qu'on tire de l'arrière je dois dire, mais quand c'est arrivé, peu importe que ce soit avec le club civil, avec les Lakers ou avec l'université de McGill, il faut juste être créatif pour voir comment nous pouvons aider à créer une autre occasion pour aller chercher le but. On espère bien que notre gardienne de but reste dans les buts, c'est vrai, mais si c'est nécessaire et que le contexte le demande, nous sommes prêts à tenter le tout pour le tout.

L'expression «goal volant» prend vraiment là tout son sens avec tous les hors-jeu que cela crée pour l'adversaire...

K.M Cela peut semer le chaos et ça peut nous donner des virements de possession qui sont importants à ce moment-là quand il reste à peine quelques minutes à faire. C'est vrai qu'il y a eu un moment où ça n'a pas fonctionné, mais ça n'a pas changé le fait que ça nous ait apporté plus de bénéfices que l'inverse. Et entre nous, je dois dire que quand ça n'a pas marché lors de la finale contre Sherbrooke en 2012, quand nous étions menés de 1 à 0, le juge de touche a levé le drapeau pour signaler le hors-jeu et notre «défenseure centrale-gardienne de but» s'est arrêtée est redescendue et a laissé l'attaquante adverse partir toute seule au but,c'est comme ça!

Le 3-5-2, ton système depuis maintenant environ quatre ans à peu près...

K.M (Il coupe), mais tu sais quand on parle de 3-5-2, je ne sais pas. Moi ce n'est pas un 3-5-2, c'est peut-être un 5-3-2.

Tu joues sur les mots comme Thierry Henry là... (Ndlr: à un journaliste qui lui avait demandé en conférence de presse après le match contre le Deportivo Saprissa si l'Impact avait joué dans un 5-3-2, l'entraîneur montréalais avait répondu par la négative en avançant que ce n'étaient que des chiffres, seule l'animation comptait)

K.M Non j'ai à cœur de le préciser. Je vais garder l'esprit ouvert jusqu'à ce que je parte de ce monde-là mais ce ne sont pas les chiffres qui sont importants. Ce n'est pas la «formation» qui est importante, c'est l'animation, les grandes lignes tactiques de l'équipe et les rôles et responsabilités des individus, c'est tout cela qui est primordial. Si tu prenais deux de nos anciennes, une de la génération de 2005 et une de celle qui a gradué récemment, je pense qu'elles tiendraient le même discours, je l'espère, en tout cas. En tant que coachs, nous essayons de promouvoir cette idée-là. J'ai ce petit souci quand on mentionne un 4-4-2, un 3-5-2 ou un 4-3-3 ou peu importe, comme facteur important au succès d'une équipe. La réalité est que c'est l'animation de cet effectif qui est importante.

«NOUS NE SOMMES PRISONNIERS D'AUCUN SYSTÈME»

Des ailières qui percutent balle au pied, ce fameux 10 à l'ancienne derrière les attaquantes, comment tout cela t'est venu?

K.M Même ces dernières années, bien que nous jouions avec cette animation, il y a des nuances et des adaptations à l'intérieur du jeu proposé. C'est vraiment en fonction de nos outils comme on en avait parlé auparavant. On observe et on se dit: «Mais qu'est-ce que nous avons à notre disposition?» Nous voulons juste mettre le schéma et l'animation, appelle cela comme tu veux, pour augmenter nos chances de succès. Ça peut changer d'une semaine à l'autre comme ça peut changer au cours d'un match, mais c'est vraiment juste en fonction de nous et de ce qui augmentera nos chances de succès; nous ne sommes prisonniers d'aucun système.

Véronique Laverdière (52') Montréal
Université de Toronto, 12 novembre 2009
Carabins de Montréal 3-2 Toronto Varsity Blues

«AVOIR LE BALLON AVEC UN OBJECTIF, POUR MENER À QUELQUE CHOSE ET ARRIVER QUELQUE PART»

On tombe dans le tragique: le «Ugly Kevin». Tes adversaires te reprochent souvent de gagner, mais que ce n'est pas beau. Comment défends-tu ta façon de jouer?

K.M Tout d'abord je ne sais pas de quelle façon ils parlent; tout ce que nous essayons de faire c'est de créer le plus d'opportunités possibles, de marquer le plus de buts puis de réduire le plus possible les opportunités pour l'adversaire tout simplement. À vrai dire, je ne sais pas mais quand on me parle de ma «façon de jouer», je n'ai probablement pas la même perception de ce qu'est cette «façon». Si j'étais un entraîneur de water-polo, de basket, de rugby, de lacrosse ou peu importe, ce serait le même discours et la même façon de faire. On veut essayer de créer le plus d'occasions possibles, arriver dans le tiers offensif le plus souvent possible avec le ballon en notre possession et à l'inverse, réduire ces opportunités pour l'adversaire: voilà notre façon de jouer. Il ne s'agit pas de faire de la possession pour faire de la possession, c'est avoir le ballon avec un objectif, pour mener à quelque chose et arriver quelque part. Ce n'est pas un long ballon à tout prix, ça c'est un faux discours et ça ne pourrait pas être plus faux. C'est un long ballon quand les circonstances nous amènent à un long ballon. C'est un ballon aérien quand les circonstances nous le demandent. C'est un ballon au sol, c'est un ballon de deux verges vers le côté, c'est un ballon en arrière, etc., c'est juste en fonction des circonstances du jeu; ce sont des circonstances qui changent continuellement. Nous sommes toujours guidés par nos grandes lignes tactiques, c'est une certitude mais il n'y a pas un jour où nous avons décrété que nous allions promouvoir un long ballon comme obligation, absolument pas. La réalité est que quand on peut jouer vers l'avant, on joue vers l'avant, tout simplement! D'après moi, tous les bons joueurs et toutes les bonnes équipes, à tous les niveaux, et à travers tous les sports comme le nôtre, feraient la même chose, n'est ce pas?

C'est donc un faux débat de tes détracteurs?

K.M Je ne sais pas, je n'ai pas l'énergie pour ça. Je ne sais pas s'il y a des détracteurs et de quoi ils discutent mais si j'ai une discussion avec qui que ce soit à ce sujet comme nous le faisons présentement: voilà mon discours! Je pense que nous jouons super bien au ballon ici à l'UDEM. Je pense que nous jouons un super beau jeu. Évidemment l'animation de nos grandes lignes tactiques n'est parfois pas à la hauteur de nos attentes, mais nul n'est parfait.

Parlons maintenant de gestion d'effectif, il y a 4 ans tu fais face à une mini-révolte de vestiaire où les filles veulent changer certaines choses. Comment as-tu appréhendé la situation?

K.M Ce que nous avons vécu en 2016 trouve son origine début 2012 lorsque nous avons eu la moitié de l'effectif qui a gradué, quand nous avons perdu en 2011 la finale aux tirs au but pour la deuxième fois en trois ans, cette fois contre l'université de Queen's et la plupart de notre leadership était parti. Nous avons eu une grande cuvée de recrues qui rentrait avec plein d'expérience avec l'équipe nationale u20, u17, etc. Alors sur l'effectif on avait une douzaine de recrues, soit la moitié de l'effectif, certaines avaient des caractères quand même forts et de l'influence.

Nous avons essayé d'être honnêtes. Je crois énormément dans le potentiel de tout le monde, je crois dans mes capacités d'éducateur à essayer d'alimenter les pensées des autres, d'avoir une influence positive et pour ce faire, on a besoin d'avoir les esprits ouverts. J'ai essayé par tous les moyens de convaincre certaines personnes qui avaient des idées prédéterminées, de notre façon de voir les choses, nos grandes lignes, etc. C'est la meilleure façon pour nous de progresser, d'augmenter nos chances de succès et de les développer comme joueuses et comme personnes. Après cette année 2012, quand nous avons perdu la finale provinciale, on a pris encore plus de mesures pour essayer de convaincre tout le monde de la nécessité de ramer dans la même direction. Il y a eu une légère amélioration et nous avons remporté le championnat provincial de nouveau en 2013 puis perdu la finale du championnat canadien, mais la réalité est que l'atmosphère n'était pas bonne. Comme je l'ai dit, ce que nous avons vécu en 2016 trouvait son origine en 2012. C'est une expérience crève-cœur et je ne souhaite à aucun entraîneur d'avoir comme moi un ancien capitaine, quelqu'un qui a passé six ans ici avec nous, faire une plainte à l'administration en mentionnant que je n'étais pas la bonne personne pour mener le programme tout simplement. Évidemment, ça m'a profondément blessé parce qu'à aucun moment au cours de ces six années, nous n'avons eu cette discussion. Nous essayons d'être honnêtes, de créer cet environnement d'honnêteté, je ne sais pas.

(Il marque une pause) Je peux soupçonner d'où ça vient mais comme j'ai élaboré, il y avait des graines qui étaient plantées en 2012. J'espère qu'éventuellement j'aurai l'occasion d'avoir une discussion ouverte et franche avec cette personne pour essayer de mieux comprendre comment les choses ont pu en arriver là et s'il aurait pu en être autrement. Voilà ce que j'ai vécu à ce moment-là et ce que le programme a vécu. Nous avons utilisé tout ça comme motivation pour toutes celles qui sont revenues, non pas pour chercher les résultats, mais pour nous assurer d'avoir cet environnement d'honnêteté, cet esprit d'équipe unie. Depuis ce moment, nous avons réussi à avoir une équipe unie, comme on avait auparavant, et quand nous avons une équipe unie tout est possible.

«JOUER ET REMPORTER LA FINALE, C'ÉTAIT LA CERISE SUR LE GÂTEAU. MAIS VRAIMENT, LE GÂTEAU, C'ÉTAIT TOUTE LA SAISON»

Revenons maintenant en 2017, la consécration et ce premier titre canadien, comment l'as-tu vécu de l'intérieur?

K.M Je dois dire que c'est vraiment toute la saison qui était un pur bonheur. Jouer et remporter la finale, c'était la cerise sur le gâteau, mais vraiment le gâteau c'était toute la saison. Tu vois on avait une vraie équipe unie où les besoins de l'équipe passaient avant les besoins individuels. Il y avait le sourire tout le temps, mais il y avait du travail quotidiennement à chaque entraînement et ça, c'était tellement agréable. Nous fournissions de gros efforts pour être certains à 100 % qu'on avait un environnement d'honnêteté. On peut dire des choses qui sont difficiles à dire, mais on se doit de les dire au lieu de les garder à l'intérieur et c'est pour ça que c'était une des saisons qui m'a apporté le plus de bonheur parce que tu le sentais chaque jour. Tu le sens quand tout le monde va dans la même direction. Nous avions connu cette réalité d'autres années et ça n'a pas abouti au titre de champion canadien mais la saison en tant que telle ces années-là en 2009, en 2011 et même auparavant était vraiment similaire à celle de 2017. Je dois dire évidemment que terminer la finale avec la victoire, c'était un soulagement plutôt qu'une excitation parce que quand tu arrives au bout, c'est difficile et c'est lourd mentalement: deux défaites en penalty (en 2009 et en 2011) et une autre défaite avec un but à douze minutes de la fin contre ton propre camp (en 2013), c'est difficile. Alors en 2017 c'était un grand soulagement, vraiment un grand soulagement. Cela dit, ce n'est pas la finale que je vais garder comme bon souvenir de cette saison mais plus le quotidien et l'équipe vraiment unie qu'on a créée.

Tu es réputé pour une grande qualité auprès de tes anciennes joueuses, c'est de beaucoup les faire travailler autant sur leurs points forts que sur leurs points faibles. Tu peux passer par exemple énormément de temps à parfaire leur protection de balle. Comment détectes-tu ces petits détails à travailler?

K.M Comme nous en avions parlé auparavant, il s'agit d'observer et, en fonction de ce que nous avons cette année-là, de mettre des mesures en place pour augmenter nos chances de succès. Si tu veux réduire ça à l'individu, nous allons essayer d'identifier les qualités et de les maximiser tout simplement puis de donner les conseils qui vont augmenter leurs chances de succès. Cela va se matérialiser par le fait qu'elles vont se retrouver plus souvent sur le terrain où elles vont devenir l'une des meilleures joueuses de la province tout simplement.

Ton match référence? Celui où le génie tactique de ton staff s'est le mieux exprimé?

K.M Je ne veux pas parler du génie du staff, parce qu'autant que je sois chanceux d'avoir un bon staff, nous ne sommes pas des génies. Nous faisons du mieux que nous pouvons et c'est tout, mais c'est certain qu'il y a des matchs qui ressortent juste en fonction des événements qui se sont produits. En 2004, l'année avant que je ne sois nommé entraîneur-chef, j'ai été impliqué avec Chantal Daigle. J'étais là seulement une fois par semaine et parfois pour les matchs à domicile et nous recevions Laval vu que nous avions terminé deuxièmes et, elles, troisièmes dans la saison régulière. C'était la demi-finale et nous nous sommes fait mener 3-0 à la 65e minute. Nous sommes revenus à un score de 3 partout et nous avons gagné en prolongation grâce au but en or de Sandra Couture. Tu vois, tu veux créer ces individus qui continuent de croire jusqu'à la fin. Voilà un bon exemple. Et même si le championnat canadien qui a suivi ne s'est pas terminé de la façon souhaitée, c'est certain que toutes celles qui étaient là se souviendront de ce match tout comme en 2009 et notre première présence en finale canadienne. Nous avons joué le quart de finale contre l'équipe hôte, l'université de Toronto. À la mi-temps nous étions menés de 2 à 0, mais je dois dire que ça aurait facilement pu être 4 voire 5 à 0. Après avoir passé une saison où nous étions sur une bonne lancée et plein de confiance, tout d'un coup, nous nous faisions mener 2 à 0. Mais à la mi-temps, nous l'avons pris comme une opportunité de montrer notre caractère. Les filles ont réussi à revenir dans le match pour l'emporter 3-2. Alors c'est dans ce genre de match où tu as la force de caractère qui se révèle sur le terrain, la conviction, la confiance en soi et en les coéquipières. C'est ça qui crée vraiment des moments spéciaux.

«C'EST SE METTRE ENCORE PLUS LES CROYANCES DANS LES VOILES»

Et puis, si tu regardes bien, il y en a d'autres justement. Tu avais parlé du fait de retirer le gardien de but de temps en temps, mais imagine-toi qu'il y avait un match en 2007 où nous étions menés 3 buts à 0 à Concordia dans la saison régulière, parce qu'à ma connaissance nous n'avons jamais perdu contre Concordia dans la saison régulière, en tout cas pas depuis très longtemps. Nous étions menés 3 à 0 à la 87e minute et nous avons réussi à égaliser avec 3 partout; ça aurait même pu se terminer sur 4 ou 5 à 3 en notre faveur. C'est juste de ne jamais perdre espoir de continuer à croire et une fois que ça rentre... Mon dieu! C'est se mettre encore plus les croyances dans les voiles et ce sont des circonstances qui sont vraiment mémorables.

À l'inverse le pire match de la carrière de coach? Celui où rien n'a fonctionné comme prévu?

K.M La première qui me vient en tête c'est la finale de 2012 car ayant été suspendu pour la finale, je me sentais incapable de faire quoi que ce soit. J'ai été expulsé lors de la demi-finale contre Laval à la 96e minute. C'était vraiment frustrant parce que je ne pouvais pas assister au match et c'était un genre de match où pas grande chose ne fonctionnait du début jusqu'à la fin. J'étais vraiment à l'écart, même si l'influence de l'entraîneur est vraiment limitée pendant le match, elle existe quand même. Nous pouvons faire des changements, des discours à la mi-temps, mais je n'avais pas de voix, pas de jambes et ça, c'était vraiment difficile à gérer. Évidemment il y a des choses qui arrivent, mais c'est certain que, malgré le fait que le rôle d'un entraîneur soit très limité pendant un match, je préfère être sur le banc qu'en tribunes. Sinon la finale du championnat provincial contre Laval en 2016 et 2017 ou on a perdu les deux fois avec un score de 1 à 0. En 2016, à dix minutes de la fin puis en 2017 en prolongation, où les buts pour l'adversaire viennent sur des dégagements contrés de nos défenseures centrales. Tu vas passer le reste de ta vie sans jamais le revoir une fois et, nous, nous l'avons vécu deux fois consécutivement lors de la finale provinciale.

Quel est le geste le plus important pour toi durant une partie de soccer?

K.M Avant tout je pense que pour le bien de l'effectif, celui-ci doit ressentir que tu es serein, confiant, engagé à 100% et animé s'il le faut, mais avant tout que tu sois serein, que tu aies confiance en toi et en les individus dans l'effectif et dans l'équipe qui va performer sur le terrain.

Qu'est-ce que tu ne ferais jamais durant un match?

K.M Dénigrer, je ne dénigrerai jamais une de nos joueuses ni une joueuse du camp adverse, c'est une certitude. Je ne vais jamais dénigrer non plus un arbitre, ça n'arrivera jamais.

Si vous pouviez inverser le résultat d'un match, d'un seul, lequel ce serait?

K.M La finale du championnat canadien de 2011 contre Queen's parce que nous avions beaucoup de joueuses de l'effectif qui était à leur quatrième ou cinquième année et qui allait graduer, c'était leur dernier match. Elles étaient passées tout près en 2008, 2009 ainsi qu'en 2010. Si je pouvais laisser rentrer quelques-uns de nos penaltys et quelques penaltys contre nous qui ne rentraient pas. Si je pouvais retourner dans le passé justement pour que les filles terminent avec ces beaux souvenirs. Je suis persuadé toutefois que même si les filles n'ont pas eu ces beaux souvenirs, cette cerise sur le gâteau à la fin du match, elles ont quand même terminé avec de bons souvenirs de cette saison. Autant que mon championnat canadien comme joueur m'a apporté du bonheur. Si je pouvais changer celui que, moi, j'ai gagné en 1997 juste ma part, je la laisse avec mes coéquipiers. Si je pouvais offrir ma médaille en 2011 avec les individus qui ont obtenu leur diplôme, je le ferai avec plaisir. C'était vraiment spécial cette année-là. Imagine, nous étions sur une suite de sept matchs consécutifs au championnat canadien en prolongation. Tu vois comment c'est lourd mentalement? La finale en 2009, les quarts de finale en 2010 à l'île du Prince-Édouard, la demi-finale et le match de consolation avec les tirs au but aussi. En 2011, nous revenons dans le match contre Laurier pour gagner aux tirs au but. En demi-finale on revient contre l'université McGill, qui était l'hôte cette année-là en prolongation, et en finale c'était la septième prolongation. C'est clair que j'aurais bien aimé changer le résultat de ce match.

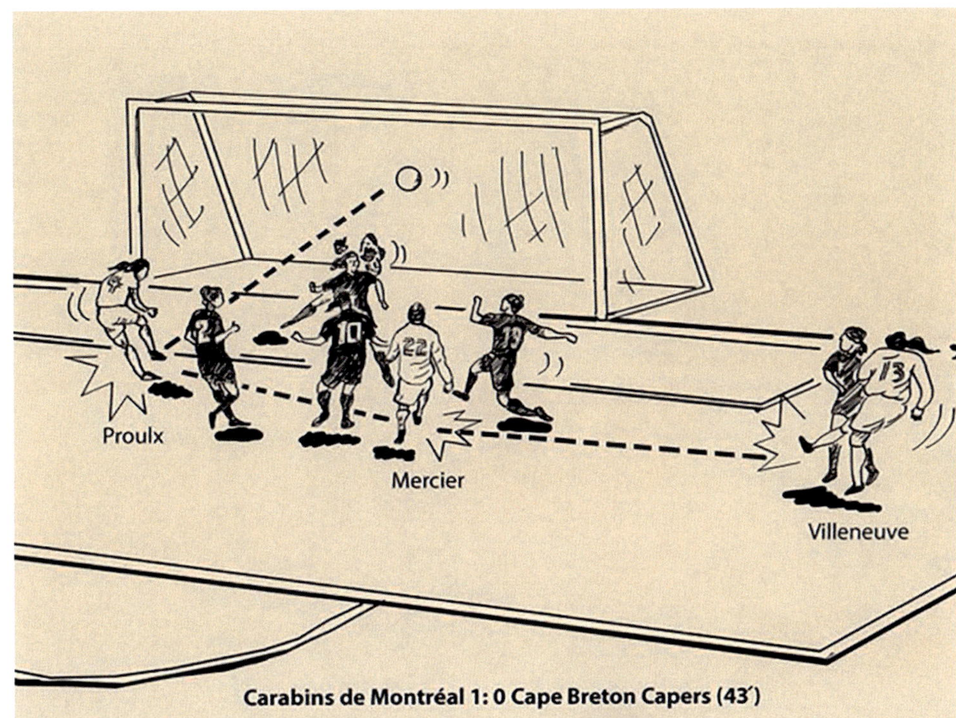

Carabins de Montréal 1: 0 Cape Breton Capers (43')

«J'AI EU (...) LA CHANCE D'AVOIR PLUS D'UNE CINQUANTAINE DE PERSONNES EXCEPTIONNELLES»

Avec quel athlète as-tu adoré travailler?

K.M J'ai eu la chance d'avoir quelques joueuses exceptionnelles, mais j'ai eu aussi la chance d'avoir plus d'une cinquantaine de personnes exceptionnelles, c'est ce qui m'apporte le plus de bonheur. Ce sont vraiment de bonnes personnes, ça ne serait pas bien d'en nommer une ou deux parce qu'il y en avait tellement. J'ai une grande affinité avec plusieurs et ça fait 15 ans maintenant. J'ai vraiment eu la chance d'avoir des personnes exceptionnelles qui font bien sur le terrain, mais qui sont des individus qui m'ont énormément influencé. Je pourrais dire la même chose avec mes coéquipiers à McGill aussi, et même avec certaines des joueuses que j'ai entraînées à John Abbott. Je pense que ça ne vaut pas la peine d'en nommer quelques-unes.

Carabins de Montréal - Vice-championnes canadiennes 2011-2012 à Montréal (McGill)

De la gauche vers la droite : Assis au premier rang : Emmanuelle Béliveau, Valérie Labelle, Claudiane Tremblay, Nadine Hudon-Paquette (entraîneure-assistante), Kévin McConnell (entraîneur-chef), Salim Brahimi (entraîneur des gardiens), Véronique Maranda, Cathérine Delmas-Frénette, Marylise Monchalin. *Au second rang :* Émilie Chamard, Chloé Bouclin-Sabourin, Virginie Lévesque, Isabelle Dumais, Sarah Thérien, Gabrielle Gauthier, Martine Julien, Kim Brulé, Éva Thouvenot, Claire Robbins, Audrey Lagresle. *Au troisième rang :* Chantal Daigle (préparatrice physique), Lina Thériault, Steffy Roy-Ouellet, Aurélie Tremblay, Myriam Boulianne Abou-Gharrach, Samantha Gauthier, Sophie Pominville, Laura Chénard, Caroline Legault, Audrey-Ève Jutras (physiothérapeute), Myriam Lafrance (physiothérapeute).

Et à l'inverse, y-a-t-il eu un athlète avec qui la cohabitation a été difficile au début, mais avec qui le travail s'est avéré payant?

K.M Je pense que je vais parler des quelques joueuses qui étaient prises dans l'effectif la première année et qui n'ont pas joué du tout et ont passé l'année dans les estrades; il y en a même quelques-unes qui ont passé une grande partie de leur deuxième année dans les estrades, mais qui ont réussi à maximiser leur potentiel et à se tailler une place au cours de leur troisième année sur l'alignement partant puis sont passées tout d'un coup des estrades à l'alignement dans une finale de championnat canadien. C'est valorisant de savoir que quelqu'un malgré des déceptions au courant d'une saison, et même plus,est capable d'avoir la force mentale de continuer à croire et de continuer à se développer et ça porte fruit. C'est à cause de leur travail, de leur esprit ouvert et de leur force mentale parce que ce n'est pas facile d'être capable de faire cela. Je ne veux pas les nommer. Si je les nommais maintenant, beaucoup ne les reconnaîtraient pas, mais elles ont eu une influence tellement incroyable sur moi et aussi sur le l'évolution des équipes dont elles ont fait partie au cours de leurs années.

Quel est ton plus grand regret?

K.M Être entraîneur pour moi, c'est avoir une influence sur les autres et évidemment cette influence peut être positive ou négative. Je fais de mon mieux pour créer cet environnement et avoir une influence positive sur les autres comme personne avant tout, mais avec mes expériences de joueur et mes expériences d'entraîneur je sais sans aucun doute que je suis à l'endroit où je veux être. Mes années universitaires étaient marquantes pour moi comme individu et comme joueur. Avec le travail que nous sommes capables de faire ici avec les personnes que nous sommes capables de recruter ici dans la grande institution de l'Université de Montréal, je ne peux pas concevoir un meilleur endroit pour être entraîneur. Je n'ai aucune ambition de devenir l'entraîneur d'une académie ou de l'équipe nationale parce que j'ai l'avantage de voir les joueuses ici quotidiennement, année après année pour plusieurs. Je ne peux pas concevoir un autre environnement où nous pouvons avoir plus d'effet sur les individus.

Quelle est la promotion que tu as préféré coacher et pourquoi?

K.M Au début, c'était vraiment agréable depuis 2005 et comme j'ai mentionné en 2012 nous avons eu des difficultés. Entre 2005 et 2011 je ne sais pas combien de générations, peut-être deux générations et par la suite en 2017 nous finissons une génération et nous commençons une autre en fonction de l'environnement que nous avons créé ces années-là c'est certain que c'était agréable. Cela m'a apporté un peu plus d'affinités en termes de souvenirs, mais même entre 2012 et 2016, je garde plein de bons souvenirs. Ça m'a apporté des défis supplémentaires et certaines choses que j'aurais bien aimé ne pas vivre, mais quand certaines choses se produisent, c'est pour t'apprendre des leçons justement pour devenir plus fort et améliorer l'encadrement et l'environnement que nous essayons de créer ici.

Carabins soccer féminin - Championnes canadiennes 2017 à Winnipeg

1ère rangée, de la gauche vers la droite: Salim Brahimi (entraîneur-assistant), Marie-Pierre Germain (physiothérapeute), Nadège Akamse (entraîneuse-adjointe), Marie-Ève Bernard O'Breham, Carole Delmaire, Emmanuelle Alcindor, Catherine Ouellet, Maude Leblanc, Mégane Sauvé, Romy Longpré, Émilie Bagnah et Mélissa Gougeon. *2e rangée, de la gauche vers la droite:* Christine Thériault-Loranger (physiothérapeute), Kevin Mcconnell (entraîneur-chef), Sophie Desforges, Charlotte Boisclair, Maude Leclerc, Jessica Mercier, Claudia Dubé, Mélissa Proulx, Catherine Proulx, Leïla Boudjelal, Karine Lafontaine, Chloé Villeneuve, Rose-Marie Julien, Laurance Ste – Marie, Gino Lalli (entraîneur-assistant) et Roch Gagnon (responsable des équipements).

Si tu devais dire un mot au coach qui t'a le plus mis à l'épreuve?

K.M Je vais rendre hommage à mon grand ami Helder avec qui j'ai passé tellement de bons moments depuis ma première année, car même si on était souvent ensemble dans les finales, chaque fois qu'on se voyait c'était le bonheur. Il m'a apporté le bonheur et j'espère que je lui ai aussi apporté une fraction du bonheur qu'il m'a apporté. C'était quelqu'un d'honnête et n'avait aucune animosité envers nous, le programme ou quoi que ce soit,c'était vraiment une grande âme. Je fais plein d'efforts depuis plusieurs années maintenant pour avoir le même calme et le même comportement. C'était quelqu'un qui répandait le bonheur, qui était calme et serein, mais en même temps compétitif. Il voulait tout faire pour que son équipe et son programme gagnent. Je sais que j'ai déjà dit que nous avons eu de bonnes discussions ensemble, mais j'aimerais bien les réitérer. Pourquoi pas?

«LES PAROLES PEUVENT ÊTRE PUISSANTES»

Quelle est ta citation préférée?

K.M Il y en a tellement, mais il n'y en a pas une qui me vient sur le coup. Ça va avec le moment, avec la période de la saison, avec l'année, ça dépend. Mais je suis un amateur des bonnes citations, parce que les paroles peuvent être puissantes.

Brian Clough a dit: «Le jour où je m'en irai, Dieu devra abandonner son siège favori». Comment voudrais-tu que l'on se souvienne de toi?

K.M Tout simplement que j'ai apporté le bonheur, réussi à avoir une influence positive sur les individus surtout et j'espère un petit peu les améliorer pour mes joueuses. J'espère tout simplement cela. J'espère tout simplement que j'ai réussi à créer un environnement qui les a aidées à avoir du bonheur, se faire de bons souvenirs et que je les ai aidées dans leur cheminement sur le terrain, mais surtout sur la planète.

LE MOT DE LA FIN

Est-ce que Kevin le coach et Kevin l'homme sont deux personnes différentes?

K.M Je n'ai pas deux visages, ni deux personnalités différentes. J'ai ma propre personnalité. J'essaye d'être intègre comme j'espère tout le monde, d'être une personne qui évolue constamment, qui développe certaines habitudes et en abandonnent d'autres en gardant l'esprit ouvert. C'est la même personne, mon sommeil serait trop perturbé si j'avais plusieurs masques. (rires)

LAVAL

ULAVAL ULAVAL ULAVAL ULAVAL

SAMIR GHRIB

LAVAL

«Chaque match a une histoire», que t'évoque cette phrase?

S.G Cette phrase évoque pour moi quelques épisodes de ma carrière: le premier est notre victoire contre McGill lors du championnat canadien, le 8 novembre 2009. Nous avions battu McGill 3 buts à 0 une semaine avant, en finale provinciale à Québec. Une semaine plus tard, nous sommes menés 2 à 0 après 20 minutes de jeu en finale canadienne. Notre équipe a marqué 3 buts en 5 minutes (respectivement à la 42e, à la 45e et à la 47e minute) avant la mi-temps pour remporter sa première médaille d'or avec un résultat final de 3-2. Une remontée exceptionnelle à l'image d'une saison exceptionnelle. Les gars résistent aux assauts de McGill jusqu'à la dernière minute. Bravo aux joueurs qui se sont ressaisis sans paniquer, c'est le fruit d'un long processus de maturité et d'expérience. Une équipe exceptionnelle. Je retiens aussi la classe de mon collègue David Simon, coach de McGill de l'époque, qui est venu dans le vestiaire pour nous féliciter.

Le deuxième épisode que cette phrase m'évoque est notre défaite en quart de finale contre l'Université York en 2010. Nous menions avec 2 buts à 1 et nous jouions à 11 joueurs contre 10 pendant 45 minutes. Dans les arrêts de jeu, nous avions un score de deux contre un, mon joueur reçoit le ballon à 5 mètres du but, le terrain synthétique de l'Université de Toronto est bosselé, la balle fait un rebond, la frappe trouve la transversale; une minute plus tard, York égalise et nous perdons aux penaltys. Je parle de cette deuxième histoire pour faire le lien avec la première: en 2009, nous étions menés 2-0 puis nous marquons 3 buts en 5 minutes et nous gagnons. En 2010, nous menons 2-1, nous jouons à 11 joueurs contre 10 pendant 45 minutes, l'adversaire égalise dans les arrêts de jeu, et nous perdons. La morale de l'histoire, sans être superstitieux, c'est que chaque match a sa vérité, et surtout beaucoup d'enseignements.

Il y a une troisième histoire à laquelle me fait penser ta citation: notre victoire au championnat canadien civil avec le Royal-Sélect de Beauport.

Après la seconde histoire, je concluais que chaque match avait sa vérité et surtout des enseignements à retenir. En 2009, quand nous étions menés 2-0, notre meilleure décision a été de ne pas faire de changement et de faire confiance aux joueurs sur le terrain. En 2010, en quart de finale, notre adversaire de l'époque, York, avait bien joué le coup à 10 joueurs contre 11. Elle a même joué à 10 contre 11 en demi-finale et remporté le match, pour ensuite gagner la finale. J'ai retenu certains enseignements du coaching de mon collègue de York, notamment qu'on apprend toujours des autres. Ces enseignements me serviront plus tard en 2012 au Royal-Sélect de Beauport. Nous sommes en finale, l'un de nos joueurs s'étant fait expulser, nous nous retrouvons à jouer à 10 contre 11 à partir de la 25e minute. Nous sommes menés à chaque fois par un but d'écart, mais nous trouvons le moyen de marquer à chaque fois, on termine le match sur un score de 3-3. Nous passions d'un 3-4-2 offensivement à un 4-4-1 défensivement. C'était une jouissance pour un entraîneur car ça marchait et on n'aurait pas dit qu'on jouait à 10. Nous avons gagné le match aux tirs au but. La petite histoire dans la grande histoire, c'est que notre gardien Vincent Cournoyer, également gardien du Rouge et Or, avait pris note de la façon de tirer des joueurs d'Edmonton qui avaient franchi les quarts de finale aux tirs de penaltys.

La morale de ces trois histoires, c'est que chaque match a en effet son histoire, et que chaque histoire nous apprend quelque chose, dans la victoire, mais surtout dans la défaite. Nous les entraîneurs, prenons des décisions qui marchent et d'autres qui ne marchent pas. Parfois, la décision c'est de ne rien faire. C'est un mélange d'intuition, et surtout de confiance en les joueurs qui sont sur le terrain, car ce sont eux qui jouent. Un entraîneur sans staff, sans joueurs, n'est rien, c'est un travail d'équipe.

«AIDER LES JEUNES À S'ÉPANOUIR AVEC LES VALEURS SAINES ET ÉDUCATIVES DU SPORT.»

Qu'est-ce qui t'a donné l'envie de faire ce métier?

S.G Tout simplement la passion pour ce sport, une passion qui a commencé comme joueur et qui se poursuit comme entraîneur. C'est mon père, mon idole, qui m'a donné le virus. Il m'a amené voir le match amical Tunisie-Brésil en 1971, j'avais 10 ans. Il m'a appris à lire un match, à apprécier la technique majestueuse et fluide des Brésiliens, fraîchement champions du monde de 1970. Johan Cruyff disait: «La plus belle chose, c'est jouer au football, la deuxième, c'est d'entraîner.» J'ai commencé à coacher dès mon arrivée au Canada en 1984. Au début, c'était un prolongement naturel du statut de joueur vers un statut d'entraîneur, pour le plaisir de rester dans un milieu qui me passionnait. Cette passion pour le football finit par structurer ma vie pour devenir une mission: aider les jeunes à s'épanouir avec les valeurs saines et éducatives du sport. Cette passion a donné un sens à ma vie. J'ai étudié les sciences politiques et fait des études de maîtrise en relations internationales pour devenir diplomate. Mais ma petite voix intérieure, celle qui savait depuis le début ce que j'aimais, ce que j'allais faire, m'a conduite vers le coaching à temps plein. J'ai réalisé tout simplement un rêve que de vivre de ma passion, et dans deux endroits magnifiques: le Rouge et Or de l'Université Laval et le Royal de Beauport en tant que de directeur technique. Je me sens privilégié, je n'ai pas l'impression de travailler. Je sais pourquoi je fais les choses. Je suis dans une continuité, celle de bâtir et de transmettre. Je connais très bien ma mission, la victoire ne sera qu'une conséquence.

Faut-il forcément avoir été un bon joueur pour faire un bon entraîneur?

S.G Pas nécessairement et au niveau pro, les exemples sont nombreux: Mourinho, Klopp, Wenger, Bielsa. À notre niveau, c'est certain que c'est un atout que d'avoir joué au moins à un bon niveau amateur, question de bien connaître les rudiments et la culture du jeu. Un bon entraîneur est celui qui gagne ou qui fait progresser ses joueurs. Si tu peux faire les deux, c'est génial, c'est le summum de la satisfaction.

Quelle est la plus grande qualité d'un entraîneur selon toi?

S.G Bien recruter, savoir tirer le maximum de ses joueurs, bien connaître le jeu et être un expert en management. Comment? En écoutant, en observant, en questionnant, en impliquant les joueurs dans le projet de jeu et en les respectant. Le joueur doit être au cœur de votre travail, de vos décisions. L'entraîneur doit être un leader authentique, c'est-à-dire cohérent entre ses valeurs et ses décisions.

Comment faire jouer une équipe quand on a moins d'un mois pour faire connaissance avec la totalité de son effectif?

S.G En fait, on connaît toujours au moins la moitié de son effectif, sinon plus. La saison hivernale nous permet de mettre en place le travail tactique. Le défi n'est pas juste comment faire jouer l'équipe, mais surtout comment les nouveaux vont s'adapter au niveau universitaire, à sa vitesse de jeu, à son intensité, aux enchaînements d'entraînements et de matchs, à la conciliation des études et du sport. Nous avons effectivement peu de temps pour préparer l'équipe, chaque entraînement devient précieux, et chaque match de préparation important et riche en informations. Nous devons être précis dans le travail qu'on fait, le temps devenant notre pire ennemi, rien ne doit être laissé au hasard. À Québec, nous avons les inconvénients des avantages: des noyaux de joueurs éparpillés dans trois équipes AAA de la région qui se connaissent bien. Mais c'est aussi un casse-tête lors des chevauchements à l'automne entre le réseau civil et universitaire.

Premier rang accroupis, de la gauche vers la droite: Julien Priol, Pascal Bragagnolo, David Chapdelaine-Miller, Michaël Boutin, Julien Mbonyeza, Philippe Martel. *Deuxième rang, de la gauche vers la droite:* Maxime Sanou (préparateur physique, Eduardo Davalos, Benoit Lepage, Marc-Olivier Boudreault-Daigle, Vincent Cournoyer, Samuel Georget, Gabriel Moreau, Julien Meunier, Guillaume Salamin, Alexandre Lévesque-Tremblay, Michel Fischer (entraîneur-adjoint), Samir Ghrib (entraîneur-chef), Emmanuelle Arbour (physiothérapeute), Laurence Éthier (étudiante-physiothérapeute).

Aimé Jacquet disait: «Le football est le reflet de notre société. Regardez bien l'expression d'un joueur sur le terrain, c'est sa photographie dans la vie.» Sur quels critères vous basez-vous pour recruter vos étudiants-athlètes?

S.G Il est vrai que «le jeu révèle la personnalité du joueur», pour paraphraser Aimé Jacquet dont j'apprécie le parcours et les qualités de management. Outre les critères habituels technico-tactiques et physiques, on s'attarde beaucoup sur la personnalité du joueur, sur son envie de se dépasser, de se mettre au service de l'équipe et du jeu, de vivre une belle aventure humaine, d'être fier de jouer pour le Rouge et Or et pour sa région. Nous ne voulons pas de joueurs centrés sur eux-mêmes, égoïstes, à l'ère d'une époque teintée d'individualisme avec comme toile de fond une utilisation à outrance des réseaux sociaux, débouchant sur une culture du moi-je. Un cadre collectif et une vie d'équipe donnent des repères et des valeurs à notre belle jeunesse. La saison est tellement courte que nous recherchons des joueurs qui vont s'intégrer rapidement au sein de l'équipe et surtout qui vont apprivoiser rapidement le rythme de la saison universitaire. Après trois semaines, la moitié de la saison est déjà jouée!

Quand tu rencontres tes athlètes pour la première fois, quelle philosophie souhaites-tu leur inculquer ?

S.G Ce sont d'abord et avant tout des étudiants-athlètes. Dans l'ordre,ce sont des étudiants et ensuite des athlètes. Ce n'est pas compliqué, je leur vends avant tout une philosophie de vie: une belle aventure humaine, des valeurs, des émotions, du plaisir, tout en obtenant un diplôme. Je leur parle avant tout de la nécessité d'être discipliné et organisé pour bien réussir ses études. Sur le plan de la philosophie de jeu, nous voulons développer du foot agréable à jouer et à voir jouer, tout en étant efficace. Plus le temps passe, plus j'insiste sur les valeurs, sur l'état d'esprit à avoir pour progresser et grandir comme personne et comme joueur. D'où l'importance des rencontres individuelles en début de saison pour apprendre à les connaître et à leur présenter notre code de fonctionnement. Les valeurs passeront toujours avant les résultats. En 2014, nous n'avons pas hésité à expulser 7 joueurs pour violation du code d'éthique du programme Rouge et Or, un triste souvenir qui a brisé notre élan. L'année d'avant, nous étions champions provinciaux et vice-champions canadiens. Depuis, nous travaillons dur pour remonter au sommet et on y arrivera. En 8 participations au championnat canadien, nous avons gagné une médaille d'or (en 2009) et deux médailles d'argent (en 2007 et 2013). Je suis fier de notre fiche.

Quelle est votre routine d'avant-match?

S.G J'adore les jours de match! Avec le temps, j'ai appris à savourer chaque instant de la journée d'un match, surtout à domicile. En voici le déroulement pour les joueurs:

18h00: Arrivée des joueurs
18h00 - 18h30: Séance vidéo
18h30 - 19h20: Habillement et physiothérapie
19h20 - 19h25: Discours d'avant-match
19h30: Sortie du vestiaire en équipe
19h35 - 20h10: Échauffement collectif
20h15: Début du match

En ce qui me concerne, la routine d'avant match commence plus tôt dans la journée avec la finalisation du montage vidéo qui sera présenté aux joueurs. Tout de suite après la séance vidéo, vers 18h30, alors que les joueurs s'habillent dans le vestiaire, avec mon staff (Michel Fischer Nabil Haned et Marc-Antoine Pépin), nous nous retrouvons dans mon bureau pour échanger sur le match. Je remplis la feuille de match avant de la donner une heure avant, à mon collègue de l'équipe adverse. À 19h15, je vais au vestiaire qui est juste au-dessus de mon bureau. Je délivre le plan de match, déjà amorcé lors de la séance vidéo. L'équipe sort du vestiaire ensemble. À partir de ce moment-là, je deviens observateur, car ce sont mes adjoints Michel Fischer, Nabil Haned et Marc-Antoine Pépin (préparateur physique) qui dirigent l'échauffement d'équipe.

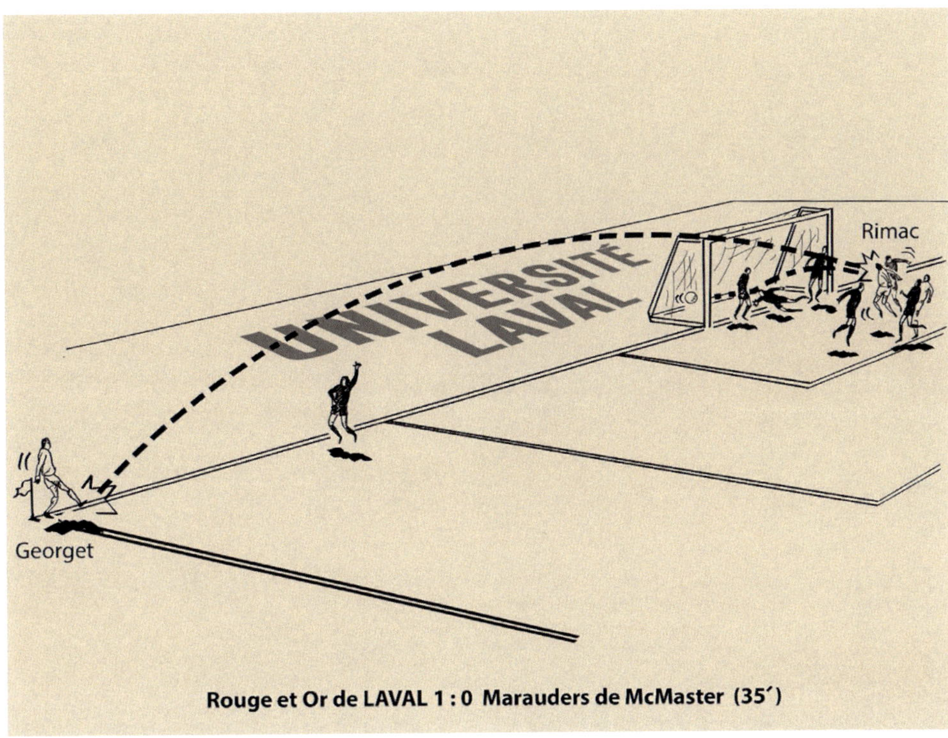

Rouge et Or de LAVAL 1 : 0 Marauders de McMaster (35′)

«SI CHAQUE MATCH A SON HISTOIRE, JE VOUS DIRAI QUE CHAQUE ÉQUIPE A SON ADN, SON IDENTITÉ»

Faut-il imposer son style ou s'adapter à l'adversaire en face?

S.G Ça dépend de l'équipe que tu as entre les mains, du profil de ses joueurs, de son profil collectif. Si chaque match a son histoire, je vous dirai que chaque équipe a son ADN, son identité. La question n'est pas d'imposer son style, mais tout simplement de jouer en fonction des qualités des joueurs que tu as sous la main. Avec Michel Fischer, qui travaille avec moi depuis 19 ans, nous sommes des entraîneurs pragmatiques. Nous nous efforçons d'abord de bien évaluer notre groupe, et aussi les équipes adverses que nous affrontons. En fonction des constats que nous faisons, nous décidons du plan de match à mettre en place, qui, lui, conditionnera le contenu des entraînements de la semaine. Nous avons quand même tendance à travailler plus sur notre équipe en la dotant de principes de jeu, afin de rendre les joueurs autonomes. Notre philosophie de jeu est empirique: c'est le jeu qui dicte le bon principe de jeu, de jouer court ou long.

Quelle est la part de l'entraîneur dans le résultat final selon toi?

S.G Tu décides avec ton staff du onze partant et du plan de match, notre responsabilité est engagée. Ensuite, ce sont les joueurs qui jouent, ce sont eux qui sont sur le terrain. Il y a des matchs où tes décisions fonctionnent et d'autres pas. Quand tu prends une décision et que ça coïncide avec ce que tu espérais, c'est génial, tu es sur un nuage. Quand ça ne marche pas en revanche, tu es déçu, tu te sens impuissant. La prise de décision n'est pas une science exacte. Il y a des fois où ne rien faire se révèle être la bonne décision. Je pense que c'est un travail d'équipe, un projet commun, entre les entraîneurs et les joueurs. Il faut rester humble et modeste.

Gère-t-on tous les athlètes de la même façon ou t'est-il arrivé de déroger à vos principes à l'occasion?

S.G Le cadre de fonctionnement est le même pour tous. Avec l'expérience, j'ai appris que c'est important de dire ce que l'on fait et de faire ce que l'on dit. La cohérence est de mise. Il m'est arrivé en effet de déroger à mes principes, et, généralement, ça ne donne pas de bons résultats. Si on doit déroger à ses principes, il faut le faire de façon transparente et raisonnable pour le bien de l'équipe, et de façon exceptionnelle. Le défi aujourd'hui est de gérer des individus au sein d'une équipe. Les joueurs sont différents, il faut tenir compte des personnalités de chacun. Chaque joueur est un projet en soi. La connaissance des joueurs est le meilleur atout pour un entraîneur.

«IL FAUT RESPECTER LES JOUEURS, C'EST LE PLUS IMPORTANT»

Comment gère-t-on les remplaçants lorsqu'on a une saison courte?

S.G C'est tout un défi. Il faut trouver un juste équilibre entre dégager un onze-type et garder les remplaçants motivés et concernés. À chaque début de saison, il faut espérer qu'un onze-type se dégage rapidement, de façon à ce que tout le monde connaisse son statut. Ensuite, il faut stimuler la concurrence et faire jouer ceux qui sont le plus en mesure d'aider l'équipe. C'est pour cette raison qu'un entraîneur doit être juste et cohérent et en même temps faire comprendre aux joueurs que des choix doivent être faits et qu'il ne peut pas satisfaire tout le monde. D'où l'importance d'une communication continue avec tout le monde en tout temps. C'est la chose la plus difficile pour un entraîneur, car tu es souvent à la recherche d'un équilibre, entre la performance, l'équipe et le joueur. Il faut respecter les joueurs, c'est le plus important. J'ai toujours une pensée pour ceux qui jouent moins.

Rouge et Or de LAVAL 3 : 2 McGill (47′)

Raconte-nous ton match référence, celui où votre génie tactique s'est le mieux exprimé.

S.G Il s'agit de la finale du championnat canadien de 2012 face au Royal de Beauport, un match remporté aux tirs de penaltys. Nous avons évolué à 10 joueurs contre 11 à partir de la 25e minute, donc pendant 85 minutes. Offensivement, nous attaquions en 3-4-2, et à la perte du ballon, nous jouions en 4-4-1. Les joueurs ont été extraordinaires en marquant 3 buts en infériorité numérique dans un match qui s'est terminé sur un score de 3 à 3. Avoir du génie tactique demande trois ingrédients : l'analyse de la situation, la connaissance des qualités de ses joueurs et l'exécution par les joueurs. Un coach peut décider quelque chose, mais ce sont les joueurs qui sont sur le terrain, il ne faut pas l'oublier. En tant qu'entraîneur, quand ce que tu souhaites se produit, tu es sur un nuage.

« C'EST DANS LES DÉFAITES QUE TU APPRENDS LE PLUS SUR TOI-MÊME »

À l'inverse, quel est le pire match de ta carrière de coach ? Celui où rien n'a fonctionné comme prévu.

S.G C'est plutôt une saison au complet, celle de 2002 où nous n'avions gagné aucun match. Ce fut la saison la plus difficile, mais, avec du recul, la plus instructive aussi. Celle où j'ai apprivoisé la défaite pour en faire une arme de motivation massive. C'est dans les défaites que tu apprends le plus sur toi-même, sur tes valeurs et sur ce qui est important pour toi. C'est l'année où j'ai appris à décrocher rapidement d'une défaite. La passion pour le soccer est devenue mon antidote contre les frustrations. Depuis 2001, j'ai appris à accepter l'erreur comme faisant partie de l'apprentissage. Comme dans un match, il y a des temps faibles et des temps forts. Il faut rester zen dans les deux cas. J'ai surtout compris que ma famille était toujours présente pour moi, quel que soit le résultat d'un match, et que je n'avais pas le droit de leur imposer mes frustrations.

Pour toi, quel est le geste le plus important durant une partie de soccer ?

S.G C'est une très bonne question. Ce n'est pas un geste en particulier, mais plutôt une combinaison de principes de jeu à laquelle ont participé plusieurs joueurs pour déboucher sur un but. Telle une partition jouée par des musiciens pour faire de la belle musique. Voir ses joueurs, reconnaître la situation et appliquer le bon principe de jeu est une grande satisfaction pour un entraîneur.

Qu'est-ce que tu ne ferais jamais durant un match ?

S.G Manquer de respect à un arbitre. Je considère les arbitres comme étant des collègues qui sont complémentaires et associés au travail qu'on fait. J'ai pour eux un respect total, car j'ai pour principe que c'est du 50-50, sur l'ensemble d'une saison, tu as des décisions contre toi et d'autres qui t'avantagent. Un arbitre peut faire des erreurs, comme un entraîneur.

Si tu pouvais inverser le résultat d'un match, d'un seul, lequel ce serait ?

S.G Sans aucun doute le match de quart de finale contre York en 2010. Mener de 2 buts à 1 en jouant à 11 contre 10 et perdre le match a été une douleur terrible, celle de l'apprentissage. Nous étions les champions canadiens en titre et nous avions une excellente équipe pour remporter un 2e championnat canadien.

« POUR MOI, UNE ÉQUIPE EST UNE FAMILLE, IL FAUT EN PRENDRE SOIN »

Avec quel athlète as-tu adoré travailler ?

S.G Il est difficile de répondre à cette question car tu croises beaucoup de joueurs dans ta carrière, et certains te marquent pour la vie, comme Boris Salou, le gentleman, à l'origine du cri d'équipe qui dure encore. C'est certain que j'ai un coup de cœur pour la génération 2009, championne canadienne, et menée par un leader exceptionnel, Alexandre Lévesque-Tremblay, notre capitaine de l'époque. J'ai connu Alex alors qu'il n'avait que 10 ans. Je suis très reconnaissant vis-à-vis de ses parents qui nous ont beaucoup aidés. De la même façon que tu fais grandir tes athlètes, eux aussi te font grandir. Ce sont eux qui te font progresser aussi. On ne se fait pas seul dans la vie, c'est une conviction profonde que j'ai. J'aime mes joueurs, et leur bien-être et leur progrès sont importants pour moi. Je garde contact avec mes anciens joueurs car ils font partie d'un processus, celui de la vie. Leur lien avec moi ne se termine pas à la fin de leur carrière universitaire. Un ancien m'a déjà dit que ma marque de commerce est de bien m'occuper de mes joueurs avant, pendant et après. Il a vu juste et ça me fait plaisir. C'est la roue de la vie, un processus. Pour moi, une équipe, c'est une famille, et il faut en prendre soin.

Et à l'inverse, y-a-t-il un athlète avec qui la relation a été difficile au début, mais avec qui le travail s'est avéré payant par la suite ?

S.G Sans aucun doute Michel Mana Nga, le joueur le plus expérimenté que la région de Québec n'ait jamais eu. Michel a évolué en ligue 3 en France avant de venir étudier à l'Université Laval. Il n'était pas facile à diriger, il avait une très forte personnalité. C'était difficile pour lui de s'adapter à un nouvel environnement et surtout à un niveau de jeu qui était inférieur à celui qu'il avait connu en France. La douceur de vivre au Québec et le pragmatisme des Québécois l'ont transformé. J'ai vu un jeune homme s'épanouir sous mes yeux, pour passer d'un leader négatif à un leader positif. J'ai vu un jeune joueur se transformer en jeune adulte, pour devenir père. À la fin de sa carrière universitaire, il a continué à jouer avec le Royal-Select de Beauport. Il est avec moi depuis le début de l'aventure, soit depuis 2003, j'en ai fait mon adjoint technique au sein du club, et en plus, même à 43 ans, il joue encore !

J'ai beaucoup de respect pour ce monsieur, car sa contribution au développement du soccer senior est immense à Québec. C'est un passionné pur qui est là pour les bonnes raisons : développer notre belle jeunesse et développer notre beau sport. Je lui en suis très reconnaissant, car il fait partie de ceux qui m'ont permis de grandir comme coach, et aussi comme personne.

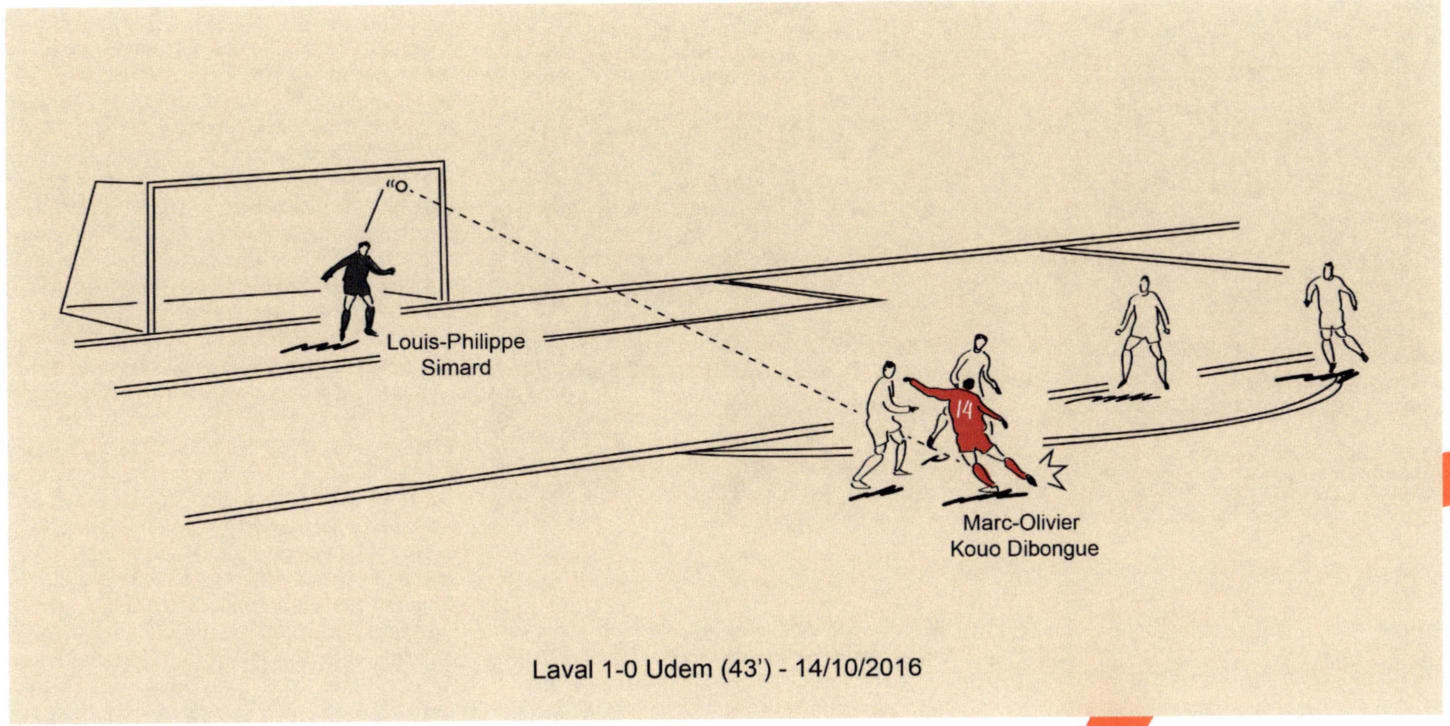

Laval 1-0 Udem (43') - 14/10/2016

Quel est le plus grand regret de ta carrière?
S.G Je ne suis pas du genre à avoir des regrets, car nous sommes le produit de nos décisions. Je savoure chaque moment de la vie, je n'ai pas le temps d'avoir des regrets, la vie est trop courte. Le départ de mon ami Helder, un ami de 30 ans, ou celui de mon père il y a 5 ans, me rappellent la brièveté de la vie, et qu'il faut en profiter. Avoir des regrets, c'est vivre dans le passé. J'ai donc juste des rêves à réaliser. J'aime bien d'ailleurs la citation d'Antoine de Saint Exupéry: «Fais de ta vie un rêve, et d'un rêve, une réalité.» Elle est affichée dans notre vestiaire.
Que ce soit à Beauport ou avec le Rouge et Or, je suis avant tout au service de mon sport. Une passion qui structure ma vie depuis mon jeune âge, et depuis que je vis pleinement ici au Canada, et plus précisément au Québec et à Québec, ma société d'adoption, que j'adore.
Je suis plutôt reconnaissant de la vie que je mène, en vivant de ma passion. Je n'ai pas l'impression de travailler, je connais ma mission. Je me sens privilégié. Je me sens tout simplement riche de la passion que j'ai pour mon travail, et de ma famille, ma femme et mes enfants. Pour boucler la boucle, je remercie mes parents de m'avoir appris à aimer et à penser.

Quelle est la génération que tu as préféré coacher et pourquoi?
S.G Sans aucun doute celle de 2009 qui a remporté le championnat canadien et que nous avons honoré l'automne dernier pour souligner le 10e anniversaire. Il y avait un état d'esprit exceptionnel autant sur le terrain qu'à l'extérieur du terrain, avec toutes sortes de leaders qui faisaient le travail. Ils étaient au service de l'équipe et du jeu. C'était un groupe uni et soudé, ils sont encore amis aujourd'hui, des amis pour la vie. La magie du sport a opéré.

«NOUS FAISONS CE TRAVAIL POUR VIVRE CES QUELQUES SECONDES DE BONHEUR TOTAL»

Quelle a été ta plus grande émotion en tant que coach?
S.G Sans aucun doute notre victoire lors du championnat canadien de 2009, à Langley, en Colombie-Britannique. Au coup de sifflet final, j'étais envahi d'un immense sentiment de satisfaction et de sérénité, je m'en rappelle comme si c'était hier. L'odeur du gazon mouillé, la pluie incessante, le bonheur des joueurs, les accolades avec le staff, les coups de fil et les courriels de félicitations, etc., c'était magnifique. Nous faisons ce travail pour vivre ces quelques secondes de bonheur total. Avec le temps qui passe, nous nous rendons compte que le processus, chacune de ses étapes menant à la victoire finale, est aussi beau que l'objectif final. La vie est un processus. J'ai eu une pensée pour mon patron de l'époque, Gilles Lépine, qui m'a toujours soutenu lors des moments difficiles. Je lui suis très reconnaissant pour ce qu'il m'a apporté: sagesse et vision. J'ai pensé naturellement à ma conjointe Renée et à mes enfants Lilia et Skander, que je remercie éternellement, car ils sont mon roc à moi, mon équilibre. C'est grâce à ma famille que j'ai appris à ne pas laisser ma passion pour le soccer me rendre égoïste. La saison blanche de 2002 m'a appris que ma famille était toujours là, dans la victoire comme dans la défaite: une leçon pour la vie. Avec le temps qui passe, nous nous rendons compte que le processus, chacune de ses étapes menant à la victoire finale, est aussi beau que l'objectif final. La vie est un processus, et il faut apprendre à savourer aussi les moments difficiles, car ils sont source de réflexions qui te font avancer.

Avec Helder Duarte, bâtisseur et entraîneur du programme féminin du Rouge et Or de Laval.

Si tu devais dire un mot au coach qui a mis le plus votre sens tactique à l'épreuve?

S.G Le mot que j'ai s'adresse plutôt à l'ensemble des coachs de notre réseau: je suis fier de faire partie du RSEQ et je souhaite que nous continuions toujours à créer le niveau de jeu le plus compétitif du pays. C'est comme ça que nous progresserons tous comme coachs pour encore mieux développer nos athlètes et gagner sur la scène nationale. Nous sommes dans une conférence très compétitive au Québec, et ce n'est pas un hasard si c'est le Québec qui a eu les meilleurs résultats du pays au cours de ces dernières années. Donc je vous dirais que l'ensemble des collègues de notre conférence vous permettent d'aiguiser votre sens tactique et de progresser. Naturellement, je ne peux ignorer la rivalité avec Montréal et son entraîneur Pat Raimondo, depuis déjà une vingtaine d'années, qui est instructive et te pousse à travailler encore plus fort. C'est l'enfant terrible du soccer universitaire! (Rires). Il s'est assagi avec le temps et a compris que la rivalité devait rester sur le terrain. Ensuite, il y a eu le cycle de l'UQAM de Christophe Dutarte, et dernièrement l'UQTR de Shany Black fraîchement champion canadien. Chacune des équipes de notre conférence pourrait te donner du fil à retordre. Les autres collègues ne déméritent pas même si les résultats ne suivent pas toujours. Je pense à mes collègues David Guicherd, Marc Mounicot et Greg Sutton, ou Philippe Eullaffroy lors de son passage avec McGill, et ensuite à la tête de l'Académie de l'Impact de Montréal, avec laquelle il a fait un travail extraordinaire. J'ai une pensée pour Pierre Clermont, qui a déjà été mon coach. Il était fort tactiquement et ses équipes étaient toujours bien préparées. De plus, comme commissaire de la ligue universitaire de soccer, il a joué un rôle de premier plan et contribué à son développement; j'ai un grand respect pour lui.

Sinon mon sens tactique, comme tu dis, est aiguisé par des formations continues, des lectures, des visionnements de matchs et des observations de coachs de haut niveau. Lorsque tu es un jeune entraîneur, tu subis beaucoup d'influences, tu te cherches, et avec le temps et l'expérience, tu finis par trouver ton identité de jeu et de coach. J'ai été marqué par le management d'Aimé Jacquet, au point de noircir des cahiers comme lui. J'ai aimé son pragmatisme et son courage, bien illustrés par le magnifique documentaire, mon préféré «Les Yeux dans les Bleus». J'ai grandi avec la philosophie de jeu de Christian Gourcuff, c'est avec lui que j'ai appris le concept de projet de jeu et son style offensif avec le 4-4-2 à plat. Avant lui, j'ai été séduit par le football Hollandais avec à sa tête Cruyff. Sur le plan défensif, c'est Arrigo Sacchi qui m'a le plus marqué avec son quadrillage du terrain avec un pressing coordonné. J'ai appris avec lui le concept de défense de zone. Ensuite, comment rester indifférent à Pep Guardiola, qui a révolutionné le football avec son Barça mythique. Il est pour moi une source d'inspiration infinie, surtout qu'il a évolué depuis son passage en Allemagne, et aujourd'hui avec Manchester City.

Ce qui est important, c'est d'avoir un projet de jeu que tu bonifies année après année, et que tu adaptes en fonction des joueurs que tu as. Tu peux trouver de l'inspiration, des trucs avec les entraîneurs sur la scène internationale, mais tu peux aussi apprendre des coachs de chez nous. Je pense à Otman Ibrir, ancien DT de Soccer Québec, et ex-responsable des équipes du Québec, qui m'a fait grandir sur le plan tactique avec ses séances vidéo, ou Valerio Gazzola, formateur de premier plan qui te pousse à être plus rigoureux que rigoureux. Il forme d'ailleurs avec Mike Vitulano, directeur du développement à Soccer Québec, un duo exceptionnel de compétence et de vision dans la formation des entraîneurs au Québec. Je pense aussi à mon ami Andrea Di Pietrantonio, fin tacticien, avec les équipes du Québec. Je ne peux oublier Michel Ritschard, Suisse d'origine, instructeur FIFA qui m'a fait grandir comme entraîneur à tous les niveaux. Ou tout simplement, mon adjoint et collègue Michel Fischer du Rouge et Or, avec qui je travaille depuis 18 ans, qui a une réflexion très riche sur le soccer. La morale de l'histoire : on apprend de tout le monde. Ça tombe bien, car je suis assoiffé de savoirs.

Quelle est ta citation préférée et pourquoi?

S.G Celle de Nelson Mandela qui se retrouve dans ma signature de courriel et également dans notre vestiaire: «Je ne perds jamais, soit je gagne, soit j'apprends.» Il y a tout dans cette citation: la victoire et la défaite comme deux faces de la même médaille, celle du progrès.

Brian Clough a dit: «Le jour où je m'en irai, Dieu devra abandonner son siège favori!». Comment voudrais-tu que l'on se souvienne de toi?

S.G Comme d'un bâtisseur de notre beau sport et d'un fabricant de champions de la vie. Et pour moi, un champion de la vie, c'est un être épanoui. Mon moyen pour y parvenir: un ballon de foot. Telle est ma mission. Celle d'une vie. Avec le temps qui passe, tu te rends compte que le ballon rond n'est qu'un moyen pour apprendre à... te connaître toi-même, pour mieux connaître l'autre.

adidas
TELSTA
18

MARIE-PIER BILODEAU

LAVAL

«Chaque match à une histoire et finit par un résultat». Qu'est-ce que cela signifie pour toi?

M-P. B Je dirais que c'est un superbe titre au sens où, selon mon humble avis, les choses se présentent dans l'ordre. Chaque match, chaque saison, chaque groupe à son histoire, voire même ses histoires. Selon moi, c'est ça l'important, ce que l'on se rappelle, des années plus tard, lorsque nos carrières sportives sont terminées. C'est ça qui demeure, les histoires, les amitiés, les valeurs qui nous ont été transmises, même parfois indirectement ou sans le vouloir. Le résultat, au sens pur et dur, des chiffres sur un tableau pour moi. Des chiffres qui s'effacent rapidement, que l'on doit remplacer la semaine suivante, mais les histoires elles, demeurent avec nous pour la vie.

Qu'est-ce qui t'a donné l'envie de faire ce métier?

M-P. B Je fais partie de cette génération de joueuses qui a connu les débuts du soccer purement féminin au Québec. En effet, lorsque j'ai foulé le terrain pour la première fois, en 1991, nous étions la première équipe composée uniquement de filles dans la catégorie atome de l'époque. C'est donc après avoir été dirigée pendant plusieurs années par des papas, pour la plupart anciens joueurs de hockey rempli de bonne volonté, que j'ai eu la chance de rencontrer des entraîneurs et entraîneuses d'exception qui ont changé mon parcours et ma vie au même moment. C'est à ce moment que j'ai réalisé qu'un entraîneur, à l'instar d'un parent ou d'un bon enseignant, pouvait non seulement influencer une carrière sportive, mais également et surtout changer des vies.

Faut-il forcément avoir été une bonne joueuse pour faire une bonne entraîneuse?

M-P. B C'est une question que l'on m'a souvent posée, et malgré mon bagage d'athlète de haut niveau, j'ai toujours cru que non. Il faut plusieurs qualités pour être un bon entraîneur, et bien que la maîtrise technique du ballon rond puisse être un atout lors d'entraînements spécifiques, c'est loin d'être un gage de succès lorsque l'on se retrouve derrière le banc. J'ai compris cela en 2001, lorsque j'ai eu la chance d'être dirigée par Sylvie Béliveau aux Jeux du Canada[1]. Elle se décrivait elle-même comme une joueuse plutôt moyenne à sa jeune époque, mais elle avait toutes les qualités d'une excellente entraîneuse. Sa compréhension tactique du soccer n'avait d'égal que ses qualités humaines. C'était une leader naturelle qui a marqué plus d'une génération d'athlètes de haut niveau sans en avoir nécessairement été une elle-même.

Quelle est la plus grande qualité d'un entraîneur selon toi?

M-P. B Je crois qu'un bon entraîneur doit posséder plusieurs grandes qualités pour réussir, ou avoir un minimum de succès. Cependant si je dois n'en choisir qu'une, je dirais que c'est d'être capable de tirer le meilleur de chacun de ses athlètes. Tirer le meilleur des joueurs ou joueuses que l'on entraîne non seulement pour obtenir des résultats ou aller chercher des victoires sur le terrain, mais surtout pour que ces derniers atteignent leur plein potentiel, souvent plus tard, comme joueurs et joueuses de soccer, mais également comme personne.

«C'EST NOTRE TRAVAIL DE LES RÉUNIR ET DE LES PLACER AU BON ENDROIT»

Comment faire jouer une équipe quand on a moins d'un mois pour faire connaissance avec la totalité de son effectif?

M-P. B Il est certain que la gestion du temps a toujours été, et sera toujours, l'un des défis du soccer universitaire québécois. Je crois que c'est là où l'on doit se montrer visionnaire tout en s'appuyant sur des bases solides. Sans nécessairement me limiter à un même système de jeu année après année, je crois qu'il faut se définir une identité comme programme, de grandes lignes, une façon de jouer vers laquelle on veut tendre. Ensuite, c'est avec cette vision que l'on doit faire notre recrutement afin de trouver les joueurs et joueuses qui viendront compléter notre effectif. Mon grand ami et mentor, Helder Duarte me disait souvent que les joueuses étaient comme les pièces d'un casse-tête : toutes différentes et que c'était notre travail de les réunir et de les placer au bon endroit afin de créer la plus belle image possible. Ces paroles m'ont marquée et ne sont qu'une infime partie de l'incroyable legs du grand Helder Duarte.

Aimé Jacquet disait: «Le football est le reflet de notre société. Regardez bien l'expression d'un joueur sur le terrain, c'est sa photographie dans la vie.» Sur quels critères vous basez-vous pour recruter vos étudiants-athlètes?

M-P. B Comme je l'ai mentionné précédemment, Helder Duarte et moi-même étions toujours guidés par notre identité comme équipe à l'université Laval. Notre recrutement était donc tourné vers la recherche d'individus qui sauraient se greffer, le plus naturellement possible, au portrait que l'on tentait de créer; à savoir celui d'une équipe qui conserve le ballon et qui cherche à produire du beau jeu. Mais comme les joueurs et joueuses sont d'abord et avant tout des étudiants-athlètes, il était également primordial pour nous deux de nous assurer d'avoir des joueuses qui partageaient nos valeurs au niveau de l'éducation. Notre recherche était donc orientée vers des filles qui comprenaient que, pour nous, le diplôme et les études priment sur le soccer.

Quand tu rencontres tes athlètes pour la première fois, quelles leçons souhaites-tu leur inculquer?

M-P. B Étant enseignante depuis maintenant une quinzaine d'années, il a toujours été naturel pour moi de faire des liens entre l'éducation et ma philosophie d'entraîneuse. De plus, l'université Laval étant un milieu scolaire, l'une des premières questions que je posais aux recrues potentielles était toujours la suivante: pourquoi veux-tu étudier à l'université Laval? De cette façon, nous pouvions nous assurer que la vision de nos étudiantes athlètes s'alignait avec la nôtre et qu'elles fréquentaient notre institution pour y obtenir un diplôme d'abord et avant tout, et que le soccer n'était qu'un agréable complément à leur parcours scolaire.

Quelle est votre routine d'avant-match?

M-P. B Ma routine d'avant-match a toujours été relativement simple. Le match étant, selon mon humble avis, le spectacle de joueuses, et non des entraîneurs, le gros de notre travail se faisait avant et en coulisse. Mais en général, ça débutait avec une longue discussion avec Helder la veille du match afin de s'entendre pour déterminer l'alignement et le 11 de dé. En général le jour du match débutait par une petite visite à la clinique médicale pour s'assurer qu'il n'y avait pas de problèmes de dernière minute avec les filles. Elle était suivie d'une courte visite au vestiaire pour afficher les feuilles sur les balles arrêtées, puis d'une discussion avec Helder pour s'entendre sur les points sur lesquels on allait insister dans notre discours d'avant-match. Avec les filles on essayait de garder ça court et concis. Deux ou trois points tactiques sur lesquels on insistait pour ce match en particulier, un rappel de regarder les feuilles et départs pour le terrain environ 30 minutes avant le match. L'échauffement pour nous devait être bref, mais intense, compte tenu des conditions climatiques difficiles du soccer automnal.

[1] Compétition multisports bisannuelles semblable aux Jeux olympiques, spécifique au Canada.

Penses-tu qu'il faut imposer son style ou s'adapter à l'adversaire en face?
M-P. B Je pense que l'un ne va pas sans l'autre. Bien que cela puisse paraître bizarre provenant d'une gardienne, mais je n'ai jamais aimé subir et réagir. De plus, j'ai également eu la chance de diriger des groupes composés de joueuses avec énormément de talent avec le Rouge et Or. Nous avons donc toujours, ou presque, tenté d'imposer notre style, de donner le tempo au match, d'aller mettre la pression, de conserver le ballon. Cependant, je crois également que l'une des qualités essentielles d'un bon entraîneur se doit d'être sa capacité à s'adapter face aux défis que le match, pour ne pas dire l'équipe adverse, lui pose. Alors, idéalement il faut imposer son style, mais parfois, lors d'un match qui revêt un grand enjeu, comme une finale contre les Carabins par exemple, l'on doit être capable de s'adapter pour aller chercher un résultat.

«LE MATCH, C'EST LE SPECTACLE DES JOUEURS ET JOUEUSES»

Quelle est la part de l'entraîneur dans le résultat final selon toi?
M-P. B Idéalement, la moins grande part possible. Je crois que l'on est là pour diriger, ramener à l'essentiel, apporter des correctifs, mais le match, c'est le spectacle des joueurs et joueuses. Étant enseignante dans la vie de tous les jours, je vois les matchs comme les examens, les tests. Le gros du travail de l'entraîneur, comme de l'enseignant, se fait avant. Mais il arrive que l'on fasse une plus grande différence, parfois, lors de situations particulières comme lorsque l'on impose un jeu truqué au groupe et que l'on marque là-dessus, ou lorsque l'on prend un risque avec un changement difficile à prévoir et que la joueuse en question fasse la différence dans le match. On appelle ça un but de coach ici, en plaisantant. Mais en général je crois que l'impact de l'entraîneur dans le match se traduit par les choix qu'il doit faire au niveau de ses changements ainsi que par les ajustements tactiques qu'il doit apporter en cours de match.

«L'ÉDUCATION A TOUJOURS ÉTÉ PRIMORDIALE ET AU CŒUR DE MES VALEURS»

Gère-t-on tous les athlètes de la même façon ou t'est-il arrivé de déroger à vos principes à l'occasion?
M-P. B Les athlètes étant d'abord et avant tout des individus, je crois qu'il est impossible de tous et toutes les gérer de la même façon. Il faut avoir des principes, des lignes directrices, certes, mais il faut également faire preuve de jugement et d'ouverture à l'occasion dans une carrière d'entraîneur. En tant qu'enseignante, l'éducation a toujours été primordiale et au cœur de mes valeurs comme entraîneuse et c'était la même chose pour Helder (Duarte). Il était donc normal pour nous de déroger un peu à nos principes et à notre plan de départ afin d'accommoder, par exemple, des joueuses qui devaient manquer un entraînement, voire même un match, pour des raisons académiques. L'important, selon moi, c'est d'être clair dès le départ et de définir les valeurs qui nous guident comme entraîneur. De cette façon, il n'y a pas de surprise, de déception ou de sentiment d'injustice qui viennent hanter le groupe par la suite.

Comment gère-t-on les remplaçants lorsqu'on a une saison qui ne dure que trois mois?
M-P. B Du mieux que l'on peut, j'aurais envie de dire. En même temps, je ne considère pas avoir eu vraiment de problème à le faire lors des sept années que j'ai passées à l'université Laval. Il est clair que d'avoir un plus grand nombre de joueurs dans l'effectif peut aider, cependant, Helder et moi n'avions jamais de nombre fixe en tête d'une année à l'autre. Il était important pour nous d'être transparents et de prendre les joueuses qui avaient le niveau. Une fois l'équipe complétée, nous prenions le temps de rencontrer chaque joueuse individuellement avant le début de la saison et nous étions les plus honnêtes possibles lors de cette rencontre. Notre objectif était de donner l'heure juste, aux étudiantes-athlètes, là où elles se situaient dans l'effectif afin d'éviter les déceptions ou les malentendus. Par la suite, l'on gérait toujours les matchs pour obtenir un résultat en priorité et, idéalement, éviter des blessures en reposant des filles surtaxées lorsque le pointage nous le permettait de façon à ce que tout le monde soit en santé pour les matchs décisifs.

Équipe du Rouge et Or de Laval - Championne canadienne 2014 à Québec

Rangée du haut (de la gauche vers la droite): Stéphanie Mourant (physiothérapeute), Geneviève Bolduc (physiothérapeute), Noémie Hamel (physiothérapeute), Roxanne Dionne, Marie-Christine Gauthier, Mélisande Guy, Gabrielle Lapointe, Cynthia Turcotte, Victor (mascotte), Christian Gagnon (directeur du S.A.S), Denis Brière (recteur U.L), Alain Roy (président). *Rangée du milieu (de la gauche vers la droite):* Nabil Haned (entraîneur des gardiennes), Arielle Roy-Petitclerc, Audrey-Anne Allaire, Léa Chastenay-Joseph, Joëlle Morasse, Alex Lafrenière, Catherine Villeneuve, Hélène Moreau, Carol-Anne Croteau, Jade Girard, Marie-Sandra Ujeneza. *Rangée du bas (de la gauche vers la droite):* Helder Duarte (entraîneur-chef), Marie-Pier Bilodeau (entraîneuse adjointe), Alexandra Brunelle, Mélissa Roy, Rachelle Collard, Joëlle Gosselin, Caroline Marcotte, Marie-Joëlle Vandal, Lara Vaillancourt.

Raconte-nous ton match référence,celui où votre génie tactique s'est le mieux exprimé.

M-P.B Je dirais notre quart de finale au championnat canadien en 2014. La veille du match, nous n'avions toujours pas réussi à obtenir de vidéos sur l'équipe que nous affrontions le lendemain. Puis, tard en soirée, un entraîneur d'une autre province, que nous ne nommerons pas ici, nous donne une clé USB avec des matchs de cette équipe. Helder et moi avons donc passé la nuit à visionner et surtout analyser ces matchs pour ensuite présenter un montage, des plus complets, aux filles. Tout y était, de leur formation préférée à leurs jeux truqués en passant par les détails des tireuses au cas où nous serions confrontés à un barrage. Finalement, ce fut un match complètement fou où nous sommes revenus de l'arrière deux fois, à la 88e minute ainsi qu'en prolongation. Nous l'avons finalement emporté en tirs de barrage après 2 arrêts incroyables de Marie-Joëlle Vandal, qui avait mémorisé les numéros des tireuses et leurs endroits de prédilection. Bien qu'il n'y ait pas de match parfait, admettons que, pour nous, celui-ci était une référence côté préparation et travail d'entraîneur en coulisses.

Et à l'inverse, quel a été le pire match de ta carrière de coach? Celui où rien n'a fonctionné comme prévu.

M-P.B Je dirais le premier match de notre saison en 2014, au Cepsum. Nous avions une équipe jeune, mais nos joueuses de première année étaient excellentes, de Marie-Jöelle Vandal à Joëlle Gosselin en passant par Mélissa Roy. Nos attentes étaient donc très élevées dès le départ avec ce groupe all-star. Cependant, tout comme elles seules peuvent le faire, les bleus nous ont rapidement rappelés à l'ordre. Une équipe plus expérimentée et avec l'avantage du terrain, les Carabins, a su profiter de la nervosité et du manque d'expérience de notre noyau pour s'envoler avec la victoire et remettre, du même coup, les pendules à l'heure. Ce fut par contre notre seule défaite cette année-là et je suis persuadée que cette petite mise au point en début de saison a grandement contribué à notre conquête du championnat canadien cette année-là.

« CE SONT SOUVENT CELLES QUI LE VEULENT LE PLUS QUI VONT L'EMPORTER »

Quel est le geste le plus important pour toi durant une partie de soccer?

M-P. B Pour moi, je dirais simplement l'effort. Tout laisser sur le terrain. Le talent est important, certes, mais, au niveau universitaire, tous les groupes ont des joueuses de talent et un certain fond de jeu. Alors, bien que ça puisse paraître simpliste, pour moi, lors des gros matchs, où les 2 équipes sont nez à nez, ce sont souvent celles qui le veulent le plus qui vont l'emporter.

Qu'est-ce que tu ne ferais jamais durant un match?

M-P. B Cibler une joueuse individuellement: faire un reproche direct, dirigé vers une athlète en particulier. Je suis une entraîneuse plutôt vocale et j'aime parler à mes joueuses sur le terrain pour leur donner des conseils tactiques ou même parfois, les recadrer au besoin. Je ne vois pas d'inconvénients à s'adresser au groupe sur le terrain, même lorsque ça va moins bien. Cependant, je crois qu'il est préférable de parler seul à seul avec les joueuses lorsque l'on doit leur faire une critique personnelle, quitte à les faire venir près des lignes de touche si l'ajustement doit être fait rapidement en cours de jeu.

Si tu pouvais inverser le résultat d'un match, d'un seul, lequel ce serait?

M-P. B Bien que j'ai eu la chance de connaître plus que mon lot de succès lors des 7 années que j'ai passées à l'université Laval, nous avons également connu quelques défaites crève-cœur, comme tout bon programme. Personnellement, je dirais notre défaite en tirs de barrage contre Trinity Western en demi-finale du championnat canadien de 2015. C'est l'équipe que nous avions battue 5 à 0 en finale de ce même championnat l'année d'avant, des éternelles rivales lors de compétitions nationales, l'équipe universitaire la plus titrée au pays. Mais une défaite aux tirs de barrage, ça fait toujours mal. Nous avons d'ailleurs reconquis le titre de championnes nationales dès 2016, alors qui sait, sans cette défaite, peut-être aurions-nous eu la chance de remporter le trophée Gladys Bean trois années consécutives?

Avec quelle athlète as-tu adoré travailler?
M-P. B Bien qu'elle porte les couleurs de l'Université du Québec à Montréal cette année, je dois dire Mélissa Roy. J'ai eu la chance de la diriger pendant quelques années en ligue élite (AAA) avant de la retrouver à l'université Laval à l'automne 2014. C'est ce que j'appelle une athlète complète. Lorsqu'elle est sur le terrain, c'est tout simplement différent. Sans être la joueuse la plus vocale, Mel est une leader naturelle, son intensité et sa passion n'ont d'égal que son talent et les joueuses qui l'entourent ne peuvent que se laisser emporter dans l'élan qu'elle insuffle partout où elle passe. Son passage chez les professionnelles en première division française suite à son parcours à Laval n'était donc qu'une suite logique dans ma tête.

A l'inverse, y a-t-il une athlète avec qui la relation a été difficile, mais avec qui le travail s'est avéré payant?
M-P. B Je n'aime pas vraiment parler de relation difficile avec des athlètes, mais, si je dois vraiment répondre, je dirais avec Gabrielle Lapointe. Pourquoi Gab? Et bien parce que nous avons, Helder et moi, dû nous ajuster, faire des compromis, plus qu'avec les autres étudiantes-athlètes que nous avons dirigées à Laval. En effet, peu de joueuses peuvent se vanter d'avoir réussi à concilier le travail, des études de médecine et une carrière sportive comme Gabrielle l'a fait. Cependant, pour un entraîneur, ça demande une grande ouverture d'esprit, voire même la capacité à mettre de côté certains de ces principes que l'on tient souvent pour acquis dans le sport. Alors oui, nous avons dû accepter que cette dernière manque des entraînements, des matchs, et même des activités de financements pour pouvoir la garder avec nous. Cependant, je peux dire que nous avons été gagnants dans le sens où Gabrielle a toujours été l'une des meilleures joueuses du pays et a donc grandement contribué à nos conquêtes provinciales et nationales.

Quelle a été ta plus grande émotion en tant que coach?
M-P. B Celle-là, elle est facile. Notre conquête du championnat canadien en 2014, chez nous, au PEPS[1] de l'université Laval. Comme je suis arrivée en début de saison l'année précédente, c'était vraiment mon groupe de rêve celui-là. En effet, en plus d'avoir participé activement au recrutement des nouvelles étudiantes athlètes, j'avais également eu la chance d'entraîner plusieurs d'entre elles au niveau civil pendant quelques années. Je croyais donc énormément au potentiel de ce groupe et elles ne m'ont pas fait mentir. Je me dois également de mentionner que bien que ma fierté était immense, j'étais doublement heureuse pour Helder Duarte, mon mentor, celui qui avait toujours cru en moi, autant lors de mes années sur le terrain que comme entraîneuse. De le voir, lui, savourer cette victoire, une vingtaine d'années après avoir démarré ce projet, après avoir concrétiser ce rêve qu'il avait d'avoir une équipe universitaire féminine à Québec, ça, c'était vraiment quelque chose.

Si tu devais dire un mot au coach qui a mis le plus votre sens tactique à l'épreuve?
M-P. B Je dirais merci. Lorsque l'on parle du réseau universitaire plus précisément, je dirais merci Kevin (McConnell). À l'instar des joueurs et joueuses que l'on dirige, je crois que les défis et souvent même les défaites nous font grandir. Pour nous plus précisément, ici à Laval, c'est principalement à travers notre grande rivalité avec les Carabins que nous avons évolué et que nous avons dû nous dépasser. Je me souviens particulièrement que Helder m'ait dit, suite à notre conquête du championnat canadien en 2016, que nous n'aurions probablement pas gagné sans nos matchs contre l'Université de Montréal. En effet, c'est dans ces duels, toujours chaudement disputés, que l'on voyait certains aspects du jeu que l'on ne voyait pas nécessairement contre les autres équipes du circuit.

«SE DÉPASSER, DONNER LE MEILLEUR DE SOI-MÊME, ALLER AU BOUT DE SON POTENTIEL»

Quelle est ta citation préférée et pourquoi?
M-P. B «En compétition, il y a toujours un premier et un dernier, mais l'important est de ne pas être le second de soi-même», de Luis Fernandez. Pour moi c'est ça l'essence du sport, se dépasser, donner le meilleur de soi-même, aller au bout de son potentiel. Tous les joueurs et joueuses n'ont pas le même talent, le même bagage, mais tous, sans exception, vont progresser s'ils donnent constamment le meilleur d'eux-mêmes.

Quelle est la génération que tu as préféré coacher?
M-P. B Les deux équipes du Rouge et Or de 2014 et de 2016.

[1] Pavillon de l'Education Physique et des Sports de l'Université Laval

ELANS

DAVID DESLOGES

LAVAL

« Chaque match a une histoire et finit par un résultat », que signifie cette phrase pour toi?

D. D J'aurais tendance à penser à tout ce qui se passe en coulisses et qu'on ne voit pas. C'est la première chose qui me vient à l'esprit quand on parle du match parce qu'on a tendance à l'associer à une performance ou à un résultat. Avec les athlètes, on parle beaucoup de processus puis de travailler sur plusieurs petits détails pour réussir à avoir tel résultat puis telle performance! Quand tu me dis « chaque match a son histoire », pour moi l'histoire c'est toute la vie avant puis à l'extérieur du terrain pour préparer le match en question justement. Si on reste vraiment campés dans le match de soccer, ce serait vraiment ces coulisses-là puis tout ce qui est derrière cette préparation.

Qu'est-ce qui t'a donné l'envie de faire ce métier? A la base tu as quand même une formation d'architecte !

D. D J'ai commencé à coacher à 15 ans comme ça par hasard, parce que j'avais une amie dont le père était bénévole à l'Optimum de Victoriaville d'où je viens et il leur manquait un coach. Il nous a demandé et on s'est occupés de la petite équipe puis depuis cette année-là, j'ai coaché jusqu'à aujourd'hui. De fil en aiguille, ce qui était au début vraiment un loisir parce qu'on devait dépanner une équipe pendant 3 mois, est devenu de plus en plus sérieux comme investissement en temps et en énergie. La passion du coaching s'est développée peu à peu jusqu'à devenir une profession, mais à l'époque c'était vraiment du soccer récréatif.

Faut-il forcément avoir été un bon joueur pour faire un bon entraîneur?

D. D Il faut déjà avoir joué puis connaître le jeu! Mais avoir été un excellent joueur? Je ne suis pas certain. Je pense que c'est beaucoup plus une question de comprendre le jeu puis si on est capable de l'enseigner et surtout capable de gérer nos équipes et nos joueurs. Je pense que c'est plus ces qualités qui vont faire que l'on va avoir du succès au lieu de seulement avoir été un bon joueur; par contre, toutes les expériences de joueur qu'on a vont nous aider inévitablement à coacher. Déjà elles vont nous aider à comprendre la réalité du joueur, ce qui n'est pas négligeable, mais je ne pense pas qu'il faille obligatoirement avoir été un bon joueur pour être un bon entraîneur.

Quelle est la plus grande qualité d'un entraîneur selon toi?

D. D Je pense que c'est essentiellement le leadership et le management. Qu'on soit coach de soccer, de basket, de football ou de volley, j'imagine que cette constance va toujours demeurer. À la base on travaille avec des individus, il faut donner une direction au projet de jeu qu'on veut mettre en place. Il faut convaincre des individus à adhérer à ce projet. Cela exige un fort leadership ainsi que des qualités avec les individus au niveau du management, c'est indéniable!

Comment faire jouer une équipe quand on a moins d'un mois pour faire connaissance avec la totalité de son effectif?

D. D On se concentre sur l'aspect tactique et sur la cohésion du groupe. Le temps passe très vite en début de saison, il faut travailler concrètement dès le début sur le projet de jeu. On doit trouver des astuces pour gagner du temps. Pour ma part, je vais beaucoup voir les joueuses jouer durant l'été. Cela me permet de valider le niveau de performance attendu, et anticiper comment sera l'état d'esprit en arrivant chez le Rouge et Or à l'automne. Je pense que les échanges faits durant l'été aident à mettre les choses en place à l'automne. Dans le contexte où je venais d'arriver en poste l'été dernier c'était d'autant plus important. Bien connaître les joueuses est un atout important.

« LES JOUEUSES DOIVENT TROUVER L'ENDROIT OÙ ELLES VONT S'ÉPANOUIR LE MIEUX »

Aimé Jacquet a dit: « Le football est le reflet de notre société. Regardez bien l'expression d'un joueur sur le terrain, c'est sa photographie dans la vie. » Sur quels critères vous basez-vous pour recruter vos étudiants-athlètes?

D. D On est déjà en recrutement pour l'automne prochain. La première chose, c'est vraiment au niveau des valeurs. Quand on recrute, j'essaie de dire aux athlètes qui magasinent de rechercher le meilleur endroit pour eux en fonction de ce que l'université a à leur offrir par rapport à leurs besoins à elles. On peut offrir différentes choses attrayantes, mais au final, quel est l'essentiel pour la joueuse? Elles doivent trouver l'endroit où elles vont s'épanouir le mieux. Quand je fais le recrutement avec les athlètes, j'essaie de leur présenter le mieux possible le projet qu'on propose à l'université Laval parce que ce qu'on veut avant tout c'est avoir des athlètes qui vont être heureuses chez nous. Si on ne partage pas les mêmes valeurs, c'est presque sûr pour moi qu'à un moment ou un autre, il y aura des malentendus. Aussi, on cherche des athlètes qui ont un profil de joueuse qui cadre avec le projet de jeu. Il y a des athlètes extraordinaires qui ne sont peut-être pas faites pour jouer dans notre projet de jeu, qui vont peut-être être moins heureuses dans certains projets de jeu que dans d'autres. Si l'on partage les mêmes valeurs et si l'athlète peut être heureuse dans le projet de jeu qu'on propose, je crois que nous avons déjà une bonne base pour avoir du succès. Je crois que ce sont les deux principaux points d'ancrage.

Quand tu rencontres tes athlètes pour la première fois, quelle philosophie souhaites-tu leur inculquer?

D. D Une des choses qu'on leur dit beaucoup c'est que nous sommes là pour offrir une porte d'entrée dans une université qui est la nôtre, l'université Laval. Mais le travail, ce n'est pas d'utiliser cette athlète-là pendant 4 ans ou 5 ans, c'est de bâtir pendant 4 ans ou 5 ans le tremplin qui va faire en sorte que la porte d'entrée qu'on leur a ouvert va peut-être ouvrir 5 ou 10 autres portes au moment où elles partiront. C'est beaucoup plus au niveau de ce travail-là qu'on veut s'inscrire. Puis le projet du soccer, c'est le prétexte pour réussir à construire ce tremplin. On leur demande par exemple: « Parle-moi de tes projets de soccer, de tes ambitions, de ta carrière! Quel genre de vie penses-tu mener après que tu aies quitté l'université? Essayons de voir si l'université Laval, c'est le meilleur endroit pour te préparer à cela! » C'est ça, la base du projet avec les athlètes que je rencontre.

Quelle est votre routine d'avant-match?

D.D J'arrive trois heures avant le match au bureau et je m'occupe des derniers détails comme finaliser la feuille de match, réviser quelques séquences vidéos de l'adversaire. Une heure et demie avant le match, les athlètes vont commencer à arriver donc je serais en bas, proche du vestiaire. Il y en a certaines avec qui on aura des rencontres soit en petits groupes, soit individuellement. Avant l'arrivée des athlètes, les adjoints vont arriver et on va échanger sur le match ensuite on fait la petite causerie d'avant-match dans le vestiaire à peu près 45 minutes avant le début du match. Une demi-heure avant le début du match, nous sommes sur le terrain pour l'échauffement après le protocole d'après-match! Ça ressemblait pas mal à ça!

Faut-il imposer son style ou s'adapter à l'adversaire en face?

D.D Imposer son style de jeu d'avantage, mais il y a toujours une nuance. Je trouve par expérience que les athlètes performent mieux quand leur projet de jeu est très clair et très bien défini puisqu'ils peuvent se concentrer sur eux-mêmes. En revanche, il y aura toujours des nuances à apporter en fonction de l'adversaire parce que je le constate, il y a des équipes de styles très différents dans la ligue universitaire. Il y a des équipes qui jouent un jeu direct et très structuré, des équipes qui construisent un peu plus le jeu, des équipes qui sont plus physiques, des équipes qui nous ont joué un bloc bas et opéraient en contre-attaque. Chacun de ces matchs demande des ajustements complètement différents parce que l'adversaire nous pose un problème différent. Donc oui, nous aurons des nuances, mais notre projet de jeu sera la base de tout pour moi puis on doit essayer de l'imposer. Pour moi, ce sont les adversaires qui doivent réfléchir à comment s'adapter à nous et non l'inverse. A mon avis, c'est mieux quand nous sommes dans cet état d'esprit, malheureusement il y a des matchs où l'adversaire nous pose un gros problème et il faut réagir.

«LA PART DU COACH, C'EST UNE PARMI TANT D'AUTRES»

D'après toi, quelle est la part de l'entraîneur dans le résultat final?

D.D Une parmi tant d'autres (rires) ce que je veux dire par là c'est qu'après les matchs, c'est facile d'identifier des moments clés de la semaine précédente ou du match, des décisions clés qui ont eu un impact sur le résultat. Il y a tellement de facteurs pouvant influencer le résultat. Parfois, certaines décisions prises longtemps avant le début du match ont eu une grande influence sur le résultat du match de la semaine, influence parfois positive, parfois négative. On essaie de préparer l'équipe le mieux possible, mais jusqu'au jour J, il est toujours difficile de mesurer avec certitude l'impact de notre travail tant que le match n'est pas fini. Si on met en perspective notre travail en relation avec tous les déterminants pouvant exercer une influence sur le résultat, il faut être bien modeste. En y réfléchissant, je crois que la façon la plus efficace d'exercer une influence sur le résultat est de préparer nos joueurs le mieux possible à s'adapter aux différentes situations du match parce qu'au fond, ce sera toujours eux qui seront sur le terrain et qui pourront faire une réelle différence. Nous sommes à peu près 30 personnes dans cette histoire chaque semaine avec les joueurs, les coachs, le staff médical. La part du coach, c'est une parmi tant d'autres. C'est facile d'identifier un facteur important après le match, mais pendant le processus, plus on est performant dans la gestion des petits détails, plus on va avoir de l'influence sur le match.

Gère-t-on tous les athlètes de la même façon ou t'est-il arrivé de déroger à vos principes à l'occasion?

D.D La gestion des athlètes est souvent différente d'une personne à l'autre, mais les principes doivent demeurer les mêmes. Si les principes changent d'une joueuse à l'autre, je crois que comme entraîneur on perd de la crédibilité. Chaque joueuse a sa personnalité et on doit parfois en tenir compte dans la gestion que l'on fait. Il est évident que pour tirer le maximum de chaque joueuse, la recette n'est pas la même avec tout le monde. Par contre, les principes doivent demeurer les mêmes selon moi. Le principe d'équité est important.

Par exemple, il faut accepter que peu importe la décision que l'on prendra, il y aura souvent plus d'insatisfaites que de satisfaites parce qu'il y aura plus de joueuses qui ne joueront pas ou joueront peu, que de joueuses qui vont être titulaires. Pour la façon de les gérer, on souhaite que ce soit toujours au mérite. Quand la gestion de l'effectif se fait vraiment au mérite, on a des arguments tangibles pour expliquer nos décisions, même si parfois ces arguments ne sont pas compris par certaines joueuses. Lorsque j'ai des conversations avec des joueuses qui acceptent difficilement les décisions, par exemple concernant l'utilisation, je leur dis: «Oui, tu as des arguments pour que je te place sur le terrain, mais quels arguments ai-je pour enlever ta coéquipière du terrain? Parce qu'il va falloir que j'explique à celle-ci pourquoi je la retire de sur le terrain!» Inévitablement on doit toujours faire des choix. J'essaie de faire réfléchir les athlètes d'un point de vue objectif et collectif. Parfois les athlètes ont des arguments pour expliquer pourquoi elles devraient jouer, mais quand tu les confrontes au fait de devoir expliquer à une autre personne pourquoi elle ne devrait pas jouer, là elles se rendent compte que c'est peut-être un petit peu plus compliqué. À un moment donné, il y a des choix à faire, mais la clé reste d'être honnête et transparent avec les athlètes. Ça ne sert à rien de leur raconter des histoires, elles sont intelligentes.

Élans du Cégep Garneau - Championnes canadiennes 2016-2017 à Montréal

Au centre, derrière: Patrice Pépin (physiothérapeute). *À droite, derrière:* Guillaume Couillard. *Rangée du haut, de gauche à droite:* David Desloges, Frédérique Métivier, Charlotte Gagnon, Marie-Laurence Marquis, Ariane Langlois, Marie Parent, Karyna Fiset, Audrey Genois, Ariane Routhier, Chloé Decelles. *Rangée du milieu, de gauche à droite:* Amélie Cloutier, Mireille Patry, Maxyme Nobert, Laurie Viel, Daphnée Blouin, Virginie Deschênes, Myriam Labreque, Marie-Mychele Metivier, Noémie Fortin. *Rangée du bas de gauche à droite:* Mégane Sauvé, Dominique Fortin, Élodie Lauzon.

« NOUS ESPÉRONS APPLIQUER LES MÊMES PRINCIPES À TOUT LE MONDE »

Comment gère-t-on les remplaçants lorsqu'on a une saison qui ne dure que trois mois?

D. D Comme l'exemple de la question précédente, on espère toujours pouvoir faire une gestion au mérite. C'est sûr qu'il y aura parfois des situations où nous serons tentés de nous écarter de ce principe, mais je crois qu'il faut s'y coller le plus possible. Toutefois, ce n'est pas vrai qu'on gère tous les athlètes de la même façon. Il y a différentes personnalités que nous nous devons de traiter de façon différente pour les faire performer. Par exemple, certains athlètes ont besoin de beaucoup d'explications, pour d'autres, recevoir trop d'informations va les embrouiller plus qu'autre chose. Nous espérons appliquer les mêmes principes à tout le monde, mais des fois pour une athlète qui a un historique de performances passées particulières, on va peut-être être plus patients qu'on le serait avec une recrue qui vient d'arriver et qui a toutes ses preuves à faire. Cependant, si on déroge trop à nos principes, on met en péril l'équilibre et la gestion du groupe au niveau du management. Ça reste délicat.

Raconte-nous ton match référence? Celui où votre génie tactique s'est le mieux exprimé.

D. D Il y a un match qui me vient en tête parce que j'avais été content de la façon dont on avait géré la situation à la mi-temps. C'était en 2011 et la finale du championnat canadien au Cégep Garneau. Nous étions champions en titre et nous jouions la finale contre NATE College, le représentant de l'Alberta. L'année précédente c'étaient eux qui recevaient le championnat canadien et nous avions gagné contre eux. En 2011, nous avions vraiment une équipe très forte avec une belle chimie d'équipe. On a commencé le match et on a pris un but tôt en première mi-temps. On sentait que les filles étaient correctes dans le jeu, mais tout de même très stressées par l'enjeu d'être en finale à la maison. À la mi-temps, au lieu de les bousculer, on a vraiment plus gonflé leur confiance pour leur montrer qu'on les soutenait. Quelques minutes après le début de la deuxième mi-temps, nous avons marqué un premier but, ensuite un autre à la fin du match pour gagner 2 buts à 1. De mémoire, il me semble qu'Esther Rochon et Kathleen Bérubé-Garneau étaient nos buteuses. Je crois humblement que Guillaume Couillard et moi avons fait le nécessaire à la mi-temps. Si on s'attarde davantage sur les individus pour les préparer, on va leur rendre un grand service.

Et à l'inverse, quel est le pire match de ta carrière de coach? Celui où rien n'a fonctionné comme prévu.

D. D Il y a un match dont je me sers souvent comme référence: c'est lors de mon premier championnat canadien comme entraîneur avec le Dynamo de Québec en 2004. C'est un tournoi à la ronde où tu as 4 matchs dans ton groupe puis le premier joue la finale, le deuxième pour la médaille de bronze. On avait gagné les 3 premiers matchs. Si on faisait victoire ou match nul, on jouait la finale. Si on perdait, on jouait pour la médaille de bronze. On a commencé vraiment le match en force contre une équipe de Colombie-Britannique. Rapidement, on menait 3-0. À la mi-temps, on était dans la gestion du bonheur, on a commencé à faire des changements injustifiés si on considère l'importance du match. On était euphoriques sur le banc comme si tout était gagné d'avance. La deuxième mi-temps a commencé et je n'ai pas le souvenir de matchs où on ait été dominé comme ce fut le cas à ce moment. B-C marque 1 but, puis 2 buts! La panique s'installe! On prend des cartons de changement pour faire rentrer les joueuses qui avaient commencé le match. Ça ne change rien à la domination de B-C. C'était l'hystérie sur le terrain et sur le banc! Même nous les entraîneurs avons perdu le contrôle. Finalement nous avons remporté le match puis joué la finale que nous avons perdue contre l'Ontario, qui était extrêmement fort. Mais la leçon de cette demi-finale, c'est qu'on a voulu faire plaisir à tout le monde durant ce match. On a perdu l'accent. On n'a pas respecté l'adversaire et on a été chanceux de ne pas en payer le prix, mais après ce match, je me suis juré que, dans la gestion des matchs, j'allais être plus patient et rigoureux. J'ai réalisé cette fois-là que pour faire plaisir à 2, 3, 4 joueuses, j'ai failli mettre en péril le bonheur des 20 joueuses de l'équipe puis des fois vaut mieux expliquer à une ou deux qui sont tristes pourquoi on a pris cette décision-là que prendre le risque que toute l'équipe soit malheureuse. À ce moment du match, ce n'était pas nécessaire! J'ai retenu la leçon.

«LE GESTE LE PLUS IMPORTANT, C'EST LE SUPPORT AU NIVEAU ÉMOTIONNEL»

Le geste le plus important pour vous durant une partie de soccer?

D. D Ce que je souhaiterais, c'est que ce soit au niveau des encouragements et du support qu'on donne aux joueuses. Dans le match, la réalité, c'est qu'on est souvent pris avec les discussions et les ajustements tactiques. On envoie beaucoup d'informations aux athlètes et on oublie le support au niveau mental. Le geste le plus important, c'est le support au niveau émotionnel et au niveau mental qu'on peut apporter aux joueuses. Malheureusement, des fois on se laisse prendre par la tactique et l'enjeu.

«IL Y A DES COMPORTEMENTS QUI NE SONT PAS ACCEPTABLES»

Qu'est-ce que tu ne feras jamais durant un match?

D. D Je suis parfois fâché sur les lignes de côté. Il arrive que l'on s'emporte un peu et que l'on crie, mais je dois toujours m'assurer que ce que je dis est pertinent et ne constitue pas une attaque dirigée vers un individu en particulier, une joueuse ou un arbitre par exemple. Il y a des comportements qui ne sont pas acceptables et j'espère arriver à ne jamais franchir cette limite. J'ai vraiment tendance à penser que les personnes qui abusent de leur rôle n'ont pas leur place aux abords du terrain.

Si tu pouvais inverser le résultat d'un match, d'un seul, lequel ce serait?

D. D Ça devait être une finale de championnat canadien qu'on n'a pas gagné, j'imagine! (rires) Il aurait suffit d'un match pour gagner. Par exemple, en 2013, on a perdu la finale du championnat canadien contre McEwan en Alberta. J'aurais bien aimé remporter ce match, mais inverser le résultat d'un match contre une équipe qui s'est montrée plus forte que nous ne serait pas logique à mes yeux. En y pensant, s'il y a un résultat de match que j'aimerais changer c'est au niveau collégial, une demi-finale perdue contre Concordia-Alberta au championnat canadien de 2012 à Charlottetown si je ne me trompe pas. Nous battons Holland College 6 buts à 0 au premier match et au deuxième match contre Concordia, même si c'est difficile à imaginer, nous avons dominé le match, de la première à la dernière minute. Nous frappons des poteaux, manquons des occasions franches dans la surface, tirons sur la gardienne et finalement nous perdons aux tirs au but. Le reste du championnat canadien a été difficile suite à cette énorme déception. Je crois que nous avions une bonne équipe, mais cette journée-là s'est mal terminée. J'aimerais changer le résultat de ce match et savoir si nous aurions remporté la finale.

Avec quel athlète as-tu adoré travailler?

D. D J'en ai eu plusieurs mais je vais te parler d'une joueuse qui est restée 5 ans au Cégep Garneau, un fait très rare surtout chez les filles qui font en général 2 ans et demi. Si quelqu'un fait une technique, elle fera 3 ans et demi. Mais elle, Elle a commencé dans un programme général puis est passée dans un programme technique au cours duquel elle s'est blessée aux ligaments croisés. Cette blessure l'a empêchée de faire son stage, elle a donc été obligée de faire une cinquième année. Il s'agit de Stéphanie Fortin. Stéphanie était une très bonne joueuse, mais elle n'est pas arrivée au niveau collégial sur le tapis rouge avec un parcours tout dessiné à l'avance. Elle a dû travailler très dur. La première année, elle est devenue titulaire à force de travail et elle fait une saison excellente. Dans les années qui ont suivi, elle a aussi très bien joué, mais a eu plusieurs blessures. Elle a toujours trouvé une façon de se rendre utile même dans les moments où elle ne pouvait pas être sur le terrain. La raison pour laquelle cette joueuse était spéciale, c'est qu'elle faisait toujours passer l'équipe en premier. À sa troisième ou quatrième année, on l'a nommée capitaine. Elle a pris son rôle à cœur et a contribué au succès de l'équipe, à un tout autre niveau. L'équipe était jeune et Stéphanie s'est occupée d'intégrer tout le monde. Elle a pris la responsabilité de créer une chimie forte au sein de ce groupe, qui était presque entièrement nouveau. Malgré sa blessure importante, elle n'a jamais arrêté de suivre l'équipe. En 2011, durant une semaine de relâche où nous les entraîneurs avions donné congé à toute l'équipe, Stéphanie a organisé chaque jour une activité d'équipe durant toute la semaine. Une journée elle invite toutes les filles à souper, le lendemain elle amenait l'équipe aux pommes,etc. On est arrivés le lundi suivant la semaine de relâche et, Guillaume Couillard et moi, on se regardait, car on sentait qu'il s'était passé quelque chose. Les filles nous ont raconté un peu leur semaine et les initiatives que Stéphanie avait prises. Elle était extraordinaire et complètement dévouée à son programme.

«IL A FALLU APPRENDRE À SE CONNAÎTRE, À CONNAÎTRE LES LIMITES DE CHACUN»

A l'inverse, y a- t-il une athlète avec qui la relation a été difficile, mais avec qui le travail s'est avéré payant?

D. D C'est souvent arrivé qu'on nous dise au Cégep Garneau de ne pas prendre telle ou telle fille en supposant qu'elle allait causer des problèmes et curieusement, quand on nous disait ce genre de choses, ça s'est habituellement super bien passé. De manière générale, nous avons eu de très bonnes relations avec les joueuses. C'est arrivé que nous ayons eu certaines mises au point à faire, mais rien de majeur. L'exemple que j'ai en tête, c'est Cynthia Gaspar-Freire. Dans les premières semaines où elle était avec nous, elle nous a répliqué lors d'un entraînement, il a fallu lui mettre les points sur les «i». À ce moment, j'avais été très dur avec Cynthia. Malgré tout, elle a eu un parcours extraordinaire avec Garneau et je l'ai toujours grandement apprécié. Il a fallu apprendre à se connaître, à connaître les limites de chacun et maintenant c'est devenu la capitaine ici aux Rouge et Or.

Quel est le plus grand regret de ta carrière?

D. D Je n'ai pas de très grands regrets, peut-être simplement de petites choses qu'avec du recul j'aurais aimé faire un peu différemment. Par exemple, il y a le support d'une athlète au Cégep Garneau qu'on a pris en première année en 2010. Elle était partante lorsqu'on remporte le championnat canadien cette année-là. Ce n'était pas une athlète qui travaillait excessivement fort, mais on voyait du potentiel en elle. L'année suivante, 2011, fut une année de recrutement exceptionnelle. Nous avons décidé de ne pas retenir ses services cette année-là. Elle fait partie des deux filles de l'année 2010 qui n'ont pas été reprises. Elle a rejoint le Rouge et Or par la suite. Je n'ai jamais eu l'occasion de lui en reparler, mais après elle a eu un parcours exceptionnel au Rouge et Or. Puis quand je la voyais jouer je me disais: «Est-ce qu'on lui a rendu service?» parce que l'athlète que je voyais jouer au Rouge et Or et celle de Garneau n'avait pas la même éthique de travail, l'intensité ni le même niveau de performance. Est-ce qu'on lui a rendu service d'une certaine façon ou bien, au contraire, est-ce qu'on aurait dû être plus patients avec elle? Je reste sur l'impression qu'on l'a peut-être abandonnée un peu trop tôt alors qu'au Rouge et Or, ils lui ont tendu la main et l'ont amenée à jouer à son plein potentiel. Son cas m'a fait prendre conscience qu'avec les athlètes, il faut savoir être patient et ne pas abandonner trop vite et trouver la bonne façon de travailler avec eux. J'aurais aimé avoir la sagesse de travailler avec elle de la même façon qu'elle s'est développée et a gagné avec le Rouge et Or. Maintenant je la vois sur toutes les photos dans le bureau (rires), cette athlète, c'est Cynthia Turcotte.

Quelle est la génération que tu as préféré coacher et pourquoi?

D. D J'ai été choyé, il y en a plusieurs, mais l'année du Cégep Garneau de 2011 était une très belle année. C'est l'année où on perdait à 1-0 en finale du championnat canadien et que nous sommes revenus de l'arrière sur notre terrain au cégep. C'est drôle parce que pour la majorité de tes questions, je fais référence à cette année-là. Ça a été une année exceptionnelle. En 18 championnats canadiens je me rappelle que cette année-là était particulière.

Quelle a été ta plus grande émotion en tant que coach?

D. D La finale du championnat canadien de 2011, quand on a gagné chez nous. C'est le seul championnat canadien que j'ai fait à Québec. Pour moi c'était le plus beau et, quand on regarde les vidéos de la finale, tu vois ma fille passer, les enfants sont venus sur le terrain avec nous après le match. Si je ne me trompe pas, cette année c'est la sixième victoire du championnat canadien pour les filles de Garneau. Avec ce championnat canadien, on devenait l'équipe collégiale avec le plus de titres aux championnats canadiens en dépassant Capilano University de B-C, qui en a 5. Sinon il y a aussi le premier championnat canadien que j'ai gagné avec le Dynamo de Québec à Bois-de-Boulogne à Laval en 2007 si je ne me trompe pas. Celui-là était aussi spécial. Ce groupe de filles en 2007 était aussi exceptionnel.

Si tu devais dire un mot au coach qui a mis le plus votre sens tactique à l'épreuve?

D. D Dans le civil je n'ai pas de références parce que les coachs changeaient souvent, mais dans le collégial, les coachs des bonnes équipes, c'est souvent les coachs avec qui on avait des meilleures relations. Je me souviens très bien de Marco Pereira d'Ahuntsic. Dès qu'ils sont rentrés dans la ligue, ils ont été nos principaux rivaux. C'est devenu quelqu'un que je respecte beaucoup. C'est vraiment lui qui nous a posé le plus de problèmes sur plusieurs années. Il a apporté une petite rivalité, mais en même temps c'était très sain. Pour une personne comme Marco qui a des valeurs qui je pense, sont proches des miennes, j'ai juste envie de lui souhaiter du succès dans ses nouveaux projets. Il nous a fait nous casser la tête souvent et je pense que nous aussi on lui a souvent fait se creuser les méninges; c'était une belle rivalité.

Quelle est ta citation préférée et pourquoi?

D. D Je ne pense jamais à ça, mais il y en a une que je vois souvent parce que si je ne me trompe pas Samir Ghrib l'a dans son courriel. C'est une citation de Nelson Mandela: «Je ne perds jamais! Soit je gagne, soit j'apprends!»

«SI ON PEUT ASPIRER LAISSER UNE EMPREINTE AUSSI POSITIVE EN PARTANT JE CROIS QUE CE SERAIT EXCEPTIONNEL»

Brian Clough a déclaré: «Le jour où je m'en irai, Dieu devra abandonner son siège favori.» Et toi, comment voudrais-tu que l'on se souvienne de toi?

D. D La question est particulière compte tenu du contexte où Helder Duarte est décédé l'année dernière et que j'occupe actuellement son ancien poste. Lors de son décès, je crois que c'était unanime, on a davantage parlé de l'être humain qu'il était que de toute autre chose. Pourtant, pour une grande partie d'entre nous, ce qui nous unissait à lui était probablement notre passion pour le soccer. À ce moment, c'est passé second en termes d'importance. Tout le monde a vanté ses qualités humaines exceptionnelles. Ce que ça démontre, c'est que Helder a été dans tout ce qu'il faisait, un être humain exceptionnel. Si on peut aspirer à laisser une empreinte aussi positive en partant, je crois que ce serait exceptionnel.

LE MOT DE LA FIN

«Je rentre vraiment dans le projet du Rouge et Or qui n'a que quelques mois. C'est vraiment un terrain de jeu incroyable avec toutes les installations et les programmes qu'on met en place. Il y a beaucoup de choses qu'on peut faire. Moi, je suis un gars de projet, et ce terrain de jeu est immense et sans limites, je suis vraiment motivé à m'investir et à travailler là-dedans avec les athlètes pour les prochaines années.»

SHER BROOKE

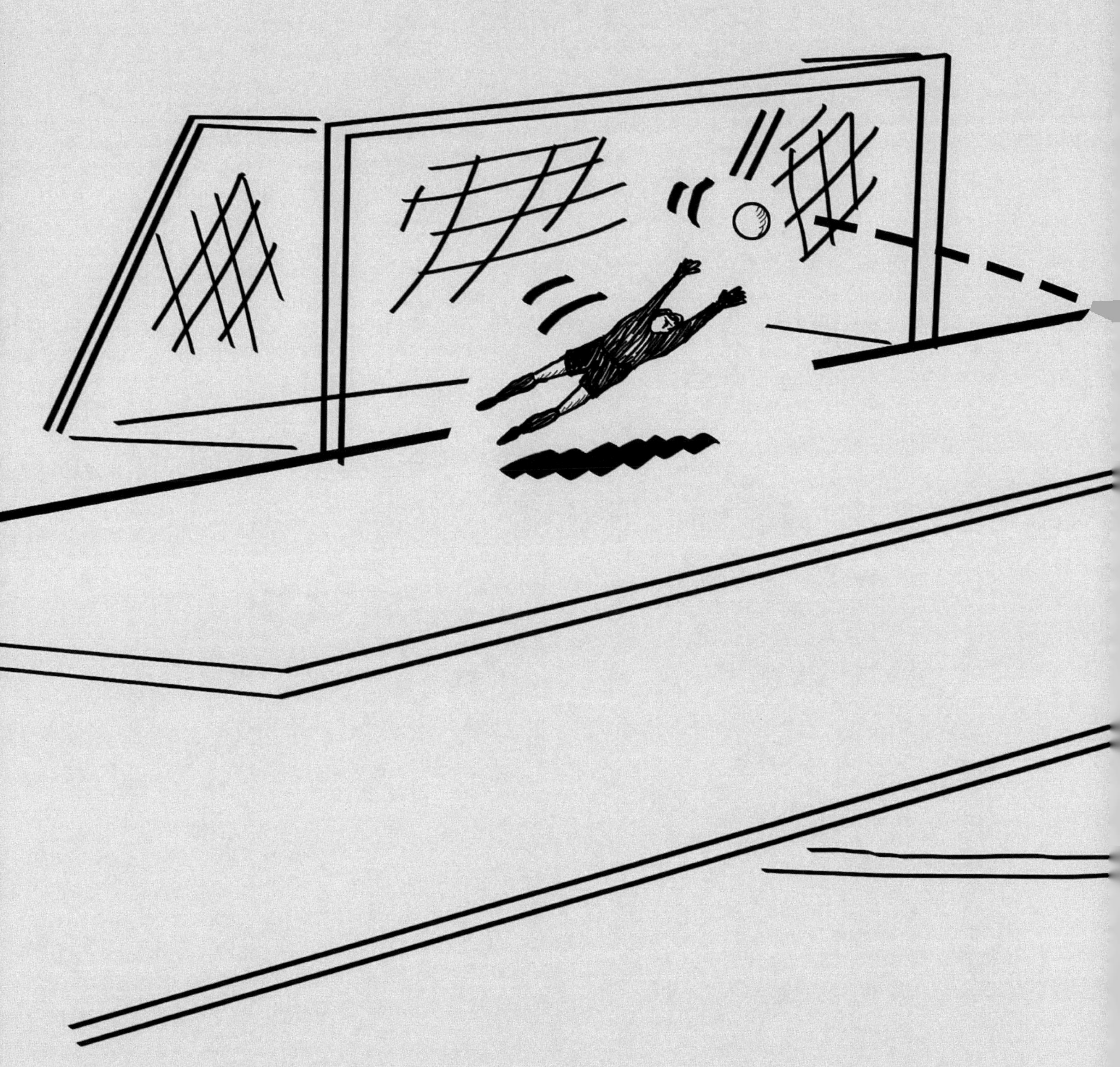

UNIVERSITÉ DE
SHERBROOKE

ANNIE BLAIS

SHERBROOKE

«Chaque match à une histoire». Qu'est-ce que cela signifie pour toi?

A. B Qu'au-delà du résultat d'un match, c'est l'expérience humaine qui compte et dont on se souvient!

«PROGRAMME VERT&OR : IMPLIQUER LES ATHLÈTES AUPRÈS DES JEUNES DE LA RÉGION AFIN QU'ILS AIENT DES MODÈLES»

Comment s'est déroulé ton passage au sein du Vert et Or? Quelle est ta méthode et quels sont les enseignements qu'un coach pourrait en tirer aujourd'hui?

A. B Je ne crois pas qu'il y ait une seule façon de faire, chacun y va avec ses connaissances, ses compétences et son style et peut ainsi connaître du succès. Par contre, je crois fermement qu'il faut être prêt à travailler avec rigueur et constance et avoir de l'ouverture pour se remettre constamment en question afin de progresser.

Mon passage comme entraîneuse fut grandement enrichissant et demeure pour moi encore aujourd'hui une grande fierté. Les installations et les infrastructures ont beaucoup évolué au cours des deux dernières décennies. Je me rappelle très bien lorsque j'ai commencé en 2001, les terrains naturels n'étaient pas en bonnes conditions, nous n'avions pas encore de stade couvert ni de terrain synthétique. La saison intérieure se jouait d'ailleurs à sept dans des gymnases. Grâce à la précieuse collaboration des coordonnateurs et directeurs du programme Vert&Or, beaucoup de choses ont été mises en place afin d'améliorer le programme d'année en année. Nous avons obtenu des budgets pour le recrutement et les bourses et cela a assurément permis d'assurer notre visibilité et d'améliorer notre crédibilité. Puis, m'est venue l'idée de mettre sur pied l'école de soccer les «Petits Verts&Or». Je cherchais des moyens d'impliquer les athlètes auprès des jeunes de la région afin qu'ils aient des modèles d'étudiants-athlètes en référence. Ma vision était de créer un sentiment d'appartenance et un engouement pour le Vert&Or et d'offrir aux enfants des occasions supplémentaires de taper dans le ballon tout en s'amusant. Je misais ainsi sur le développement du programme à long terme afin d'assurer sa pérennité. Je visais aussi à créer des occasions supplémentaires de développement au niveau technique et tactique et c'est en regardant ce qui se faisait ailleurs, autant au Québec qu'en Europe, que l'idée des Petits Vert&Or m'est venue. D'ailleurs, c'est un peu Helder Duarte qui fut mon inspiration puisqu'il avait déjà compris que pour avoir accès à des joueuses universitaires de qualité, il fallait d'abord investir dans leur développement dès leur jeune âge.

Je ne crois pas qu'il n'y ait qu'une seule méthode afin de connaître le succès dans le réseau universitaire, chacun y va avec ses connaissances, ses compétences, son style et les moyens dont il dispose. Par contre, s'il y a pour moi un enseignement à retenir c'est qu'il faut être prêt à travailler avec rigueur et constance et avoir de l'ouverture pour se remettre régulièrement en question en tant que coach et individu afin de progresser. Et cela passe à mon avis par la formation continue, que ce soit par des formations de la Fédération de soccer du Québec, de l'Association canadienne, des stages d'observation ou autres.

Qu'est-ce qui t'a donné l'envie de faire ce métier?

A. B J'aimais le contact avec les athlètes, le défi de prendre une équipe qui ne performait pas très bien à l'époque puis d'essayer d'en faire une équipe plus performante avec les défis que ça occasionnait m'intéressait beaucoup. J'étais déjà entraîneur au sport-études donc évidemment je savais de quoi il en retournait et le recrutement m'intéressait beaucoup.

Faut-il avoir été forcément un bon joueur pour faire un bon entraîneur?

A. B Je pense que cela apporte une légitimité, une crédibilité. Les joueurs vont avoir une meilleure opinion de toi au départ. Mais à la question de savoir si c'est absolument nécessaire: non! D'autres attributs entrent en ligne de compte comme les habiletés de coach rassembleur, de leader, de chef d'orchestre.

Quelle est la plus grande qualité d'un entraîneur selon toi?

A. B Son humilité, parce que dans le sport de haut niveau, on contrôle peu de choses. Il y a tellement de paramètres incontrôlables et impondérables qu'il faut rester humble autant dans la victoire que dans la défaite, on en vient à réaliser que l'on n'est finalement qu'un grain de sable dans l'engrenage. Ce sont les athlètes qui sont sur le terrain, marquent et arrêtent les buts, ils font tout le travail, nous sommes juste des facilitateurs.

Comment faire jouer une équipe quand on a moins d'un mois pour faire connaissance avec la totalité de son effectif?

A. B C'est le recrutement! Il faut arriver à avoir des joueuses qui ont les qualités techniques et athlétiques dont tu as besoin. Où sont les lacunes et de quelles sortes de joueuses auras-tu besoin pour monter une équipe? C'est sûr que ce n'est pas du développement. Le développement est déjà fait dans leur enfance et leur adolescence. Après il s'agit d'essayer d'arrimer tout ça et de monter un esprit d'équipe, mais ça je te dirai c'est plus les leaders à l'interne qui font l'esprit d'équipe. Toi, tu peux mettre des choses en place pour que ça fonctionne, mais c'est à l'interne que ça va se passer. Donc si tu recrutes un leader, ça va aider l'équipe.

D'après Aimé Jacquet, «le football est le reflet de notre société. Regardez bien l'expression d'un joueur sur le terrain, c'est sa photographie dans la vie». Sur quels critères vous basez-vous pour recruter vos étudiants-athlètes?

A. B Sur leurs réalisations sur le terrain évidemment, mais aussi comme je disais sur leur compétence de leaders positifs. Il faut des joueuses impliquées et qui ont envie de vivre ce projet-là parce qu'on s'entend que c'est beaucoup d'implication de leur part avec les études et tout, donc, si tu arrives à avoir quelques-unes qui sont motivées, qui vont faire adhérer tout le monde à un esprit d'équipe, c'est certain que ça va bien se passer!

À quelles recommandations doit s'attendre un athlète qui rencontre Annie Blais pour la première fois, le premier jour d'entraînement?

A. B Il doit s'attendre à avoir en face quelqu'un avec ses qualités et ses défauts, quelqu'un d'imparfait, mais quelqu'un qui est authentique. Une personne qui veut aider, faciliter, être à l'écoute. Moi, je voulais que les joueuses aient une expérience positive, qu'elles choisissent le programme le plus important pour elles. C'étaient des étudiantes-athlètes donc pour moi en premier elles devaient choisir leur programme. Après ça, je leur parlais de ce qui les attendait: les installations, l'équipe qui les entourait, la préparation physique, la médecine sportive, les entraîneurs, les coordonnateurs. Je voulais qu'elles apprécient leur programme.

Mais on ne ment pas sur le produit au nom du résultat...

A. B Absolument pas! Jamais.

« JE SUIS QUELQU'UN QUI A À CŒUR LE BIEN-ÊTRE DES GENS »

Quelle est votre routine d'avant-match?
A. B Lorsque nous jouions à l'extérieur, il y avait un déjeuner, puis nous prenions l'autobus pour nous rendre au match. S'il se déroulait à domicile, nous allions dans les vestiaires, nous échauffer et procéder aux petits soins. Il y a une anecdote qui me revient au sujet des bandages de cheville: j'avais appris à les faire donc les athlètes pouvaient aller voir la thérapeute mais si elle était trop occupée, les joueuses venaient me voir. Je me souviens d'avoir fait beaucoup de bandages, de massages au dos, aux mollets, à la périostite. Je suis quelqu'un qui a à cœur le bien-être des gens en général, j'avais donc à cœur le bien-être de mes athlètes. Donc j'avais vraiment la triple casquette de maman poule, coach, grande sœur... c'est quelque chose qui serait dur à revoir aujourd'hui. Le côté humain pour moi était très important et il l'est encore. Je suis bâtie comme ça. Je vais toujours donner, c'est ce qui a fait de moi qui je suis aujourd'hui.

Faut-il imposer son style ou s'adapter à l'adversaire en face?
A. B Les deux réponses sont bonnes. Il faut que tu joues sur tes forces. Généralement on essaie d'imposer notre jeu, mais parfois il faut être réaliste. Il y a des fois où le style de jeu de l'adversaire, ses qualités athlétiques font que tu auras des difficultés sur tel ou tel aspect de jeu. Il m'est arrivé de m'adapter, mais pas nécessairement de reculer. Je voulais qu'on joue au ballon. J'aime le soccer, j'aime le sport. Ce n'était pas mon genre de dire qu'il reste 10 minutes à jouer, on reste derrière et on balance devant. Premièrement, les athlètes n'ont aucun plaisir à faire ça; ensuite, ce n'est aucunement plaisant à regarder non plus. Il faut que les athlètes aient du plaisir à jouer sur le terrain, à jouer au ballon, à y aller sur leurs qualités et après cela il faut que tout le monde soit capable de faire la transition attaque défense et vice-versa. Il fallait que tout le monde défende, sauf une qui pouvait traîner un tout petit peu sinon toutes les filles avaient un double rôle.

Quelle est la part de l'entraîneur dans le résultat final selon toi?
A. B Assurément moins grande que ce que la plupart pensent. 10 voire 15 % peut-être, le reste, ce sont les athlètes. Ce sont elles qui sont sur le terrain, qui font les efforts, les sacrifices, s'entraînent, étudient la veille jusqu'à deux heures du matin. Le lendemain, elles se lèvent pour prendre un autobus et aller à un match. Si elles n'ont pas envie de jouer, si elles ont des problèmes personnels, tu peux être à l'écoute, les mettre dans les meilleures dispositions possibles, mais en fin de compte ce sont elles qui ont les crampons aux pieds.

Gère-t-on tous les athlètes de la même façon ou t'est-il arrivé de déroger à vos principes à l'occasion?
A. B Je pense qu'on a des lignes directrices, mais on ne peut pas gérer tout le monde de la même façon parce que chaque personne à sa personnalité propre. Chaque personne a des besoins différents, des attentes différentes. Il faut s'adapter à nos athlètes tout en étant soi-même. Moi aussi j'ai une personnalité, j'ai des attentes, des buts, mais il faut qu'il y ait une équité. C'est sûr qu'il y a des vedettes, mais je n'ai pas d'exemple qui me vienne.

Comment gérez-vous les remplaçants avec une saison qui ne dure que 3 mois?
A. B Ça, c'était ce que je détestais le plus. Ça me bouleversait à chaque fois parce que je savais comment le message était reçu. Les remplaçantes font les mêmes sacrifices que celles qui sont titularisées. Elles font les mêmes sacrifices, ce sont les mêmes heures d'entraînement, ce sont les mêmes choix de vie puis le bonbon, en fin de compte tout le monde ne l'avait pas de la même façon. On s'entend que c'est un sport compétitif, qu'on était là pour essayer de gagner les matchs. C'est sûr qu'à ce niveau-là, ce sont les meilleures qui jouaient. Celles qui selon nous allaient faire gagner le match, ce sont elles qui étaient sur le terrain. Après ça, sitôt que je pouvais je donnais du temps de jeu parce que le score le permettait, j'essayais d'en donner le plus possible.

Raconte-nous ton match de référence, celui où votre génie tactique s'est le mieux exprimé?
A. B Quand nous avons gagné le championnat provincial intérieur en 2008. (Elle cherche dans ses souvenirs.) C'est loin, je me souviens qu'on avait effectué un changement et marqué un but dans les secondes qui ont suivi. Je me demande si ce n'est pas au cours de ce match qu'Émilie Duquette s'est blessée au genou.

À l'inverse, quel a été le pire match de ta carrière de coach?
A. B (Elle réfléchit.) C'est là que ça me prendrait mon statisticien. Mais la pire raclée, c'était contre l'université Laval à Sherbrooke. Elles nous avaient battus 9 buts à 1, je pense. Tu sais c'est le genre de matchs où tu veux rentrer sous le gazon. Le score était beaucoup trop cruel.

« LA CLÉ, C'EST LE MOMENT DES CHANGEMENTS »

Pour toi quel est le geste le plus important durant une partie de soccer?
A. B Je te dirais que les changements stratégiques, ça fait une grosse différence. Un changement entraîne souvent une période de flottement donc si tu ne le fais pas au bon moment, tu peux le payer cher comme tu peux aussi passer pour un génie si tu fais un changement et derrière ça fait but pour ton équipe, le but qui gagne le match. La clé, c'est le moment des changements.

Vert et Or - Championnes du Québec, soccer intérieur RSEQ 2007-2008 à Trois-Rivières

Debout au 3e rang (de la gauche vers la droite): Guy Smith, Annie Blais, Martin Roy, Jean-Paul Gobeil (entraîneur des gardiennes), Sophie Boisvert (physiothérapeute). *Debout au 2e rang (de la gauche vers la droite):* Sandra Fréchette, Émilie Duquette, Andréanne Gagné, Julie Leblanc, Marie-Émilie Morrier-Perreault, Hélene Meunier-Asselin, Luce Bourque, Marie-Michèle Bibeau. *1er rang (de la gauche vers la droite):* Vicky Ouimet, Josée Bélanger, Katie Proteau, Marie-Michèle Coulombe, Dominique Falardeau, Claudia Gosselin, Véronique Filion.

Qu'est-ce que tu ne ferais jamais durant un match?

A. B Abandonner les athlètes à leur sort, je ne ferais jamais ça. Il faut être solidaire dans la victoire comme dans la défaite. Je vais essayer de trouver des solutions jusqu'à la dernière seconde. Des solutions qui vont faire que les athlètes s'expriment mieux, mais abandonner? Jamais!

Si tu pouvais inverser le résultat d'un match, d'un seul, lequel ce serait?

A. B C'était la demi-finale de la saison extérieure 2007: l'équipe de Laval était supérieure à nous, mais on avait des chances de l'emporter. Je me souviens qu'à la toute fin du match, Laval a eu un coup franc excentré à la sortie de la zone de réparation. Elles ont marqué en prolongation à la 120e minute par Francine Brousseau. Nous nous sommes tous regardés sur le banc avec l'air de dire: et m....! Et derrière Josée Bélanger frappe le poteau!

Quelle est l'athlète avec laquelle tu as adoré travailler?

A. B Émilie Duquette, c'est une leader positive, une fille d'équipe avec une joie de vivre contagieuse. C'est quelqu'un qui a de belles qualités humaines avec une intelligence émotionnelle développée dont elle se sert pour rassembler. Elle est dévouée et toujours positive. J'ai aussi eu la chance de connaître ses parents qui étaient toujours présents aux matchs. Je pourrais facilement en nommer plusieurs autres qui m'ont marquée à un moment ou à un autre. J'ai appris de chacune d'entre elles, elles m'ont façonnée comme entraîneuse et comme individu.

Et à l'inverse, y-a-t-il une athlète avec laquelle la relation a été difficile au début, mais avec qui le travail s'est avéré payant par la suite ?

A. B Je me souviens de Véronique Filion, parce que je l'avais retranchée à sa deuxième année car elle s'est présentée au camp sans avoir le niveau de forme physique requis. Elle n'avait pas atteint les standards aux tests physiques. C'est quelqu'un de très dévouée, très impliquée et qui adore le soccer, alors je savais qu'elle allait être dévastée, mais je me devais d'être cohérente avec mes exigences. Elle est revenue l'année suivante mieux préparée et en meilleure forme. Je me souviens d'avoir été impressionnée par son attitude parce qu'elle aurait pu juste dire: «Oh la coach, c'est une ci, c'est une ça!» Mais non! Elle s'est servie de cette épreuve pour rebondir et revenir plus forte. J'ai beaucoup de respect pour elle et pour sa capacité de résilience.

Quelle a été ta plus grande émotion en tant que coach?

A. B Ma plus grande source d'émotion a été de voir notre bannière provinciale intérieure, c'était la première bannière et l'aboutissement d'un travail de plusieurs années autant pour les entraîneurs que les joueurs. Je dirais également que c'est quand je croise d'anciens athlètes: c'est ça ma plus grande réussite. Les gens ne retiennent pas nécessairement ce que nous leur disons et nous non plus on ne retient pas nécessairement ce que les gens nous disent, mais une chose qu'on n'oublie jamais, c'est comment on s'est senti en côtoyant la personne. C'est sûr que les conflits sont inévitables. Ils dépendent un peu de nous pour jouer s'ils veulent leur bonbon, mais au-delà des conflits il y a quand même une façon de faire. Si mes athlètes se sont bien sentis, elle est là ma réussite.

Vert et Or de Sherbrooke 2008-2009

De gauche à droite: Au premier rang: Émilie Duquette, Claudia Gosselin, Josée Bélanger, Marie-Eve Bellerose, Marie-Eve Sangiovanni, Dominique Falardeau, Marie-Michèle Coulombe, Véronique Rabret-Filion, Anne-Marie Brochu, Caroline Quoibon, Marie-Michèle Bibeau. Deuxième rangée: Sophie Boisvert (thérapeute), Camille Milan, Hélène Meunier-Asselin, Marie-Émilie Perreault-Morier, Julie Leblanc, Andréanne Gagné, Luce Bourque, Katie Proteau, Josiane Lecompte, Stéphanie Adam, Élyse Turcotte, Sandra Williams, Jean-Paul Gobeil (entraineur-adjoint), Annie Blais (entraîneure-chef).

Vert et Or de Sherbrooke 2009-2010

De gauche à droite: Au premier rang: Émilie Dumas, Émilie Duquette, Sabrina Arbour, Andréanne Gagné, Marie-Ève Sangiovanni, Marie-Michèle Coulombe, Sophie Normandin, Camille Vandenberghe, Josianne Lecompte, Stéphanie Adam. ***Deuxième rangée:*** Annie Blais (entraîneure-chef), Isabelle Genest, Justine Bernier, Chloé Belhumeur-Limoges, Chloé Gourde-Bureau, Sandra Williams, Josée Bélanger, Marie-Émilie Perreault-Morier, Élyse Turcotte,Hélène Meunier Asselin, Marie-Michele Bibeau, Godefroy Brais (entraîneur-assistant).

Quel est ton plus grand regret en tant que coach?

A. B Ne jamais avoir atteint le championnat canadien.

Si tu devais dire un mot au coach qui a mis le plus ton sens tactique à l'épreuve?

A. B C'est Helder Duarte du Rouge et Or, un grand coach et un grand homme aussi. Quand on parle d'humilité, d'une personne humble, je pense immédiatement à Helder. C'était quelqu'un hyper compétent, tactiquement, techniquement dans son métier. Un coach humain qui avait à cœur le bien-être de ses athlètes et qui savait diriger un match et faire la différence avec ses changements tactiques ou son animation de jeu. C'était pour moi un modèle et un mentor.

«ON GAGNE ET ON PERD EN ÉQUIPE»

Quelle est ta citation préférée et pourquoi?

A. B «Les performances individuelles, ce n'est pas le plus important. On gagne et on perd en équipe.» de Zinedine Zidane. Je pense que l'on n'arrive à des résultats que si toute l'équipe est mobilisée vers l'atteinte de l'objectif commun.

Brian Clough a dit «le jour où je m'en irai, Dieu devra abandonner son siège favori!». Et toi, comment voudrais-tu que l'on se souvienne de toi?

A. B Comme d'une coach qui avait un grand respect pour ses athlètes.

Le recrutement se faisait-il en personne?

A. B Il était fait de façon mixte, en personne ou par téléphone puis là je les invitais, leur faisais visiter les installations, la ville et rencontrer le directeur du programme. Le recrutement continuel est un incontournable pour rester compétitif et espérer gagner des championnats.

«CES HUIT ANNÉES DE COACHING ONT ASSURÉMENT ÉTÉ UNE PÉRIODE DÉTERMINANTE»

Y a-t-il eu des joueuses arrachées par la concurrence?

A. B Il y a eu Josée Bélanger, elle venait d'ici, de Coaticook plus précisément et est partie pour les États-Unis. Il y a également eu Andréanne Gagné, elle a même commencé comme étudiante libre parce qu'elle n'avait pas fini son cégep, mais son frère était venu à Sherbrooke par exemple, sinon Émilie Perreault-Morier, Chloé Belhumeur-Limoges, qui elle ne voulait même plus jouer au soccer. Chloé était démotivée, moi je voyais ses statistiques au Cégep de Drummondville et me disait qu'il fallait qu'on se rencontre. Marie-Michèle Coulombe, elle, je pense, je l'ai arrachée à Québec. (Elle jubile) Oui, je me souviens qu'Helder m'en a voulu pour elle! Elle venait de la Rive-Nord. Il y a eu aussi Julie Royer, qui venait de Québec. (Elle fouille dans ses souvenirs) Tu me ramènes loin!

En 2019, le programme du Vert et Or n'est plus aussi performant qu'à ton époque. Quels conseils pourrais-tu donner à tes successeurs?

A. B Ne connaissant pas la réalité dans laquelle les entraîneurs évoluent actuellement, il serait bien mal venu de ma part de prétendre pouvoir les conseiller. Ce que je pourrais tout au plus dire, c'est que les victoires et les succès ne viennent jamais seuls, mais sont l'aboutissement d'efforts collectifs constants. Travail, travail, travail. Ne jamais arrêter de travailler, de trouver des solutions innovantes, de s'asseoir et de réfléchir. Je lisais beaucoup, notamment sur la coach de hockey qui est allée aux Olympiques: Danielle Sauvageau. J'allais chercher des idées ici et là, il faut beaucoup de volonté, beaucoup de détermination. Il faut essayer d'aller frapper aux portes de ton programme à toi en disant: «J'ai telle idée, j'aurai besoin de ci, j'aurai besoin de ça!», aller chercher la collaboration des gens, ne pas hésiter à sortir des sentiers battus, être prêt à sortir de sa zone de confort, à trouver de nouvelles idées, être très créatif. Il ne pas se dire qu'on n'a pas ci ou ça! On construit sur la base de ce qu'on a, puis on fonce!

LE MOT DE LA FIN

«Ces huit années de coaching universitaire ont assurément été une période formatrice et déterminante, c'est pourquoi j'en profite pour remercier toutes les personnes qui ont supporté, enrichi, facilité et agrémenté mon travail et qui m'ont permis de vivre cette passion du soccer universitaire; je pense notamment à Jean-Pierre, Brenda, Jean-Paul, Guy, Martin, Éric et plusieurs autres, merci à tous! Merci, également, à chacune des joueuses que j'ai eu le privilège de côtoyer, votre engagement, votre détermination et vos efforts ont façonné l'identité de cette équipe et font encore aujourd'hui, la fierté du programme de soccer féminin du Vert&Or.»

ÉLYSE TURCOTTE

SHERBROOKE

«Chaque match a une histoire et finit par un résultat». Que t'évoque cette phrase?

E.T Chaque match que nous abordons est un nouveau match! Même avec le même effectif, le même terrain, la même équipe adverse, plusieurs facteurs peuvent influencer la tournure d'un match. L'état d'âme des filles, des entraîneurs, la préparation, le stress, la température, les arbitres, la motivation des deux équipes, etc. Le résultat qui s'ensuit sera influencé, que ce soit positivement ou négativement. Nous en tirons ensuite des conclusions, des réflexions qui nous permettent de progresser en tant qu'équipe.

«POUVOIR PARTAGER MON EXPÉRIENCE COMME JOUEUSE, MAIS AUSSI COMME ENTRAÎNEUSE»

Qu'est-ce qui t'a donné l'envie de faire ce métier?

E.T J'ai eu 5 belles années comme joueuse dans le réseau universitaire et j'ai été impliquée dans la progression de l'équipe du Vert et Or qui, à ma 5e année, a remporté la bannière pour la première fois depuis plusieurs années. Le fait d'avoir contribué à amener l'équipe à un autre niveau m'a tout simplement donné le goût de répéter l'exploit une seconde fois, de pouvoir partager mon expérience comme joueuse, mais aussi comme entraîneuse.

Faut-il forcément avoir été un bon joueur pour faire un bon entraîneur?

E.T Je ne crois pas, car un bon joueur peut ne pas être un entraîneur optimal. Cependant, je crois qu'au niveau universitaire, c'est peut-être un peu plus important du côté féminin, mais d'être un exemple et une personne de référence pour le groupe en ce qui concerne la conciliation sport, études, famille, travail, etc. peut-être un avantage. Lorsque les filles entrent à l'université et arrivent de l'extérieur, premier appartement, première fois qu'elle quitte le nid familial, charge de travail plus grande à l'université, elles sont rassurées d'entendre quelqu'un au sein de l'équipe d'entraîneurs qui est passé par le même chemin et qui a survécu!

Quelle est la plus grande qualité d'un entraîneur selon toi?

E.T La capacité d'adaptation! Que ce soit hors terrain, il faut s'adapter aux imprévus internes ou externes à l'équipe. Lors des pratiques, il faut parfois s'adapter à l'état du groupe, il faut parfois modifier la façon de démontrer, de faire comprendre ou d'intégrer de nouveaux principes de jeu. Lors des matchs, nous devons nous adapter aux performances de nos joueuses, aux blessures, au pointage, nous adapter face au système de jeu utilisé qui fonctionne ou pas ou qui n'est pas optimal.

«FAVORISER LA CRÉATION D'UN BON ET D'UN FORT D'ESPRIT D'ÉQUIPE»

Comment faire jouer une équipe quand on a moins d'un mois pour faire connaissance avec la totalité de son effectif?

E.T Je crois qu'il y a deux choses importantes. La première : intégrer de bonnes bases à notre jeu, bâtir sur des principes clés qui resteront tout au cours de la saison, mais que nous peaufinerons en cours de route. La deuxième : favoriser la création d'un bon et d'un fort d'esprit d'équipe au sein du groupe qui permettra de tenir au cours de la saison universitaire, saison qui est courte, intense et remplie d'émotions et de rebondissements. Si le groupe est solide, il s'adapte plus facilement.

Quand tu rencontres tes athlètes pour la première fois, quelle philosophie souhaites-tu leur inculquer?

E.T Je souhaite leur donner le goût de faire partie de NOTRE aventure! Je veux qu'elles quittent notre première rencontre et s'imaginent déjà porter les couleurs de notre université.

«AVOIR UN POTENTIEL D'AMÉLIORATION ET ÊTRE IMPLIQUÉE AU SEIN DE L'ÉQUIPE»

D'après Aimé Jacquet, «le football est le reflet de notre société. Regardez bien l'expression d'un joueur sur le terrain, c'est sa photographie dans la vie.»; Sur quels critères vous basez-vous pour recruter vos étudiants-athlètes?

E.T En tant qu'entraîneuse adjointe, je n'étais pas aux premières loges sur cette tâche, par contre, j'avais la chance d'y contribuer et de donner mon opinion. Personnellement, je privilégiais les deux critères suivants: le premier, avoir un potentiel d'amélioration dans le jeu, où l'attitude et la motivation influencent beaucoup et le second critère, l'implication de la joueuse au sein de l'équipe. Quand je fais allusion à l'implication, je parle du «sérieux» que la joueuse met dans les différents aspects qui entourent l'équipe. Le but de faire partie du Vert et Or n'est pas de défiler avec une veste sur le campus de l'Université, mais bien de la porter fièrement et de lui faire honneur par son attitude et son comportement sur le terrain et en dehors.

Quelle est votre routine d'avant-match?

E.T Pour moi la routine d'avant-match est un mélange entre ce que je tiens à instaurer en tant qu'entraîneur et ce que les filles considèrent comme important pour bien se préparer. J'ai donc de la flexibilité à ajuster cette routine d'avant-match selon le groupe. Par contre, deux éléments demeurent primordiaux. Tout d'abord, prendre le temps de transmettre clairement aux filles les consignes de match afin que celles-ci soient bien comprises et que nous puissions avoir le temps d'en discuter au besoin. Ensuite, m'assurer qu'au cours des 20 dernières minutes avant de rentrer sur le terrain, les filles soient déjà rentrées dans un «esprit de match». Ce n'est plus le moment de faire du social, c'est un moment d'ailleurs à prévoir dans le vestiaire, surtout pour les filles!

Faut-il imposer son style ou s'adapter à l'adversaire en face?

E.T Je pense que, pour la préparation mentale de son équipe, il faut imposer son style. Cependant avec un bémol, j'aime bien analyser les forces de l'autre équipe et demander à mes filles de quelles façons, avec nos forces, nous allons y faire face. Cela aide grandement à gagner confiance en nos moyens. Donc, nous imposons notre style, avec nos qualités et nos forces dans le jeu, mais tout en considérant celles de l'adversaire en même temps.

«NOUS VOULONS QUE NOS JOUEURS SOIENT SPONTANÉS ET ANALYSENT PAR EUX-MÊMES»

Quelle est la part de l'entraîneur dans le résultat final selon toi?

E. T Je pense que plusieurs facteurs influencent la finalité d'un match, mais, si nous analysons seulement l'importance du rôle des joueurs versus le rôle de l'entraîneur, les joueurs ressortent grands gagnants, car au final, ce sont ces derniers qui ont les deux pieds sur le terrain et ont le plus de pouvoir d'influencer ce que le coach leur dit. Par exemple, si des consignes sont émises par l'entraîneur, mais que par moment, les joueurs ne les respectent pas car ils jugent que c'est ce qu'il faut faire, leur spontanéité dans le jeu aura un effet sur le match. Et en tant qu'entraîneurs, nous voulons que nos joueurs soient spontanés et analysent par eux-mêmes les différentes actions d'un match. Là où l'entraîneur doit être influent, est lorsque cette spontanéité est inadéquate. De plus, ce dernier doit également analyser ses joueurs, les positionner aux bons endroits, faire les bons changements au bon moment, etc. Malgré tout ça, si un joueur habituellement performant ne l'est pas à ce moment, cela influence la décision de l'entraîneur. Je dois dire aussi qu'en tant que joueuse, je mettais beaucoup plus de pression sur mes épaules et sur ceux de mon équipe pour performer que sur les décisions prises par l'entraîneur. Donc, ma philosophie de joueuse influence aussi cette question.

Gère-t-on tous les athlètes de la même façon ou t'est-il arrivé de déroger à vos principes à l'occasion?

E. T Très bonne question! Oui et non. Je crois qu'il faut avoir certains principes établis avec l'équipe, donc nous impliquons activement toutes les joueuses dans l'établissement de ces «règles» à respecter. Si jamais nous avons une demande visant à déroger à celles-ci, nous devons consulter l'équipe. D'un autre côté, je crois que l'entraîneur doit établir également certaines règles et avoir le pouvoir d'y déroger à certains moments pour le bien de l'équipe avant tout, mais aussi de façon occasionnelle pour le bien de la joueuse. Surtout au niveau universitaire où le contexte académique est primordial et l'exigence d'un programme d'étude peut différer d'une joueuse à l'autre, la nécessité de faire un stage pour certaines, etc. Nous devons nous adapter, et oui, déroger à nos principes à l'occasion.

Comment gère-t-on les remplaçants lorsqu'on a une saison qui ne dure que trois mois?

E. T L'objectif pour le Vert et Or était de se classer parmi les quatre premières équipes afin de faire les séries en fin de saison en vue d'un éventuel championnat canadien. Donc, il est certain qu'il fallait coacher pour gagner. Chaque année d'une saison universitaire, il y a un roulement de joueuses et chaque année, nous espérons avoir un groupe homogène qui nous permet de faire rouler davantage le banc. En jouant deux matchs en trois jours, il est toujours préférable d'essayer de faire jouer tout le monde afin de maximiser le niveau d'énergie sur le terrain et de gérer les blessures. Mais, lorsque notre objectif est de gagner, il est certain que certaines joueuses peuvent jouer plus que d'autres.

«LES FILLES ONT GAGNÉ EN CONFIANCE ET ÉTAIENT PLUS QUE PRÊTES MENTALEMENT À JOUER LE MATCH QUI LES ATTENDAIT»

Raconte-nous ton match référence? Celui ou votre génie tactique s'est le mieux exprimé.

E. T Ce qui me vient rapidement à l'esprit n'est pas sur le volet tactique, mais bien sur le volet mental. Nous nous préparions à jouer contre l'équipe du Rouge et Or en demi-finale et nous n'avions aucune victoire contre celle-ci en saison. Les filles étaient motivées à relever le défi, mais craignaient en même temps le déroulement de ce match. La veille du match, j'avais pris de gros cartons et les avais affichés sur le mur. J'ai premièrement demandé aux filles de me nommer toutes les forces du Rouge et Or. Ensuite, je leur ai demandé de me nommer toutes nos forces en tant qu'équipe. Finalement, je leur ai demandé comment, avec nos forces, nous pourrions faire face à celles de l'autre équipe. Cela a été flagrant, comment en peu de temps, les filles ont gagné en confiance et étaient plus que prêtes mentalement à jouer le match qui les attendait. Nous n'avons malheureusement pas gagné le match, mais les filles étaient au rendez-vous et ont livré une bonne performance. L'état d'esprit était bon et cela aurait pu créer de belles surprises!

À l'inverse, quel est le pire match de ta carrière de coach? Celui où rien n'a fonctionné comme prévu.

E. T J'ai en tête la finale contre le Rouge et Or de l'Université Laval; deux jours avant, nous avions gagné notre demi-finale contre les Carabins de l'Université de Montréal et cette victoire nous permettait d'obtenir un accès au championnat canadien. Donc, lors de notre voyage à Québec pour jouer la finale, l'esprit et l'accent étaient déjà sur le championnat canadien et il était difficile pour les filles de se concentrer sur le match à jouer. Rien ne fonctionnait, peu importe les ajustements effectués ou les consignes de match. J'avais hâte que le match se termine, pour retomber les deux pieds sur terre, apprendre de ce match et mieux se préparer pour la prochaine fois.

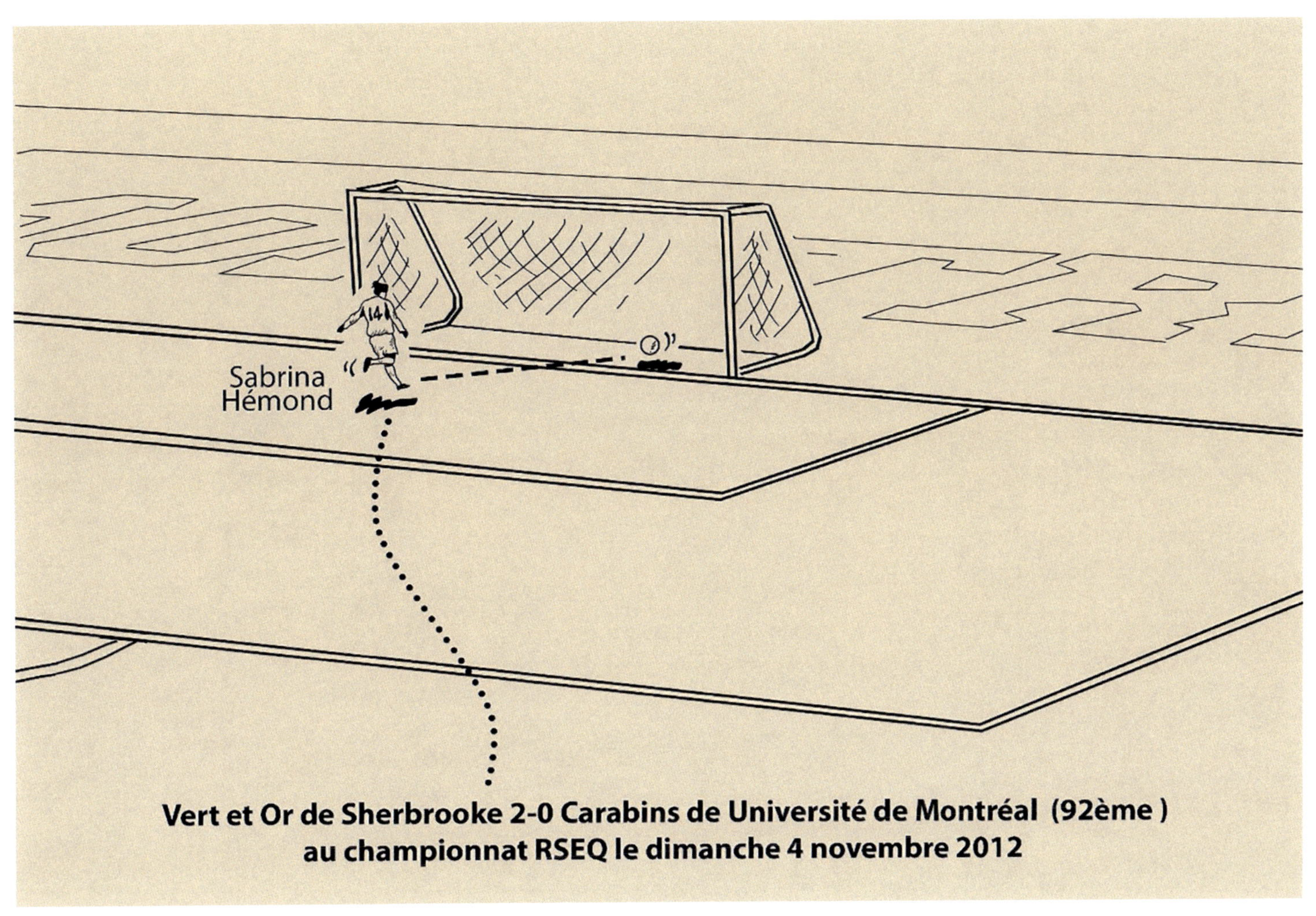

**Vert et Or de Sherbrooke 2-0 Carabins de Université de Montréal (92ème)
au championnat RSEQ le dimanche 4 novembre 2012**

Quel est le geste le plus important pour toi durant une partie de soccer?

E. T Je pense que c'est tout le mouvement et les décisions prises par les joueurs lorsqu'ils n'ont pas le ballon aux pieds. Cela a un grand impact sur le jeu, car ceci permet de faire déplacer les joueurs de l'équipe adverse, d'ouvrir des espaces et d'accélérer le jeu. Le jeu sans ballon comprend également l'anticipation du jeu par le joueur.

Qu'est-ce que tu ne ferais jamais durant un match?

E. T Ne pas intervenir, que ce soit positivement ou négativement. Je ne suis pas du genre passive comme entraîneuse. J'aime intervenir auprès de mes joueuses, leur fournir une rétroaction constructive, autant sur le volet technique, tactique ou mental.

Si tu pouvais inverser le résultat d'un match, d'un seul, lequel ce serait?

E. T Le match de la médaille de bronze au championnat canadienne contre le Rouge et Or. Nous avions perdu la finale provinciale contre eux, tout juste avant de se rendre au championnat canadien et nous étions prêtes à les affronter de nouveau. L'état d'esprit des filles était parfait, déterminé, concentré, combatif sur le terrain et elles appliquaient bien les consignes de match. Malheureusement, nous avons perdu le match sur un penalty qui, selon moi, n'était pas mérité. C'est difficile pour un groupe de perdre un match qui avait une grande signification pour l'équipe, car c'était l'occasion de décrocher, pour la première fois, une médaille canadienne pour l'université. De perdre ce match , entre autres, à cause d'une erreur d'arbitrage, de perdre à nouveau contre cette équipe de notre conférence et de clore la saison de cette façon, cela avait été d'une grande charge émotive pour les filles et pour l'équipe d'entraîneurs.

«CES FILLES M'ONT PERMIS DE REVIVRE DES ÉMOTIONS FORTES DE JOUEUSE»

Quelle est l'athlète avec qui tu as adoré travailler?

E. T Je peux dire que chaque joueuse m'a apporté quelque chose en tant qu'entraîneuse et m'a permis de progresser dans ce rôle. Par contre, j'ai adoré coacher Marie-Ève Jacques et Audrey Lagarde, des filles de passion sur le terrain et en dehors. En tant qu'entraîneuse, ces filles m'ont permis de revivre des émotions fortes de joueuse, directement sur le côté des lignes de terrain. Ce sont des filles qui donnaient tout sur le terrain et malgré leurs statuts de leader, je pouvais intervenir avec elles, elles m'écoutaient, me faisaient confiance et appliquaient ce que nous demandions.

À l'inverse, y a-t-il un(e) athlète avec qui la relation a été difficile, mais avec qui le travail s'est avéré payant?

E. T Les filles avec de gros caractères! J'ai en tête une joueuse avec qui j'ai joué et que j'ai par la suite coachée: Amélie Tremblay (sans rancune). Autant en tant que coéquipière qu'entraîneur, nous avons vécu certaines péripéties Amélie et moi. Je pense que notre franc parlé et notre côté émotif faisaient des flammèches à l'occasion, mais ce qui était le plus important, c'est que par la suite, nous étions capables de nous asseoir, discuter et rationaliser la situation. Cela s'est toujours bien terminé. J'aime mieux avoir Amélie dans mon équipe que dans l'équipe adverse!

Vert et Or - championnes du Québec 2012-2013

1er rang en avant, de la gauche vers la droite: Josianne Lecomte, Sophie Normandin, Stéphanie Lamothe, Élyse Turcotte, Chloé Belhumeur-Limoges, Camille Vandenberghe, Andréanne Durivage, Anne Gauthier-Dussureault, Andréanne Gagné, Josée Bélanger, Christina Tremblay (physiothérapie) Caroline Tremblay-Guilbert. *2e rang, de la gauche vers la droite:* Émilie Duquette, Marie-Ève Jacques, Pascale Morin, Stéphanie Adam, Caroline Boudriau-Raymond, Isabelle Genest. *3e rang, de la gauche vers la droite:* Claudia Gosselin, Jade Poudrier, Sabrina Hémond, Anne Desrosiers, Éliane Duplessis, Elena Waldispuehl, Laurence Dostie-Paré, Alexe Dumont, Catherine St-Louis, Aïcha Nafii, Amélie Tremblay, Christina Arès St-Onge, Caroline Telekawa, Jean-Pierre Boucher (directeur adjoint Vert et Or), Brenda Laliberté (coordinatrice des équipes du Vert et Or).

«CELA RÉVEILLAIT LA FÉBRILITÉ ET LA SATISFACTION QUE J'AVAIS DÉJÀ EUE EN TANT QUE JOUEUSE»

Penses-tu que sur le plan psychologique, avoir un entraîneur féminin change la donne dans le développement d'une athlète?

E.T Je crois que pour certaines athlètes oui, mais pas pour toutes. Il y en a qui ne se laissent pas affecter par le genre de l'entraîneur et acceptent l'approche que ce dernier, de façon générale, qui peut différer d'un genre à l'autre. Pour d'autres, oui cela peut avoir un impact, car certaines filles ont plus tendance à avoir une facilité d'approche et de discussion avec un entraîneur féminin.

Quelle a été ta plus grande émotion en tant que coach?

E.T Sans aucun doute la victoire contre les Carabins de Montréal en demi-finale, elle nous a donné un accès direct au championnat canadien pour la seconde fois en trois ans. Je crois que cette victoire est venue beaucoup me chercher émotionnellement en tant que coach, car cela réveillait la fébrilité et la satisfaction que j'avais déjà eue en tant que joueuse deux ans auparavant, en gagnant la finale provinciale contre cette même équipe, directement sur leur terrain. En plus, je partageais ce moment avec des filles qui avaient gagné sur le terrain avec moi.

Si tu devais dire un mot au coach qui a mis le plus votre sens tactique à l'épreuve?

E.T Merci pour l'apprentissage Helder Duarte!

Quelle est ta citation préférée et pourquoi?

E.T Je n'ai pas de citation connue que j'utilise souvent, mais il y a une phrase que j'ai souvent dite à mes joueuses lorsque celles-ci craignaient une joueuse de l'équipe adverse, que ce soit à cause de ses qualités techniques ou tactiques. Je leur disais: «Les filles de l'autre côté ont toutes des bras et des jambes comme vous, ne vous concentrez pas sur qui est devant vous, mais bien sur ce qu'elles font, cela vous permettra de bien réagir au bon moment.» Cela m'irrite quand mes joueuses anticipent ou craignent de jouer contre une joueuse en particulier de l'équipe adverse.

«CERTAINES FILLES VOYAIENT QUE JE COMPRENAIS CE QU'ELLES VIVAIENT SUR LE TERRAIN»

Quel est le plus grand regret de ta carrière?
E.T Ce n'est pas un regret, mais avec du recul j'aurais peut-être fait les choses différemment. Dans mes premières années en tant qu'entraîneur du Vert et Or, j'avais de la difficulté à contrôler mes émotions, et je les vivais encore comme si j'étais joueuse et non entraîneur. Cela faisait en sorte que, dans certains moments où il fallait calmer l'équipe et garder le contrôle, cela faisait peut-être l'effet inverse chez certaines joueuses. Par contre, cela a apporté du bon aussi, car certaines filles voyaient que je comprenais ce qu'elles vivaient sur le terrain.

Brian Clough a dit: «le jour où je m'en irai, Dieu devra abandonner son siège favori.» Et toi, comment voudrais-tu que l'on se souvienne de toi?
E.T Je pense que le plus beau cadeau pour moi serait de savoir que j'ai fait une différence dans la vie d'une des joueuses que j'ai entraînées. Lorsque nous sommes en interaction avec les joueuses, nous ne voulons pas seulement leur inculquer des principes de jeu, mais aussi des valeurs transférables dans leur vie personnelle. Nous avons affaire à un groupe de jeunes adultes, futurs professionnels et nous vivons ensemble des défis, des satisfactions et des déceptions. Nous sommes, au premier plan, des entraîneurs de soccer, mais en même temps des modèles pour nos jeunes de demain. Quand j'ai quitté le Vert et Or, plusieurs personnes sont venues me voir pour me remercier de ce que j'avais fait. Elles aimaient ma transparence, même si parfois ce n'était pas facile à entendre, mais j'ai toujours voulu leur refléter la réalité, et non ce qu'elles souhaitaient entendre.

Quels sont tes défis pour le futur?
E.T Depuis maintenant un an et demi, j'ai déménagé à Saint-Georges de Beauce, ma ville natale. Actuellement, le soccer féminin est encore un objectif de développement au sein du club. À l'été 2020, j'étais entraîneur de l'équipe senior féminine, avec un groupe de seulement 15 joueuses âgées de 15 à 25 ans. Mon objectif est de leur transmettre ma passion, de les outiller du mieux que je peux pour participer à leur développement et de former un groupe solide pour qu'elles deviennent l'image féminine au sein du club et pour donner envie aux plus jeunes de suivre leurs traces.

adidas

ALFRED PICARIELLO

SHERBROOKE

«Chaque match a une histoire et finit par un résultat». Que signifie cette phrase pour toi?

A. P Je dirais plus que chaque match est un chapitre d'une histoire. Un match, c'est un chapitre d'une histoire que l'on pourrait identifier à une saison de soccer. Dans l'idée, on prépare, on écrit les chapitres de l'histoire au fur et à mesure des matchs, je le vois plus comme ça.

Qu'est-ce qui t'a donné l'envie de faire ce métier?

A. P En fait, j'ai commencé à entraîner en France, je devais avoir 16 ans. Je jouais encore et puis je passais mes après-midis dans le club où j'étais. Les mercredis après-midis les enfants n'ont pas école, je les passais à aider les entraîneurs, et c'est comme ça que j'ai pris le virus. Il y a aussi la passion du soccer. Les deux liés plus le fait que tu te rends compte que tu n'auras pas les qualités pour être footballeur pro et que tu as envie de partager avec d'autres ta passion du foot, font que tu te tournes vers le coaching pour faire profiter aux autres ta passion.

Faut-il avoir été forcément un(e) bon(ne) joueur (se) pour faire un bon entraîneur?

A. P On a plein d'exemples au niveau pro où ce n'est pas le cas. Je pense que ça peut t'aider effectivement d'avoir eu un cursus professionnel parce qu'il y a des moments notamment où tu dois démontrer des gestes. Mais en même temps moi je crois que la crédibilité, tu l'as surtout par rapport à tes qualités humaines avec un groupe, plus qu'avec tes pieds. Je pense que c'est plus ta tête qui te sert pour gérer un groupe. C'est plus dans ton leadership, dans la manière de faire passer tes idées, de faire travailler les joueurs, les joueuses qui sont plus importants pour moi que d'avoir été un super joueur professionnel, par contre c'est vrai que cela t'ouvre plus facilement des portes.
José Mourinho à l'époque s'entourait toujours d'un excellent joueur à ses côtés. Je crois qu'il l'a fait avec Zidane pour apporter ce côté qui lui manquait peut-être au niveau de la qualité technique. Après le foot, que tu sois amateur ou professionnel, ce sont les mêmes règles, c'est le même terrain. Si tu suis un petit peu le foot allemand, tu verras que Nagelsmann et Tuchel n'ont pas été de super joueurs, Mourinho non plus d'ailleurs. Gérard Houllier, lui, était professeur d'anglais.

Quelle est la plus grande qualité d'un entraîneur selon toi?

A. P L'honnêteté! Tu n'es pas face à des machines, tu es face à des êtres humains et je pense qu'il faut être honnête avec eux. Quand tu es coach, tu as des choix à faire et ceux-ci, en tout cas en ce qui me concerne, j'ai toujours essayé de les faire en direction de l'équipe, c'est un sport collectif, mais avec des individus. Il y a un moment donné quand tu fais des choix, il faut savoir les expliquer. Dire les choses sans blesser les gens, c'est vraiment une des qualités importantes pour un coach: être bienveillant et ferme à la fois. C'est important de pouvoir tous les matins se regarder dans une glace. Je pense qu'il y a des moments où c'est difficile de mettre le onze partant parce que tu sais que tu en as quatre, cinq autres derrière, mais je pense que si tu es honnête justement avec eux dans la façon de travailler puis dans la façon d'amener les choses, je pense que ça se passe bien.

«TOUT LE MONDE DIT QUE C'EST UN SPORT DE CONTACT, (...) JE PENSE AU CONTRAIRE QUE C'EST UN SPORT D'ÉVITEMENT»

Comment faire jouer une équipe qu'on a moins d'un mois pour faire connaissance avec la totalité de son effectif?

A. P Moi, ça a été assez rapide: dès que j'ai pris l'équipe, on s'entraînait tous les jours voire deux fois par jour pour mettre rapidement en place les choses. Tu peux faire les choses très vite! Mettre en place une équipe défensivement, ce n'est pas le plus compliqué. Dans le travail défensif, l'étape ultime qui demande beaucoup de travail, c'est d'apprendre à tes joueurs à anticiper. Tout le monde dit que c'est un sport de contact, mais moi je pense au contraire que c'est un sport d'évitement, c'est-à-dire que les plus intelligents ne vont pas au contact pour récupérer le ballon. Ils anticipent sur l'action et récupèrent le ballon avant d'aller au contact. C'est l'étape ultime et ça prend plus de temps, mais mettre en place un 11 défensivement ça, ce n'est pas le plus compliqué. Ce qui est complexe par contre, c'est organiser une équipe sur le plan offensif et là ça prend du temps et sur les semaines de préparation avant les débuts des championnats universitaires, 75% du travail était axé sur l'aspect offensif. On ne faisait quasiment pas de travail athlétique parce que tu récupères des filles qui ont joué AAA, au pire, il faut peut-être leur laisser justement un petit peu de fraîcheur pour qu'elles puissent réattaquer parce qu'elles sortent d'une saison estivale, mais je basais essentiellement mon travail sur l'aspect offensif et c'est comme ça qu'on mettait en place assez rapidement des idées. Après, il ne faut pas aller chercher non plus très loin. On avait trois principes au niveau du jeu puis basta, parce que tu n'as pas le temps! Ce que j'aurais aimé avec le Vert et Or si j'en avais eu la possibilité, c'est de garder le groupe deux, trois ans parce que je pense que, là, ça aurait été vraiment intéressant.

«Le football est le reflet de notre société. Regardez bien l'expression d'un joueur sur le terrain, c'est sa photographie dans la vie.» Aimé Jacquet. Sur quels critères vous basez-vous pour recruter vos étudiants-athlètes?

A. P Les qualités humaines avant tout, c'est la priorité! Je préfère avoir des joueuses, qui ont les pieds carrés, même si ce n'a pas été le cas, mais qui seront irréprochables au niveau de l'attitude et du comportement. C'est la première chose que je vais regarder, après on va crescendo donc ça va être des qualités tactiques et je te dirais ensuite la technique et l'athlétique, mais la première chose, ce sont les qualités humaines. Il s'agit de voir si elles sont capables de vivre en groupe, si elles ont le sens du sacrifice aussi parce qu'on est dans un sport où il faut savoir faire des efforts pour les autres, je pense que c'est important. Une autre qualité qui est importante et qu'on perd de plus en plus parce qu'on est dans un monde où l'individualisme prime, c'est la qualité de partage. Si tu ne partages pas au foot, sur le terrain, ça ne marchera pas. Et quand je parle de partage, c'est autant partager une passe, partager un but, partager un effort et je trouve que depuis quelques années on perd tout ça dans le sport et pas qu'au soccer.

Quand tu rencontres tes athlètes pour la première fois, quelle est la philosophie que tu souhaites leur inculquer?

A. P Que je suis un entraîneur qui ne délaissera jamais le jeu! Je sais qu'on est sur un sport de compétition, il n'y a pas de problème, mais moi, j'ai besoin que mes équipes jouent! Il y a des modèles, et pour moi les modèles sont le FC Nantes, Guardiola, etc.; c'est ce que j'aime. Après c'est sûr que c'est ce que je leur présente à chaque fois: jouer au sol au maximum, le ballon toujours en mouvement, essayer de recevoir le ballon toujours en mouvement. Je te dirais que c'est un petit peu tout ça. Quand j'expliquais aux filles notamment à Sherbrooke, c'est ce que je leur disais, tout en sachant qu'on a quand même des objectifs de compétition derrière, mais je ne m'assoirais pas sur mes principes pour gagner un match.

Fabio Capello disait qu'un bon coach, c'est un bon œnologue: tu fais ton vin en fonction de tes raisins. Si vous avez une équipe de pieds carrés qui ne correspond pas à votre plan de jeu initial, vous adaptez-vous pour rester compétitif ou, au contraire, assumes-tu ta philosophie?

A. P Je pense que les pieds carrés, ils ont aussi droit au bon vin! (Rires.) Je vais partir du principe que je peux faire progresser les joueuses, du coup effectivement ça va peut-être demander un tout petit peu plus de temps, mais je vais conserver cet aspect-là. Les gens qui viennent voir les matchs, les joueurs, les partisans, les parents, etc., ces gens viennent là parce qu'ils veulent voir du spectacle, du jeu. Ce n'est pas en restant derrière puis en jouant que par contre... attention il y a des contres qui sont bien menés! J'en ai utilisé moi aussi dans certaines phases, mais je me rapprocherais plus de ce que prône Bielsa pour l'instant au niveau du jeu. Tu as des joueurs qui se donnent à fond sur le terrain, tu as un esprit au niveau du jeu. Tout ceci fait que je ne m'adapterais pas à l'adversaire.

Quelle est votre routine d'avant-match?

A. P Le rituel, il démarre déjà à la maison avant de partir, lorsque je prépare ma causerie d'avant-match; tu ne sais jamais si tu peux avoir des blessées la veille donc je prépare ma causerie à la maison tranquille parce que j'ai besoin d'être dans une pièce avec de la bonne musique et généralement j'arrive une heure avant pour accueillir tout le monde et voir l'état du terrain. Ensuite, c'est de saluer les joueuses quand elles arrivent... bon la Covid-19 me pose un gros problème parce que j'aime bien serrer la main pour dire bonjour, je trouve que quand on serre la main et l'on regarde les gens dans les yeux, il y a pas mal de choses qui passe dans la poignée de main. Ça me permet de réajuster certaines choses, mais voilà avec la Covid, c'est un petit peu plus compliqué. Quand les athlètes arrivent, je sors du vestiaire qui est déjà préparé pour la causerie puis, quand on me donne le feu vert, je rentre dans le vestiaire pour la faire. Je prends ensuite deux ou trois cafés avant de démarrer le match.

«ON NE VA PAS ESSAYER, ON VA IMPOSER NOTRE STYLE!»

Faut-il imposer son style ou s'adapter à l'adversaire en face?

A. P Imposer son style! Même si j'ai une équipe qui peut batailler par rapport à l'adversaire, on va essayer d'imposer notre style... enfin on ne va pas essayer... on va imposer notre style! Je serai trop frustré de gagner un match en restant dans mes 45 mètres. Ce n'est pas une victoire pour moi.

Quelle pédagogie utiliser pour faire comprendre aux athlètes qu'une autre façon de jouer est possible?

A. P Avec les filles à Sherbrooke, j'ai fait pas mal de statistiques sur nos premiers matchs amicaux et non seulement c'est moi qui les prenais, mais je les faisais aussi prendre par les remplaçantes, chacune poste pour poste. Ça me permettait de dire: «Voilà où je veux que nous allions, voilà les résultats immédiats et donc voilà ce qu'il faut qu'on travaille. Déjà dans le processus pédagogique, c'est intéressant. La deuxième chose aussi c'est que, les objectifs, ce n'est pas moi qui les fixe: c'est le groupe! Le capitaine, ce n'est pas moi qui le choisis, c'est le groupe aussi! Pour le capitanat, la voix de mon staff et la mienne comptent double. Je joue beaucoup sur l'autonomie des joueurs et des joueuses et puis il y a beaucoup de questionnements. Je ne suis pas du tout directif dans ma pédagogie. Il y a des moments où je vais l'être sur certaines choses notamment sur le travail technique. À la mi-temps quand je rentre, la première chose que je fais ce n'est pas de leur donner les solutions, je regarde les filles et je leur dis: «L'adversaire nous pose quoi comme problème? Vous l'avez identifié, donc, qu'est-ce qu'on peut faire pour le résoudre?» C'est aussi de les amener à rentrer dans le projet. Moi, je suis juste le guide du projet et je les aide justement par rapport à tout ça.

Quelle est la part de l'entraîneur dans le résultat final selon toi?

A. P Je ne me suis jamais posé la question. Je te dirais 15% parce qu'après tu as tout ce que tu fais sur les séances d'entraînement, mais la vérité c'est que, le jour du match, tu ne fais rien. Tu ne peux rien gérer. Tu as géré avant, tu peux gérer après, mais pendant le match tu as 15 minutes à la mi-temps. Tu ne vas pas non plus renverser certaines choses alors, moi, je te dirai 15% parce que pour le reste, ce sont quand même les joueurs et les joueuses qui sont acteurs sur le terrain.

Gère-t-on tous les athlètes de la même façon où il t'est arrivé de déroger à vos principes à l'occasion?

A. P Je vais toujours gérer par rapport au collectif et à l'objectif du groupe, par contre effectivement en entretien individuel, je vais gérer les personnes différemment parce que je pense qu'on est dans un sport collectif et tout le monde doit se mettre au service de l'équipe. Il y a des personnes en revanche que tu vas gérer un petit peu différemment, mais ça tu vas le faire plus en entretien individuel. C'est là où tu vas être plus directif avec certains parce qu'à un moment donné, c'est ce dont ils ont besoin. Avec d'autres, ça va plus être de les réconforter, mais il n'y a pas de passe-droit, ni pour la meilleure joueuse de l'équipe, ni pour la moins bonne; tout le monde est logé à la même enseigne par rapport à ça. Le règlement de l'équipe, ce n'est pas moi qui l'ai fait. Il y a un règlement qui est commun aux organisations qui sont le Vert et Or ou le Dynamo, mais les filles travaillent sur un règlement interne à l'équipe donc ça permet aussi si tu veux de doublement cadrer les choses.

Vert et Or - 4e championnat canadien 2015-2016

Au premier rang accroupis, de gauche à droite: Cassie Desjardins, Ève L'Abbé, Gaëlle Duplessis-Lebel, Laurence Rouleau, Catherine Byrns, Éliane Duplessis, Alexandra Girouard, Laurence Brien-Roch, Laura Veilleux, Audrey Lagarde, Émie Lapierre, Myriam Cloutier. *Debouts, de gauche à droite:* Tony Perrier (entraîneur adjoint), Andréanne Gagné (entraîneuse adjointe), Geneviève Lanthier, Laurence Desrosiers, Florence Morin, Frédérique Surprenant, Christina Arès St-Onge, Audrey Marcoux, Anne Gauthier – Dessureault, Amélie Tremblay, Marie-Ève Jacques, Lucie de Halleux, Myriam Guay, Amélie Michaud (physiothérapeute), Élyse Turcotte (entraîneuse adjointe) Alfred Picanello (entraîneur-chef)

« CE QUE J'APPRÉCIE AU CANADA ET AU QUÉBEC, C'EST LE TRAVAIL DES ATHLÈTES »

Comment gère-t-on les remplaçants lorsqu'on a une saison courte à gérer?

A. P Je vais te raconter un truc, quand je suis arrivé au Vert&Or et que j'ai vu qu'on jouait le vendredi et le dimanche, moi, j'ai halluciné! L'Européen qui débarque et voit ça n'en revient pas; en France c'est impossible! Il faut au minimum 48 heures entre deux matchs. Donc moi, ça a été clair dès le début, c'est-à-dire que le onze partant du vendredi, ce n'était pas les mêmes onze partants que le dimanche. J'essayais systématiquement sur les deux matchs du week-end d'effectuer une grosse rotation au niveau des remplaçantes pour justement impliquer tout le monde, et aussi pour limiter le nombre de blessures. Ce que j'apprécie au Canada et au Québec, c'est le travail des athlètes. J'ai trouvé ça génial parce qu'on ne l'a pas assez en France. Quand tu as des Français qui arrivent au Québec et qui voient comment ça bosse, ils hallucinent un petit peu (rires). Quand c'est l'inverse, je pense qu'il faut aussi gérer parce que, l'intensité d'un match, ce n'est pas l'intensité des entraînements. Deux matchs avec 24 heures de repos entre chaque match, ça ne marche pas. Tu ne peux pas être performant le vendredi puis le dimanche au même niveau, c'est pour ça qu'il y a eu une gestion par rapport à ça. Je pense que ça ne s'est pas trop mal passé et sur une année complète universitaire, il y avait des joueuses qui avaient beaucoup de temps de jeu c'est clair, mais il y avait également parmi les remplaçantes des filles qui avaient quand même pas mal évolué. Après tu annonces les choses aussi, tu leur dis dès le départ: « Écoute, moi je vais te prendre dans l'équipe, dans les 22, mais sache que tu risques d'avoir un temps de jeu qui va être limité, est-ce que tu es OK ou pas? Après si tu viens me voir et que tu n'es pas contente, je t'aurai prévenue! ». Pour moi c'est ça être honnête avec l'athlète!

Ton match référence? Celui où le génie tactique de ton staff s'est le mieux exprimé?

A. P Ce n'est pas le génie tactique ou technique du staff, ça a surtout été un match très intense. C'est quand nous avons joué contre les Carabins de Montréal pour le match décisif pour aller au championnat canadien de 2015 et puis là on les connaissait un petit peu et on savait comment elles jouaient, c'était quand même une très bonne équipe. Je te dirai que lors du premier match au championnat canadien, on a gagné aux tirs au but, pourtant à la fin, les coachs adverses sont venus nous voir pour nous féliciter par rapport à la qualité du jeu qu'on avait produit. Elle est là la récompense.

Quelles étaient les mises en place effectuées durant la semaine?

A. P Ils avaient un peu tendance à jouer des ballons longs, il faut éviter cela justement parce qu'ils étaient dangereux quand ils arrivaient. De plus, on n'avait pas non plus une qualité de jeu de tête excellente, il fallait donc essayer d'aller les presser un petit peu plus haut pour éviter justement ce jeu long qui pouvait nous mettre en difficulté. Du coup ça a été surtout de travailler ça un petit peu plus que d'habitude et après c'était aussi de conditionner les filles par rapport à l'impact physique qu'on savait qu'ils allaient nous mettre. Ça nous a certainement servi au Canadien[1], mais on est tombé sur un autre niveau après sur le deuxième match contre University of British Colombia, c'était incroyable! Autant dans le jeu, on a fait jeu égal, autant sur l'aspect athlétique, on s'est fait bouger d'une force, c'est incroyable!

[1] Championnat canadien

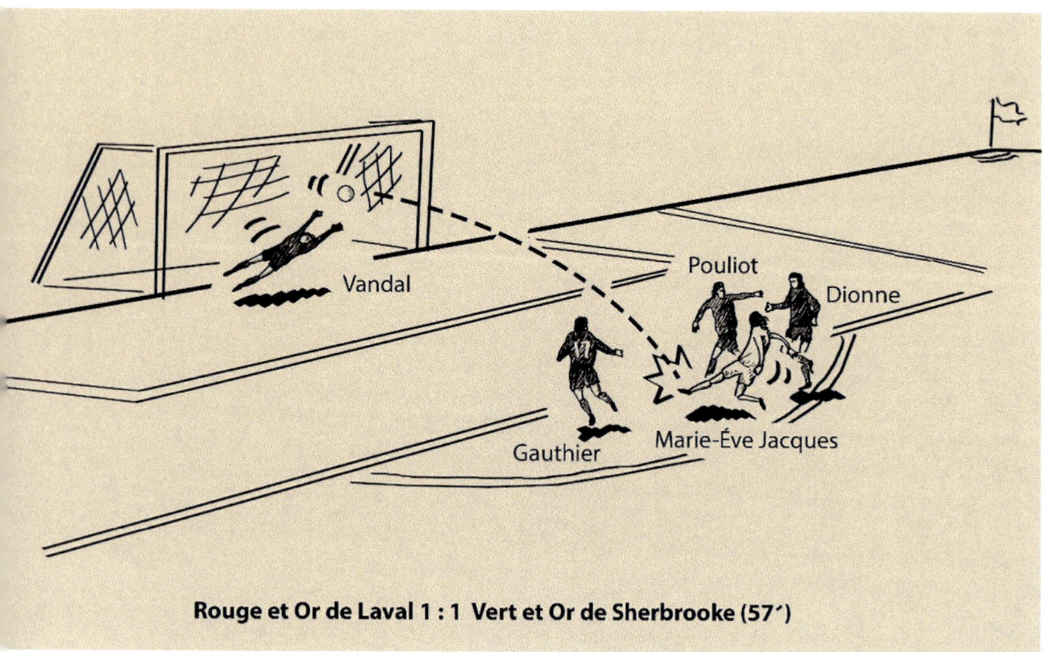

Rouge et Or de Laval 1 : 1 Vert et Or de Sherbrooke (57′)

« J'AIME SORTIR LES ATHLÈTES DE LEUR ZONE DE CONFORT »

À l'inverse, quel est le pire match de ta carrière de coach? Celui où rien n'a fonctionné comme prévu.

A. P Après avoir battu les Carabins, un peu plus de 24 heures après, on joue contre le Rouge et Or de Laval chez elles pour la bannière provinciale et, il y a eu tellement d'émotions le vendredi soir, émotions qu'on a essayé de faire redescendre pour être prêts à jouer pour le championnat RSEQ que nous avons abordé la finale contre Laval, vidés, complètement... il n'y avait rien sur le terrain... rien. On avait pourtant essayé de travailler là-dessus; je pense que c'est ce match-là qui m'a posé le plus de problèmes en tant que coach parce que je me suis retrouvé sans moyen de faire bouger les choses. On prend 5 buts à 1. C'est difficile de dire qu'on n'est pas content. On sort d'un match où on avait gagné 1-0, avec un but magnifique de Marie-Ève Jacques. En plus, on ne savait pas encore à la fin du match si nous étions qualifiés parce qu'il fallait attendre que Laval gagne sa demi-finale de l'autre côté. Nous étions sur le terrain et puis on attendait, on attendait, on avait des infos pas d'infos et d'un coup on a eu l'info donc nous étions tous super contents de partir pour les championnats canadiens et puis je pense que même si on a essayé de reconditionner les filles tout de suite après, il aurait fallu pouvoir faire quelque chose entre les deux, je pense, c'est-à-dire le samedi faire quelque chose avec les filles du genre essayer d'évacuer le stress qu'engendrait « le match de l'année! ». Helder Duarte a fait un super job avec l'équipe de Laval. Il a fait un travail exceptionnel avec des joueuses qu'il fallait à tous les postes pourtant ils n'ont pas gagné cette année-là, ils ont fini troisièmes. Nous on a fini 4e, mais eux finissent 3e, ils avaient vraiment une super belle équipe.

Quel est selon toi, le geste le plus important durant un match?

A. P J'hésite entre deux; je mettrais peut-être en premier le mouvement sans ballon, le déplacement sans ballon et la passe. Ce n'était pas évident pour tout le monde. J'aime sortir les athlètes de leur zone de confort pour les amener à penser sur le jeu.

Qu'est-ce que tu ne ferais jamais durant un match?

A. P Je n'ai jamais insulté, après je peux lever la voix sur un arbitre à partir du moment où je sens qu'il ne protège pas les joueurs ou les joueuses, ça, ça peut me faire sortir de mes gonds. Si tu veux, c'est là où je peux peut-être m'énerver un petit peu, mais sinon je n'insulte pas.

Si tu pouvais inverser le résultat d'un match, d'un seul, lequel ce serait?

A. P Le premier match qu'on a joué contre le Rouge et Or en 2015, chez eux. On a vraiment fait une première mi-temps exceptionnelle après je pense qu'on n'était pas assez préparés. Ce serait ce match-là, les filles ont tout donné sur le terrain, ça méritait autre chose. Au moins le nul là-bas.

Avec quel athlète as-tu adoré travailler?

A. P Tous et toutes! (Rires.) C'est un sport collectif. Tu as peut-être des affinités avec des joueurs et des joueuses parce que tu partages des choses. Si je te dis une joueuse pour moi, c'est contre ma philosophie au niveau du soccer. C'est un sport collectif et effectivement l'individu est important dans l'équipe, mais non! Pour revenir à ta première question sur l'histoire, c'est toujours l'histoire d'un groupe, et pas d'un individu. Il y a des individus qui amènent plus que d'autres parce qu'ils ont des qualités pour amener un petit peu plus que d'autres. J'ai pris du plaisir avec tous les joueurs et les joueuses que j'ai eus, même ceux qui avaient de moins bons caractères. J'ai eu de bons moments avec toutes et tous.

À l'inverse, y a-t-il un(e) athlète avec qui la relation a été difficile, mais avec qui le travail s'est avéré payant?

A. P Sincèrement je n'en ai pas eu d'athlète avec qui ça a été compliqué. À l'époque, je travaillais avec mon adjoint, Tony Perrier, c'est lui qui a pris le Vert et Or maintenant et puis Élyse Turcotte et tous les trois je pense que notre relation déjà bonne, on s'entendait super bien... et on s'entend toujours super bien, notre relation était vraiment très forte et puis on avait aussi Amélie Michaud qui était notre physio et qui à la fin des matchs était avec nous, même si on parlait technique ou tactique du prochain match. Je pense que le fait qu'on cadre les choses au départ, que nous les membres du staff, soyons quand même assez solides et aussi très soudés, ça a permis justement qu'on n'ait pas de problématique avec des joueuses. Après, même quand il y avait un petit problème, on le gérait en entretien individuel. Même avec une joueuse avec qui tu t'entends bien, à un moment donné tu vas avoir des entretiens avec elle et lui dire les choses. Tu veux les faire progresser. Dans tous les cas, je n'ai pas eu cette problématique-là.

« POUR MOI, CE SONT LES RELATIONS QUI SE SONT CONSTRUITES, C'EST ÇA QUI ME FAIT VIBRER DANS MON BOULOT »

Quelle a été ta plus grande émotion en tant que coach?

A. P C'est quand je croise des joueurs et des joueuses en dehors du contexte d'un match. Ça faisait huit ans que j'étais parti de France pour le Québec et je recroise d'anciens joueurs que j'ai eu. C'est ce qui me fait le plus plaisir à l'heure actuelle parce que j'ai toujours autant de bonheur à les voir et ils ont toujours autant de plaisir à me voir et tout ce qu'on fait en tant que coach c'est pour ça, en tout cas pour moi. Effectivement tu prépares une équipe, tu gagnes des titres, parce que des titres, j'en ai gagné au Québec et en France, mais à la fin ce qui te reste, c'est quoi? Pour moi, ce sont les relations qui se sont construites, c'est ça qui me fait vibrer dans mon boulot, en plus de l'amour du foot.

Si tu devais dire un mot au coach qui a mis le plus ton sens tactique à l'épreuve, qui est-ce que ce serait et que lui dirais-tu?

A. P Je dirais Helder Duarte et je lui dirais reviens vite avec nous parce que ça permettait de se creuser les méninges chaque fois qu'on jouait l'un contre l'autre (rires), et dans un super état d'esprit surtout!

Quelle est ta citation préférée et pourquoi?

A.P C'est celle de Marcelo Bielsa: «Je ne suis pas d'accord avec le fait de séparer bien jouer et gagner. Il n'y a pas de chemin plus court et agréable vers la victoire que la beauté du jeu!» Elle est plus longue que ça, mais je te dirais que ça résume bien, ça résume comment je conçois le foot, c'est-à-dire que je ne conçois pas de ne pas gagner sans bien jouer; il faut qu'il y ait quelque chose et je pense que ça résume bien ce que j'essaie de faire passer au niveau des équipes, dans les 15% que j'essaie d'apporter! (Rires)

Ne penses-tu pas que bien jouer c'est subjectif parce que quelqu'un d'autre dans son paradigme peut dire que pour lui, bien jouer c'est envoyer un ballon directement sur la tête de mon attaquant qui va dévier pour une reprise de volée?

A.P Je suis un romantique du foot, c'est-à-dire que moi ce qui me faisait plaisir c'était de voir Michel Platini jouer, c'est de voir Bergkamp jouer, c'est de voir les équipes de Suaudeau et de Denoueix jouer, parce que c'est la chimie que tu arrives à mettre: c'est dans le jeu de faire jouer un collectif ensemble et d'arriver à produire quelque chose. Je ne comparerais jamais le foot à de l'art parce qu'on n'est pas dans ces niveaux-là, mais quelque part, c'est d'arriver à créer cette osmose-là. Effectivement tu as raison, pour d'autres bien jouer va signifier autre chose, mais moi j'ai mes références qui font que je regarde jouer les équipes de Guardiola, un match comme Brésil-France en coupe du monde 1986 je peux le regarder des centaines de fois. Et tu te dis à la fin qu'il ne faudrait même pas qu'il y ait un perdant. En définitive tu as raison, c'est subjectif et c'est ce qui fait que le foot, c'est un super sport parce que tout le monde peut confronter ses idées et du fait qu'il y en a qui posent des problèmes, toi tu vas chercher autre chose pour essayer d'amener d'autres choses. L'important c'est qu'il y ait un projet de jeu et je te dirais que si tes joueurs et tes joueuses peuvent... et même avec les tout petits... être impliqués dans le projet de jeu, c'est là où ça va fonctionner.

Brian Clough a déclaré: «Le jour où je m'en irai, Dieu devra abandonner son siège favori.»; et toi, comment voudrais-tu que l'on se souvienne de toi?

A.P Comme quelqu'un d'honnête! Ce serait pour moi une belle récompense.

«ON A CRÉÉ UN SPORT-ÉTUDES À SAINT-GEORGES DE BEAUCE, DANS UNE RÉGION OÙ PERSONNE NE PENSAIT QU'IL Y EN AURAIT UN»

Comment s'est passée ton arrivée au Québec et quels sont tes projets à venir avec la fédération française?

A.P En fait, mon arrivée au Québec a été quelque chose. Avec ma femme et ma fille, encore petite à l'époque, on avait envie d'une expérience familiale à l'étranger; on a donc commencé à regarder et le Canada nous disait bien, notamment le Québec. En plus, je commençais à chercher puis j'ai trouvé le club de Saint-Georges de Beauce qui cherchait un directeur technique, j'ai donc postulé. Le président de l'époque voyageait beaucoup à travers le monde parce qu'il avait une société à Saint-Georges de Beauce et à certains moments, il venait à 40 minutes du club où je travaillais en France, du coup on s'est rencontrés et ça s'est bien passé. Ils nous ont invités là-bas pendant dix jours, pour voir un petit peu comment fonctionnait le club. Je suis remonté dans l'avion avec ma femme et elle m'a fait remarquer que c'était top, à part qu'il n'y avait pas de vestiaires, mais j'étais tellement emballé par le truc que tout a bien roulé. Avant mon départ, il y a eu un problème au niveau du conseil d'administration du club, ça remettait en cause mon arrivée et qui plus est, j'avais démissionné de mon job, j'étais en contrat à durée indéterminée dans un club, ma femme avait vendu son magasin donc ça a été très, très, très chaud. Finalement j'arrive sur place et le lendemain donc celui qui m'a fait venir me présente le nouveau président parce que le dernier a démissionné. Je me retrouvais avec un CA que je ne connaissais pas du tout avec des gens qu'il fallait que j'arrive à convaincre qu'ils avaient fait le bon choix en me faisant venir; ça a été une période je te dirais, pendant un an c'était un petit peu délicat et après tout a roulé au niveau du club. On est rentré dans de super projets à Saint-Georges et je me suis éclaté dans une super ville avec des gens dynamiques. Ce n'était pas un club d'AAA, en tout cas pas à l'époque, mais ça a été génial. Ensuite, j'ai été entraîneur-cadre en Estrie, c'est là où j'ai pris le poste aussi à l'université pour entraîner le Vert&Or parce que ça me permettait aussi d'évoluer un petit peu et je suis revenu ensuite à Saint-Georges les trois dernières années, c'est à ce moment aussi que j'ai entraîné en Première Ligue de Soccer du Québec féminine avec le Dynamo de Québec. On a créé un sport-études à Saint-Georges de Beauce, dans une région où personne ne pensait qu'il y en aurait un. Au mois de septembre, ça fera trois ans qu'il existe. On avait aussi le projet d'avoir un terrain couvert à Saint-Georges et je croise les doigts, car le projet est toujours d'actualité et ça permettrait de développer la région. On a également accueilli le tournoi des sélections régionales à Saint-Georges il y a un an, donc sincèrement professionnellement parlant, je me suis éclaté à tous les niveaux et puis en fait ce qui nous a fait revenir en France, c'est le côté familial. Les billets d'avion sont chers, tu ne peux pas rentrer tous les jours et c'est ce qui a fait qu'à un moment donné, on a basculé pour revenir en France et là je suis conseiller technique régional à la Laurafoot, la ligue Auvergne-Rhône-Alpes de football et je suis responsable de la formation des entraîneurs et aussi de la détection de joueurs, mais ça ne fait pas partie de mes tâches prioritaires.

Quels conseils donnerais-tu à une joueuse française qui voudrait évoluer dans le circuit canadien?

A.P D'avoir le côté athlétique et tactique; ce n'est pas de la critique négative, mais je suis resté huit ans au Québec où j'ai travaillé autant dans le football féminin que dans le masculin. J'ai travaillé pour Soccer Québec puisque j'étais aussi sur les formations en licence C, ESP, la nouvelle formation avec Mike Vitulano et je suis en train de finir ma licence A canadienne parce qu'en fait, je l'avais démarrée avant de partir et je veux la finir. Pour revenir à la question, je me suis rendu compte que quand je suis rentré et que je suis descendu de l'avion au mois d'octobre, j'étais sur la détection d'une jeune fille de 15 ans: techniquement c'était très, très très, très fort. Je n'ai pas vu de joueuses du même âge au Québec aussi à l'aise, techniquement, que les filles que j'ai vues en sélection en sachant que la ligue Rhône-Alpes Auvergne, c'est l'une des trois plus grosses ligues de France donc c'est sûr que tu as beaucoup de joueuses. Au niveau du Québec il faudrait arriver à travailler encore mieux. De l'autre côté, pour une Française qui viendrait au Québec, il faudrait s'attendre à ce que le jeu soit différent donc il lui faudrait être un petit peu plus prête sur l'aspect athlétique. Je prends toujours l'exemple de Gabrielle Carle et d'Évelyne Viens de l'époque où j'avais le Dynamo: on s'entraînait le lundi et le mercredi à 6h30 du matin, puis le vendredi soir. Les filles n'arrivaient pas toutes heureuses de venir s'entraîner à 6h30 du matin, mais on faisait une heure et demie de séance et Évelyne Viens et Gabrielle Carle repartaient pour du travail, du travail et encore du travail. C'est cette mentalité-là qui est intéressante à assimiler pour quelqu'un qui vient d'Europe.

LE MOT DE LA FIN

«J'ai passé une saison vraiment incroyable avec le Vert&Or. Ça a été très riche à tous les niveaux, aussi bien sur le côté sportif que sur le côté humain, et je n'en garde que de bons souvenirs et des frissons. Il y avait une des filles qui avait fait une petite vidéo de notre séjour aux championnats canadiens et chaque fois que je regarde ça, c'est monstrueux! Que de bons souvenirs et nous étions alignés, membres du staff et joueuses. J'ai des images qui me reviennent, quand nous nous sommes qualifiés pour le premier match, on a chopé un orage, mais un truc de fou, on est rentrés aux vestiaires et je revois les filles qui n'arrivaient même pas à crier leur joie tellement qu'elles avaient froid. La séance de tirs au but avec la gardienne Alexandra Girouard aussi qui était blessée, qui avait pris des coups. C'est quelqu'un qui ne se met pas en avant, mais qui au Canadien nous a fait des matchs de fou. Il y a eu des filles qui se sont révélées aussi sur ces championnats canadiens, des filles qu'on n'attendait pas et qui ont montré une force de caractère incroyable! Ça reste une super expérience avec le Vert et Or!»

adidas
S

TONY PERRIER

SHERBROOKE

«Chaque match a une histoire et finit par un résultat». Que signifie cette phrase pour toi?

T.P Chaque match est différent et on a beau l'aborder d'une certaine manière, le soccer est tellement complexe qu'on entrevoit après toute son histoire lors d'un match. La différence avec les matchs aller-retour face au même adversaire, les équipes restent les mêmes, mais le jeu et le résultat sont souvent tout autres... chaque match à son histoire!

Qu'est-ce qui t'a donné l'envie de faire ce métier?

T.P La passion du ballon rond! Nous étions toute la journée à l'extérieur, habitant dans un quartier de la banlieue lyonnaise, il suffisait d'un ballon pour nous occuper toute la journée. Je suis issu d'une famille d'origine espagnole, la culture foot était très grande, avec des classiques Réal-Barça mémorables ! Je me suis toujours posé beaucoup de questions: pourquoi fait-on cet exercice à l'entraînement? Pourquoi jouer de telle façon, avec un tel système? À l'âge de 14-15 ans, au sein de mon club formateur en France, j'ai commencé à prendre les catégories jeunes, ensuite le processus s'est fait rapidement. J'ai fait des études pour devenir professeur de sport et naturellement, j'ai passé mes premiers diplômes en France. J'ai également eu la chance de beaucoup voyager et d'intégrer divers programmes et projets de qualité. Mon expérience au Stade Nyonnais, en Suisse, a été très enrichissante avec des terrains d'entraînement sur le site de l'UEFA, pratiques pour participer à différentes formations et échanges avec des entraîneurs certifiés, mais surtout très passionnés et compétents! Ça m'a permis de voir les différentes philosophies de chaque pays (France, Suisse, Espagne, etc.) et ce qui donne envie aussi de toujours se nourrir d'informations, de méthodologies diverses et de trouver son idéal pour progresser.

Faut-il forcément avoir été un bon joueur pour faire un bon entraîneur?

T.P C'est la question que tout le monde se pose. Je ne pense pas non, et les exemples sont nombreux comme Julian Nagelsmann en Allemagne, où il a été lancé dans le haut niveau très jeune, certains pays osent donner leur chance à des jeunes qui ont la compétence et pas nécessairement l'expérience. Inversement, en France, énormément de jeunes entraîneurs pourraient exceller au plus haut niveau, mais le cheminement de la formation privilégie le joueur professionnel, même si celui-ci n'est pas forcément aussi compétent que le jeune qui n'a pas fait ses classes dans le milieu professionnel en tant que joueur malheureusement. Après qu'est-ce que c'est que d'être un bon entraîneur? Les réponses sont multiples et le débat est très large! Mais il faut essentiellement une base solide, c'est certain! On en voit au quotidien, le coach incapable de donner un bon ballon, c'est gênant et ce sont les mêmes qui conseillent nos jeunes sur le JEU alors qu'ils n'ont jamais joué au football.

«LE BON ENTRAÎNEUR, C'EST CELUI QUI CHERCHE À S'AMÉLIORER POUR OFFRIR LA MEILLEURE FORMATION POSSIBLE»

Quelle est la plus grande qualité d'un entraîneur selon toi?

T.P Je pense que c'est savoir enseigner puis aimer apprendre aux joueurs; s'adapter au groupe, souvent différent, qu'on a en face de soi chaque année. Le bon entraîneur, c'est celui qui cherche à s'améliorer pour offrir la meilleure formation possible à ses joueurs. Ne pas rester sur ses acquis et ses positions, savoir grandir avec son groupe, être à l'écoute tout en maintenant ses convictions; être capable de rester positif quand les résultats ne sont pas là; rester lucide et offrir le meilleur sur le terrain et en dehors.

La dimension humaine est importante, plus que le terrain. Un bon entraîneur, pour moi, doit avoir toutes ces qualités, au-delà du domaine technique et pour cela, une remise en question est essentielle à chaque saison pour tenter de revenir meilleur la saison suivante. Rester naturel est le plus important pour passer le bon message.

Comment faire jouer une équipe quand on a moins d'un mois pour faire connaissance avec la totalité de son effectif?

T.P Si la plupart de son effectif est actif durant l'été, cela ne pose aucun problème, car, sur 3-4 semaines de travail, on peut avoir des résultats assez rapidement dans le jeu. On sait que la dominante physique est très importante dans le réseau universitaire, les joueuses doivent donc se responsabiliser pour être prêtes, pas pour le premier match, mais pour le premier jour de camp. Durant l'été, un programme de remise en forme doit être suivi pour être apte, physiquement, à répondre à la charge du calendrier universitaire imposé, championnat qui est... incroyablement intense quand tu viens d'Europe!

Je pense que l'outil informatique est important également depuis ces dernières années pour un retour visuel collectif, ce qui permet de gagner du temps dans l'aspect tactique.

Ensuite nous sommes axés sur la méthode globale (périodisation tactique), ce qui a l'avantage d'accélérer l'apprentissage sans dissocier le mental, le physique, la technique ou la tactique. Tout se travaille à chaque entraînement!

Quelles sont tes inspirations en termes de jeu et comment ton travail peut-il mener des équipes à la victoire?

T.P On cherche à avoir le ballon et à l'utiliser de la bonne façon tout simplement. Du jeu en mouvement, ressortir avec un projet clair, je suis en admiration sur les victoires de l'Espagne, de 2008 à 2012, avec un jeu proche de la perfection. Après, on est conscient que l'on doit jouer avec les caractéristiques de nos joueurs, mais l'on se doit de respecter nos convictions, car si en tant qu'entraîneur, on ne croit pas à ce que l'on propose, difficile de passer le bon message! Des équipes gagnent des matchs en ayant 40% de possession, d'autres avec 70%. On aimerait l'avoir à 90% à chaque match, mais ce n'est pas possible. On souhaite jouer juste, si on peut aller rapidement vers l'avant, l'objectif sera de jouer verticalement. Si l'adversaire laisse peu d'espace, nous devons avoir l'audace de proposer du jeu, c'est LA PRIORITÉ pour nous, après la question est de savoir si la meilleure équipe, c'est celle qui gagne ou celle qui domine.

Forcément je préfère être celle qui gagne, mais plus tu es régulier dans le jeu comme l'Espagne, l'Allemagne, etc., plus tu auras du plaisir à venir t'entraîner, à procurer du plaisir aux personnes qui seront là pour voir ton équipe jouer et surtout, parce que c'est ma façon de voir le sport en général, il faut que cela reste un JEU. Donc associer plaisir et résultats, c'est NOTRE OBJECTIF! J'aime le jeu au sol, mais l'objectif est de voir mon groupe trouver des solutions face aux problèmes en équipe. Si l'adversaire laisse 40 mètres derrière, l'objectif sera de trouver le moyen de donner à un joueur lancé pour exploiter cette profondeur laissée, donc alterner, varier les passes courtes et longues, etc. L'idéal pour tout entraîneur, c'est d'avoir une équipe intelligente!

« GRANDIR ENSEMBLE, AVOIR DES VALEURS COMMUNES ET VIVRE UNE AVENTURE UNIQUE »

Selon Aimé Jacquet, « le football est le reflet de notre société. Regardez bien l'expression d'un joueur sur le terrain, c'est sa photographie dans la vie. », sur quels critères vous basez-vous pour recruter vos étudiants-athlètes?

T.P Je suis d'accord avec Aimé Jacquet, un joueur qui est généreux sur le terrain, le sera souvent à l'extérieur; à l'inverse un joueur nonchalant sur le terrain, il renvoie une image sensiblement identique.

Au-delà du potentiel athlétique (technique, physique, etc.), le recrutement est axé sur l'attitude de l'athlète, l'envie de se surpasser, de travailler avec un groupe, avec un staff et s'investir dans cette famille qu'est le Vert&Or à Sherbrooke. Nous préférons recruter une étudiante/athlète qui aura envie de porter le chandail du Vert&Or et continuer à évoluer sur le plan sportif, mais également sur le volet éducatif et académique, qui est notre priorité tout en restant ambitieux ces prochaines années sur le terrain avec un recrutement de qualité! Il est certain que nous aimerions avoir 4-5 joueuses à chaque saison qui peuvent faire la différence sur chaque match et qui proviennent des meilleures équipes collégiales AAA, mais notre réalité est tout autre. Nous l'acceptons, nous travaillons et nous serons compétitifs avec nos moyens sur le long terme, avec un collectif fort! Le recrutement à l'automne 2020 vous donnera une belle idée de ce que peut donner la suite.

Quand tu rencontres tes athlètes pour la première fois, quelle philosophie souhaites-tu leur inculquer?

T.P Nous restons honnêtes avec les potentielles recrues, nous leur présentons le projet académique et sportif, en leur expliquant où nous en sommes actuellement dans le processus. Nous leur expliquons également que nous avons une philosophie basée sur le jeu, et qu'elles seront de suite intégrées à cette méthodologie! Nous leur rappelons que le plus important n'est pas d'être champion canadien l'année suivante (même si nous l'avons dans un coin de notre tête (rires), mais que les choses les plus importantes sont de grandir ensemble, d'avoir des valeurs communes et de vivre une aventure universitaire unique!

Ensuite nous ne cachons pas notre ambition, car comme toute université, le Vert&Or à son histoire, et l'objectif sur le plus long terme, sera évidemment d'aller chercher une place sur le podium, et surtout un titre national, qui serait une première pour le Vert&Or féminin! On en parlait tantôt, il y a certaines joueuses qui ont intégré le programme en étant formées avec une certaine philosophie de jeu depuis 10 ans et qui ont grandi avec ça toutes ces années où produire du jeu n'était pas nécessairement l'objectif premier. La victoire était mise en avant (prise de risque minimum sur ressortie du ballon par exemple avec un jeu très direct), et elles ont gagné 8 ans sans jouer! Tout coach veut gagner! On ne cherche pas à se mettre en difficulté lorsque nous tentons de jouer. On pourrait choisir la facilité comme beaucoup, mais certaines joueuses ont eu du mal à comprendre que d'envoyer ce ballon, en espérant qu'il se passe quelque chose, n'était pas l'objectif premier. On en revient toujours au même discours: associer plaisirs et performances, et le plaisir on se le procurera en jouant.

Quelle est votre routine d'avant-match?

T.P Nous n'avons pas de routine particulière, on aime se retrouver avec le staff pour finaliser, discuter de derniers ajustements et rentrer progressivement dans le match. Tout le travail se fait au cours de l'entraînement durant la semaine, le jour J, on évite de se répéter. On laisse les joueurs se préparer, eux ont leurs routines, et le plus important c'est de respecter ça. Nous tentons plutôt d'enlever une certaine pression sur le jour du match, de discuter un peu avec le groupe, de faire quelques petits rappels dans la discussion d'avant match, etc. Il ne faut pas surjouer sur l'événement, car elles ont assez de pression comme ça durant la semaine entre le côté académique et sportif.

« RÉSOUDRE DES PROBLÈMES DE JEU EN ÉQUIPE ET POSER DES PROBLÈMES À L'ADVERSAIRE EN ÉQUIPE »

Faut-il imposer son style de jeu ou s'adapter à l'adversaire en face?

T.P Les deux: nous avons nos principes, notre plan de match, mais nous devons également jouer par rapport à ce que nous donne l'adversaire. Je reprends l'exemple de l'Espagne, du Barça plus précisément, ces dernières années, oui les joueurs à disposition au sein de l'effectif étaient exceptionnels, mais ils ne s'adaptaient pas à l'adversaire, ils jouaient tous les matchs de la même manière: avec un pressing haut, une forte possession et les adversaires eux, étaient dans l'obligation de s'adapter. Ils ont imposé leur style, joué contre des équipes qui jouaient le contre, la possession, de façon défensive, mais malgré cela, ils continuaient à jouer en tout temps de la même manière.

Il faut avoir un style de jeu propre, mais en même temps jouer sur le maillon faible de l'adversaire. Si l'arrière latéral adverse est lent et que nous avons un ailier très rapide, qu'on puisse faire la différence sur 18 ballons sur ce même côté, on va le faire. Il faut s'adapter en imposant notre style. Comme je dis souvent à mon groupe, « résoudre des problèmes de jeu en équipe et poser des problèmes à l'adversaire en équipe ». Il faut avoir cette réflexion permanente sur le terrain, à l'entraînement comme en match!

Si l'enjeu nécessite des ajustements, pourrais-tu, pour 90 minutes, renier tes principes au nom de la victoire finale?

T.P Non, car si nous arrivons à ces 90 minutes de la victoire finale, cela voudra dire que nous avons réussi avec nos principes pour en arriver à ce stade, donc les renier au dernier match irait à l'encontre de ce que nous avons fait durant la saison. Ce qu'a réalisé Helder Duarte avec le Rouge et Or est tout simplement incroyable, car il est toujours resté fidèle à ses principes, que ce soit sur le premier match de championnat ou lors de la finale nationale!

Quelle est la part de l'entraîneur dans le résultat final selon toi?

T.P C'est d'avoir la capacité d'analyser rapidement l'adversaire. Si tu vois que l'adversaire joue d'une certaine façon et que, toi, tu avais prévu autre chose, tu dois pouvoir réagir. Je fais partie de ceux qui n'hésitent pas à changer de système de jeu en plein match. Si au bout de vingt minutes le match nécessite des ajustements, on n'hésite pas à modifier le plan qui était fixé tout en respectant nos principes!

On peut se tromper si certains matchs ne se passent pas comme on l'avait prévu donc il s'agit aussi de pouvoir se dire à temps qu'il faut changer quelque chose, réagir en passant le bon message, faire le changement au bon moment, sentir les temps forts et faibles pour ton équipe, tu gagnes certaines fois par des choix effectués à ces moments-là. À l'inverse, lorsque les résultats sont plus négatifs, cela te rappelle que tu n'es pas magicien! L'entraîneur a peu de contrôle sur un match, le rapport de force est sur le terrain et tout le mérite d'une victoire est selon moi, le travail effectué par le groupe.

« JE PENSE QU'IL EST IMPORTANT D'ÊTRE À L'ÉCOUTE DE SON GROUPE POUR AVANCER ENSEMBLE »

Gère-t-on tous les athlètes de la même façon ou t'est-il arrivé de déroger à vos principes à l'occasion?

T.P On déroge beaucoup, je pense (rires). J'ai dérogé pas mal de fois, mais tout le temps en ayant conscience que c'était pour le bien de l'équipe. Je ne déroge pas à la règle pour une joueuse, le plus important reste le groupe. Si nous sentons le groupe fatigué physiquement ou mentalement, notamment pendant la période d'examens, on doit être capable de donner un peu plus de liberté à des périodes données, même si la planification était prévue d'une certaine façon. Je pense qu'il est important d'être à l'écoute de son groupe pour fonctionner et avancer ensemble!

«NOUS AVONS UN DISCOURS EN DÉBUT DE SAISON QUI SE RAPPROCHE UN MAXIMUM DE LA RÉALITÉ»

Comment gère-t-on les remplaçants lorsqu'on a une saison courte à gérer?

T. P C'est une saison éclair, le réseau universitaire est unique avec ces deux matchs en fin de semaine. Très rares sont les saisons sans blessures avec l'accumulation des entraînements/matchs, donc un effectif à 25 joueurs n'est jamais de trop. Nous avons un discours en début de saison qui se rapproche un maximum de la réalité, le temps de jeu ne sera pas égal, c'est une certitude, mais nous devons consolider un groupe qui sera apte à répondre présent lors de chaque rencontre en acceptant son temps de jeu, qu'il soit long, court ou en dehors des 18 joueuses convoquées sur certains matchs. Il faut les garder actives et concernées par le projet, car nous devons penser en équipe, le collectif doit être fort, et à partir de là, il n'y aura pas de problème majeur durant la saison! L'entraînement est fait sur la base de jeux donc elles participent énormément. Elles essaient de progresser avec le groupe pour être prêtes lorsque l'on fera appel à elles.

Quel est ton match référence? Celui où le génie tactique de ton staff s'est le mieux exprimé.

T. P Je dirais le match contre l'UQAM, on a gagné 4 buts à 1 à Sherbrooke. On joue sur synthétique, on a mis en place un 3-5-2 toute la semaine et on marque sur un coup de pied arrêté sur une combinaison travaillée à l'entraînement la veille et tout a fonctionné ce jour-là. Au-delà du score, le contenu était vraiment intéressant. On avait un bon groupe capable de s'adapter rapidement à un système différent.

À l'inverse, quel est le pire match de ta carrière de coach? Celui où rien n'a fonctionné comme prévu.

T. P Cette année tout simplement, on a perdu le premier match de la saison: 11 buts à 1! Au bout de cinq ou six minutes de jeu il y avait déjà 4-0, impuissant, erreur sur erreur, aucun but, venant de l'adversaire, tout était donné, c'était une vraie une soirée cauchemar!

Quels sont les mots qu'on trouve pour réussir à motiver ses troupes alors qu'on prend une claque dès le début de la saison?

T. P Ça ne peut pas être pire, tu perds 10 ou 11 buts dès le premier match là tu sais que la saison va être compliquée. L'objectif derrière n'est pas d'enfoncer le groupe, mais plutôt de voir sa réaction. On savait depuis le début de saison que l'on n'allait pas jouer le podium et on était conscient de la situation. En rentrant à la maison, je vois que Concordia en a pris 10 contre Laval... Bishop's en prend 6 contre McGill, là je me dis que la saison sera à deux vitesses, quatre équipes seront devant et les autres derrières, il n'y a pas trop eu de suspens cette année-là! Sur le retour contre Montréal, on perd 1-0 puis on prend le deuxième but à la 88e, avec une belle prestation. On fait pratiquement jeu égal à la maison et c'est un tout autre match où il y avait de la solidarité dans le groupe, les filles étaient combatives, déterminées! Il faut insister là-dessus, lorsque le résultat n'est pas forcément positif, mais que le groupe est capable de rivaliser sur quelques matchs avec une solidarité et un état d'esprit au-dessus de la moyenne!

«L'HUMILITÉ DANS LA VICTOIRE, RESPECTER EN TOUT TEMPS L'ADVERSAIRE ET RESTER CONSTRUCTIF DANS LA DÉFAITE»

Durant un match de soccer, quel est le geste de coach le plus important pour toi?

T. P Rester fier de son équipe, on gagne et on perd ensemble! L'humilité dans la victoire, respecter en tout temps l'adversaire et rester constructif dans la défaite, j'ai été joueur, et le plus important je pense que c'est lorsque tu as un coach capable de gérer ses émotions sur la touche, tu apprends à canaliser et gérer le tout sur le terrain.

Qu'est-ce que tu ne ferais jamais durant un match?

T. P Humilier ou rabaisser une de mes joueuses en plein match, bien que humilier soit un mot fort. J'ai vu certains coachs parler assez sèchement à leurs joueuses et c'est une chose que je ne ferais jamais. J'étais assez sanguin auparavant, donc j'essaie de canaliser le tout pour véhiculer le bon message autour de moi, que ce soit envers l'arbitre, envers le coach adverse ou envers les joueuses, c'est de garder ce respect-là avec le monde qui t'entoure.

Si tu pouvais inverser le résultat d'un match, d'un seul, lequel ce serait?

T. P C'est cette demi-finale il y a 4 ans en 2016 contre l'UDEM, en demi-finale des séries où on perd 4 buts à 2 au Cepsum. Ève Labbé marque de 25 mètres une frappe en pleine lucarne. On avait un groupe de qualité, un groupe expérimenté. Nous nous savions fragilisés avec le départ d'Amélie Tremblay finissante cette année-là, Gaëlle Duplessis-Lebel qui s'était fracturé l'épaule ne jouait donc pas, et Alexandra Girouard qui sortait d'une commotion était incertaine jusqu'à l'échauffement. Une belle équipe aussi du côté de l'UDEM, mais je pense que nous avons été au-dessus dans le jeu avec deux poteaux touchés et une maîtrise supérieure aux Carabins. Si je pouvais changer la donne d'un match, ce serait celui-là! On était sur la dynamique de la saison précédente et on pouvait prétendre à un podium national.

« TOUTES DES JOUEUSES QUI DONNENT ENVIE DE CONTINUER À COACHER »

Avec quel athlète as-tu adoré travailler?

T.P Marie-Ève Jacques, je pense que c'est un modèle pour beaucoup, celles qui l'ont côtoyé ou qui ont joué à ses côtés. Hormis son talent et sa vitesse, elle avait une détermination incroyable, j'ai rarement vu ça, elle ne lâchait jamais, que ce soit durant les entraînements ou les matchs, elle avait un mental de championne! Je me souviens d'un match à l'UQAM où nous avons gagné 4-3, quatre buts de Marie-Ève Jacques, elle était impressionnante sur le terrain, mais également de par son attitude, une vraie athlète!

Après il y a d'autres filles comme Audrey Marcoux qui a fait une très belle carrière universitaire, elle a excellé également au hand-ball au niveau international. Ce sont toutes des filles qui souhaitaient performer et que j'ai eu énormément de plaisir à entraîner, avec lesquelles j'ai beaucoup aimé échanger parce que ce qu'on avait la même perception du sport tout simplement. Alexandra Girouard, avec qui, sur la deuxième année, ça a été un peu plus compliqué parce qu'elle a fait une commotion et elle n'a pas fait énormément de matchs, mais qui avait un super état d'esprit.

Christina Arès St-Onge, qui était toujours déterminée, polyvalente, au service de l'équipe. Audrey Lagarde qui est avec moi dans le staff et aussi dans le civil en tant que joueuse à Sherbrooke, qui veut toujours performer aussi bien aux entraînements qu'aux matchs, une compétitrice acharnée avec un talent énorme. Gaelle Dupleesis Lebel, qui a concilié soccer et rugby, reste aujourd'hui une énigme physique pour moi, on ne verra jamais une étudiante/athlète sur le circuit avec autant d'énergie sur 5 saisons! Toutes des joueuses qui donnent envie de continuer à coacher.

À l'inverse, y a-t-il un(e) athlète avec qui la relation a été difficile, mais avec qui le travail s'est avéré payant?

T.P Sans parler de relation compliquée, Frédérique Surprenant. Fred avait son caractère, mais elle était extrêmement travailleuse, le genre de joueuse qui travaille lorsque le coach n'est pas là, plusieurs dans cette génération étaient déterminées à progresser et se préparaient en conséquence. Au départ, on la trouvait nonchalante, mais avec le temps nous avons appris à la connaître, en voyant qu'elle donnait tout pour l'équipe sur le terrain et en dehors. Elle était là pour les bonnes raisons et ses performances n'étaient pas dues au hasard sur certains matchs.

Si tu devais dire un mot au coach qui a mis le plus ton sens tactique à l'épreuve, qui est-ce que serait et que lui dirais-tu?

T.P Ce serait Kevin McConnell de l'UdeM, je pense que sur les cinq ans, même sur la première année des canadiens, on a vu que c'est une équipe qui ne lâche rien, tu as beau mener 2-0 à la 85e minute, tu sais qu'ils peuvent te marquer trois buts en cinq minutes. Sur coups de pied arrêtés, agressivité, tu sais qu'ils vont faire la faute au bon moment et qu'ils vont casser le rythme du match. L'UdeM est au-dessus sur cet aspect-là! Ils jouent avec leurs forces et Kevin est très fort dans l'aspect psychologique, dans le fait de créer la frustration chez l'adversaire, son passage en 3-5-2 était également intéressant.

Helder Duarte de Laval en revanche avait un style tout à fait différent, axé sur un jeu de possession avec mouvements et agréable à voir évoluer. Il avait l'équipe la plus difficile à manœuvrer, de belles oppositions sur les premières années, avec deux équipes qui souhaitaient avoir la maîtrise du jeu. J'en profite pour saluer sa mémoire, il nous manque beaucoup!

Quelle est ta citation préférée et pourquoi?

T.P Je pourrais en citer une vingtaine... maintenant nous en avons une dans le vestiaire: « Une bonne joueuse te fera gagner quelques matchs, mais un bon collectif te fera gagner le championnat! ». Le projet est axé sur les valeurs collectives à Sherbrooke, que ce soit sur le terrain ou en dehors, nous souhaitons transmettre ces valeurs fortes pour que l'étudiant/athlète puisse être armé(e) lors de sa sortie universitaire!

« TOUT CE QUE J'ESPÈRE C'EST DE VÉHICULER LE BON MESSAGE AUX JEUNES GÉNÉRATIONS »

Brian Clough a dit « Le jour où je m'en irai, Dieu devra abandonner son siège favori. », et toi, comment voudrais-tu que l'on se souvienne de toi?

T.P Je ne souhaite pas que l'on se souvienne de moi (rire), mais plutôt du jeu proposé et du travail qui a été fait à la tête du programme. Je souhaiterais laisser une image positive, d'une personne qui a tout fait pour que ce programme soit de qualité, j'ai énormément de plaisir à venir à l'entraînement au quotidien et la relation que j'ai avec la plupart des étudiantes/athlètes est très bonne! Tout ce que j'espère c'est de véhiculer le bon message aux jeunes générations.

Vert et Or - 2016-2017

3e rang en haut, de la gauche vers la droite : Audrey Gauthier, Hélène Moreau, Camille Bournival, Audrey Lagarde, Eve L'Abbé, Myriam Guay. *2e rang, de la gauche vers la droite :* Élyse Turcotte (entraîneuse adjointe), Mia Paquette, Laurence Desrosiers, Sabrina Jeanson Houle, Christina St Onge, Florence Duval, Frédérique Surprenant, Audrey Marcoux, Anne Dusserault Gauthier, Gaëlle Duplessis Lebel, Tony Perrier (entraîneur). *1er rang, de la gauche vers la droite :* Clémence Renaud, Myriam Cloutier, Camille Mélançon, Marie Eve Jacques, Alexandra Girouard, Catherine Dupuis, Laura Veilleux.

Quels sont tes plans pour le futur de l'université de Sherbrooke?

T.P Avoir un projet sur le long terme et travailler avec des personnes compétentes et passionnées! On se doit également de former nos joueuses, mais c'est difficile avec une formation instable et non axée sur le développement du joueur qui n'est malheureusement pas une priorité à Sherbrooke, on espère que cela change. À l'université, nous avons intégré la vidéo, nous avons proposé un programme Futsal, investi dans du matériel de qualité, et notre projet à long terme serait de rivaliser avec les meilleures.

Nous avons surfé sur un programme de qualité les trois premières années en termes de résultat sportif, mais nous avons évolué hors de nos limites financières, on ne pouvait pas continuer sur cet axe. Nous avons travaillé fort sur la gestion des bourses depuis quatre ans pour nous permettre d'étoffer l'effectif chaque saison et nous sommes aujourd'hui à la première année d'un projet avec des recrues de qualités et un niveau universitaire retrouvé! Nous pouvons maintenant travailler sur des bases solides afin de rendre ce programme dynamique tout le long de l'année et non sur une durée de 3 mois!

Nous sommes dans une ville et une région magnifique, l'université offre des programmes de qualités, parmi les meilleurs du pays et nous sommes confiants pour attirer de potentielles recrues au cours des prochaines années. Le recrutement de cet automne 2020 a été très bon, avec une nouvelle dynamique et un groupe qui souhaite performer rapidement. Nous sommes donc optimistes pour le futur du Vert&Or! J'aimerais souligner le très bon travail d'Alfred Picariello sur la première année avec une merveilleuse aventure aux championnats canadiens à Vancouver, tout le travail effectué par mes adjoints à commencer par Élyse Turcotte, avec qui j'ai passé quatre saisons exceptionnelles en termes d'émotions, de partage et de discussions enrichissantes, Youssef Sellak et Iskren Menkovic en tant que coach des gardiens, Amélie Michaud et Ming Zhao Dû, nos physiothérapeutes, et Audrey Lagarde pour la dernière saison en tant qu'adjointe. J'aimerai également te remercier Freddy, pour cette initiative avec des questions pertinentes et le plaisir de lire mes collègues des différents programmes universitaires.

adidas
VERT&OR
UNIVERSITÉ DE SHERBROOKE

DAVID GUICHERD

SHERBROOKE

«Chaque match a une histoire et finit par un résultat», que signifie cette phrase pour toi?

D. G Elle est grande de sens parce que chaque moment que l'on va vivre avec un groupe de joueurs universitaires va écrire une histoire propre à cette équipe et à cette université avec une représentation au-delà du résultat, au-delà de tout, il y a ce que le groupe va vivre à ce moment-là. Il y a eu des matchs, des défaites qui ont été très fortes de sens comme il y a eu des victoires qui n'avaient aucun sens, parce que non méritées, mais il y a toujours quelque chose qui vient cimenter un groupe lors de ces matchs-là et je pense que c'est l'essence même de notre sport.

Qu'est-ce qui t'a donné envie de faire ce métier ?

D. G Je suis quelqu'un de passionné. Je vis mes passions à fond et ce métier a toujours été un métier dans lequel j'ai mis beaucoup d'énergie. En Europe j'occupais la fonction de gérant d'estrade, j'ai eu beaucoup de lecture et beaucoup de travail par rapport à ça donc lorsque cette opportunité s'est présentée à moi à mon arrivée et avec le bagage que j'avais, il était évident que c'était là que je voulais aller. J'ai eu la chance d'avoir une famille et une épouse qui m'a laissé aller vers ce domaine-là parce qu'on sait combien c'est difficile, autant au Québec, qu'en France. C'est un métier où, si tu n'es pas bien encadré et si tu n'as pas le soutien de chaque joueur, tu ne peux pas arriver à percer et, moi, j'ai eu cette chance de mettre ma passion et mon envie au service de tous les joueurs. Je suis vraiment content d'avoir eu cette chance, car c'est quelque chose qui était essentiel pour moi. Le sport fait partie de ma vie, comme on le dit, c'est un sport de passionnés. Si tu n'as pas la passion, tu ne fais pas ce sport comme tu ferais un autre sport où tu vas en boîte de nuit et tu retournes au travail ensuite, ce n'est pas ça. Être un entraîneur de soccer pour moi va vraiment au-delà de tout ça.

Quelle formation générale as-tu suivie?

D. G J'étais à l'UFRAP[1] et j'ai fait une première année UFR APS (analyse des Activités Physiques et Sportives) en France. Je suis vite parti parce qu'en France, il n'y avait aucun débouché pour les profs de gym à cette époque-là pour tous ceux qui finissaient leur cursus donc, il fallait que je trouve une autre voie. J'ai fait une année en sociologie parce que j'aime le côté humain, ça a toujours été quelque chose qui m'attirait beaucoup. Après, j'ai travaillé pour le CRS, le comité d'entreprise d'EDF (Électricité de France), en France, qui m'a permis de partir en saison donc de vivre dix mois sur douze à l'extérieur dans des centres, faire le tour de la France, vivre en montagne l'hiver, vivre au bord de l'eau l'été, le rêve américain, mais à la Française et puis avoir un partage à chaque jour avec des êtres humains, aussi bien des habitudes que des ados, c'est là où j'ai découvert une multitude d'activités. Si j'avais étudié au Canada, peut-être, que dans un endroit où le système scolaire est différent, où l'étudiant est mis un peu plus en avant alors qu'en France, ce n'est pas du tout ça, alors peut-être que ça aurait été différent, mais quelque part, ça m'a amené jusqu'ici, donc c'est une bonne chose.

Quelle est la plus grande qualité d'un entraîneur selon toi?

D. G J'hésite entre humanité et authenticité parce que si tu n'es pas un être humain... mais je vais dire le fait d'être un humain authentique ça peut marcher (rires), c'est quelque chose de très important. On gère un groupe de 23, tu fais des camps de sélection et tu as cinquante athlètes. Il faut être capable d'expliquer à chaque athlète le pourquoi du comment. On verra un peu plus tard que si tu n'as pas une bonne relation avec tes athlètes, comment vas-tu réussir à leur expliquer que pour tel match, ils ne sont pas habillés ou que pour tel match ils sont remplaçants, ou encore que pour tel autre match, ils ne vont pas jouer. Je pense que chaque être humain a le droit de savoir pourquoi et il ne faut pas laisser le joueur dans l'ignorance parce que ça va créer des frustrations. Tu ne pourras plus tirer le meilleur du joueur quand tu en auras besoin, il faut s'efforcer de mettre le tout dans un peu de ouate, parce que tu ne peux pas dire franco comme ça au joueur: «Ben non, tu es trop mauvais! Tu ne peux pas jouer!». Il faut mettre le tout dans une petite boîte pour s'assurer que tu gardes le bon contact avec le joueur, mais il doit savoir pourquoi il ne joue pas.

Si je peux rajouter quelque chose, je pense qu'un entraîneur doit être passionné. Depuis tout à l'heure, on en parle et je crois que le mot passion est un mot très fort pour moi. Un entraîneur doit être un humain authentique, passionné.

Comment faire jouer son équipe quand on a moins d'un mois pour faire connaissance avec la totalité de son effectif?

D. G Il faut être un magicien! (Rires). En fait, ce qui a été un problème pendant plusieurs années chez nous, c'est qu'il faut avoir un taux de renouvellement qui ne soit pas supérieur à 50 %. Tu ne peux pas avoir chaque année un taux de renouvellement de joueurs égal à 50 % et plus parce qu'il y a tout à réexpliquer aux joueurs donc il y a une philosophie derrière tout ça. Dans un premier temps, tu vas te baser sur des choses simples donc, la technique et la tactique. On regarde beaucoup de vidéos et on reçoit beaucoup de vidéos de joueurs, mais après dans les vidéos, ils ne montrent que les meilleurs moments tu vois? Pour l'anecdote, j'en rigole encore avec mes adjoints d'ailleurs, il y a déjà eu des joueurs qui se disaient attaquants et qui m'envoient une vidéo de 8 minutes où il n'y a pas un tir au but. Les vidéos c'est bien mais tu veux me montrer la meilleure partie de toi, quelque part c'est comme les gardiens qui m'envoient des vidéos d'arrêt où ils sont statiques et savent déjà où le ballon va aller... oui tu es bon à ce moment-là, mais un match, ce n'est pas ça! Montre-moi des formes jouées, montre-moi des situations de match, montre-moi des phases d'un match, à la rigueur envoie-moi des mi-temps complètes au lieu de situer juste un 3-4 minutes. D'ailleurs avec l'organisme avec lequel on travaille, il nous envoie les matchs complets pour qu'on puisse se faire une idée du joueur parce qu'avoir le meilleur parti du joueur, à ce moment-là, ce n'est pas forcément révélateur. On va se baser d'abord là-dessus parce qu'on peut reconnaître un bon joueur technique ou tactique dans sa compréhension du jeu, mais après on va très rapidement tomber en relation, devoir parler avec lui, savoir un petit peu comment il est à l'extérieur du terrain, comment il va s'adapter dans le vestiaire, comment il va s'adapter à notre philosophie de jeu et par rapport à tous ces critères donc c'est pour cela que la période est si importante, on essaye de planifier le tout pour avoir un groupe de 40-45 joueurs au camp pour réduire ça à 23, mais on ne peut pas laisser une grande part au hasard parce que ça va être problématique pour la suite. On essaye de se baser sur nos anciens qui sont là depuis un certain temps qu'ils comprennent et qu'ils vont inculquer aussi cette nouvelle philosophie aux nouveaux, mais ces nouveaux, on s'assure qu'ils vont se mettre dans les bonnes cases quand même. Après un joueur qui ne rentre pas dans une bonne case ne sera pas forcément un joueur exclu, il y a une grande quantité de joueurs qui ne rentrent pas dans des cases, mais qui sont des joueurs exceptionnels. Il faut aussi rester alerte par rapport à ça et trouver un moyen de pouvoir communiquer avec eux dans les bonnes circonstances. J'ai des exemples dans le civil plus qu'à l'université où j'ai un joueur dont tout le monde me dit de ne pas le prendre, moi je sens au contraire qu'il a un truc qui peut porter le groupe à un niveau supérieur et que je devrais le prendre. Après on est tous des coachs, et tous les coachs te diront qu'ils aimeraient être capables de faire marcher tel ou tel joueur. La vérité c'est que c'est suivant comment tu arrives à avoir un bon relationnel avec lui.

[1] Unité de Formation et de Recherche en Activités Physiques

Selon Aimé Jacquet, «Le football est le reflet de notre société. Regardez bien l'expression d'un joueur sur le terrain, c'est sa photographie dans la vie.», sur quels critères vous basez-vous pour recruter vos étudiants-athlètes?

D.G On en a parlé un petit peu tantôt, c'est-à-dire qu'automatiquement tu vas te baser sur la technique et la tactique qui restent quand même les bases de notre sport, mais aussi sur l'humain. Quand je recrute des joueurs à l'étranger, j'aime parler aux parents aussi. Je pense que les parents donnent un bon reflet de ce que le jeune sera quand il sera tout seul. Dans ces valeurs, on a des Français ou des Belges qui viennent et qui se retrouvent ici à 18-19 ans parce qu'en France, tu as ton bac à 18 ans, tu t'en vas à l'université à 18-19 ans tandis qu'au Québec, c'est un petit peu différent donc tu as le Cégep, mais eux ils arrivent, ils rentrent déjà à l'université. La façon d'être des parents quand je discute avec eux, me donne un peu une idée de la façon d'être de l'enfant quand il sera ici avec nous. Bien entendu, je pense que d'observer le joueur, son comportement lors d'un match m'indique beaucoup de choses sur ses traits de caractère, son envie de se dépasser parce que bien sûr tous les matchs on les enchaîne, on voit beaucoup de vidéos, mais le joueur qui abandonne après deux-trois contre-efforts, je me demande s'il est prêt à jouer au niveau universitaire ou au contraire si c'est un joueur qui va se dépasser même s'il sent que la situation est désespérée, s'il va quand même essayer un truc, s'il est très concentré, s'il est assidu. C'est quelque chose qu'on peut voir dans les matchs si le petit est allumé et ce que j'aime c'est surtout avoir des vidéos un peu à l'extérieur qui ne sont pas: «OK le joueur est en super forme aujourd'hui parce qu'il sait qu'il est filmé!». Il va tout faire et le match d'après, il ne fait plus rien parce que nous savons qu'il a déjà tout donné le match d'avant. J'aime ça avoir plusieurs matchs, plusieurs exemples et me faire une idée sur le joueur, ça reste la première relation qu'on aura avec l'athlète, c'est-à-dire que quand il va arriver on verra dans les premiers entraînements comment il se comportera. Les premiers jours, il est bien sûr hyper motivé, c'est la première semaine pour moi qui est essentielle et je te dirai qu'on est quand même plusieurs à avoir de l'expérience autour du terrain et on arrive à discuter beaucoup avec les joueurs. J'échange beaucoup avec mes capitaines parce que je mets des gens de confiance ici. Ils savent que j'ai une bonne relation avec eux donc ils ne sont pas là pour dire à tel joueur qu'il est mauvais. Je leur demande comment ça se passe dans le vestiaire dans les moments informels où moi je ne suis pas là. Je ne leur demande pas comment ça se passe, mais on discute et automatiquement autour de la discussion, je vais avoir des informations connexes qui vont me permettre d'ajouter au dossier de nouveaux joueurs que je suis en train d'observer, mais voilà après on reçoit des vidéos et il y a des joueurs et malheureusement le technique, la tactique, c'est la base de notre sport. Tu as beau être une bête physique, tu m'envoies tes tests physiques, c'est bien beau, mais, si tu ne sais pas faire une passe de l'intérieur du pied, ça ne servira pas à grand-chose!

«MA PHILOSOPHIE: VIGUEUR, AMBITION, PASSION»

Quand tu rencontres tes athlètes pour la première fois, quelle philosophie souhaites-tu leur inculquer?

D.G Vigueur, ambition, passion parce que s'entraîner tous les jours, si tu n'as pas la passion de ton sport, je veux dire que me demander de faire tous les jours quelque chose que je n'aime pas serait de la folie! Donc si tu n'as pas la passion, si tu n'as pas l'envie de t'entraîner tous les jours, si tu n'as pas envie de vivre avec ce groupe-là, si humainement tu n'es pas prêt à faire tous ces sacrifices, ne rentre pas dans une année universitaire! Et ça je leur explique beaucoup aux jeunes joueurs qui arrivent. Je leur donne aussi des exemples de ce que sont les semaines de travail et l'importance de la rigueur à l'entraînement, de la rigueur dans le maintien physique et du fait d'arriver au camp prêt physiquement parce que je suis désolé, mais en une semaine ou deux, mais tu n'as pas le temps de physiquement travailler. Tu vas faire un travail avec certains et le préparateur physique travaille dans ce sens-là, mais, physiquement, tu dois arriver prêt pour pouvoir absorber la quantité d'informations qu'on va te donner parce que jouer en France et jouer, ici c'est différent. Jouer en senior AAA et jouer à l'université c'est différent. Tout est différent parce qu'ici, à l'université, les temps de repos n'existent pas. Tu es toujours soit en attaque, soit en défense ou en phase de transition, mais en Europe lorsque tu regardes les matchs, il y a des moments où une équipe essaie de s'installer chez l'adversaire. Ça n'existe pas au niveau universitaire. Les athlètes sont des machines qui sont en «box to box». Quelques équipes essaient de jouer autrement notamment l'UQAM et Laval qui ont des connotations françaises très fortes, mais la plupart du temps, tu as Montréal aussi qui est régulièrement une des très bonnes équipes que l'on voit, mais sinon tu regardes un match Concordia-UQTR, tu n'as pas le temps de manger du pop-corn. Il se passe toujours un truc de fou et ça va à mille à l'heure. C'est quelque chose qui est fort donc les garçons doivent comprendre et, tant qu'ils ne le vivent pas, ils ne comprennent pas. J'ai beau leur expliquer, j'ai beau leur montrer, j'ai beau leur démontrer tout ça même dans les entraînements l'intensité et ainsi de suite, tant qu'ils ne l'auront pas vécu en match... et la plupart des jeunes joueurs que j'ai après le premier match qui est souvent à McGill, ils sont en mode: «Ah ouais! OK, je viens de comprendre ce que tu me disais!» parce que tant que tu ne l'as pas vécu, tu ne peux pas le savoir.

Vert et Or - 2016-2017

Rangée du haut, de gauche à droite: Jean David Lantagne, Remy Vezina, Luca Lopez, Maxime Larouche, Ahmed Gachem, Pierre Luc Perron, Aleksandar Sofric. *Rangée du milieu, de gauche à droite:* David Therrien (adjoint), Iskren Menkovic (entraîneur-gardien), Veronique Thivierge (physiothérapeute), Sebastien Menard, Philippe Dery Rouleau, Miguel Baril Lahaie, Sadia Makalou, Damien Pinochet, Jean Bernard Vin (adjoint), David Guicherd (entraîneur-chef). *Rangée du bas, de gauche à droite:* Alexandre Londei, Guillaume Cotnoir, Philippe Chabot, Alexandre Dubois, Nicholas Turgeon (capitaine), Frederic Hamel, Guillaume Proulx, Mathieu Harcc Boutin, Cristian Afonso Garzon, Papa Yaya Badiane.

«DANS LA ROUTINE D'AVANT MATCH, TU NE CHANGES PAS LE MATCH. (...) ON NE RÉINVENTE PAS LA ROUE!»

Quelle est votre routine d'avant-match?

D.G Ça dépend du match parce qu'on joue le vendredi soir puis on joue le dimanche en fin de matinée. Il faut savoir que quand tu joues à domicile le vendredi, la plupart du temps les joueurs ont cours la journée donc j'essaie de les faire venir à peu près deux heures avant le coup d'envoi. Il y a un moment où ils sont plus relax, je peux faire plein de petites rencontres individuelles. Je leur laisse du temps pour eux parce que des fois ils n'ont pas le temps de se voir avant sur le campus donc c'est quelque chose de très normal l'avant-match, c'est-à-dire que tu auras une partie de réactivation avec le préparateur physique après une partie où tu vas toucher au ballon. Après le moment qui leur est dédié, on descend au terrain où on va toucher au ballon et dans l'intermédiaire moi je fais des retours ou des ajustements avec les joueurs par rapport à ce qu'on a travaillé au cours de la semaine, par rapport à un rappel des principes, par rapport à l'adversaire aussi, ou des choses qui vont être importantes. Les joueurs le savent, mais ça fait partie de la routine: on descend au terrain et en même temps on discute donc ça les décontracte aussi. Ça les rassure dans ce qu'on a travaillé toute la semaine, donc je pense que c'est important de le faire. Après tu as déjà les gardiens qui sont partis avec l'entraîneur des gardiens. La routine est assez normale, mais les avant-matchs les plus complexes, c'est quand on va à l'extérieur parce qu'on joue toujours après les filles. Un long moment d'attente puisque tu arrives deux heures avant le match des filles donc si tu fais le compte il y a deux heures de route, le match des filles c'est deux heures donc tu as un 4-5 heures à gérer au niveau alimentaire, au point de vue de l'hydratation et souvent on joue soit contre Montréal soit contre McGill, le premier match de la saison et le stade Molson de McGill, c'est impressionnant pour les jeunes joueurs qui arrivent. On regarde, on fait le tour. Les anciens marchent un petit peu, se décontractent, se nourrissent, mais pour les jeunes, il faut aussi qu'ils absorbent toute cette nouveauté de jouer dans un grand stade, le nombre de spectateurs, etc. Donc il y a toute cette appréhension du nouveau. Dans la routine, j'essaie toujours d'être à un endroit fixe pour les joueurs de façon à ce que, dans cet avant-match, le joueur puisse venir me voir, discuter, se rassurer d'un point de vue tactique ou s'il a besoin de juste jaser. Il y a plein de joueurs qui viennent me voir juste pour parler parce que ça leur fait du bien. C'est aussi une façon de faire sortir le méchant avant le match pour pouvoir se concentrer uniquement sur le match. Des fois, il y a des petites réunions par lignes pour faire un petit retour sur les principes. Dans la routine d'avant match, tu ne changes pas le match. Tout ce qui va se passer dans le match, ce n'est pas là que tu vas le régler mais durant la semaine de travail avant! La routine consiste juste à rassurer les joueurs, s'assurer qu'ils se rappellent bien de ce qu'on a travaillé au cours de la semaine, de ce qu'on a recherché spécifiquement pour ce match donc c'est vraiment un gros rappel de ce côté-là, mais tu ne réinventes pas la roue à ce moment-là. Le travail de l'entraîneur est déjà fait. Nous sommes là davantage dans un travail d'accompagnement, s'assurer que la physio fasse les bandages au bon moment parce qu'elle aussi à une certaine routine avec les joueurs, s'assurer qu'elle ait bien le onze partant pour qu'elle fasse les bandages des partants en priorité, ceux qui ont besoin d'un petit massage de plus. Il y a une certaine routine au fil du temps qui s'installe. Elle sait que, untel, il faut que je lui masse les mollets en premier parce que si je ne lui masse pas les mollets maintenant, il va avoir des douleurs là. Il y a une petite routine à l'interne qui se crée et c'est un petit peu ça l'avant match quand nous sommes à l'extérieur et à l'inverse quand on est à domicile, c'est très classique. On ne réinvente pas la roue!

Faut-il imposer son style ou s'adapter à l'adversaire en face?

D.G Tout le monde a envie d'imposer son style bien entendu. Tu travailles sur des principes et des choses qui t'appartiennent, mais après il faut avoir les joueurs pour imposer ton style à l'adversaire. Je te donne un exemple précis: si j'ai au total dans mon groupe de vingt-trois trois défenseurs centraux et moi, j'adore jouer en 3-5-2. Je pourrais imposer de jouer en 3-5-2, sachant qu'au moindre pépin de défenseurs centraux, je suis dans le trouble parce que je vais devoir imposer à un joueur de jouer un poste dans lequel il n'est pas à l'aise dans un système qui n'est pas classique. Pour ma part, j'aime le 4-3-3. C'est quelque chose que j'aime par-dessus tout, mais jusqu'à présent trouver un 6 qui va avoir l'abattage nécessaire pour jouer tout seul, c'est complexe. De plus, avoir un 8 et un 10 qui vont venir compléter, il y en a régulièrement, mais je te dirais que dans l'ensemble on est plus à l'aise à jouer en 4-2-3-1 par exemple qui est un système très proche, mais je suis obligé d'adapter aussi aux joueurs que je vais sélectionner et même si je sélectionne les joueurs dont j'ai besoin dans certaines cases. Après vont-ils répondre complètement aux critères que je leur demande? Quand tu joues Montréal par exemple en vue d'adapter ton style, tu as intérêt à être costaud parce qu'il faut pouvoir mettre en péril ces joueurs-là dans certains endroits du terrain en un contre un. La plupart du temps, si le joueur en face est supérieur à toi, il faudra que tu adaptes ton style de jeux pour ne pas prendre l'eau parce qu'on a eu des joueurs à Montréal, si je prends Montréal par exemple, qui étaient des joueurs exceptionnels et qu'on retrouve maintenant en Canadian Premier League. Ces joueurs-là si tu leur laisses 20 mètres carrés avec une situation d'un contre un, t'es mort! Donc on est obligé aussi, en tout cas à Sherbrooke, de devoir s'adapter un petit peu l'adversaire dans les forces et les faiblesses qu'il a même si les faiblesses ne sont pas toujours évidentes, pour essayer aussi de contenir l'adversaire défensivement et exploiter ce que l'on peut offensivement dans les réalités. Donc, imposer mon style offensif? Probablement, parce que ce sont des valeurs qui nous sont propres. S'adapter à l'adversaire peut être un peu plus défensivement parce que même si on a des principes généraux qui sont généraux à chaque formation, après on aura une obligation de s'adapter, de faire attention à certains joueurs très dominants qui sortent de l'académie ou qui vont en Canadian Premier League l'année d'après. Et ces joueurs-là, on est obligé d'avoir un œil dessus. On ne fait pas un plan de match contre ces joueurs-là, mais tu as sûrement connu le petit Omar Kreim, je suis désolé, mais tu as un joueur d'une telle qualité dans le cœur du jeu, si tu fais semblant qu'il n'existe pas, il va te faire la pluie et le plus beau temps! Quelque part, c'est important qu'on sache que ces joueurs-là, ils sont là pour garder un œil sur eux, mais est-ce que ça s'appelle s'adapter à l'adversaire? Je ne suis pas sûr! C'est peut-être plus défensivement qu'on va s'adapter aux forces de l'adversaire, s'assurer de contrôler les joueurs clés ou les joueurs relais, mais ça, c'est sur le papier. Peut-être que si tu t'appelles Montréal, peut-être que tu es capable d'imposer ton style de jeu dans les deux facettes du jeu. Moi, je pense objectivement qu'à notre niveau, actuellement, je suis obligé d'adapter défensivement mon travail par rapport à l'adversaire et on essaie d'imposer notre style offensif. Je pense que c'est plus dans ce sens-là.

Quelle est la part de l'entraîneur dans le résultat final selon toi?

D.G Elle est importante quand on perd, parce que je n'ai pas su donner les clés à mes joueurs et elle est négligeable quand on gagne, parce que pour moi sans les joueurs, on n'est rien.

«ÊTRE UN ENTRAÎNEUR, C'EST AUSSI ÊTRE UN MARIONNETTISTE QUI VA TIRER LES BONNES FICELLES AU BON ENDROIT»

Gère-t-on tous les athlètes de la même façon où il t'est arrivé de déroger à vos principes à l'occasion?

D.G On ne peut pas gérer tous les athlètes de la même façon, notamment juste le statut qu'ils ont à l'intérieur de l'équipe. Un joueur qui est régulièrement titulaire en 5e année ou un jeune qui est sur l'équipe d'entraînement, pas habillé, souvent on ne peut pas gérer les deux de la même façon. Je pense que sur le plan humain, on veut gérer tous les joueurs de la même façon, mais globalement il y a forcément des différences à l'intérieur. Le jeune joueur, j'essaie de le pousser plus, de lui donner plus de rétroaction, qu'il essaie d'atteindre un certain niveau, qu'il essaie de progresser. L'ancien aussi je vais le pousser, mais le relationnel que j'aurais construit avec lui pendant cinq ans ne sera pas le même qu'avec un jeune, donc quelque part je dois être aussi à même de pouvoir bien dire au jeune ou au moins jeune pourquoi il n'est pas habillé et ainsi de suite, donc je ne pense pas qu'on puisse gérer tous les athlètes de la même façon, parce qu'ils n'ont pas tous le même statut de base. Ils ne sont pas tous là depuis le même nombre d'années, parce que je le répète, humainement parlant, on essaie de ne pas faire de différence, c'est important de ne pas faire de différence. Moi, ma porte, elle est toujours ouverte pour n'importe quel athlète qui veut venir, qu'il soit en cinquième année, en première année, un titulaire ou un joueur qui n'est jamais habillé, il vient poser des questions et il aura des réponses. Après je pense que tu n'as pas le choix d'avoir certains statuts comme on les appelle. Il y a des leaders positifs dans le vestiaire. Être un entraîneur, c'est aussi être un marionnettiste qui va tirer les bonnes ficelles au bon endroit. Tel joueur, il faut que je le pique un tout petit peu plus. Tel joueur, je sais qu'il est déjà dans sa bulle et au contraire si je vais l'emmerder ça va le sortir de son match, tu comprends? Je joue avec des ficelles, mais je ne tire pas sur toutes les ficelles en même temps, ça poserait problème. Si tu as une marionnette et que tu tires en même temps sur toutes les ficelles, c'est le bordel! (rires). Quelque part je pense que c'est aussi notre métier de bien connaître nos athlètes et de tirer les ficelles au bon moment.

Comment gère-t-on les remplaçants lorsqu'on a une saison courte à gérer?

D.G C'est l'enfer! (rires). Quand tous les athlètes sont sélectionnés et qu'ils arrivent, on part sur une base de 24 athlètes, tous ont la même ambition: être sur le 11 partant! C'est normal, tu es un athlète de haut niveau, tu as l'ambition d'être sur le onze partant. Mais la réalité, c'est que quand tu en as onze sur le onze partant, derrière tu en as 13 qui ne sont pas sur le onze partant donc qui ont déjà une part de frustration. Sur ces 13, il y en a 7 qui vont être semi-contents parce qu'ils vont être remplaçants. Puis il y a ceux qui ne sont pas du tout habillés donc quelque part, une bonne communication avec ses athlètes pour savoir où ils en sont est primordiale. On sait qu'une saison c'est très court, mais c'est tellement intense que écoute, il n'y a pas une année où je ne me suis pas servi des 24 joueurs à cause des blessures, des baisses de forme, de l'enchaînement des matchs. Faire deux matchs de haut niveau en se remettant dans le contexte de Sherbrooke, on comprendra que je peux difficilement faire tourner mon effectif parce qu'on a des joueurs clés qui sont importants. Je n'ai pas la profondeur qui me permet de faire tourner mes effectifs donc ces joueurs-là, au bout d'un moment, enchaîner un match le vendredi et un match le dimanche, physiquement c'est très difficile, donc, automatiquement je suis toujours amené à me servir des autres joueurs à un moment donné de l'année. J'essaie de leur expliquer que historiquement, ça a toujours été le cas. On a toujours dû faire appel à tout le monde. Après, il faut accepter aussi, mais si on est transparent avec les joueurs en début d'année, je pense que ça ne résout pas tout, mais ça peut mettre un petit pansement sur le bobo pour atténuer un petit peu. Il y a un ou deux ans, j'ai un joueur qui n'a pas accepté et après le match il est tout simplement parti. Ce n'est pas le fait qu'il ait quitté le problème, je respecte tous les choix des joueurs, je ne suis pas là pour juger un joueur, mais peut-être que je me suis trompé dans la distribution à la base parce qu'il a eu toutes les explications que je fais chaque année et il savait où il s'en allait. Certains joueurs arrivent avec une évaluation d'eux-même surdimensionnée et ils ne comprennent pas, on a beau leur expliquer, on a droit à des: «Oui, mais moi, je suis le meilleur!» Non, donc on essaie de les amener à réfléchir par rapport à ça, de leur montrer des images, de leur sortir des cas de figure, mais malgré tout, il y en a qui ne comprennent pas, c'est comme ça! Ça fait partie du haut niveau et puis ça reste des étudiants-athlètes avant tout donc quelque part il faut aussi s'adapter à ça et, si je reviens à la question d'avant au niveau de la gestion des joueurs, il y a quelque chose que j'ai oublié et c'est vraiment qu'un athlète-étudiant, ce n'est pas un joueur payé pour jouer. J'ai des athlètes qui sont en médecine et qui peuvent ne pas être là le mardi parce qu'ils sont débordés bien qu'ils aient beau essayer d'avoir une bonne organisation globale. Moi, j'aime que mes athlètes soient là deux heures avant le match, mais s'ils ont un examen à quatre heures et ils ne seront là qu'une heure avant le coup d'envoi, je ne peux pas faire autrement. Notre objectif c'est d'avoir des athlètes de haut niveau, mais il ne faut pas oublier que ce sont des étudiants-athlètes donc le côté étudiant c'est très important, notamment à l'université de Sherbrooke où il n'y a aucun passe-droit, et on se doit de respecter ça. Quand je vais dans ma région ou ailleurs, chez le médecin ou ailleurs, et que je vois sur le mur affiché un diplôme de l'université de Sherbrooke, j'ai entièrement confiance en la personne en face de moi parce que la rigueur que l'on met dans les études et notamment sur le terrain aussi, elle est exceptionnelle et c'est pour cela que l'université est très réputée de ce côté-là.

«LA CONFIANCE EST GIGANTESQUE DANS NOTRE ÉQUIPE; À TOUT MOMENT, IL FAUT QU'ON PUISSE COMPTER LES UNS SUR LES AUTRES»

Quel est ton match référence? Celui où le génie tactique de ton staff s'est le mieux exprimé?

D. G On en a fait un ou deux, mais je vais revenir sur les deux saisons hivernales de 2016 et 2018. On fait le braquage en quart de finale contre le premier qui était une fois Concordia, une fois McGill. Quand tu finis dernier de la saison, tu joues contre le premier en quart de finale ou le deuxième, si nous sommes des équipes impaires. La première année, c'est Concordia qui finit premier du classement régulier et en quarts, on fait 0-0 et on gagne en fusillade. Contre McGill l'autre année, on fait 2-2 et on les élimine alors qu'ils étaient deuxièmes. Des matchs couperets où on a surmonté toutes les difficultés. C'est difficile de comprendre quand tu regardes froidement les résultats, le classement avec victoires, défaites, nulles, buts pour, but contre. C'est difficile de se faire une idée de tout le travail qui a été abattu chaque jour par les garçons. C'est extrêmement complexe et au final il y a seulement le staff et les dirigeants parce qu'ils nous suivent de très près. Ils se rendent compte de tout ce que l'on fait et ces deux matchs-là sont venus concrétiser un travail de plusieurs mois, on a prouvé à tous qu'on pouvait aussi faire partie de cette «élite». Ces deux hivers-là, on s'est classé parmi les quatre meilleures équipes universitaires. C'est quelque chose qui nous pousse petit à petit. Je prends l'exemple de Concordia où on fait 0-0. Concordia, c'était une machine de guerre, leur équipe a fait un travail défensif exceptionnel. Deux semaines avant le match de quart de finale, on est rigoureux, on travaille énormément à changer un petit peu de tactique de ce côté. On est passé en 4-4-2 à ce moment-là pour avoir plus de facilité défensive, avoir un relationnel très proche les uns avec les autres. On tient 0-0 et je savais qu'aux tirs au but j'avais le meilleur gardien. On a fait un match à l'italienne, c'est le vieux match pourri à l'italienne, mais on savait qu'on passerait et on irait au bout. Le match d'après on jouait contre Laval en demi-finale, on a perdu 1-0 sur une erreur et tu sais en finale Laval a gagné la série contre l'UQTR. Du coup cette année a été une grosse année et puis ça a été plus un braquage tactique avec les garçons dans la rigueur et dans l'effort qu'ils ont fourni. Les joueurs sont sortis des quarts de finale complètement vidés, morts, avec plus rien à donner. Je leur ai fait faire un sprint de 10 mètres qu'ils n'ont pas été capables de faire donc ça a été exceptionnel; puis on a fini sur un immense «aïe» parce qu'il y a eu des tirs au but et je déteste les tirs au but, c'est une horreur, mais il faut passer par là. Notre gardien a arrêté trois tirs sur cinq, j'avais presque envie de l'embrasser. Les souvenirs de toute la galère de l'hiver et de l'automne sont remontés. On a envoyé un message fort aux gens qui parfois portent des jugements sur ce qu'on a mis en place. J'explique aux garçons qu'à un moment donné, à chaque match on va aller à la guerre ensemble et je dois pouvoir compter sur chacun des athlètes présents au match, qu'il s'agisse du 23e, ou du titulaire parce qu'il m'est déjà arrivé d'avoir besoin d'un 23e à l'échauffement dû à la blessure d'un titulaire. J'ai un remplaçant obligé d'être titulaire puis paf, une place se libère donc si tu arrives au match en n'étant pas prêt mentalement et en bougonnant... non tu viens au match avec tes affaires en étant prêt. Tu dois être prêt car il se peut que tu aies une chance et il faudra la saisir parce que quand tu vas être sur le terrain et si je ne peux pas compter sur toi, je ne te ferai plus confiance! Et la part de confiance, elle est gigantesque dans une équipe comme Sherbrooke, où à tout moment, il faut qu'on puisse compter les uns sur les autres parce que ça va être difficile. Tous les matchs vont être difficiles. On ne va pas se leurrer, nous sommes souvent derniers ou avant-derniers, on flirte dans ces endroits-là. Ce n'est pas qu'on ne travaille pas. On a un petit peu moins de qualités individuellement, mais Bon Dieu, les gars sur le terrain ont tout lâché, ça finit par créer des frustrations avec le temps. On s'accroche néanmoins à ces résultats qui sont tellement importants pour nous et pour le programme parce qu'on travaille tellement dur que ça n'a aucun sens les efforts que les gars sont obligés d'abattre pour avoir des résultats. Je te donnerais l'exemple de la saison 2018, on travaille tellement fort pendant l'automne où tous les premiers matchs, on est à chaque fois dans le coup: premier match on mène 1-0 contre McGill et McGill revient à la 92e minute, on fait match nul. Ensuite on reçoit l'UQAM, le score est de 1-1 et l'UQAM marque à la 93e minute. Rebelote contre Concordia où on perd 2-1, ils marquent à la 93e minute. Après Montréal ils ne comptent pas, ils sont au-dessus. On perd 1-0 contre l'UQTR et 2-1 contre Laval. On est dans le coup dans les 7-8 premiers matchs et ça se joue sur un coup de dés sur un but à la 93e minute parce qu'on manque de concentration, mais on a beaucoup travaillé dessus par la suite. A l'exception de Montréal cette année-là qui était pour moi au-dessus, tous les autres matchs, on était dans le coup. Si tu regardes froidement les résultats, tu constateras qu'après six journées, on a un nul et cinq défaites et là tu te dis: «Ah ben, c'est Sherbrooke!», alors qu'à une minute près on peut avoir, allez, on va dire une victoire, trois nuls et une défaite. Ce n'est pas la même chose et je t'en parle avec toute la passion qui m'anime parce que ça me rend fou que ces garçons travaillent si dur, en mettant autant d'énergie et au final que ça se joue à des mini détails. Alors bien sûr, certains diront que c'est là où on reconnaît les grandes équipes. Quand l'UQAM par exemple gagne 2-1, cette fois-là ils ont marqué au bon moment: c'est ça être une grande équipe! Mais est-ce que de temps en temps la petite équipe peut aussi gagner? (rires). J'adore que les grandes équipes soient de grandes équipes, je n'ai aucun problème, mais est-ce que la roue peut tourner afin que ça soit un peu plus positif? On travaille très dur pour réduire cet écart. Les garçons dépensent tellement d'énergie, mais on a si peu de résultats auxquels s'accrocher: c'est dur mentalement et en fin de saison, je suis quasiment plus un psychologue qu'un entraîneur. Il faut garder cette motivation parce qu'après ils savent qu'une année universitaire, c'est exceptionnel, c'est d'une intensité qu'ils ne retrouveront jamais. Ils jouent avec des gens avec lesquels ils vont créer des liens pour la vie. Je recroise encore des anciens qui me parlent des amis de l'université comme s'ils étaient champions canadiens, mais je me dis qu'il me semble que l'année en question nous n'avions pas été bon et pourtant le garçon a retenu tout le positif de l'expérience, avec la passion mise et le travail qu'ils ont abattu pour qu'au final, ce soit tout le positif de l'expérience vécue même si quelque part je me dis que probablement si tu entraînes Trois-Rivières, tu vas te souvenir du championnat canadien l'année dernière parce que ça a été un immense «high» là où d'autres allons chercher nos émotions ailleurs. J'aimerais qu'un jour mes garçons soient récompensés et je me bats pour ça chaque jour en tant qu'entraîneur. Je n'ai pas besoin d'être mis sous le feu des projecteurs, j'ai juste besoin que mes joueurs soient récompensés à la hauteur de l'énergie qu'ils dépensent. Pour revenir à la question initiale, ce sont définitivement les deux quarts de finale où on va aux tirs au but. Contre McGill, ils mènent 1-0, on revient à 1-1, ils marquent 2-1 à dix minutes de la fin et nous marquons en toute fin de match d'une frappe de 40 mètres qui vient de l'espace, pour ensuite nous qualifier aux tirs au but. J'aurais voulu écrire le scénario que je n'aurais pas pu. Le scénario était parfait et je me dis que ce sont ces moments-là que les garçons retiennent.

dans le vestiaire après la victoire sur Concordia en hiver 2018 en 1/4 de finale

« ENTRE ÉQUIPES, NOUS NE SOMMES PAS ENNEMIES, NOUS SOMMES PARTENAIRES DE JEU »

Si tu pouvais inverser le résultat d'un match, d'un seul, lequel ce serait?

D. G J'en ai un. Il y a une anecdote du match puis il y a l'anecdote humaine. Les coachs universitaires, on s'entend relativement assez bien même si bien sûr des fois il y a des tensions, car tout le monde veut gagner. On est tous pareils plus ou moins, mais après tu lies des liens d'amitié avec des personnes en fonction de ce que tu es, du relationnel que tu as. Donc l'histoire remonte au 2 octobre 2015 à Laval. On avait fait un très bon travail toute la semaine, mis des choses en place, on était assez confiants dans les matchs qu'on avait faits auparavant. Certes on avait perdu, mais il y avait des choses très positives et je sentais le groupe vraiment super bien dans ce déplacement à Laval, mais nous avons pris une dégelée 7-0. Mentalement, j'ai entendu le bing du fond du baril. Ça a été un match extrêmement difficile parce qu'en tant qu'entraîneur, on le sent quand son groupe va bien et on le sent s'il y a peut-être matière à continuer sur le positif des matchs précédents. Il y avait vraiment quelque chose de très bien, le groupe se portait bien et comme Laval on aime bien jouer contre eux, je me disais soit ça va bien se passer soit on va prendre une dégelée. J'aime bien Laval, j'aime bien comment ils jouent, j'ai une bonne relation avec Samir et ce 7-0 est venu frapper comme un poing dans le visage, c'était l'enfer. Je me rappelle l'anecdote humaine mais je ne pense pas que Samir s'en souvienne. Pendant que les gars se changeaient, j'étais assis sur le trottoir un peu à l'écart du bus en train d'essayer de comprendre ce qui venait de se passer parce que je venais de prendre un K.O sur place, je me demandais ce que j'avais fait de mal parce que quand il y a une défaite, c'est toujours de ma faute car je n'ai pas donné les bonnes clés à mes joueurs et Samir est venu me voir en me disant qu'il ne fallait pas que je m'inquiète, que ce n'était rien, qu'il fallait continuer à travailler, s'accrocher puis que lui aussi était passé par là au début de son parcours d'entraîneur. Il avait eu des dégelées aussi et il fallait que je continue à travailler et à croire en ce que je faisais. Il a pris le temps de s'asseoir pour me parler et ces quelques mots ne m'avaient pas requinqué, mais m'avaient fait entrevoir l'histoire sous un autre angle et voilà, parce que la saison universitaire est très courte, ce sont des cycles. Tu répètes les cycles avec le temps puis il y a des moments où ton cycle sera fort et d'autres moments où il sera faible; il ne faut pas oublier que tu construis quelque chose pour l'avenir. Tu construis aussi des êtres humains à travers tout ça et Samir avait tout simplement pris quatre secondes de son temps pour venir s'asseoir à côté de moi juste pour jaser et me faire comprendre que oui le résultat est lourd, mais il ne faut pas en oublier tout le travail qui a été fait derrière et qu'à un moment donné ce travail payerait. C'était quelque chose d'important et ce qui m'avait fait plaisir, c'est qu'au match retour, nous avons gagné 1-0! (Rires) Aussi, être dans le réseau universitaire, que ce soit pour les joueurs ou les entraîneurs, ce côté humain est important. Nous ne sommes pas ennemies entre les équipes, nous sommes partenaires de jeu même si bien sûr les athlètes voient une concurrence, mais nous les entraîneurs sommes des partenaires qui faisons le même métier. Demain on ne veut pas perdre quelqu'un ou enlever une équipe du réseau. Le réseau est important et la Covid nous a beaucoup fait réfléchir là-dessus puisqu'on a été amenés à se rencontrer par zoom, avoir des discussions autres que dans les matchs de base. On s'est aperçu que le côté humain était aussi important et que nous étions partenaires au sein du RSEQ. J'ai été heureux l'année dernière que l'UQTR soit champion canadien, c'est important pour notre réseau que l'on soit représenté. Avant, c'était Montréal. Attention! Bien sûr que je veux gagner contre Montréal! Ça me fait chier de perdre contre eux, mais, une fois que la saison est finie, et qu'ils sont aux championnats canadiens, nous sommes derrière notre réseau et ça c'est important. Je ne souhaite aucunement que Montréal ou Trois-Rivières perdent aux championnats canadiens, mais, au contraire, qu'on aille le plus loin possible, qu'on soit champions et qu'on se rende compte à quel point notre réseau est fort! On ne le souligne pas assez.

Quel est le geste le plus important pour toi durant un match?

D. G Le coup d'envoi! (Rires). Le coup d'envoi fait partir le match après c'est tout ce que tu as travaillé et mis en place. Le plus important, c'est le coup d'envoi!

Qu'est-ce que tu ne ferais jamais durant un match?

D. G Pas mal de choses, parce que je suis aussi entraîneur au sport-études. Je suis responsable du sport-études au niveau de Soccer Estrie donc je suis un éducateur avant d'être un entraîneur, à l'université je suis un entraîneur, mais insulter ou rabaisser un joueur pour moi ça n'a pas de sens. Il m'est arrivé un événement dans ma carrière que je n'ai pas aimé avec un arbitre, mais après on a pris du temps et du recul et il se trouve que j'avais raison. Ma direction a poussé un petit peu l'affaire en avant parce que c'était inadmissible, mais je pense que l'ensemble des acteurs qui sont sur le jeu se doit un respect mutuel. Pour moi, c'est important et des fois on a du mal à le faire comprendre à certains. Ce qu'il faut comprendre, c'est que quel que soit le geste négatif qu'on aura envers un arbitre, un coach ou un joueur, rien de positif n'en sortira et cela portera automatiquement préjudice par la suite. J'ai un immense respect pour tous mes joueurs, pour ce qu'ils font sur le terrain, pour ce que je leur demande de faire. Chaque jour, ils viennent à l'entraînement abattre un travail comme on n'en a pas idée. Je leur donne rendez-vous pour la vidéo et la mise au point la veille et ils sont toujours présents et respectueux. J'ai un grand respect pour eux. J'ai un grand respect pour les attaquants aussi parce que c'est un poste tellement dur; être un bon attaquant, ce n'est pas à la portée de tous, ça ne se travaille pas. Être un bon défenseur, ça se travaille, mais être un bon attaquant on l'a ou on ne l'a pas. On peut faire un travail de fond technique, mais l'intuition, le ressenti, le bon placement, c'est complexe à travailler donc j'ai beaucoup de respect pour eux et tous ces joueurs, je ne pourrais pas faire ça, ne serait-ce qu'un match. Si je suis frustré par rapport à un joueur, parce que c'est déjà arrivé qu'un se croit au-dessus de tout, fait ce dont il a envie et c'est en dehors du plan de match. À ce moment, je vais le sortir pour lui expliquer après. Je vais attendre que moi qui suis «l'adulte responsable» et le bon père de famille, je sois en mesure de lui parler le plus clairement est le plus calmement possible parce que ce joueur, même s'il a fait le con sur le terrain, même s'il preuve d'individualisme, je dois lui faire comprendre dans les bons mots que notre philosophie ce n'est pas ça. Il était en dehors du plan de match et il a porté un grand préjudice au groupe. C'est important d'avoir un groupe fort parce que régulièrement pendant le match, c'est le groupe qui va régler ce problème, avant que moi je ne sorte le joueur parce que les anciens ou ceux qui adhèrent complètement savent que si mon numéro six va se projeter comme un deuxième attaquant, il laisse un immense trou et derrière si on n'a pas la complémentarité de combler le déficit du numéro six, donc d'équilibrer le tout, si chacun en fait à sa tête, au final, on aura un immense problème par la suite. Après nous sommes tous humains et à un moment donné il y a peut-être un juron qui va sortir, mais j'essaie toujours de prendre du recul et de faire en sorte que chaque acteur, sur le terrain ou en dehors, soit traité avec le plus grand respect possible. Pour moi, c'est essentiel et ça fait partie de mes valeurs.

Si tu pouvais inverser le résultat d'un match, d'un seul, lequel ce serait?

D. G Le match en question serait celui où nous avons perdu 7-0 contre Laval, juste pour rire de Samir. Plus sérieusement, je n'ai pas de match qui aurait pu changer la donne. Si je reprends la saison où on perdait sur le fil, au-delà d'un match, j'aurais voulu que certains matchs basculent dans le bon sens et que l'effort fourni soit récompensé, mais un match qui aurait pu changer une qualification ou autre, on n'est pas rendu à cette étape-là. J'aurai voulu qu'on puisse commencer la saison décemment et au lieu d'avoir un 1-1 qui bascule pour l'adversaire, qu'on ait un 1-1 qui bascule pour nous même.

«LA PRIORITÉ QUI M'AVAIT ÉTÉ DONNÉE, C'ÉTAIT D'ABORD DE REFAIRE UN GROUPE DE TRAVAIL, (...) ET DE VEILLER À AVOIR UNE SAISON INTÉRESSANTE»

Avec quel athlète as-tu adoré travailler?

D. G Ahmed Ghachem, un joueur exceptionnel. Il habitait à l'autre bout de la ville et c'est le seul joueur que je voyais venir à l'entraînement à vélo et repartir en courant, puis faire l'inverse le lendemain. C'est un athlète exceptionnel, un joueur exceptionnel qui a été nommé très régulièrement sur la première équipe d'étoiles. Pour situer le contexte, quand tu t'appelles Sherbrooke et que tu poses des joueurs sur l'équipe d'étoiles, c'est que ce sont des joueurs exceptionnels. C'était un Tunisien qui arrivait à Sherbrooke pour les études et l'année avant que j'arrive, il a vu des gars jouer sur le bord du terrain et il a vu qu'il y avait du soccer ici. Il est venu et il faisait de la magie avec le ballon aux pieds, c'était un grand technicien avec une forme physique hors norme. Il travaillait à l'université et j'ai eu le plaisir de faire cinq ans avec lui. Je n'ai pas réussi à mettre plus de «viande» autour de lui pour le récompenser à sa juste valeur parce que c'est un joueur qui transcendait les joueurs autour, mais vraiment, un joueur exceptionnel. En dehors du terrain, c'était un être humain exceptionnel, le gars sur qui tu peux toujours compter, qui était toujours prêt à aider les autres, c'est pour moi l'athlète qui a marqué mes 8 années à Sherbrooke. Tu rêves d'avoir un athlète comme ça dans chaque équipe du réseau universitaire. Si tu as l'occasion de parler d'Ahmed avec d'autres entraîneurs, ils se souviendront de lui, c'est une certitude, tout comme ils se souviendront d'Omar Kreim. Ahmed, joueur exceptionnel, talent exceptionnel et humilité exceptionnelle. Il y a entraînement le mardi pendant deux heures, le gars arrive une heure avant pour faire un travail physique et figure toi qu'il est venu avant en courant. Il vient au courant, fait un travail physique, fait l'entraînement et repart en courant ou en vélo. Je disais aux autres de prendre exemple sur lui et les joueurs me répondaient que s'ils faisaient l'exercice que lui faisait avant l'entraînement, ils n'auraient plus qu'à rentrer se coucher après. Il avait une capacité physique exceptionnelle et en plus il faisait des études donc il avait accès à une multitude de tests qui pouvaient l'améliorer encore. Un joueur exceptionnel qui reste pour moi le joueur du Vert&Or à l'heure actuelle. Je pourrai parler de plein d'autres personnes fantastiques comme par exemple Guillaume Proulx, qui a été mon gardien et a fait cinq ans de carrière universitaire, qui est passé d'un gardien médiocre à un bon gardien universitaire, ça a fait la différence dans les matchs clés dont je t'ai parlé. Je pourrais te parler également du petit Antoine Goulet qui est mon gardien cette année, qui l'était aussi l'année dernière et qui ne paye pas de mine, mais est un gardien exceptionnel qui fait arrêt sur arrêt et qui serait titulaire dans n'importe quelle équipe à part, peut-être, son frère à Montréal, c'est un gamin exceptionnel. Je pourrais te parler de mes anciens capitaines. J'ai retiré le chandail de Mickaël Jollys, mon ancien capitaine qui était de la première année, un français qui habitait en Bretagne, un capitaine exceptionnel. J'ai commencé à l'université de Sherbrooke et on avait un vestiaire divisé en deux, les finances dans le rouge et un groupe qui n'allait nulle part. La priorité qui m'avait été donnée, c'était d'abord de refaire un groupe de travail, de s'assurer que les finances étaient dans le vert et de veiller à avoir une saison intéressante donc le côté sportif était mis un peu de côté en attendant de réaliser les tâches prioritaires. Ça m'a pris cinq ans pour assainir l'ensemble, mais bon ce n'est pas simple et Micka a été mon lien entre les joueurs parce qu'il y avait un clan français et un clan québécois qui ne s'entendaient pas du tout, c'était complexe. Parfois les Français, on peut être un air un peu hautain, un peu au-dessus des autres et ça ne passait pas ici, mais Micka était très humain et arrivait vraiment à faire la liaison; il a été un capitaine exceptionnel dans ce sens et j'ai toujours son chandail parce qu'on a échangé les chandails depuis le temps 3-4 fois, mais son chandail est encore dans mon bureau. C'est un chandail que je veux faire encadrer parce que ça a été le point de départ de tout. J'ai eu des capitaines exceptionnels aussi par la suite. Guillaume Proulx a fini par être capitaine du groupe parce que c'était un groupe très jeune et j'avais un nouveau capitaine qui venait de rentrer enfin il sera probablement le capitaine dans quelques années ce qui correspond exactement à ce que l'on veut mettre en place. J'ai le grand Issam, qui était capitaine, j'avais Antoine, qui était capitaine l'année dernière, j'ai quand même eu la chance d'avoir plusieurs capitaines de grande qualité et Micka a été le précurseur de tout cela et je crois qu'on a toujours cet héritage-là après sept ans.

«TOUT ÊTRE HUMAIN A ENVIE DE FAIRE CE CHEMINEMENT, D'OÙ IL PART POUR VOIR OÙ IL ARRIVE»

À l'inverse, y a-t-il un(e) athlète avec qui la relation a été difficile, mais avec qui le travail s'est avéré payant?

D.G C'est mon Guillaume Proulx! (Rires). Je ne sais pas si le mot pathétique est un peu fort au début, mais ça a été très, très compliqué, à ce moment-là je n'avais pas de choix parce que Guillaume est un humain exceptionnel, d'une éthique de travail exceptionnelle et j'ai toujours cru qu'en travaillant fort, il allait progresser. Cependant, je ne pensais pas qu'il allait progresser à cette vitesse parce qu'en cinq ans, il est passé de gardien très moyen à gardien de bon niveau. Il a eu le loisir à lui tout seul de changer la facette d'un match. Il a continué son petit bonhomme de chemin en PLSQ[1] et je pense que tout le mérite lui revient, c'est lui qui a travaillé très fort notamment mentalement parce que quand on se prend six buts, mentalement il faut être une machine de guerre, essayer de se remettre en place. Si tu as pris six buts et, sur les six, cinq sont de ta faute. Quand je te parle de faute, ce n'est pas une faute de placement, c'est une faute de main, un dégagement qui est censé aller devant, mais qui va dans ton but. Quand tu es dans une équipe fragile, mais que tu as un certain équilibre, tu tiens le match, tu n'es pas trop mal en place puis à la 30e minute Guillaume nous fait ce dégagement qui va dans ton but, tu es comme: «What? Aide-moi! Fais quelque chose s'il te plaît!». Mentalement ça affecte tout le monde que ton gardien fasse une boulette de débutant. Au deuxième tir, au lieu de l'attraper, il a eu la main décalée et le ballon a dévié dessus pour rouler dans le but... tu arrives à la mi-temps en ayant fait une assez bonne mi-temps... et il y a 2-0 pour l'équipe adverse et tu ne peux pas incriminer Guillaume. Mais quelque part Guillaume a eu l'intelligence de prendre beaucoup de responsabilités à ce moment-là. Il a été capable de dire qu'il savait que c'était de sa faute puis régulièrement il le disait et prenait le blâme. Psychologiquement il a appris à actionner l'interrupteur pour ne pas rester sur le côté négatif de ces mauvais buts. Les deux matchs dont je t'ai parlé tout à l'heure où nous avons gagné aux tirs au but, je suis très, très fier de lui parce qu'au final, c'est quasiment un aboutissement pour lui. Pour certains groupes, ce sont deux matchs anodins, mais pour nous ils ont beaucoup de sens. Quand on a gagné contre Concordia aux tirs au but, il a fait plusieurs gros arrêts pendant le match. On avait changé de formation parce qu'à l'époque, j'avais aussi Mathieu Harcc-Boutin qui est un athlète exceptionnel qui allait à dix mille kilomètres à l'heure donc on savait qu'on avait peut-être une pointe offensive taillée pour essayer de jouer un peu plus en contre-attaque. Guillaume avait fait une quantité d'arrêts incroyable et je savais que si on allait aux tirs au but, Guillaume était pour moi le meilleur. Tout être humain a envie de faire ce cheminement, d'où il part pour voir où il arrive. Pour moi, il a un respect éternel, il ne s'est jamais pris pour un autre, il a toujours misé sur le collectif, pris ses responsabilités, il a travaillé en conséquence, il a fait un travail énorme sur son mental. Alors oui c'était difficile au début parce qu'on essayait de trouver des solutions, mais c'est comme apprendre à un joueur à faire une passe de l'intérieur du pied. Tu sais que ça ne s'apprend pas en criant «ciseaux». Je peux apprendre une course à un attaquant, mais c'est parce que c'est quelque chose qu'il va pouvoir répéter facilement, mais, apprendre à faire une passe de l'intérieur du pied, c'est très difficile! C'est un mécanisme complexe et je le sais bien parce que je suis dans la formation des joueurs. Ça exige une répétition de 3 à 5000 fois avec le bon geste répété donc je savais que les problèmes que Guillaume avait ne se régleraient pas en un mois ou deux, ni même en une année et les deux premières années ont été très difficiles. Je pense que c'était difficile pour lui, difficile pour l'entourage, mais après les 4 et 5e années, je pense que Guillaume a fait un pied de nez à tout le monde. Je lui tire mon chapeau parce que si tous les athlètes universitaires faisaient ce qu'il a fait, je serai champion du monde! (Rires)

[1] Première Ligue de Soccer du Québec

Si tu devais dire un mot au coach qui a le plus mis ton sens tactique à l'épreuve, qui est-ce que serait et que lui dirais-tu?

D. G Je vais choisir Samir et lui dire merci et je vais prendre Pat Raimondo pour lui dire que le chemin est encore long. Samir a changé beaucoup de choses dans ma vie. Ce n'est pas un de mes mentors, mais c'est quelqu'un avec qui je m'entends extrêmement bien, c'est quelqu'un de très humain, Samir. Il aime donc forcément qu'on le lui rende, il aime ça. Pat en revanche, me rappelle toujours froidement que le chemin pour avoir une très bonne équipe est encore très long. J'ai beaucoup de respect pour ce qu'il fait, c'est dommage qu'il se sente parfois attaqué personnellement.

Que veux-tu dire par «attaqué personnellement»?

D. G Je ne sais pas, des fois j'ai l'impression qu'il a du mal à se livrer. Il est plus introverti, mais il a de grandes compétences et je suis sûr que c'est quelqu'un d'exceptionnel humainement, mais comme on se voit toujours dans le même contexte un petit peu complexe, je ne peux pas analyser. Lui me montre que le chemin est encore long, parce qu'à chaque fois, froidement il me met un coup de pied au derrière. Montréal reste une belle université même si je n'enlève rien aux autres. Il y a un travail exceptionnel qui est fait à Trois-Rivières, à l'UQAM, et même à Concordia où j'ai une super relation avec les coachs. À McGill, il y a un super travail qui est fait, mais Montréal, eux c'est froidement je te dirai qu'ils t'assassinent. C'est une grosse machine qui te roule dessus, des joueurs exceptionnels et tu as beau mettre ce que tu veux en place, mais je regardais les matchs et je crois qu'il y a une fois où on a été dans le coup. Souvent Montréal, ils viennent, ils ramassent les trois points et s'en vont. Ils ne te manquent pas de respect, font leur travail et c'est tout, donc, au-delà des coachs qui m'ont mis le plus à l'épreuve, je te dirais Samir pour le remercier pour tout ce qu'il a fait puis pour m'avoir montré aussi le chemin en me disant de ne pas abandonner. Ce n'est pas de l'abandon, mais à un moment donné ça fait du bien de se faire relever, mais Pat me rappelle à chaque match qu'on fait contre lui que le chemin est encore long. Il y a encore beaucoup de travail à faire, beaucoup d'investissements à faire, beaucoup de choses à mettre en place et c'est une source de motivation bien entendu. Qui ne rêve pas dans les sept universités québécoises d'être premier ou deuxième, de jouer les titres, de faire ce que Trois-Rivières a fait l'année dernière? Tout le monde travaille pour ça, mais après il y a la réalité financière, il y a la réalité du terrain. Il y a une différence entre les joueurs avec lesquels je travaille et les joueurs avec lesquels Montréal travaille par exemple. J'ai une bonne relation avec Christophe aussi. Shany, je n'ai aucun problème, c'est un voisin qui travaille fort, mais je trouve que sur les sept années où j'étais là, Montréal a été comme un rouleau compresseur. Parfois, tu as l'impression que tu es proche, mais en fait, pas du tout! L'année dernière, on a fait 1-0 à Montréal et franchement si tu regardes le match froidement, Sherbrooke a fait une belle performance de, on n'était pas loin 1-0. Je pense que mon gardien a dû faire 49 arrêts au cours du match. Eux ils font peut-être 57 tirs je ne sais pas vu qu'ils ont tiré à côté aussi. En fait, le 1-0 ce n'est pas ce n'est pas qu'on était proche de Montréal, c'est qu'il y ait eu un petit miracle ce jour-là. Je sais analyser le match en disant qu'on n'a fait que 1-0, mais ça ne peut pas être représentatif du travail que l'on a fait parce que Montréal était très supérieur à nous et c'est pour ça que c'est important d'avoir des équipes de ce calibre-là parce que ça te donne des objectifs et ça te donne envie de te dépasser. Moi en tant qu'entraîneur, c'est mon objectif, c'est réussir à intégrer le top 4 et faire en sorte que l'université de Sherbrooke soit récompensée par rapport à tous les efforts qui sont faits par ma direction et mes responsables parce que ce n'est pas évident pour eux non plus.

«CHAQUE MATCH POUR MOI EST IMPORTANT ET ON DOIT POUVOIR COMPTER LES UNS SUR LES AUTRES»

Ta citation préférée et pourquoi?

D. G Je dis souvent à mes joueurs que j'ai besoin que l'on puisse compter les uns sur les autres. On en a besoin durant la saison universitaire et même en dehors. J'ai besoin qu'on puisse sentir qu'on peut compter les uns sur les autres. C'est un petit peu ce que je demande à mes joueurs en fait. Tu peux ne pas avoir toujours une bonne cohésion avec l'ensemble des joueurs. Sur un groupe de 30 membres, tu ne peux pas aimer les 30; c'est rare en tout cas, mais tu dois être capable de composer avec l'ensemble et de pouvoir jouer communiquer avec l'ensemble des 30 joueurs. Chaque match pour moi est important et on doit pouvoir compter les uns sur les autres. S'il y en a un qui a des doutes, soit on arrive à lever les doutes, soit on trouve une autre solution. Il y a des joueurs à qui je demande 100% et qui me donnent 120% de leur capacité réelle. Je ne peux pas avoir des joueurs comme ça et un joueur qui pourrait fournir 100 % et m'en donne 80. Par respect des partenaires, tu n'en as pas le droit, par rapport à tout le travail qui est fait et c'est pour ça que si je reprends l'exemple d'Ahmed Ghachem, lui prêchait par l'exemple. Tu n'as pas le droit après de te plaindre. J'habite à 35 minutes du terrain d'entraînement. Il y en a qui habitent à Sherbrooke et me disent qu'ils n'ont pas pu se déplacer. Je rétorque que je suis là deux heures avant l'entraînement, que je fais trente-cinq minutes de voiture à l'aller et 35 minutes de voiture au retour donc c'est quoi leur excuse? Loin de moi l'idée de faire l'armée, mais plutôt que tu vois l'idée de cette union d'un groupe de joueurs passionnés qui ont envie d'abattre des murs il faut être ensemble. On doit pouvoir compter les uns sur les autres, c'est essentiel.

«Le jour où je m'en irai, Dieu devra abandonner son siège favori.» Brian Clough. Comment voudrais-tu que l'on se souvienne de toi?

D.G D'un humain authentique et passionné parce que la passion m'anime chaque jour, chaque minute de ma vie et j'ai l'immense chance d'avoir une femme qui me permet d'accomplir ce que j'accomplis en ce moment. Une femme et des enfants qui sont très compréhensifs parce qu'être un coach, ce n'est pas simple notamment en saison universitaire. En dehors de la saison universitaire, j'ai aussi un travail. Je travaille au sport-études donc je pars à 6 h 30 le matin et quand je rentre le soir, il est minuit! En saison universitaire, c'est complexe, mais j'ai une femme qui sait que quand j'ai des vacances au sport-études, c'est pour le début de la saison universitaire pour que je puisse faire mon camp universitaire tranquille!

«JE PENSE QUE LA PÉRENNITÉ DU PROGRAMME NE PASSERA QUE PAR LE FAIT DE POUVOIR GARDER CERTAINS ATHLÈTES»

Quelle est la situation de Soccer Estrie au niveau de la formation pour les saisons à venir?

D.G Je te dirais qu'il y a un bon travail qui est fait. La problématique, c'est que le chant des sirènes est trop fort. Si on arrivait à réunir en PLSQ ou au niveau universitaire tous les joueurs qu'on a formés en région, on serait une équipe exceptionnelle. On a un cégep qui est toujours un cégep AA et qui n'a pas voulu passer le cap du AAA au moment où il aurait pu pour une question financière tout simplement, en tout cas c'est ce que moi j'avais comme information, peut-être, que c'est autre chose, mais on m'avait dit que financièrement ils ne voulaient pas passer ce cap-là parce que le cégep AAA ça coûte vraiment plus cher qu'un AA. On a une bonne formation, beaucoup de très bons joueurs sortent de là, beaucoup de joueurs qui vont à l'Académie de l'Impact de Montréal, mais malheureusement ces joueurs ne résistent pas au chant des sirènes des autres écoles, que ce soit au niveau des études ou autre. Gino Temguia par exemple, un super joueur qui a joué pour le Rouge et Or de Laval, mais là il va revenir pour ses études, mais bon, on l'a perdu à la formation. J'ai Vincent Lamy, qui sort de l'Académie de l'Impact et qui va aller à Trois-Rivières. J'ai Alexandre Côté et compagnie qui jouent en PLSQ et qui sont partis de Sherbrooke. Des exemples comme ça de joueurs qui ont été formés ici, j'en ai une vingtaine, mais on dirait que ça reste Sherbrooke.

Selon toi, quel atout pourrait être un bon argument de rétention aujourd'hui?

D.G Je dirais qu'à l'heure actuelle si on n'a pas les moyens pour les retenir, c'est-à-dire d'avoir une PLSQ en civil ou quelque chose de plus fort, c'est difficile. Si tu regardes les réseaux, hormis à Montréal, où c'est autre chose parce que c'est le nombre. Tu prends Laval, qui construit beaucoup avec Samir et Beauport, Shany avec Trois-Rivières, donc, je pense qu'on doit avoir un réseau fort et être en mesure de faire de la rétention de joueurs à partir de là. Tant qu'on n'aura pas passé ce cap, de voir une équipe élite forte en PLSQ où l'équipe qui va aux canadiens régulièrement comme Beauport a pu le faire, ça va être très complexe de retenir les joueurs. Je les comprends les joueurs, je les comprends! Ça me fait quelque chose, mais je les comprends. Tu as le choix entre rester à Sherbrooke qui est ta ville, avec tes parents et les personnes que tu connais ou tu peux aller à Laval avec dix ans d'excellence et sa trace dans l'histoire. Le Rouge et Or transpire l'excellence! Tu peux aller à Montréal, tu peux jouer aux championnats canadiens. Pour quelle raison resterais-tu à Sherbrooke si les autres veulent que tu viennes? Et ces athlètes sont des athlètes que je connais par cœur, formés depuis cinq ans en sport-études. Je connais les ficelles à tirer avec eux, mais à un moment donné, je ne peux pas! Je pense que la pérennité du programme ne passera que par le fait de pouvoir garder certains athlètes. Je te donne l'exemple de Vincent Lamy, qui est le dernier que j'ai en date. C'est un joueur auquel on a tout offert, mais on est en concurrence avec Trois-Rivières, qui est champion canadien en titre. Que penses-tu que l'athlète fera avec les mêmes conditions de bourse ou peu importe? C'est sûr que l'athlète va aller chez le champion canadien parce qu'il a une chance d'y retourner. Quelque part c'est dur, mais il faut qu'on arrive comme là j'ai réussi à mettre la main sur le petit David Harrison que vous connaîtrez plus tard, qui est issu aussi de la formation, mais lui ça y est, c'est le premier qu'on a réussi à faire signer et qui n'avait pas forcément cette ambition de partir ailleurs et qui est bien à Sherbrooke. C'est probablement la première pierre de l'édifice parce qu'on a enfin un joueur du cru qui veut rester à Sherbrooke et qui a une bonne influence sur l'ensemble des autres. Automatiquement les joueurs qu'on a formés et qui arrivent et sont au cégep l'année prochaine, ils vont se dire «Ok», ils pourront rester parce qu'en plus on a un des meilleurs programmes scolaires. C'est l'atout qu'on met principalement en avant parce qu'on a de super infrastructures. Le niveau scolaire doit être mis en avant très fortement parce qu'on est un des meilleurs au Canada, mais la plupart du temps les joueurs ne regardent pas tellement ça. J'ai Tristan Nkoghe, qui est parti au Nouveau-Brunswick du côté de l'UNB. Pareil pour son frère Christopher, un super athlète qui lui a voulu vivre l'expérience américaine et a joué en troisième division américaine, mais, peu importe, on a l'impression que l'idée n'est pas de jouer un bon niveau ailleurs, mais c'est de partir de Sherbrooke. Mais après qui suis-je pour juger? Je suis un français qui a débarqué ici il y a 17 ans. Avant, je travaillais beaucoup en saison où je voyageais tout le temps donc je ne suis pas la bonne personne pour juger ces joueurs qui ont envie de bouger. Les joueurs extérieurs, c'est super, mais ils ne restent pas. Il y

en a qui vont faire un an en échange, d'autres qui vont rester deux voire trois ans comme certains qui sont avec nous. Mais ces joueurs ne sont pas ceux qui feront en sorte que la prochaine génération va venir. Eux viennent en complément des joueurs capables que tu n'as pas pu trouver ici. La première chose, c'est qu'il faut qu'on arrive à faire de la rétention avec nos meilleurs athlètes. Je suis persuadé qu'on va réussir parce qu'on est extrêmement bien entouré au centre sportif avec une direction et des responsables qui poussent dans ce sens. On essaie de mettre tous les moyens financiers en place. On fait des montages financiers. C'est sûr que c'est beaucoup moins qu'ailleurs, mais on fait tout pour que ça marche. Après au niveau universitaire, ce n'est pas un ou deux joueurs qui font la différence, mais dix ou quinze. Cette année, on a David Harrison, qui vient de rentrer, probablement un futur capitaine qui a un leadership, un défenseur qui travaille et est très volontaire, imprégné de la philosophie Sherbrooke, très grand amour du logo Vert et Or. L'institution, elle est très, très forte chez lui. Je ne l'ai pas assez dit pendant l'entrevue, mais l'institution est au-dessus de tout. Je ne sais pas comment c'est ailleurs, mais être à l'université de Sherbrooke, c'est quelque chose qui m'a marqué à tout jamais aussi bien au niveau sportif qu'académique.

LE MOT DE LA FIN

« Quand j'ai commencé au Vert&Or, on m'avait dit que je serais tatoué à vie et je n'y croyais pas, mais après deux mois à l'université je serai un Vert et Or jusqu'à la fin de mes jours. La puissance de l'institution, à quel point elle nous rentre dedans, ça ce sont des choses qui nous allument. C'est aussi ce que l'on transmet aux joueurs et au-delà des résultats, les joueurs ont une telle fierté! Je vais te donner une anecdote : pendant la pandémie de Covid, j'allais voir mes beaux-parents qui marchaient en rond dans un parc à Sherbrooke et j'ai croisé un monsieur de 75 ans avec sa petite madame, et sur le dos, il avait encore son manteau Vert&Or! Dès que je me promène en ville, ils ont l'impression que je suis un coach de football américain, mais bon! (rires). On a aussi une très bonne représentation en ville où on fait régulièrement des activités. Ce que je trouve dommage, c'est que les jeunes nous voient et ont un grand amour du Vert et Or, mais on dirait que, plus ils grandissent, plus ils ont tendance à l'oublier. Je souhaite à tout le monde, même si ce n'est pas au Vert et Or, de vivre une telle intensité de ce que représente l'université de Sherbrooke. Quand je suis arrivé ici, on m'avait dit que le réseau universitaire était un réseau fort, intense, mais jamais je n'aurai cru que ça irait jusque-là cet amour, cette intensité, cette passion et la phrase « Vert et Or un jour, Vert et Or toujours » prend tout son sens. Je suis tellement fier d'être là où je suis et chaque moment de ma vie est animé parce que même là avec le coach Tony, nous sommes en période creuse, mais on se voit souvent aux sports-études, on ne fait que penser Vert et Or. Je travaille dans la formation, mais dès qu'on a un moment, on a hâte que ça recommence! C'est ça Sherbrooke : une grande famille à laquelle je suis très, très fier d'appartenir!

UQTR

PIERRE CLERMONT

UQTR

«Chaque match a une histoire et finit par un résultat». Que t'évoque cette phrase?

P.C Peu importe l'adversaire qu'on va rencontrer, on ne peut pas dire d'un match à l'autre qui l'emportera. On a beau dire que ce sont les mêmes équipes, ce ne sont pas toujours les mêmes ingrédients ni les mêmes conditions et, dépendant du scénario du match, par exemple, qui marque en premier, la façon de jouer va changer. Une équipe qui défend beaucoup et qui encaisse un but en partant peut avoir de la difficulté à se reprendre. À l'inverse, quand elle marque le premier but et défend bien comme l'ont fait les Patriotes au dernier championnat canadien, ça devient difficile pour l'adversaire de marquer. C'est aussi ça la beauté du sport parce qu'on peut répéter le match dix fois, on n'aura pas le même résultat. Comme entraîneur j'ai toujours dit «Si je connaissais le résultat du match, je n'entraînerai jamais!».

«C'EST BEAUCOUP PLUS UNE PASSION QU'UN MÉTIER»

Qu'est-ce qui t'a donné l'envie de faire ce métier?

P.C J'ai débuté à l'âge de 15 ans mon apprentissage d'entraîneur, en animant tous les matins durant un été une équipe de jeunes de 11-12 ans. J'ai développé le goût du coaching suite à cette expérience positive grâce à la reconnaissance de ces jeunes.

Mais avant cela, j'ai commencé à jouer à l'âge de 12 ans, j'en ai 62 maintenant. C'était grâce à l'université. C'est en 1969 que ça a débuté, il n'y avait pas beaucoup d'enseignants, les enseignants venaient d'Europe, d'Afrique et surtout du Maghreb. Ces personnes avaient des enfants et c'est là que c'est devenu intéressant de les faire jouer. Moi, je demeurais proche de l'université. À l'école, on avait eu un petit papier qui disait «si vous êtes intéressés à jouer au soccer», je pense que c'était même écrit au «football européen», mais je ne me rappelle plus trop. Nous, les jeunes du quartier, nous étions décidés à aller voir et ça a commencé comme ça. Ça a commencé avec des Européens qui nous ont entraînés, puis on a recherché par la suite des entraîneurs pour les plus jeunes et on m'a demandé si ça m'intéressait. À l'époque, le sport fonctionnait par paroisse, chaque ville avait plusieurs paroisses. J'ai commencé dans la paroisse à rassembler tous les jeunes de 11-12 ans, moi j'en avais 15, puis l'été, tous les matins, on allait sur les deux terrains adjacents à l'université et j'allais «entraîner»; c'est un grand mot, je dirais plutôt animer le groupe de jeunes et ça m'a donné la piqûre. En 1971, il y a eu les premiers jeux du Québec. Dans ces années-là, ce n'étaient pas les mêmes jeux du Québec qu'actuellement. Actuellement ça sert plus à détecter des talents dans tous les sports, mais avant c'était pour faire en sorte d'offrir de meilleures installations sportives à des villes qui n'en avaient pas. À faire découvrir de nouveaux sports, à faire en sorte que les jeunes ne jouent plus juste au baseball ou au hockey, mais pratiquent d'autres disciplines sportives. J'ai fait les premiers jeux du Québec comme athlète. À Rivière-du-Loup, on a perdu 18-0 contre l'Estrie. En 1972 à Chicoutimi, on a joué 4 matchs et perdu 12-0, 12-0, 6-0, 6-0. J'aimais quand même ce sport-là, car quelque chose m'attirait. En 1973, j'ai 15 ans et je suis entraîneur. On va à Rouyn-Noranda et on finit parmi les meilleures régions. On a réuni un groupe et j'ai dit: «Pas question qu'on se fasse taper!» Donc chaque matin, on était sur le terrain avec les jeunes. Après, la réussite donne le goût. J'ai eu des mentors intéressants, comme Roger Perreault qui était étudiant en maîtrise. Il a commencé à entraîner l'équipe du Cégep de Trois-Rivières et j'ai joué avec l'équipe. Il est devenu directeur technique de la fédération de soccer par la suite. Roger était un mentor pour moi. J'étais chanceux d'avoir Sylvie Béliveau, qui était directrice technique à la fédération. J'ai entraîné les équipes du Québec pendant 4 ans, les équipes masculines entre autres avec Valério Gazzola qui était mon entraîneur adjoint, il était plus jeune mais il avait plus de connaissances que moi. J'ai entraîné à peu près tous les groupes d'âge, garçons et filles. Quand je suis allé à Québec, j'ai eu la chance d'être un des premiers entraîneurs-cadres de la province. C'était un projet pilote, il y avait seulement 4 entraîneurs-cadres au Québec, on a fondé le Dynamo. Il y en a qui pensent que ça vient d'arriver et c'est parti, mais les équipes senior hommes et femmes ont été fondées en 1990. J'ai eu la chance de former cette équipe. J'ai aussi entraîné le Cégep Garneau au début. On n'avait pas les résultats qu'on a maintenant. Il n'y avait pas de championnat collégial à l'extérieur, il y avait juste un championnat d'hiver qui se jouait à l'intérieur. Il n'y avait pas de sports-études non plus. J'ai eu plus ou moins un métier d'entraîneur jusqu'à ce moment-là puis en 1992, j'ai eu l'offre d'emploi ici à l'université et je suis devenu coordonnateur des équipes sportives des Patriotes et en même temps j'entraînais. J'ai entraîné bénévolement pendant 24 ans. Je faisais plus de 35 heures pour mon job, la vingtaine d'heures de plus que je faisais, je n'étais pas payé pour ça. Mon métier, c'est un grand mot, c'est beaucoup plus une passion qu'un métier!

«AVOIR UNE BONNE VISION, UN BON SENS DE L'OBSERVATION ET UNE CAPACITÉ EXCEPTIONNELLE D'ADAPTATION»

Faut-il forcément avoir été un bon joueur pour faire un bon entraîneur?

P.C Question encore plus pertinente à propos avec l'arrivée de Thierry Henry avec l'Impact. Il n'est certainement pas nécessaire d'avoir été un bon joueur, mais cela augmente la notoriété de l'entraîneur (ses connaissances du jeu aux niveaux techniques et tactiques) auprès de ses joueurs.

Il faut avoir une bonne vision, un bon sens de l'observation et une capacité exceptionnelle d'adaptation parce que chaque situation dans un match est différente. Même tes propres joueurs d'un match à l'autre vont jouer différemment pour x raisons inexplicables ou explicables. Les raisons explicables c'est plutôt quand on joue le vendredi et qu'on a fait la fête le jeudi soir. (Rires) Si tu n'as pas ces qualités-là, tu ne peux pas entraîner. Je dois avouer que ceux qui ont joué derrière, par exemple les gardiens de but, ont souvent un meilleur sens de l'observation. Si on regarde Helder Duarte, Pat Raimondo, ce sont des gars qui ont vu le jeu de l'arrière. Je ne dis pas que tous les gardiens de but font de bons coachs, mais les joueurs qui jouaient derrière ont peut-être l'occasion de mieux voir le jeu qu'un attaquant par exemple.

Quelle est la plus grande qualité d'un entraîneur selon toi?

P.C Sa capacité à s'adapter à plusieurs types de joueurs et à plusieurs situations tant à l'entraînement qu'en match.

Comment faire jouer une équipe quand on a moins d'un mois pour faire connaissance avec la totalité de son effectif?

P.C C'est le défi non seulement de l'entraîneur, mais de tous les joueurs. Il est primordial de faire adhérer tous les joueurs au projet collectif et surtout de bien faire comprendre que, pour réaliser ce projet, il faudra évoluer au diapason. Mais ça, c'est plus ou moins une vérité. Ce n'est pas la totalité de l'effectif, il y a toujours des joueurs qui reviennent. De l'autre côté, ceux qu'on va chercher, on sait toujours quelles cases on aimerait qu'ils remplissent. Je pense qu'il faut le faire comprendre aux athlètes dès la première rencontre. Je me souviens qu'une année on avait onze nationalités différentes au Dynamo. Une des premières choses que je leur ai dites, c'est qu'ils venaient de cultures différentes, avaient eu différents entraîneurs et une façon de jouer différente donc si on ne réussissait pas à avoir une culture qui était la nôtre, on ne pouvait rien faire. Il faut dès le départ faire adhérer à ça, il faut dire aux athlètes qu'on va essayer de prendre un peu de chacune de leurs qualités et trouver une façon de faire qui est la nôtre.

D'après Aimé Jacquet, «le football est le reflet de notre société. Regardez bien l'expression d'un joueur sur le terrain, c'est sa photographie dans la vie.», sur quels critères vous basez-vous pour recruter vos étudiants-athlètes?

P.C Étant donné que j'entraîne au niveau universitaire, le premier critère, c'est d'avoir un individu qui est un étudiant-athlète et non pas un athlète-étudiant. Le second critère est d'avoir un individu qui soit ouvert à progresser, à se remettre en question, à poursuivre son cheminement d'athlète et surtout à mettre tout au service du collectif.

«CE N'EST JAMAIS 11 CONTRE 11 (...)! C'EST TOUJOURS 1 CONTRE 1!»

Lorsque tu rencontres tes athlètes pour la première fois, quelle philosophie souhaites-tu leur inculquer?

P.C C'est la plus grande partie: l'adhésion. Je regarde les matchs de l'Impact et j'écoute les commentateurs et l'on parle des formations avant le match, comme si ça changeait quelque chose. Je me dis que c'est ridicule. Que ce soit dans le temps avec la formation en W-M, en 4-4-2, 4-3-3... ne m'inventez rien. C'est toujours l'animation qui compte, peu importe qu'on me dise que le coach ait de grandes stratégies. Moi j'ai dit à mes joueurs qu'un match de soccer ce n'est jamais 11 contre 11, jamais! C'est toujours 1 contre 1! Parce que si je joue arrière-droit, avec le milieu gauche on va se voir tout le match. C'est moi qui dois gagner contre toi et vice-versa. Si chacun réussit à battre son adversaire immédiat, il y a des chances qu'on gagne le match, c'est cette équation qu'on doit avoir. Si en tant qu'entraîneur tu ne le vois pas et que tu ne le fais pas comprendre à tes joueurs, tu ne peux pas faire évoluer une équipe. Au championnat canadien, je voyais des équipes qui avaient souvent les mêmes circuits de circulation de ballon. Je regarde l'UBC qui n'a fait preuve d'aucune imagination face aux Patriotes, toujours la même chose, c'était prévisible. Donc en tant qu'entraîneur je leur disais: «pour récupérer la balle, vous allez le faire comme je vais le dire. Quand vous serez en possession du ballon, vous aurez une certaine liberté dépendamment de la zone où vous êtes sur le terrain», mais je veux que les joueurs s'expriment sur le terrain. Quand j'ai commencé comme entraîneur, ça ressemblait à ce schéma-là: dans l'équipe du Québec, l'arrière droit avait trois options quand il avait le ballon. Je me disais: «Wow! Tu as un cerveau et je suis en train de t'enlever ton cerveau!». J'ai remarqué qu'à la fin de ma carrière d'entraîneur, les jeunes voulaient plus avoir des recettes plutôt que je leur offre l'opportunité de s'exprimer. Les filles, c'est totalement différent, elles vont souvent beaucoup plus jouer la passe avant le dribble. Elles seront toujours beaucoup plus collectives. Je leur disais «voici la situation X, tu fais ça!». Arrive la situation qui ressemble à la situation X, mais il y a adversaires devant elle au lieu d'une et elle essaye quand même la même solution, et là je demande «Pourquoi as-tu fait ça?» et elle me répond: «Parce que tu m'as dit de faire ça?». Les garçons, c'est le contraire, tu leur dis: «Il faudrait faire ça!» Et la première réaction, ça va être «Il y a sûrement une autre façon de faire que celle que le coach me dit!» (Rires) En sachant ça, je trouvais plus facile de dire «Je vais te proposer plein d'options et tu choisiras!»

Quelle est votre routine d'avant-match?

P.C Il n'y en a pas. Ça a évolué en fonction des ressources qu'on avait. Quand on a un préparateur physique, on fait en sorte que ce soit lui qui l'effectue. Il y a peut-être une petite routine dans les vestiaires qui est minimale. Il n'y a pas de secret de mon côté.

Faut-il imposer son style ou s'adapter à l'adversaire en face?

P.C Tous vous diront qu'il faut imposer son style, mais il est essentiel de tenir compte des forces et des faiblesses de l'adversaire afin de contrer les forces et de tirer profit des faiblesses. Un groupe à maturité permettra plus facilement d'imposer notre style de jeu.

Quelle est la part de l'entraîneur dans le résultat final selon toi?

P.C C'est tout le travail effectué en amont, lors des entraînements, lors de rencontres individuelles, lors de la préparation d'avant match.
Durant le match, on ne peut pas avoir de temps mort. On n'a pas une grosse influence, malgré ce qu'on peut dire. À l'occasion tu parais bien si tu fais un changement et que c'est ce joueur qui marque le but. Est-ce que ton équipe compte tenu du niveau où on joue peut s'ajuster? Je parle de niveau parce que plus le niveau monte, plus à la mi-temps, tu trouveras des joueurs capables de pointer du doigt les failles collectives. L'influence pour moi est dans tout ce qu'on fait avant le match, parce que pendant le match, tu as peu d'influence. Ce n'est pas de la fausse humilité je pense, c'est la réalité.

Gère-t-on tous les athlètes de la même façon ou t'est-il arrivé de déroger à vos principes à l'occasion?

P.C La question est double: on ne peut gérer des athlètes différents de la même façon, mais il ne faut pas déroger à nos principes sinon l'entraîneur perd sa crédibilité auprès de ses joueurs.

«IL EST PRIMORDIAL (...) DE CONNAÎTRE LES ATTENTES DE CHACUN DES JOUEURS ET DE LEUR EXPOSER CELLES DU PERSONNEL D'ENTRAÎNEURS»

Comment gère-t-on les remplaçants lorsqu'on a une saison qui ne dure que trois mois?

P.C Il est primordial avant le début de la saison de connaître les attentes de chacun des joueurs et de leur exposer celles du personnel d'entraîneurs. Cette communication permet aux remplaçants de connaître leur rôle au sein du groupe et surtout de comprendre qu'ils sont importants. Il faut les garder motivés, car on ne fera pas la saison avec seulement 11 joueurs.

Souvent en début d'année, ce que je faisais aussi, c'est d'amener des joueurs qu'on appelle «partenaires d'entraînement». Ils ne sont pas nécessairement dans le groupe et peuvent accepter leur rôle ou pas. Moi, je les identifiais toujours surtout les premières années: «OK, tu ne fais pas partie du groupe, par contre tu as peut-être le potentiel de te développer et faire partie du groupe, mais tu ne joueras aucun match à moins qu'un cataclysme ne se produise. Par exemple, que des joueurs se blessent et que tu aies une place. Est-ce que ce que je te propose t'intéresse?». Certains disaient oui, d'autres non! Je dois avouer que 99% disaient oui. Je pense que, ce qui a fait la force du groupe à Shany, c'est l'ambiance qu'on a réussi à créer avec l'équipe à Trois-Rivières. L'université est petite, mais ça a des avantages indéniables. Les athlètes se rencontrent à la cafétéria, dans leurs cours, au seul bar étudiant. En fin de compte, ils se voient toujours en dehors et deviennent amis. C'est pour ça que même ceux qui étaient partenaires d'entraînement demandaient à rester parce que c'était agréable comme ambiance. C'est un peu la façon de faire avec les joueurs qui étaient soit remplaçants, soit retranchés.

Raconte-nous ton match référence? Celui ou votre génie tactique s'est le mieux exprimé.

P.C C'est contre mes amis de Sherbrooke, en 1995. Cette année-là, dans toute la ligue, on instaura un règlement. Les demi-finales se joueraient aller-retour et les buts marqués à l'extérieur compteraient double en cas d'égalité. On joue le match chez eux et on perd 3-2. On arrive chez nous et au début du match, j'avais été clair sur le fait qu'on ne devait pas être là pour défendre parce que de toute façon il fallait marquer. Il y avait cinq gars alignés sur la ligne du milieu. On siffle le coup d'envoi, les cinq partent vers l'avant et on marque un petit peu après. On continue à attaquer. À 15 minutes de la fin du match, on ne comprenait pas, Sherbrooke n'attaquait toujours pas. On menait pourtant. Les gars sur le terrain me regardaient en mode «Il se passe quoi coach, on fait quoi? Ils n'attaquent pas!». Je dis aux gars de ne surtout pas défendre et de continuer à attaquer. Le match s'est conclu sur un score de 1-0 sans que jamais Sherbrooke ne se montre menaçant. Dès que le match finit, tout le monde saute de joie. André Gagnon était le directeur technique en Estrie. André Gagnon, qui au passage est le fils de Jacques Gagnon, auteur du livre «L'histoire du soccer au Québec» et aussi le père de Jérémie Gagnon-Laparé. Il vient me voir et me dit: «Pierre, vous n'avez pas gagné le match!». L'arbitre est là, puis tu sais les arbitres des fois avec les règlements universitaires et moi de lui répondre: «Oui André, on a gagné le match! Ça fait 3-3». Il me dit «Ça fait 3-3, pis?». Je dis: «On a compté 2 buts chez vous donc on gagne!» et il me dit non! Donc je leur demande d'aller à mon bureau vu que je n'avais pas le règlement avec moi sur le terrain. Une fois que je le leur montre, la tête d'André tombe! (rires), on retourne à l'extérieur et l'arbitre déclare qu'on a gagné. Je fais «Yes!» à mes joueurs qui attendent et lui s'en va annoncer aux siens la mauvaise nouvelle, lui qui de tout le match n'avait pas changé sa façon de jouer! Nous autres nous étions dit qu'on tenterait le tout pour le tout et ça a payé, on a gagné la finale! Il y a une autre finale en 2001 qui était mémorable pour une raison: laisse-moi te la raconter. En 2001, avant notre finale RSEQ contre l'UQAM, notre gardien de but, Éric Parent, a sa blonde qui accouche dans la nuit du samedi au dimanche. À 6h30-7h, mon capitaine Sébastien Poulin-Vallières m'appelle pour me dire:

– Pierre, Amélie a accouché! Éric est avec moi! Qu'est-ce qu'on fait?

– Est-ce qu'il a dormi?

– Non il a passé la nuit debout!

– Alors arrange-toi pour qu'il ne dorme pas jusqu'au match! On joue à 1h c'est trop serré!»

Éric, arrive à midi à 1h du match et dans le temps, le vestiaire était dans un préfabriqué dehors. Éric arrive quand tous les joueurs sortent du vestiaire et tout le monde applaudit le nouveau papa qui se met à pleurer. Je me dis: «Ça va être mon gardien pour mon match et il se met à pleurer: qu'est-ce qu'on va faire?» Éric a finalement fait un match exceptionnel contre l'UQAM et l'UQTR est championne RSEQ 2001.

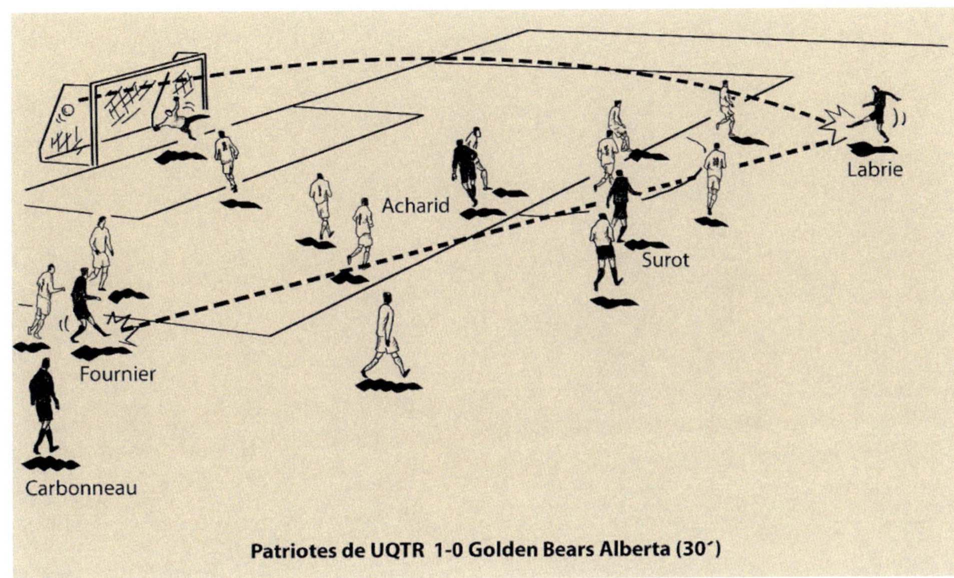

Patriotes de UQTR 1-0 Golden Bears Alberta (30')

Quelle est ton équipe favorite championne de l'UQTR?

P.C Celle de 2012. Pas grand monde ne s'attendait à ce qu'on fasse quelque chose à cause des nombreux forfaits de plusieurs universités mais en une semaine on bat Laval deux fois, les Golden Bears de l'Alberta et nous finissons 3e au Canada: personne ne nous avait vus venir!

Quel est le pire match de ta carrière de coach? Celui où rien n'a fonctionné comme prévu.

P.C Je me souviens d'une demi-finale perdue contre Concordia en 2003, on a perdu 2-1 en toute fin de match. En première mi-temps, Nicolas Lesage a dû arriver tout seul devant le gardien à plusieurs reprises et n'a pas marqué, pourtant c'était le meilleur buteur de la ligue et le meilleur buteur de l'histoire des Patriotes à ce jour. C'est plate parce que j'ai perdu ses statistiques.

Il y a aussi un match en 2010 contre l'université Laval où on a perdu 7-0. On encaisse trois buts sur les trois premiers centres. Après 10 minutes, on perdait 3-0. Tu te dis: «OK, on va chez McDo!». On avait perdu 3-1 au match retour.

En même temps Laval était le champion canadien sortant ce qui est un peu normal...

P.C Oui, mais en même temps, Laval a acheté son championnat canadien (rires). C'est plus que vrai! Cette année-là, il y avait peut-être, je n'ai pas le nombre exact, entre sept et neuf joueurs français arrivés puis repartis dès la fin de la saison. Je suis certain que Samir les a amenés de bonne foi parce qu'il était convaincu qu'ils resteraient. Mais de l'autre côté lorsqu'on est arrivés au championnat intérieur: Hop! Elles sont parties où tes vedettes? (Rires)

Patriotes de l'UQTR - Champions RSEQ 2012-2013, 3e au championnat canadien à Laval

En bas, de gauche à droite: Emile Dufour Gallant, Abdoulaye Kanté, Yannick Fournier, Raphael Bélanger Vaillancourt, Michel Carbonneau, Vincent Guay Côté, Jean-François Fournier, Geoffrey Jouvin, Gabriel Lehouiller, Michel Ndebi. *En haut, de gauche à droite:* Ibrahima Kidjera, Alex Doumaye, Valentin Seger, Nouhoum Namaké Samaké, Guillaume Surot, Jonathan Brunelle, Louis-Thomas Fortier, Simon Lagarde, Francis Labrie, Justin Beausoleil, Karim Acharid. *Entraîneurs:* Roch Goyette, Pierre Clermont.

Il y a une légende urbaine qui dit que du côté des Maritimes, il y a une entente pour faire venir des joueurs notamment à Cap-Breton?

P.C Mais ça, c'est depuis longtemps! Quand Cap-Breton nous a battus en demi-finale en 2012 au championnat canadien, ça existait! Je ne dis pas que les joueurs partent, mais il y a beaucoup d'Anglais et ce que l'on sait, c'est qu'il y a des ententes spéciales avec les universités anglaises sur le même principe que le Québec, nous en avons avec la France. J'imagine qu'ils payent les mêmes frais de scolarité que les Canadiens. On en a vu au championnat canadien 2019, le numéro 18, Corey Bent, qu'est-ce qu'il était fort! C'est un joueur d'un autre niveau!

Selon toi, quel est le geste le plus important durant une partie de soccer?

P.C Comme chaque match a sa vérité, il n'y a pas de geste plus important qu'un autre. Un geste posé dans une situation X va être décisif alors que dans une situation Y, ce sera celui qui te fera perdre le match. Parfois ne pas faire de changements peut aussi être important; parfois tu voudrais faire un changement pour insuffler du nouveau, mais dans la tête de tes joueurs ça sonnera comme: «Pourquoi il n'a pas sorti lui plutôt parce que je suis écœuré de le backer à l'arrière!» (Rires) Je pense que c'est un peu prétentieux de dire qu'un entraîneur en a tant que ça, des gestes importants dans un match. On en a beaucoup avant un match, mais pas énormément une fois qu'il a commencé.

Qu'est-ce que tu ne ferais jamais durant un match?

P.C Je ne sais pas, parce que l'être humain étant ce qu'il est, il ne faut jamais dire jamais. Par contre, je n'aurai aucun geste de violence verbale ou physique, ça c'est certain.

Si tu pouvais inverser le résultat d'un match, d'un seul, lequel ce serait?

P.C La demi-finale universitaire de 2003, perdue à 2-1 contre Concordia. Je pense sincèrement qu'il y a des matchs au cours desquels tu te dis: «On a gagné le match, mais on ne le méritait pas! On a été chanceux! Si on continue comme cela, on ne gagnera pas beaucoup de matchs!». Mais pour ce match contre Concordia, c'est le contraire: on avait tout fait, puis eux, sur deux occasions ont fait la différence. Une autre défaite dure à avaler m'est arrivée lorsque j'entraînais dans le civil l'équipe féminine de Francheville, en 1993-1994 environ. En U16, cette équipe avait gagné le championnat canadien en battant les représentantes de l'Ontario, de Colombie-Britannique et d'Alberta à Winnipeg. L'année suivante nous avons joué la coupe du Québec et bouffé tout le monde durant la saison. Une fois en finale face à Brossard, on ne réussit pas à marquer, le score est de 0-0. Nous allons aux tirs au but où nous perdons le match.

«PEUT-ÊTRE QU'À LA FIN DU PARCOURS (...) VOUS SEREZ DE MEILLEURS INDIVIDUS»

Avec quel athlète as-tu adoré travailler?

P.C En plus de 40 ans de coaching, il y en a eu plusieurs et n'en nommer qu'un serait vraiment porter ombrage à trop de mes joueurs. Mais je peux en nommer un qui m'a marqué, pas par son jeu, mais par son comportement parce que je disais toujours aux joueurs: «Peut-être qu'à la fin du parcours que vous aurez avec moi, vous ne serez pas de meilleurs joueurs de ballon, mais j'espère que vous serez de meilleurs individus!». Le joueur qui me vient à l'esprit en parlant de ça, c'est Jean-Louis Béssé. Jean-Louis c'était le gars qui avait toujours une excuse, qui n'arrivait jamais à l'heure... jamais à l'heure! Je n'ai pas réussi à le guérir complètement (rires) mais on a quand même réussi à faire comprendre à ce gars qu'il devait respecter les règles de groupe et ses partenaires. Je pense qu'il a progressé. C'est peut-être le joueur qui m'a le plus marqué parce que c'est le joueur qui a reconnu lui-même aussi combien il avait appris. Dernièrement il m'a envoyé une carte de Noël pour souligner le fait. Il y a quelques joueurs comme ça, je pense que ce sont ces joueurs-là dans le groupe qui m'ont marqué ; des joueurs sur qui j'ai eu une influence, petite ou grande. Je pense en avoir une relativement grande sur Jean-Louis parce que je me disais que ce gars mérite, même s'il a tous les défauts. J'en riais parce que quand il arrivait en retard à l'entraînement, je lui disais: «Qu'est-ce qui se passe aujourd'hui, c'est ton toaster qui ne marche pas?» Il avait toujours quelque chose.
Il y a une anecdote de match qui me revient. C'était le dernier match de saison et j'avais dit: «Vous arrivez en retard, vous ne jouez pas!», puis j'ai mis l'alignement au tableau: 18 noms au tableau, la feuille de match était là. Puis les gars voient que Jean-Louis n'est pas là. Il y a un gars qui me l'a reproché mais je suis dit que j'ai fait ce que j'avais à faire. Là, Jean-Louis arrive et des gars viennent me voir. La façon dont le vestiaire était fait, c'est qu'il y avait des cases et moi j'étais de l'autre côté et je les entendais de l'autre bord dire que ça n'avait pas d'allure, qu'il fallait gagner le match, que Jean-Louis ne jouait pas et qu'il fallait faire les séries parce que nous étions au dernier match de la saison.
Il y a quelques gars qui sont venus me voir. Moi, je ne déroge pas à mes principes parce qu'il était en retard assez souvent. Nous étions au dernier match de la saison et dans ma tête il ne jouait pas. Je leur ai dit: «Si vous voulez le faire jouer, prenez la décision, mais il y a un d'entre vous qui doit céder sa place!», c'était en mode «jugement du roi Salomon». Il y a François Arsenault, qui m'a toujours reproché de ne pas avoir pris moi-même la décision. Il y a un joueur qui a laissé sa place: c'était Francis Mayrand. Francis Mayrand, c'était le gars qui ne jouait presque pas. C'était son dernier match en carrière, et il a quand même cédé sa place. Jean-Louis est entré comme partant sur le terrain et a marqué 2 buts, il me semble. Il a marqué le premier but et est parti en sprint en pointant Mayrand du doigt. Je me suis dit qu'il avait compris que le groupe tenait à lui, et de l'autre côté ça n'avait pas d'allure. Si lui il ne faisait pas en sorte de faire gagner le match, il faisait en sorte que son chum qui lui avait donné sa place, et donc n'avait pas joué le match, malheureusement sa carrière universitaire s'arrêtait là. C'est pour ça que je dis Jean-Louis est un des joueurs qui m'a le plus marqué.

À l'inverse, y a-t-il un(e) athlète avec qui la relation a été difficile, mais avec qui le travail s'est avéré payant?

P.C Un gars dont je te parlerais, c'est Guillaume Comtois-Noël. Avec moi, ça a plus ou moins fonctionné. C'était rendu un chef d'opposition à la fin. C'était difficile à l'époque, mais je regarde sa saison 2019 et son championnat canadien. Ses passages avec Roch et Shany lui ont fait comprendre que peu importe l'entraîneur, tu es le premier responsable de ton jeu. Lui et son frère quand ils étaient petits avec les cheveux longs jusqu'aux épaules, on faisait des camps de soccer à Trois-Rivières l'été et qui duraient 3 jours, c'était exceptionnel: les deux pires bandits, de vrais chevaux sauvages, mais c'étaient les meilleurs du groupe. Et quand, des années plus tard, je vois l'homme accompli qu'il est devenu et tous les sacrifices qui viennent avec: Bravo Guillaume, tu es champion canadien!
En 24 ans, ça a beaucoup changé. À partir de 2010 jusqu'à 2014, les gars voulaient avoir des recettes, des façons de faire et moi j'étais plus pour dire quand on a le ballon, vous êtes intelligents, vous savez quoi faire. J'ai remarqué qu'ils avaient besoin de plus d'encadrement et que si ce n'était pas assez cadré en fin de compte, c'est comme si tu ne les coachais pas alors qu'en fin de compte c'était coacher aussi, mais d'une autre façon. Par contre un gars comme notre ami Guillaume, lui tu n'avais pas besoin de lui en laisser de la liberté: il la prenait déjà! Vouloir l'encadrer, c'est comme essayer de mettre un rond dans un cadre. (Rires) Il fallait s'adapter à lui.

Quelle a été ta plus grande émotion en tant que coach?

P.C Toutes les fois où un de mes étudiants athlètes universitaires est venu me voir à la fin de ses études pour souligner ma contribution à sa réussite académique et à sa formation humaine.

Si tu devais dire un mot au coach qui a mis le plus votre sens tactique à l'épreuve?

P.C J'ai toujours entretenu de très bonnes relations avec tous les entraîneurs et je pense que la réciproque est vraie aussi. J'ai toujours dit que ce n'était pas des ennemis, mais des adversaires. Je pense que jouer contre Pat Raimondo, au niveau tactique, c'était quelque chose, c'était l'un de ceux qui me demandaient le plus de réflexion. Pat réussissait souvent à camoufler ses faiblesses et dans la variation du jeu, il pouvait nous jouer la longue balle un match et la fois d'après mettre la balle au sol. Il fallait chaque fois se demander comment Montréal allait jouer et quel joueur allait jouer à quelle position. Il fallait s'ajuster durant les matchs au Cepsum parce que c'est toujours difficile.

Quelle est ta citation préférée et pourquoi?

P.C «Ensemble tout est possible». Quand j'envoyais les courriels aux joueurs pour dire aux joueurs qui serait habillé, j'écrivais toujours cette maxime.
Je te prends en exemple le Canadien de Montréal: ils n'ont pas de joueurs si tu les compares à d'autres équipes, par contre, toutes les fois qu'ils vont jouer de manière soudée, ils vont réussir à gagner. C'est un peu le message que je voulais envoyer. Si on travaille, ensemble, on peut aller jusqu'au bout.

Quelle est ton équipe préférée parmi les championnes de l'UQTR?

P.C Celle de 2012. Pas grand monde ne s'attendait à ce qu'on fasse quelque chose à cause des nombreux forfaits de plusieurs universités. D'autres entraîneurs avaient dit qu'on ne méritait pas notre place parce que si le classement était resté tel quel, on aurait dû finir quatrième. Mais comme on a gagné des matchs par forfait, ça a aidé. Bon ce n'est pas moi qui étais coupable et ça fait partie du jeu. Mais en une semaine, nous avons battu Laval deux fois, les Golden Bears de l'Alberta et nous finissons troisième au Canada: personne ne nous avait vus venir! C'était valorisant. C'est un peu comme si St-FX était allé chercher une médaille de bronze au championnat canadien 2019: on était aussi négligés que ça. Je pense que c'est ça qui est le plus satisfaisant pour un entraîneur, aller jusqu'au bout bien qu'on soit négligé.

«UN COACH QUI SE SOUCIAIT DU BIEN-ÊTRE DES JOUEURS»

Brian Clough a dit «le jour où je m'en irai, Dieu devra abandonner son siège favori.» Et toi, comment voudriez-vous que l'on se souvienne de toi?

P.C La majorité doit garder de bons souvenirs. Depuis 2005 environ, avant Noël, il y a toujours un repas d'anciens. On se retrouve avec 15 ou 20 gars de différentes générations qui descendent à Trois-Rivières. On se raconte nos histoires et je me dis qu'ils se souviennent que j'étais un coach humain, qui se souciait du bien-être des joueurs.

SHANY BLACK

UQTR

Qu'est-ce qui t'a donné l'envie de faire ce métier?

S.B J'ai débuté ma jeune carrière à l'âge de 14 ans à titre d'animateur avec l'école de foot (u4 à u6) dans mon petit club de formation, l'Albatros de Trois-Rivières-Ouest. Les années ont passé et je me suis intéressé à la formation et à poursuivre dans le domaine de façon un peu plus sérieuse. J'ai intégré l'équipe technique de ce même club pour en devenir le directeur technique en 2014. Au niveau du coaching, mes expériences ont été assez variées, des u9 et u10 aux séniors en passant par le sport-études, les sélections régionales, les équipes scolaires de futsal et les Diablos du CÉGEP de Trois-Rivières pour finalement aboutir il y a de cela deux ans jour pour jour (eh oui, aujourd'hui le 26 novembre 2019!) au sein de l'organisation des Patriotes de l'UQTR.

«LE DÉFI EST DE SAVOIR RÉAGIR FACE À L'ADVERSITÉ»

«Chaque match a une histoire et finit par un résultat.» Que t'évoque cette phrase?

S.B On peut prévoir et préparer tous les scénarios imaginables, mais le foot nous réserve toujours des surprises. Le défi est de savoir réagir face à la façon dont l'adversité se présentera devant nous. Le match se finit effectivement toujours par un résultat, mais je ne crois pas que nous ayons un contrôle direct sur ce dernier. Nous avons un impact sur les actions que nous posons pour tenter de l'influencer.

Faut-il forcément avoir été un bon joueur pour faire un bon entraîneur?

S.B Je ne crois pas que ce soit nécessaire, mais hors de tout doute, il faut avoir une certaine expérience comme joueur pour être en mesure de se mettre à la place de nos étudiants-athlètes.

Quelle est la plus grande qualité d'un entraîneur selon toi?

S.B Sa capacité d'adaptation.

Comment faire jouer une équipe quand on a moins d'un mois pour faire connaissance avec la totalité de son effectif?

S.B Tout passe par la communication. Si on arrive à créer un climat dans lequel les échanges sont favorisés, que tous prennent part à la solution et s'investissent d'emblée dans une démarche pour mettre le collectif avant tout le reste, la base peut être très solide pour réaliser de belles choses. Cette même communication, si elle est assez efficace, permettra de traverser des situations de crises au sein du groupe et de surmonter les obstacles ensemble.

Selon Aimé Jacquet «le football est le reflet de notre société. Regardez bien l'expression d'un joueur sur le terrain, c'est sa photographie dans la vie». Sur quels critères vous basez-vous pour recruter vos étudiants-athlètes?

S.B D'abord, nous établissons évidemment des besoins prioritaires à combler pour les saisons à venir. Au-delà des qualités sportives, nous recherchons de jeunes hommes qui seront en mesure d'adopter un état d'esprit cohérent avec la culture et la philosophie de l'équipe et du programme. Il est certain que c'est difficile de bien connaître un individu après quelques courtes rencontres, mais nous avons souvent l'heure juste en échangeant avec ces derniers.

«NOUS VOULONS CRÉER UN CLIMAT POSITIF AU DÉVELOPPEMENT ET À L'ÉPANOUISSEMENT»

Lorsque tu rencontres tes athlètes pour la première fois, quelle philosophie souhaites-tu leur inculquer?

S.B Nous cherchons à ce qu'ils sentent déjà une confiance et une ouverture au niveau de la communication et des échanges. Nous voulons créer un climat positif au développement et à l'épanouissement de l'étudiant-athlète, mais surtout de l'être humain.

Quelle est votre routine d'avant-match?

S.B Une courte visite à un être cher, une playlist avec quelques chansons significatives, une dernière revue de la préparation tactique et du discours, quelques discussions spécifiques avec certains joueurs.

Es-tu d'avis qu'il faille imposer son style ou s'adapter à l'adversaire en face?

S.B Selon moi, on doit être en mesure de faire les deux: jouer sur ses forces et préparer la façon avec laquelle nous allons les utiliser lors des temps forts et s'adapter au jeu de l'adversaire pour minimiser l'impact des temps faibles.

Quelle est la part de l'entraîneur dans le résultat final selon toi?

S.B Encore une fois, je crois que le résultat n'est pas un élément sur lequel nous avons un contrôle directement. Je préfère donc dire que je crois que l'entraîneur a une part importante dans la façon de laquelle son groupe sera en mesure de se comporter face à l'adversité (peu importe sous quelle forme elle se présente) et sur la préparation tactique et psychologique. La réalisation des joueurs peut être excellente et malheureusement le résultat ne sera pas toujours le bon.

Gère-t-on tous les athlètes de la même façon ou t'est-il arrivé de déroger à vos principes à l'occasion?

S.B Sans déroger aux principes, je suis convaincu que, par la discussion et les échanges, nous pouvons régler tous les problèmes. Un cadre assez rigide doit être en place et les membres du groupe doivent s'engager (d'un commun accord) à respecter ce dernier. Si tout est clair, la gestion devient quasi intrinsèque pour chaque étudiant-athlète.
L'entraîneur doit redresser les voiles s'il sent que certains membres veulent déroger de la ligne de conduite.

«IL FAUT GARDER TOUS LES MEMBRES DU GROUPE IMPLIQUÉS DANS LE PROJET COLLECTIF»

Comment gère-t-on les remplaçants lorsqu'on a une saison qui ne dure que trois mois?

S.B C'est le plus grand défi du niveau universitaire à mon avis. Il faut garder tous les membres du groupe impliqués dans le projet collectif tout en plaçant le meilleur groupe possible sur le terrain pour obtenir des résultats.
Étant donné que le championnat est aussi court, ceux qui veulent gagner leur place ont très peu de temps pour le faire, à moins qu'une blessure ne survienne.

Raconte-nous ton match référence, celui où votre génie tactique s'est le mieux exprimé.

S.B Le match qui me vient en tête est le premier match de ma carrière d'entraîneur au CEPSUM contre les Carabins. À ce jour, les hommes de Pat avaient une fiche parfaite. Nous étions passés tout près d'aller leur soutirer un premier match nul lors du match aller au Stade Gilles-Doucet, mais l'expulsion de Jean-Simon Cournoyer à la 94e minute et le coup franc qui s'en est suivi auront permis aux bleus de se sauver avec la victoire.

Lors de ce match retour, nous avions un plan de match dans lequel nous anticipions certains événements et scénarios et les choses se sont déroulées exactement comme nous l'avions prévu. Un doublé de Jérémy-Nathaniel Tothaud Mouandza nous aura permis d'aller chercher un 3 points qu'aucune équipe n'était parvenue à aller arracher jusqu'à cette soirée.

À l'inverse, quel est le pire match de ta carrière de coach? Celui où rien n'a fonctionné comme prévu.

S.B Le match contre l'ÉTS de la saison d'hiver 2018, ma première saison à la barre de l'équipe. Notre groupe manquait d'expérience et a pris l'adversaire à la légère. Verdict nul de 3-3.

Quel est le geste le plus important pour toi durant une partie de soccer?

Tous les gestes sont importants et peuvent avoir un impact.

Qu'est-ce que tu ne ferais jamais durant un match?

S.B Manquer de respect envers n'importe quel acteur (joueur, entraîneur, arbitre, partisan, etc.).

Si tu pouvais inverser le résultat d'un match, d'un seul, lequel ce serait?

S.B Le match que nous avons perdu 2-1 face au Rouge et Or en finale provinciale à l'hiver 2018. C'était la première saison où nous dirigions l'équipe avec le nouveau staff. On a eu des idées, on a voulu changer les choses et ça a été difficile au départ parce qu'on fait deux matchs nuls dont un contre l'ÉTS qui était assez difficile à accepter donc suite à ça, on a eu de bonnes discussions et le reste a été très positif, on a notamment eu une victoire à domicile contre l'UQAM avec un score de 5-0 avant d'affronter le Rouge et Or. Ça aurait été bien bouclé cette saison-là on va dire. Écoute après de voir aujourd'hui le résultat obtenu cette saison d'automne 2019, je parlais de résilience dans le groupe. Bien que cette défaite ait été une étape dure à surmonter, je pense qu'elle nous a servi, notamment en demi-finale du championnat canadien contre Carleton parce que quand on a perdu contre le Rouge et Or, nous menions 1-0. Ils sont tombés à 10 joueurs puis nous avons baissé notre garde et perdu 2-1. Donc Carleton c'est un peu le même scénario quand ils ont perdu un joueur sur expulsion, je pense que tous les vétérans le savent, que rien n'est joué, qu'il ne fallait pas baisser notre garde et le souvenir de cette expérience en hiver nous a servis en fin de compte pour aller loin dans ce championnat national.

Avec quel athlète as-tu adoré travailler?

S.B Xavier Laneuville. J'ai eu Xavier pour la première fois quand il était u7. Il jouait surclassé en u9. Depuis tout petit, c'est un gamin qui a une éthique de travail qui est... je ne veux pas dire surréaliste, mais je n'ai jamais vu ça. C'est facile de travailler avec lui, c'est quelqu'un qui a constamment envie d'apprendre, qui est toujours à la recherche de solutions pour s'améliorer. Dès qu'il en a l'occasion, il sort pour taper dans le ballon et travailler physiquement. C'est le produit d'un travail, et de le voir rayonner comme ça! Je pense toujours qu'il rêve d'atteindre les plus hauts sommets et de voir ce qui lui arrive, d'avoir vu les étapes de son développement, c'était vraiment exceptionnel. Ça a été tellement facile de travailler avec lui c'est pour cela que c'est le premier nom qui m'est venu en tête.

«POUR MOI ELLE EST LÀ LA RÉUSSITE»

À l'inverse, y a-t-il un(e) athlète avec qui la relation a été difficile, mais avec qui le travail s'est avéré payant?

S.B Corentin Artaillou, mais je n'emploierai pas le mot difficile. Souvent les Français qui débarquent dans le réseau universitaire RSEQ arrivent avec une certaine rigidité par rapport aux changements culturels. Pour lui, ça a vraiment été un long processus, il progresse d'ailleurs encore et a fait des pas de géant. J'ai beaucoup de fierté de voir l'humilité qu'il a eue dans cette approche puis dans le fait de se convaincre de s'engager parce qu'il a quand même vécu des frustrations au début, qu'il a manifesté de différentes façons. Nous avons discuté et nous avons convenu qu'il fallait qu'il fasse partie de la solution parce que nous avions tous le même objectif. Ça n'a pas été évident, mais il a beaucoup cheminé et la façon dont cela a été reconnu de ses coéquipiers, pour moi elle est là la réussite.

Patriotes de l'UQTR - Champions canadiens 2020-2021 à Montréal (Cepsum)

De la gauche vers la droite, rangée du haut: Jean François Brunelle (préparateur physique), Valérie Raymond (thérapeute), Jonathan Dubé, William Moss, Dave Lanoue (responsable des médias sociaux), Pascal Bilodeau, Kéven Dupont (responsable de l'équipement), Alessandro Bertacchini, Shany Black (entraîneur-chef), Maxime Boucher, Pierre-Alexandre Boisvert (entraîneur assistant), Ange Christ Ahui, Adam Taif, Roch Goyette (entraîneur assistant), Thomas Leathead, Raphaël Morin (stagiaire en préparation physique), Étienne Fallu (thérapeute), Guillaume Pianelli-Balisoni, Hugo Raposo, Mickaël Leroux, Thomas Bergeron, Marie Kim Bernard (stagiaire en thérapie sportive). *De la gauche vers la droite, rangée du bas*: Thibault Ntinga, Pape Demba Beye, Dylan Brevot-Choplin, Samue Duffek, Félix Clapin-Girard, Jérémy-Nathaniel Tothaud-Mouandza, Félix Bouchard, Gabriel Balbinotti, Jean-Simon Cournoyer, Pierre Bardet, Guillaume Comtois-Noël, Noah Lapierre, Nicolas Levasseur-Patenaude, Samuel Éthier-Gamache, Corentin Artaillou, Alyakin Arnouni.

«PRENDRE LE TEMPS DE SE FORMER»

Quel est le plus grand regret de ta carrière?

S.B Ne pas avoir exploré davantage les façons de faire ailleurs. J'aurais aimé, j'aimerai encore puis j'espère être en mesure de trouver et de prendre le temps de me détacher un peu du travail au quotidien, de prendre une semaine pour aller voir comment les autres travaillent. Pierre Clermont l'a bien dit: «Quand tu arrêtes d'apprendre, tu t'éteins et il faut que tu passes à autre chose.» J'ai l'envie d'apprendre, mais on dirait que nous priorisons les choses qui sont à faire dans nos jobs au quotidien. Il faut prendre le temps de décrocher et d'aller se plonger dans quelque chose de nouveau, voir comment les gens travaillent ailleurs dans la province ou au pays. Je me suis recentré là-dessus quand nous sommes allés à Nantes et après avoir discuté avec Stéphane Ziani, le responsable des u9, qui nous a permis de vivre des choses à l'intérieur du club et qui nous a d'ailleurs invité fin mars pour un stage d'une dizaine de jours avec lui. C'est vraiment quelque chose qu'il faut prendre le temps de faire: se former.

Quelle est la génération que tu as préféré coacher et pourquoi?

S.B La génération féminine de 2003! Un groupe de jeunes filles que j'ai côtoyé pendant plusieurs années, pour lesquelles j'ai beaucoup de fierté en voyant la qualité de personnes qu'elles sont devenues.

Quelle a été ta plus grande émotion en tant que coach?

S.B Un moment tout récent, lors du quart de finale du championnat canadien, Gabriel Balbinotti s'est délivré en marquant son premier but dans l'uniforme des Patriotes. Il a accouru vers le banc et m'a sauté dans les bras. Connaissant le gars depuis qu'il est tout petit, ce moment était très fort en émotions.

«FOCUS SUR LA TÂCHE, EXÉCUTER»

En commençant la saison automnale 2019, vous imaginiez-vous que trois mois plus tard vous seriez champions canadiens?

S.B C'est sûr que le gars qui aurait parié sur nous aurait fait autant d'argent que le gars qui aurait parié sur Leicester au championnat d'Angleterre en 2016. (rires) Évidemment toutes les 48 équipes du pays ont cet objectif au tableau en commençant la saison chacun à son niveau. On savait qu'il y avait quelque chose de spécial. On a voulu se donner les moyens d'y arriver. On n'a jamais voulu s'attarder sur les résultats. L'état d'esprit dans lequel on voulait se plonger, c'était de travailler étape par étape; nous avons débuté la saison en allant à Nantes le 10 août. Tout ça se faisait pour le premier match, le 28 août contre l'UQAM. Une fois ce dernier terminé, nous sommes passé à celui du 30 août contre Concordia; et ainsi de suite.

La fois où nous y avons dérogé, c'est le week-end du match McGill-Montréal où l'on a perdu les deux matchs. Cette semaine, j'ai fait l'erreur de préparer les deux matchs plutôt que de nous préparer pour jouer contre McGill et d'attendre la fin de ce match pour nous préparer à jouer contre Montréal. Cette semaine-là on s'est dit qu'on préparerait les deux matchs en même temps parce que les deux équipes ont un jeu similaire.

Lorsque nous sommes arrivés en autobus, les filles sont sorties et j'ai gardé les gars assis, je leur ai fait comprendre de façon très claire qu'on courait à notre perte parce que j'entendais les gars déjà se projeter sur le match de dimanche contre les Carabins alors qu'on s'apprêtait à jouer contre McGill. Je me suis dit que j'avais peut-être commis une erreur en parlant aux joueurs des deux matchs. Là, on fonce droit dans le mur. Comme redouté, on perd contre McGill après un match très moyen. McGill a bien joué. Contre Montréal, on fait un match correct et on perd 1-0. À partir de là, je me dis qu'on ne doit plus jamais brûler des étapes.

L'autre fois où c'est arrivé, c'est lors de la finale provinciale où on savait qu'on était qualifiés, beaucoup avaient en tête le championnat canadien. Nous avons perdu contre Montréal dans un match qui ne s'est pas joué à grand-chose. La recette match par match était bonne parce qu'elle nous plaçait avec des œillères à affirmer: «Voici ce qui s'en vient! Voici les raisons de la préparation! Voici ce que l'on a à faire pour penser à atteindre nos objectifs.» Le tout sans parler du résultat. Mais jamais on ne s'est dit qu'on allait être champions canadiens.

À chaque match il y avait un mot au mur: «Focus sur la tâche, Exécuter.» On joue notre rôle. À la fin du match, nous regardons le score au tableau d'affichage, tant mieux si le chiffre le plus grand est de notre côté!

Quelle a été ta réaction au coup de sifflet final du championnat canadien?

S.B Au coup de sifflet final de la finale du championnat canadien, j'ai pris mon assistant Pierre-Alexandre Boisvert dans mes bras un bon moment. Nous savons par quelles épreuves nous sommes passés en deux ans pour en arriver là. Puis j'ai pensé à mon grand-père paternel décédé il y a deux ans. Depuis l'automne dernier quand on a perdu 5-0 contre l'UQAM, avant chaque match je vais au cimetière et j'écoute une chanson qui était la sienne, je m'installe avec lui et après je pars. Au Cepsum, je répétais le même cérémonial. Tu vois là où il y a les tables de ping-pong? Je m'installais avec lui un petit moment avec sa musique et ensuite je repartais. Il ne manquait pas un match même si ce n'était pas un fan de soccer. Après j'ai pensé à ma mère et à ma grand-mère. Après les matchs du championnat canadien, je montais toujours dans les tribunes les saluer.

«ON A VOULU LEUR FAIRE COMPRENDRE QU'IL Y AVAIT DU MONDE DERRIÈRE EUX»

Avant la finale du championnat canadien, il y a quelques événements extraordinaires qui se passent dans les vestiaires. Peux-tu nous en dire plus?

S.B J'avais vu une vidéo des «Coulisses de l'exploit» de Pascal Dupraz, coach de Toulouse, lorsqu'ils se sont maintenus. Lors du championnat canadien, le matin de la finale, nous avons rendu hommage à nos finissants. Suite à ça, nous avons présenté une vidéo dans laquelle nous avions recueilli la veille tous les témoignages des proches des joueurs, ça a rendu tout le monde très émotif. On a voulu leur faire comprendre qu'il y avait du monde derrière eux. Depuis l'étranger, la Corse notamment. Chaque gars avait un membre de sa famille qui parlait.

De plus, toute la semaine, les gars avaient amorcé un mouvement Movember. J'ai dit au capitaine, Jean-Simon Cournoyer, que j'allais le faire au moment où il s'y attendait le moins parce qu'il me disait que si je le faisais, il le ferait aussi.

J'ai surpris tout le monde en le faisant le jour de la finale. Quand les gars sont allés prendre place au vestiaire, moi, j'étais un peu caché et j'ai surgi à l'improviste. Tout le monde riait. Guillaume Pianelli hurlait: c'est quoi cette équipe de oufs? On a fait notre présentation de match comme d'habitude ensuite. Derrière, c'est un groupe de potes qui ont réussi à entrer sur le terrain légers et détendus malgré l'enjeu du match.

«LES ÉTOILES ÉTAIENT ALIGNÉES POUR QU'ON GAGNE CE JOUR-LÀ»

Quel était l'instant clé de la finale selon toi?

S.B L'instant clé du match est pour moi illustré par cette photo de Félix Clapin-Girard et du 10 de Montréal Omar Kreim. Félix a essayé un jeu de mind game parce que, l'avant-veille contre Cap Breton, Omar avait tiré du côté droit du gardien. Je ne sais pas ce que Félix lui a dit et si ça a influencé sa prise de décision, mais derrière Omar rate! La réaction de Félix et l'ouverture du score de Guillaume juste après nous ont fait comprendre que toutes les étoiles étaient alignées pour qu'on gagne ce jour-là!

Si tu devais dire un mot au coach qui a le plus mis votre sens tactique à l'épreuve, qu'est-ce que tu lui dirais?

S.B Depuis le début de ma courte carrière universitaire, Marc Mounicot et ses équipes de McGill nous ont toujours posé de gros problèmes jusqu'à maintenant. Il travaille avec beaucoup de rigueur et ses équipes sont difficiles à battre.

Quelle est ta citation préférée et pourquoi?

S.B Plaçons notre focus sur la tâche à réaliser, respectons notre rôle, exécutons.

«Le jour où je m'en irai, Dieu devra abandonner son siège favori.» Brian Clough. Comment voudrais-tu que l'on se souvienne de toi?

S.B Un intervenant proche de ses joueurs, à l'écoute et respectueux de tous qui aura réussi à jumeler les résultats sportifs au développement des individus de son groupe.

DURNICK JEAN

UQTR

«Chaque match a une histoire», que t'évoque cette phrase?
D.J Que chaque match est différent et cela finit par un résultat qui n'a pas toujours de lien avec le score, mais ce résultat t'aide à grandir comme entraîneur et comme personne!

Qu'est-ce qui t'a donné l'envie de faire ce métier?
D.J J'ai toujours été fasciné par le côté «entraîneur» du sport. À la base comme profession, je voulais être enseignant, mais dès l'âge de 17 ans, je prenais ma première équipe comme entraîneur-chef dans la région du Lac Saint-Louis avec le club d'Outremont. Entraîner une équipe de soccer, c'est essayer de rendre service à plusieurs personnes en même temps, sans nécessairement agir de la même façon avec tout le monde, ce qui est tout un défi. C'est aussi en connaître un peu plus en la matière, car tu ne peux pas entraîner sans connaître le jeu. Ainsi, j'ai commencé à encore plus apprécier de jouer lorsque j'ai commencé à entraîner.

Faut-il forcément avoir été un bon joueur pour faire un bon entraîneur?
D.J Non, pas forcément. Je pense qu'être un bon joueur peut aider dans l'encadrement technique, mais être entraîneur est tellement plus que du technique, surtout du côté féminin où la bonne gestion des personnes est primordiale.

«UN ENTRAÎNEUR DOIT S'ADAPTER»

Quelle est la plus grande qualité d'un entraîneur selon toi?
D.J Être capable de s'adapter à plusieurs situations. Un grand sage du nom de Francis Millien nous avait parlé de cette capacité extrêmement importante de l'entraîneur et je pense qu'il a totalement raison. Un entraîneur doit s'adapter, aviser en fonction de la situation et de la personne en face de lui.

Comment faire jouer une équipe quand on a moins d'un mois pour faire connaissance avec la totalité de son effectif?
D.J Il faut être convaincu de l'identité que tu veux pour ton équipe. Lorsque ceci est déterminé, il est important d'établir pour tout le monde ce que tu recherches dans ta façon de jouer, dans ton comportement et l'attitude que tu veux avoir de tes joueurs et joueuses. Les joueurs doivent avoir ce cadre bien clair et net pour évoluer.

D'après Aimé Jacquet, «le football est le reflet de notre société. Regardez bien l'expression d'un joueur sur le terrain, c'est sa photographie dans la vie.» Sur quels critères vous basez-vous pour recruter vos étudiants-athlètes?
D.J Au départ, le critère important est évidemment sportif. Est-ce que cette joueuse peut nous aider sur le terrain? Ensuite, étant la plus petite université du Québec, il est important de savoir quel diplôme l'athlète recherche (car nous n'offrons malheureusement pas tous les programmes académiques). Lorsque ceci est déterminé, je rencontre les joueuses et j'essaie de déceler leur personnalité, de découvrir quel genre de personne elles sont, car il est important pour moi de savoir si je vais avoir une vingtaine de personnes qui vont pouvoir coexister pendant une courte période de temps, mais cinq fois semaine ensemble.

«TOUT LES CHOSES QU'ELLES AURONT, (...) ELLES LES AURONT MÉRITÉES»

Lorsque tu rencontres tes athlètes pour la première fois, quelle philosophie souhaites-tu leur inculquer?
D.J Être complètement honnête avec elles: sur la réalité du programme, du classement, la philosophie de jeu, ne pas vendre de rêves, ne pas promettre de minutes de jeu. J'essaye de leur faire comprendre que tout ce qu'elles auront, elles les auront parce qu'elles les auront méritées et non parce qu'elles leur auront été promises.

Quelle est votre routine d'avant-match?
D.J Je dois t'avouer que mes routines comme joueur et comme entraîneur sont deux routines complètement différentes. Comme joueur, aucune superstition, mais comme entraîneur, j'ai été influencé grandement par mon assistante et ancienne médaillée olympique de l'équipe nationale, Marie-Ève Nault! Avec la saison d'une seule défaite que nous avons connue à l'automne 2018, tout devait se faire dans le même ordre, de la même façon et quand je dis tout, c'est tout! On parle du moment où je débute ma causerie d'avant-match, à l'ordre des personnes qui reçoivent leur dossard (de la même couleur), d'où est-ce que les chaussures pour coacher doivent être mises, aux feuilles collées sur le mur qui doivent être enlevées du vestiaire à la fin du match. On était rendu fous haha!

Penses-tu qu'il faut imposer son style ou s'adapter à l'adversaire en face?
D.J J'aime cette question! Je pense que nous sommes une université qui se doit de s'adapter selon l'adversaire qui est en face, tout en gardant certaines choses qui nous confèrent notre identité de Patriotes. Vu que la meilleure qualité d'un entraîneur pour moi est de s'adapter, tu comprendras que je m'adapte souvent à l'adversaire et tu en as été témoin au Cepsum.

«L'ENTRAÎNEUR A BESOIN DE SES JOUEUSES ET VICE-VERSA»

Quelle est la part de l'entraîneur dans le résultat final selon toi?
D.J Je pense que l'entraîneur peut avoir le meilleur plan de l'histoire, mais si les joueurs n'exécutent pas ce plan, cela ne vaut rien et un plan peut être mauvais, mais des actions individuelles de joueuses peuvent sauver le match. Donc au final, je pense que c'est un 50-50% qui ne peut pas se délier, l'entraîneur a besoin de ses joueuses et vice-versa.

Gère-t-on tous les athlètes de la même façon ou t'est-il arrivé de déroger à vos principes à l'occasion?
D.J On ne peut absolument pas gérer tous les athlètes de la même façon selon moi. Chaque personne est différente et a besoin d'une approche différente selon le contexte. J'ai des joueuses qui aiment que je leur crie dessus (à ma grande surprise) et j'en ai d'autres sur qui, si j'élève un peu la voix, leur match est foutu. Mais je pense qu'il y a des principes auxquels on ne peut déroger lorsqu'on fait partie d'une équipe et qu'il y en a d'autres que l'on peut «courber», disons.

«CES ATHLÈTES DOIVENT SAVOIR QUE LE MOMENT OPPORTUN NE SE PRÉSENTE PAS À TOUTES LES PARTIES»

Comment gère-t-on les remplaçants lorsqu'on a une saison qui ne dure que trois mois?

D.J Je pense qu'il est important que ces joueuses comprennent ce rôle et sachent que c'est aussi important pour l'équipe. Je pense qu'il est essentiel de donner des minutes de jeu quand l'occasion se présente. Nous ne sommes pas dans une ligue professionnelle selon moi et par respect pour le temps et l'engagement que les athlètes donnent, il faut les faire jouer quand le moment opportun se présente. Par contre, ces athlètes doivent savoir que ce moment opportun ne se présente pas à toutes les parties et que la réalité est que la plupart du temps, elles ne seront pas sur le terrain, mais peuvent influencer le cours de la partie de plusieurs autres façons.

Raconte-nous ton match référence? Celui où votre génie tactique s'est le mieux exprimé.

D.J Tu ne vas pas m'aimer pour celle-là. J'en ai deux qui me viennent en tête, mais, celle où l'on est venu à l'automne 2018 voler un point aux Carabins, j'ai bien aimé, car j'ai été avec une formation peu orthodoxe pour contrer la force de cette machine bleue en les embêtant sur une caractéristique de leur jeu, sans que nous changions trop notre façon de jouer avec le ballon. Ce que j'ai aimé de cette partie, c'est que j'ai présenté cette formation aux joueuses la semaine du match, expliquant ce que les Carabins font très bien et en leur montrant comment je voulais contrer. Nous sommes rentrés dans une discussion tactique avec les joueuses et j'ai vu que tout le monde adhérait au plan. C'est là que j'ai vraiment cru au plan. On est sorti de là avec un match nul qui nous a fait du bien pour le classement.

À l'inverse, quel est le pire match de ta carrière de coach? Celui où rien n'a fonctionné comme prévu.

D.J Cette année, on a mangé une volée à Trois-Rivières contre les Carabins. Le plan n'a pas du tout marché, si bien qu'on avait pris 5 buts en première demie. On pensait qu'on s'était ajusté pour faire une meilleure deuxième demie, mais quelques secondes après le début de la deuxième demie, on encaisse un autre but. Rien n'a fonctionné du début à la fin.

Quel est le geste le plus important pour toi durant une partie de soccer?

D.J Je pense que c'est tout ce que tu vas planifier durant l'avant-match qui fera en sorte que lorsque le match va commencer tes athlètes seront prêts. Oui, tu peux faire un changement tactique pendant le match ou autre, mais si tu as bien fait ton travail en amont, ton équipe sait ce qui va se passer. Il y a des matchs durant l'automne où lorsqu'on arrivait à un instant T, les filles savaient quelle fille allait rentrer pour telle situation. C'est l'avant-match qui détermine tout. Pendant le match tu peux t'adapter et faire des ajustements, mais l'avant-match est le plus important.

Qu'est-ce que tu ne ferais jamais durant un match?

D.J Rentrer dans un dialogue avec une joueuse de l'équipe adverse, je pense qu'un entraîneur n'a pas à s'en prendre à une joueuse adverse, cela n'a pas sa place.

Si tu pouvais inverser le résultat d'un match, d'un seul, lequel ce serait?

D.J Clairement la demi-finale de l'année passée contre Laval. On mène 2-1 à la 90e minute, nous sommes à quelques minutes d'avoir la première participation aux championnats canadiens du côté féminin. Jusqu'à aujourd'hui, je continue de penser qu'il y a faute contre l'adversaire sur le jeu qui mène au but égalisateur dans les arrêts de jeu. Je pense qu'avec tout ce qui s'était passé cette semaine-là et la performance des joueuses lors de ce match, elles méritaient un meilleur sort.

Avec quel athlète as-tu adoré travailler?

D.J Plusieurs me viennent en tête, la première est Jennifer Ethier-Gamache, que j'ai eue au Collège Champlain et après à l'université Concordia. Par la suite, je l'ai eue pendant deux années en senior au Celtix du Haut-Richelieu (Première équipe senior AAA du club). C'est une joueuse complètement dédiée au bien de l'équipe! J'ai eu des joueuses de talents exceptionnels que je ne connaissais pas, que j'ai appris à découvrir, et qui m'ont fait confiance dans les multiples projets que j'avais en tête.

Véronique Maranda en est une autre, elle avait perdu le goût de jouer au soccer, elle s'est donné une chance de revenir dans le compétitif justement avec le Celtix. Elle est très talentueuse et compétitive, elle amène ses coéquipières à élever leur niveau de jeu et finalement au courant de la saison, ce fut une expérience vraiment positive, ce qui l'a amené à finalement revenir aux Carabins pour une cinquième saison après avoir annoncé 1 an avant qu'elle arrêtait pour vrai. Voir une joueuse finalement reprendre le goût de jouer est pour moi une vraie réussite.

Émilie Duquette est aussi une joueuse qui avait arrêté après l'université et qui, après une discussion après un tournage pour Génération Soccer, décide de me faire confiance et rentre dans le projet de la première équipe senior AAA de mon club d'origine (Outremont). J'habitais déjà à Trois-Rivières, mais je jouais pour le club dans la PLSQ donc cela s'adonnait bien pour entraîner l'équipe aussi. Une vraie bombe d'énergie positive cette fille-là! Que de bonheur de la voir jouer encore au soccer jusqu'à maintenant!

Marie-Ève Jacques est venue jouer à Trois-Rivières l'instant d'une saison. Avec tous ses records de buts et son talent exceptionnel, elle a démontré une ouverture incroyable et un grand intérêt à se faire coacher pour s'améliorer. Ma première idée était de la laisser tranquille avec tous les succès qu'elle avait eus auparavant, je n'allais certainement pas être le coach qui allait changer quoi que ce soit, mais à ma grande surprise, elle est arrivée à Trois-Rivières, manquait de confiance pour finir ses actions, elle était dans un doute et ratait quelques chances de marquer. Elle est venue me parler de ce doute qu'elle avait, je me rappelle que nous avons eu une petite conversation, mais je savais qu'elle avait trop de talent et d'éthique de travail pour que sa «léthargie» continue... les 4 matchs suivants, elle avait cumulé 13 buts!

Audrey Lagarde est devenue plus qu'une joueuse que j'ai entraînée, je reste en contact avec elle encore aujourd'hui et elle a été extraordinaire avec nous lors de son séjour de deux saisons à Trois-Rivières. Dotée elle aussi d'un talent hors du commun, j'ai pu l'approcher comme toutes les autres joueuses mentionnées auparavant et elle a été exceptionnelle, comme joueuse, mais aussi comme individu au sein de l'équipe. Elle est pour moi le modèle d'une joueuse qui s'investit pour le haut niveau de soccer au Québec et elle a su influencer beaucoup de joueuses à Trois-Rivières par son éthique de travail. Je me rappelle d'elle et de Christine Corriveau, elle aussi venue de Sherbrooke pour jouer ici, venir aux séances d'entraînement en faisant un déplacement de 1 h 30 et après la séance d'entraînement, elles auraient pu être les premières à vouloir repartir pour refaire cette heure et demie de route pour rentrer chez elles, mais non, elles décidaient de pousser un peu plus physiquement en fin de pratique et ont réussi à déteindre sur les autres, car il y avait des séances où la majorité des filles faisaient des sprints avec elles après la séance d'entraînement. Joueuse au grand cœur, elle a clairement contribué à nos récents succès dans le civil et ça a eu un effet sur les joueuses universitaires d'ici, j'en suis certain. Je lui suis très reconnaissant de m'avoir fait confiance comme entraîneur.

Gabrielle Lambert, que dire de cette gardienne d'exception? Cela a commencé dans le civil où je m'étais donné le défi de faire une équipe des plus compétitives dans le AAA, même avec l'arrêt du semi-pro où donc toutes les meilleures joueuses du Québec se retrouvaient dans la ligue élite. J'ai commencé à lui donner des entraînements spécifiques pour gardienne et mon cours de niveau I de gardien n'était pas assez selon moi donc je cherchais constamment à en apprendre plus pour l'aider à peaufiner son talent exceptionnel. Elle n'avait aucune raison de me faire confiance, cela faisait longtemps que Trois-Rivières n'avait pas eu de bons résultats dans le senior féminin AAA, mais elle l'a fait et l'équipe a connu une très belle saison. Après un séjour chez les professionnels en France, nous avons discuté de son retour éventuel au jeu pour se rétablir de ses blessures aux chevilles. Elle décide à nouveau de me faire confiance au niveau universitaire cette fois-ci avec les Patriotes et c'est vraiment là que nous avons développé une super relation, même si cela n'a pas débuté comme on l'aurait tous souhaité haha (j'ai une anecdote là-dessus où j'ai même dû faire une réunion d'équipe sans elle, pour demander aux autres filles de lui donner du temps avant de la juger, car disons qu'elle était de mauvaise humeur en début de camp, pour être poli). Elle a été une leader pour cette équipe et jusqu'à ce jour, elle continue de l'être pour beaucoup de filles, nous sommes constamment en contact. C'est une joueuse d'un talent exceptionnel, très exigeante envers elle-même, et je suis l'entraîneur le plus heureux du monde de l'avoir vu décrocher un contrat professionnel en France après sa saison remarquable à l'automne 2018 où elle a gagné le prix de joueuse de l'année à travers tout le pays! Elle a inspiré confiance à toute l'équipe, démontré un leadership incroyable, aidé ses coéquipières de toutes les façons possibles. Je me rappelle même l'avoir vu prendre au moins 45 minutes avec une attaquante, pour lui donner des outils offensifs! Après son opération aux deux chevilles, à la saison d'hiver, elle fut l'entraîneuse personnelle de notre gardienne, Arianne Cloux. Elle a fait cela de son propre gré, analysant les matchs avec elle, préparant des séances spécifiques, une personne exceptionnelle et j'espère vraiment que son talent soit reconnu!

À l'inverse, y a-t-il un(e) athlète avec qui la relation a été difficile, mais avec qui le travail s'est avéré payant?

D.J Je n'ai pas eu une relation difficile, mais après avoir pris en charge l'équipe comme entraîneur-chef à l'hiver 2017, l'équipe avait fini dernière à l'automne, on fait une saison d'hiver respectable finissant 5e et gagnant notre match éliminatoire contre Sherbrooke pour se retrouver en demi-finale contre Laval. C'était un résultat sportif intéressant et certaines joueuses que j'essayais de recruter ont trouvé intéressant le fait que nous avions réussi à faire cela. Par contre Stéphanie Bouchard, qui faisait partie de l'équipe m'est littéralement «rentré» dedans à la fin de la saison, me disant ce qui était pour elle ses quatre vérités. Je n'étais pas nécessairement d'accord avec ce qu'elle me disait, mais cela m'a fait comprendre que ce n'est pas juste les résultats sportifs qui rendent heureuses les joueuses et je me suis dit, si les changements n'étaient pas clairs pour elles, il y en a peut-être d'autres pour qui c'est comme ça aussi dans leur tête. Elle m'a donc forcé à travailler encore plus fort pour rendre l'environnement professionnel, compétitif et inspirant pour la majorité des filles (car on ne peut satisfaire tout le monde). Suite à cette saison où elle m'a confronté, ce fut une joueuse à sa quatrième année, d'une extrême importance pour l'équipe, ayant un rôle de leader, d'implication communautaire et d'engagement pour l'équipe bien au-delà des attentes, et elle a connu sa meilleure saison sur le terrain. Je lui avais changé de position, car j'avais visualisé qu'elle mettrait beaucoup de buts pour nous. Après m'avoir dit qu'elle n'était pas capable de marquer, elle m'a fait confiance et a décidé d'essayer: elle a été notre meilleure buteuse cette saison-là.

Quel est le plus grand regret de ta carrière?

D.J C'est une fille que j'ai coachée depuis l'école primaire à Outremont, je l'ai vu grandir devant mes yeux à travers les programmes scolaires de ma ville, mon camp de soccer et arrive l'âge senior, où j'ai la chance de l'entraîner à nouveau avec la première équipe senior féminine AAA à Outremont. Notre relation joueuse-coach était parfaite, elle donnait toujours tout sur le terrain et j'avais le sentiment qu'elle en donnait même un peu plus chaque fois pour moi. Ses performances n'étaient pas au meilleur à l'arrivée de notre match éliminatoire en Coupe du Québec. En écoutant mon staff, on a pris la décision de ne pas la faire commencer ce match, mais j'avais de la misère à assumer cette décision. Le problème, c'est que je n'ai pas pris le temps de lui en parler avant le match. Elle n'a joué que les 15 dernières minutes de ce match et, à cet instant, j'ai brisé le lien de confiance entre elle et moi, car en plus j'ai fait jouer à sa place des joueuses qui venaient à peine d'intégrer l'équipe et qui n'avaient pas ce sentiment d'appartenance pour le club. Je m'en suis voulu de ne pas m'être plus écouté et de n'avoir pas suivi mon instinct. Je préfère «mourir» avec celles que je sais être là pour les bonnes raisons qu'autre chose. Cette joueuse, c'est Béatrice Toupin.

Quelle génération as-tu préféré coacher et pourquoi?

D.J Cette équipe de l'automne 2018 aura été spéciale pour moi. Nous en étions uniquement à notre deuxième année ensemble. Cela nous a pris un peu de temps avant d'avoir une cohésion, mais il y a eu plusieurs signes que cette équipe était spéciale. On a vécu des coups durs ensemble, on a été soudé plus que jamais pour une histoire sur laquelle peu connaissent toute la vérité et sur le terrain, faire une saison d'une seule défaite reste toujours spécial avec le réseau universitaire que nous avons!

«CE MATCH ÉMOTIF NOUS A FAIT GRANDIR ET ME MOTIVE EN TANT QU'ENTRAÎNEUR»

Quelle a été ta plus grande émotion en tant que coach?

D.J Aussi bizarre que cela puisse être, c'est une émotion de tristesse. La défaite en demi-finale lors de l'automne 2018 est quelque chose que j'ai partagé avec beaucoup de tristesse avec ce groupe, mais ce match émotif nous a fait grandir et me motive comme entraîneur pour avoir d'autres matchs de la sorte à vivre.

Tu as la double casquette de coach de l'UQTR et celle, désormais, de directeur technique de la région de Québec. Comment t'organises-tu?

D.J Tu as une primeur parce que j'ai assumé cette double fonction la saison dernière et c'était difficile même si ce n'était pas une longue distance. Seulement 1h15 de route, mais je pense que la saison universitaire est tellement exigeante psychologiquement, tu es toujours dans la réflexion à tel point que quand tu n'es même pas présent tu t'éloignes un peu trop du chemin que tu t'es fixé; je dis ça parce que des fois après la pratique je partais à Québec. Là je l'ai su aujourd'hui, je reviens comme DT en Mauricie, donc Québec c'est fini maintenant! Pendant la période où j'ai fait ça, c'était difficile. L'ambition de découvrir un nouveau challenge s'opposait à l'intensité de la saison universitaire. Il faut que ta tête soit totalement dédiée à ça, il faut penser à tellement de détails qui feront la différence dans un match que cette double casquette était devenue difficile à porter.

Retour donc en Mauricie, quels seront tes prochains objectifs?

D.J On a encore beaucoup de choses à faire. J'entame ma troisième année. La première année universitaire, nous avons été compétitifs jusqu'à la dernière semaine. La deuxième année, nous sommes passés proche de faire les championnats canadiens. La saison dernière, nous n'avons pas fait les séries et n'avons pas obtenu de bons résultats. Nous avons beaucoup à faire pour rendre le programme stable et compétitif. Moi mon but quand j'ai pris ça, c'était que chaque année, nous soyons dans le top 4. Ça nous donne toujours une chance de faire le top 4 et toujours une chance de gagner. Laval et Montréal ne se posent pas de question de savoir s'ils vont faire les séries ou pas. McGill est très régulier. Nous nous battons le plus souvent avec l'UQAM, Sherbrooke, Concordia pour avoir cette quatrième place assurée donc moi, ce que je veux c'est toujours être dans le top 4. On a beaucoup à faire parce que nous sommes la plus petite université du réseau et je ne le cache pas, j'ai 5 filles sur 23 qui viennent de Trois-Rivières. Mon poste de DT doit me permettre de trouver les filles dans la région et de les garder jusqu'à l'université. On a un sport-études, mais pas d'équipe collégiale D1. Les filles du sport-études, on leur dit de continuer leur développement dans une équipe D1, on les sort du programme et après on leur dit de revenir. Le défi est d'avoir un meilleur produit local et d'être capable de recruter à l'extérieur. Mais convaincre des filles de Montréal et de Québec de venir, ce n'est pas facile. Au cours des cinq prochaines années, j'aimerai qu'au moins trois fois, nous fassions les séries sans nous poser de questions.

Si tu devais dire un mot au coach qui a mis le plus votre sens tactique à l'épreuve, qui est-ce que ce serait et que lui dirais-tu?

D.J Luc Brutus! Luc avait une telle confiance en moi sur le terrain qu'il me changeait de position (pour des positions que je n'avais jamais jouées auparavant) en senior AAA ou en semi-pro, sans même m'en parler et je devais trouver le moyen d'être bon sur le terrain quand même. J'ai même été gardien de but en senior AAA! J'ai joué tous les postes possibles sur le terrain en une saison senior AAA, je me devais donc de connaître les rôles de chaque position et d'être à l'affût sur le plan tactique.

«ESSAYER D'ÊTRE LA MEILLEURE VERSION DE SOI-MÊME»

Quelle est ta citation préférée et pourquoi?

D.J «Be the best you» Essayer d'être la meilleure version de soi-même est un défi en soi et c'est quelque chose que nous prônons. Même dans une situation qui peut te déplaire, qui n'est pas favorable, etc. comment peux-tu quand même être le meilleur de toi-même? Si tu n'es pas une partante, comment peux-tu quand même influencer positivement l'équipe? Si tu es sur le terrain, que peux-tu faire pour que l'équipe bénéficie? J'aime bien ce défi quotidien.

«Le jour où je m'en irai, Dieu devra abandonner son siège favori.» Brian Clough. Comment voudrais-tu que l'on se souvienne de toi?

D.J Que je me suis donné pour la cause du soccer féminin au Québec! J'ai fait partie de deux clubs, Celtix et Outremont, qui en étaient à leur première équipe féminine senior dans le AAA. À Trois-Rivières, que ce soit dans le civil ou l'universitaire, je veux qu'on se souvienne de moi comme étant un entraîneur ambitieux convaincu qu'on est capable d'avoir du succès tout en jouant de façon propre. On peut dire ce que l'on veut de nous, mais il n'y a personne qui peut nous accuser de garrocher le ballon en avant ou de juste défendre. Je me soucie du développement de la joueuse, même en senior et nous essaierons de gagner, pas de n'importe quelle façon, de la manière que nous jugeons être la façon d'essayer de jouer à ce sport. Est-ce que ma façon est LA façon de jouer? Absolument pas. Il n'y a pas de faux ou de vrai dans le soccer, tout le monde a sa manière.

CON CORDIA

«Chaque match à une histoire et finit par et par un résultat.» Qu'est-ce que cette phrase t'évoque?

L. J Je te dirai que c'est tout à fait vrai. Cela dépend de l'adversaire et de la préparation qui a lieu auparavant, des joueuses disponibles, du moment de la saison, de si nous sommes au début, au milieu ou à la fin du championnat, de si nous sommes au championnat canadien ou dans les séries d'après-saison. Il y a énormément de facteurs impliqués dans chaque match, il y a la tactique de jeu qu'on va mettre en place, si on tire de l'arrière, si on veut égaliser, si on joue à l'étranger où à domicile, etc. donc c'est tout à fait vrai! Les choses sont tellement différentes d'un jour à l'autre, et ce pour toutes sortes de raisons. On mène, on veut fermer le jeu pour garder l'avance, il y a beaucoup de choses qui sont imputées à l'intérieur d'un match. Oui, je suis tout à fait d'accord avec l'idée que chaque match ait son histoire.

«C'ÉTAIT UN INTÉRÊT QUI AVEC LE TEMPS A FINI PAR CHANGER ET DEVENIR UNE PASSION»

Qu'est-ce qui t'a donné envie d'exercer le métier d'entraîneur?

L. J Au départ, c'était un intérêt qui avec le temps a fini par changer et devenir une passion. L'amour du ballon a toujours été là, depuis que j'étais petit. Ça remonte à très loin mais j'aurais voulu être joueur professionnel parce que petit garçon j'étais très attentif au jeu. Je suivais les matchs de l'équipe nationale d'Haïti, match qui se jouait quand ils étaient en qualifications pour les Coupes du monde. Nous avions l'occasion d'écouter les matchs à la radio, à l'époque on n'allait pas au stade, nous étions à la fin des années 60. Je me vois encore à la maison, tout le monde est couché et, moi, je suis encore debout avec l'oreille collée sur le poste de radio pour ne pas déranger ceux et celles qui dorment, entre autres ma mère, parce que la radio était dans sa chambre, lieu où j'écoutais les matchs. Je voulais un jour représenter Haïti et éventuellement devenir joueur professionnel. Les choses ont changé avec notre arrivée ici dans le sens qu'il n'était plus question de devenir un joueur pour l'équipe d'Haïti. J'ai roulé des essais avec les équipes du Québec, joué pour Haïtianna. Nous sommes arrivés à New-York en décembre 1970 et en mars 1971, nous étions ici. Je jouais ailier gauche ou ailier droit, mais toujours un rôle offensif dans un 4-4-2. Une des raisons qui justifiait ce poste est que j'aime marquer des buts. Ceci dit, grâce à un ami rencontré ici, Guy-Marie Joseph, qui jouait avec Vasco, j'ai joué à Vasco pendant plusieurs années et indirectement c'est là qu'est venue la piqûre.

LYONEL JOSEPH

CONCORDIA

«VOULOIR FORMER ET VOULOIR EN MÊME TEMPS PERFORMER»

Vasco, quel quartier était-ce?

L.J Longueuil sur la Rive-Sud. Nous partions de Montréal pour aller à Saint-Hubert nous entraîner les dimanches matin. Dans le temps, le trajet durait 90 minutes. On jouait contre Elio Blues, qui appartenait au propriétaire de la Pizzeria Elio, qui était sur Bellechasse et Saint-Denis, Hermès, Haïtianna, Lusostar, Rivières de Sherbrooke. La ligue s'appelait CPS: Championnat provincial de soccer. Je jouais notamment contre André Gagnon, qui a été champion canadien avec le Vert et Or de Sherbrooke et Bertrand Coudraye du Collège Français qui a dirigé l'UQAM.

Le déclic est vraiment arrivé au Cégep. J'ai joué à ma première année, et arrivé à l'automne de la seconde, nous n'avions plus d'entraîneur. Mon nom a été suggéré à l'administration du centre sportif. Ils m'ont rencontré pour me demander si je voulais être entraîneur-joueur pour cette année et qu'ensuite on verrait. C'était en 1979-1980 environ. Donc j'hérite du rôle d'entraîneur-joueur et rapidement je prends conscience que c'est beaucoup trop difficile d'être sur le terrain, prendre les décisions, faire des changements, expliqué, garder une certaine discipline, une certaine organisation quand on est impliqué physiquement et mentalement dans le match. Tranquillement, j'ai commencé à rester un peu plus longtemps sur le côté que sur le terrain et à la fin de l'année, j'ai fait savoir à l'administration que je souhaitais revenir l'année suivante. J'ai commencé l'année suivante à donner un coup de main avec les garçons, un coup de main avec les filles. On a commencé à avoir des équipes de filles pour la première fois au niveau collégial. On faisait un petit mini tournoi au Cégep Saint-Laurent. Il n'y avait même pas de but de soccer dans le temps, il a fallu se faire construire des buts en bois parce qu'on n'en avait pas acheté avant que les filles ne commencent à jouer. Valmie Ouellet, qui est maintenant entraîneuse-cadre à Pierrefonds, en faisait partie. C'est là que ça a vraiment commencé et à partir de là c'est reposant, puis ça reprend. Évidemment la passion a énormément changé: avant c'était pour le plaisir et une grande passion de vouloir former mais en même temps de vouloir performer. Avec toutes les formations que j'ai suivies ensuite, une autre des raisons pour lesquelles mon intérêt était au haut niveau.Travailler avec les jeunes, ça me va oui, mais ce qui nous motive et me pousse le plus, c'est de travailler avec le haut niveau: les Équipes du Québec avec qui j'ai fait mon entrée avec Pierre Clermont. C'était lui l'entraîneur-chef et j'étais l'entraîneur adjoint. Toutes les licences que j'ai été obtenir, c'était pour travailler avec ces athlètes. Mon intérêt par rapport aux semi-pros, il y a quelques années avec les Comètes de Laval, c'était exactement ça.

Entre-temps, avoir la chance d'aller à toutes les séances du Supra et de l'Impact de Montréal ont aussi aidé. Les séances se faisaient au centre Claude Robillard. Andy Honorato et Valerio Gazzola étaient là et me permettaient de m'asseoir sur le banc, regarder la séance et poser des questions. J'ai beaucoup apprécié de tremper dans le professionnel sans nécessairement être vraiment impliqué, mais avoir la disponibilité de pouvoir poser des questions à des entraîneurs comme Francis Millien qui était là aussi, essayer de comprendre la machine professionnelle ça, ça été très intéressant. Là nous sommes au début des années 90, entre-temps, je suis devenu agent technique à la Fédération de Soccer du Québec, malheureusement la fédération ce n'était pas assez solide pour me payer le titre de directeur technique donc je suis devenu agent technique, ce qui m'a mis en contact avec toutes les têtes dirigeantes des autres provinces. J'allais à des formations à gauche, à droite et tranquillement, j'ai commencé à suivre les équipes du Québec. Quand notre équipe du Québec était en déplacement, moi, en tant qu'agent technique, j'étais sur place pour superviser, donner un coup de main et ainsi de suite. J'ai effectué un passage à Dorval puis à l'Université Concordia.

Comment s'est passé le passage à l'université Concordia? Était-ce un appel d'offres?

L.J Je pense que mon nom a été suggéré. J'ai rencontré Cathy Macdonald et j'ai eu le poste. Gaspard d'Alexis était mon entraîneur adjoint. Nous recevions des filles dont les sœurs Cant: Connie, Joey et Maureen, Sophie Drolet, Heidi Jones, Annie Caron, pour n'en nommer que quelques-unes. J'ai poursuivi cette aventure parce qu'encore là c'était un autre niveau et encore là c'était un autre début. Avec le recul quand j'y pense, j'ai souvent été là pour le début de certaines aventures. Oui, je voulais être impliqué au haut niveau, mais sans nécessairement, dire que je voulais être là pour le début de l'aventure. Là je regarde: Concordia, c'était le début! Le semi-pro à Mont-Royal Outremont, c'était le début! Pour Saint-Laurent aussi! C'est de là que viennent la passion, l'intérêt, les exigences, l'aspect pédagogique, ce qui a quelque part une corrélation avec ma formation professionnelle. Je considère qu'être pédagogue avec les athlètes, même les athlètes de haut niveau était pour moi une très bonne approche pour favoriser l'apprentissage et amener les athlètes à performer dans les meilleures conditions au haut niveau.

«AVOIR UNE MAIN DE FER DANS UN GANT DE VELOURS»

Faut-il forcément avoir été un bon joueur pour faire un bon entraîneur selon toi?

L.J Absolument pas! Ça revient beaucoup plus à une question d'intérêt, de développement, de psychologie, de pédagogie, d'approche, de socialisation. Il s'agit d'être dur et exigeant quand il le faut. La belle expression «avoir une main de fer dans un gant de velours» ça, c'est important que ce soit avec les garçons, les filles, les hommes ou les femmes. Il y a un moment où il faut pousser et un moment où il faut reculer. D'un autre côté, le vécu, toute l'expérience connue à un haut niveau, quand certaines situations surviennent, c'est peut-être un peu plus facile de pouvoir les gérer. Je l'ai déjà vécu, c'est plus facile de pouvoir partager avec les athlètes parce que tu l'as déjà vécu donc ce contact-là, cet échange devient quand même important entre les athlètes et toi parce qu'ils savent que tu l'as déjà vécu surtout au niveau. Alors qu'un ancien joueur professionnel qui devient un entraîneur professionnel, que ce soit la séance d'entraînement, les voyages, la nutrition, les blessures, les problèmes familiaux, etc., lui est passé par là pendant ses 12 ou 15 ans de carrière, donc il sait ce que c'est. Nous à notre niveau, oui c'est bien d'avoir joué, mais ce n'est pas nécessairement la même chose. Est-ce un prérequis? Non pas du tout! Il y a quand même d'excellents entraîneurs dans le monde sportif qui n'ont pas nécessairement été des joueurs et encore moins des grands joueurs, ce e n'est pas toujours une nécessité absolue.

«ÊTRE CAPABLE DE PRENDRE LE POULS DU GROUPE»

Quelle est la plus grande qualité d'un entraîneur selon toi?

L. J Il faut être à l'écoute et avoir un excellent sens de l'observation. J'inclus l'écoute avec l'observation. Il faut être capable d'écouter et de voir ce qui se passe, être capable de prendre le pouls du groupe même si de temps en temps je considère que c'est difficile. Il faut savoir communiquer avec les gens, c'est pour ça que j'ai parlé de l'écoute au départ, parce que le plus souvent ça va venir des gens. Ensuite, il faut savoir communiquer avec les gens pour savoir comment leur parler, savoir quoi dire, comment le dire et sur quel ton le dire. Il y a tout l'aspect mental, psychologique sans oublier toutes les formations qu'il faut être capable d'avoir, mais c'est un tout! Oui, je peux être très fort dans ma tête, oui j'ai toutes les expériences passées parce ce que j'ai joué au haut niveau, mais si je n'arrive pas à le verbaliser, à le comprendre, si quand je parle il n'y a personne qui m'écoute ou quand les gens me parlent, je fais semblant d'écouter ou j'ai écouté, mais je n'ai rien compris ou alors je n'ai rien entendu... tout ça finit par faire effet boule de neige. C'est de l'information. On peut suivre, mais, si on n'a pas la communication ni l'écoute, c'est très compliqué. L'aspect social aussi: être capable de socialiser avec les gens. On va manger ensemble, on est à l'extérieur et là ce n'est plus le temps de parler de foot, on parle de tout et de rien, de ce qui se passe dans ta vie, dans ma vie, dans la vie de l'autre, les difficultés qu'on a, nos bons coups, ce qu'on vit présentement. Cela nous permet d'être beaucoup plus près des athlètes, toujours en gardant ce respect entraîneur-athlète, mais d'être quand même capables d'avoir une relation. L'athlète doit se sentir en confiance et savoir que s'il a un pépin, il peut prendre le téléphone et appeler son entraîneur, c'est important d'avoir cette relation.

Comment est-ce qu'on peut faire jouer une équipe lorsque l'on a moins d'un mois pour faire connaissance avec la totalité de son effectif?

L. J Pour moi le recrutement c'est la clé, ensuite il faut rapidement faire une mise en place avec les athlètes et être capables d'évoluer en match le plus rapidement possible afin d'apprendre à mieux connaître son effectif. Évidemment, ça vient du recrutement, ça vient du fait que j'ai eu l'occasion de me déplacer pour voir les athlètes en situation de jeu. Donc par rapport à l'observation dont on a parlé tout à l'heure, j'ai déjà des idées en tête. Je sais que quand cette fille va venir avec moi, nous allons la mettre à tel poste, ce qui peut être différent du poste auquel elle évolue actuellement. C'est le droit de travailler tant tactiquement que physiquement en même temps. Durant ma séance, je vais faire un travail tactique pour être tranquillement capable de placer mon groupe, mais physiquement les athlètes travaillent en même temps. Je veux maximiser le temps, j'évite de prendre du temps pour ne faire que du travail physique. Je fais le travail physique à l'intérieur d'un travail tactique, parce que mon temps est restreint et je dois pouvoir favoriser la préparation des athlètes pour le début du championnat.

Selon Aimé Jacquet, «le football est le reflet de notre société. Regardez bien l'expression d'un joueur sur le terrain c'est sa photographie dans la vie!» Sur quels critères te bases-tu pour recruter tes étudiants athlètes?

L. J Indirectement, je voulais rechercher chez les athlètes ce qui m'attirait dans ce sport. Comment, moi, suis-je dans ce sport? Qu'est-ce qu'il faut pour être capable de performer à un niveau? Numéro 1: la passion. Combien cet athlète est-il passionné par le sport? Dès qu'il y a de la passion, on arrive à travailler. Moi, quelqu'un qui adore le sport, quelqu'un qui bouffe le sport... OK! Jusqu'à présent, c'est encore pour moi un critère majeur, il faut être passionné. Il faut faire ce sport pour les bonnes raisons, quelles qu'elles soient, mais il faut que ce soit les bonnes raisons.

«LE HAUT NIVEAU A DES EXIGENCES, CE NE SONT PAS LES MIENNES»

Qu'est-ce qu'une bonne ou une mauvaise raison selon toi?

L. J Faire du soccer de haut niveau, uniquement pour le plaisir: désolé mais il y a plein d'autres choses que tu peux faire pour avoir du plaisir et le soccer de haut niveau n'en fait pas vraiment partie. Le haut niveau a des exigences, ce ne sont pas les miennes. Tu joues au niveau universitaire: il y a des exigences. Tu joues en semi-pro: il y a des exigences. Tu joues au niveau AAA: il y a des exigences. Quand moi j'arrive, j'arrive avec les exigences du niveau. Tu es à l'école en secondaire 5 enrichi, il y a des exigences pour ton secondaire 5 enrichi. Ce n'est pas le prof qui le veut ainsi, c'est dans le programme. Selon moi, un des critères importants qui découlent de ces exigences, c'est d'être passionné. Si tu veux jouer pour le plaisir: pas de souci, mais va ailleurs! Fais autre chose, va jouer dans le AA, va jouer dans le local, au basket récréatif, etc., tu viens quand tu veux et il n'y a même pas d'entraînement ou s'il y en a, c'est une fois par semaine! Tu veux faire du AAA, il y a trois séances par semaine plus un match. Ça veut dire qu'il y a quatre séances par semaine; ça, ce sont les exigences. Si tu veux pouvoir être compétitif sur le terrain, il y a un minimum à faire donc ça, ça rentre dans la passion. Si tu es assez passionné pour arranger ton emploi du temps 3 ou 4 fois par semaine en fonction de ta priorité qui est le foot, c'est bien parti! Cependant attention, les études ne cadrent pas là-dedans. Les études sont déjà ailleurs! Ma priorité, c'est le foot! Les sorties avec les amis, ça passe après; dans la vie sociale, le foot passe en priorité! Ce n'est même pas les études parce que pour moi les études sont un niveau au-dessus de tout ça, c'est la priorité absolue! Les études ne devraient jamais entrer en conflit avec le sport selon moi. Quand ça arrive, ce n'est pas bon signe!

Lorsque tu rencontres tes athlètes pour la première fois, quelle philosophie souhaites-tu leur inculquer?

L.J En termes d'éthique de travail: deux choses. Je vais le dire de façon négative et ensuite positive. Je déteste les gens qui ne font pas d'efforts. Exemple: je perds le ballon et je reviens en marchant. J'essaie de dribbler l'adversaire, il récupère le ballon, part avec et moi je regarde le ciel. Cette attitude combative, ce deuxième effort, de vouloir, d'être compétitif... quand tout ça n'est pas là, ça vient énormément me chercher. C'est inacceptable! Ça, pour moi c'est très important. Le deuxième point: c'est la discipline! Au haut niveau, il faut que tu sois discipliné, sur le terrain et hors du terrain. Lequel de ces deux points est le plus important? Moi je pense que les deux points sont aussi importants l'un et l'autre. Si je fais 50% sur le terrain et 100% à l'extérieur, ça ne fonctionnera pas. Si je fais 100% sur le terrain et 50% à l'extérieur, ça ne fonctionnera pas. Le plan de match, mon rôle, ma préparation de match, le sérieux, mon hygiène de vie, tout ça compte. Exemple: j'ai fait la fête hier jusqu'à 2 heures du matin puis le lendemain, j'ai match à midi. Je suis désolé, si tu es passionné par le sport et si tu respectes le sport, oui tu vas faire la fête, mais tu t'assures de pouvoir être au lit à une heure raisonnable. Ah oui, mais c'était une fois! Oui, mais c'était la fois qu'il ne fallait pas! Il faut être capable d'avoir cette discipline, être capable de respecter l'équipe, le club, les joueuses avec qui tu joues et le staff et, moi, je tiens cette équipe. Oui, il faut être agressif et combatif, mais il faut que ce soit positif et que je ne mette pas mon équipe en difficulté, par exemple si j'ai reçu un tacle et que j'essaie de me venger. Quand je te parle de discipline, pour moi tout cela en fait partie, c'est extrêmement important.

Quelle est ta routine d'avant match?

L.J Mon rituel, c'est le jour de match. Il y a bien sûr la confirmation des joueuses convoquées pour le match qui se fait 24 heures à l'avance. Après question préparation, c'est tout l'aspect administratif: feuille de match, plan de match, qui va jouer où? Jeu sur balle arrêtée. C'est être capable de revoir le match avec les scénarios alternatifs: si on tire de l'arrière, qu'est-ce qu'on ferait? S'il y a une joueuse blessée derrière, est-ce que j'ai une fille sur le banc? Est-ce que j'ai un arrière sur le banc? Est-ce que j'ai une attaquante sur le banc? S'il y a quoi que ce soit, j'ai des filles sur le banc qui sont aptes, ou j'ai des joueuses polyvalentes qui peuvent éventuellement entrer. De temps en temps, il s'agit de placer, un, deux ou trois appels aux filles pour leur parler directement de certaines attentes face à l'adversaire, histoire qu'elles puissent déjà tranquillement commencer à se le mettre en tête. Ça aussi ça se fait 24 heures avant le match, comme ça, elles dorment là-dessus et viennent tranquillement le lendemain. Donc en fonction de l'équipe adverse, un appel à 3 ou 4 filles pour leur donner l'information pertinente. Le jour de match, c'est surtout convoquer les athlètes 75 minutes avant le match aux vestiaires, leur présenter des trucs avant le match, sauter sur le terrain pour l'échauffement, revenir au vestiaire juste pour faire un retour, et après c'est parti sur le terrain. Ensuite, c'est juste une question de pouvoir gérer le match. Tout ce qui a été fait auparavant c'est bien, mais après il faut gérer. Oui, je suis d'accord pour dire que les joueurs sont responsables, ce sont des athlètes que l'on veut. C'est ce que je fais en tant qu'enseignant: rendre des élèves autonomes, qu'ils puissent arriver à faire des trucs seuls, et sur le terrain c'est la même chose. De temps en temps, quand ça ne va pas sur le terrain et que la joueuse n'arrive pas à assumer le leadership qui lui est confié, c'est à l'entraîneur de le faire. Il doit sillonner la ligne et donner des instructions à gauche et à droite lorsque nécessaire, pour s'assurer qu'on va pouvoir gérer le match. Est-ce que tactiquement il faut faire un changement? Changement d'information, changement dans le système, changement dans l'animation. Animation offensive ou défensive? Blessure? Carton rouge? Il faut essayer d'anticiper tout ça, mais une fois sur le terrain, je veux quand même être actif.

Faut-il imposer son style ou s'adapter à l'adversaire en face?

L.J Je n'aime pas subir donc je préfère imposer mon style. C'est ma philosophie, je veux imposer. Mais s'il faut s'adapter, je vais m'adapter. Sur une saison, si 90% du temps j'arrive à imposer mon style, c'est-à-dire jouer de la façon que nous voulons jouer et non celle de l'adversaire, je serai satisfait. Après sur un match, s'il faut faire un résultat, on fait ce qu'il faut pour faire un résultat; ça rentre un peu plus dans l'aspect tactique par rapport à notre schéma. Qu'est-ce qu'on veut mettre en place et pourquoi veut-on le faire d'une façon donnée? Mais je privilégie toujours notre façon de jouer qui est celle qui fait ressortir nos qualités.

Quelle est la part de l'entraîneur dans le résultat final selon toi?

L.J Encore une fois, on dit souvent que ce sont les joueurs qui sont responsables. Ce sont les joueurs qui marquent les buts, ce sont les joueurs qui encaissent les buts, mais tout le travail qui a été fait pendant la semaine, le mois, est pour amener les joueuses, les joueurs à ces résultats. Oui, nous avons quand même un grand rôle à jouer dans ce résultat. Pourquoi? Parce que tous les changements qu'on va apporter, c'est pour amener l'équipe à être encore meilleure. Changement dans l'animation offensive ou défensive: on fait rentrer un joueur à la 75e minute, pourquoi? Il y a énormément de raisons par rapport à ça. Oui, encore une fois, c'est par rapport aux résultats. Oui, nous avons un rôle à jouer durant le match, et ce rôle débute tout de suite après le match aussitôt que les athlètes ont quitté le terrain, on est déjà en préparation pour le prochain match. Toute la semaine, ce qu'on fait, c'est préparer le match. Les athlètes sont sur le terrain pour performer et nous devons les guider pour nous assurer que le résultat à la fin du match soit en notre faveur. Toutes les décisions qui doivent être prises, on les prend même si parfois les athlètes sont mécontents: c'est comme ça. Il faut qu'on soit capable d'assumer. Quelque part je suis responsable de l'avant, mais après il y a les aléas du match. Si j'avais recruté des athlètes capables de finir sur n'importe quelle occasion, le résultat serait dessiné. Si je n'ai pas les athlètes capables de marquer, indirectement je suis un peu responsable.

Gère-t-on tous les athlètes de la même façon ou t'est-il arrivé de déroger à vos principes à l'occasion?

L. J Je considère que c'est très difficile de gérer les athlètes de la même façon, ce sont tous des individus. Malheureusement, tout le monde n'a pas la même motivation, tout le monde ne fait pas de sport pour les mêmes raisons, tout le monde n'est pas là pour les mêmes raisons. Donc c'est très difficile de gérer les individus de la même façon. Tout le monde arrive avec son bagage, sa psychologie, son approche, ses attentes et ses objectifs, qui sont souvent très différents d'une personne à l'autre et c'est tout à fait normal. Oui, au départ il y a les règles de base, mais chaque cas est traité de façon individuelle. C'est là l'importance des liens créés avec les athlètes quand on se voit à l'extérieur du terrain pour toutes sortes de raisons. Ça nous permet de créer des liens beaucoup plus familiers et quand vient le temps de gérer des trucs, c'est plus facile de pouvoir les approcher. De temps en temps, il y a certains athlètes qui ont besoin de la carotte et d'autres qui ont besoin du bâton. Si on donne le bâton à la mauvaise personne, le résultat est le même: il n'y a pas de résultat! Notre rôle est de pouvoir gérer tout ça: qui a besoin de se faire flatter et qui a besoin de se faire bousculer? Au départ, je préfère bousculer tout le monde. À la longue, je me suis rendu compte que de temps en temps, il faut varier son approche selon certaines personnes donc non, on ne peut pas gérer tout le monde de la même façon.

«LES ATHLÈTES ONT BESOIN DE SAVOIR LE RÔLE QU'ILS VONT JOUER»

Comment gère-t-on les remplaçants lorsqu'on a une saison aussi courte à gérer?

L. J Ça débute avec des rencontres individuelles, tout le monde doit savoir quel est son rôle dans l'équipe. Est-ce que je suis le onzième ou le dix-huitième joueur? Si je suis dix-huitième, tout ce que ça me garantit, c'est que je suis habillé; ça, j'ai besoin de le savoir. Si moi, je suis dans le groupe et que j'ai fait l'équipe: je suis content. Maintenant quel sera mon rôle? Là, j'ai un rôle réserviste. Que signifie un rôle de réserviste? Il faut qu'on soit honnête avec les athlètes, qu'on leur dise exactement ce qu'il en est. Est-ce que je prends la décision de rester à l'intérieur du groupe ou je déclare que non, ça ne m'intéresse pas et que moi, je vais faire autre chose? Aussitôt que la décision est prise et que je reste dans le groupe, j'ai besoin de savoir en quoi ça consiste. Quel est mon rôle? Moi, je suis réserviste! Réserviste veut dire que je ne vais peut-être pas jouer les trois ou les cinq premiers matchs. Réserviste veut dire que je vais rentrer au cas où il y a une joueuse blessée. Les athlètes ont besoin de savoir le rôle qu'ils vont jouer, ça évite les problèmes et même en faisant ça, il y en aura quand même parce que les athlètes veulent jouer. Le plaisir vient en jouant mais pour jouer, il faut que j'ai le niveau, que je sois préparé, que je sois capable de montrer une certaine confiance en moi, une maîtrise sur le terrain, que je comprenne rapidement les demandes de l'entraîneur et que je sois capable de les exécuter. Tous ces éléments influencent la décision de l'entraîneur lorsqu'il se demande qui il va faire jouer. Et les réservistes? Ça, c'est difficile même quand ça regarde sur une saison. Il y a des matchs où tu vas jouer dix minutes et d'autres matchs où tu ne joueras pas du tout et tout d'un coup, il y a des problèmes de circonstances qui font que tu pourrais jouer 45 minutes. Plus le temps passe, plus je suis capable, au vu de tes résultats, de te dire voici comment ton statut évolue. Est-ce que moi réserviste je fais le déplacement pour venir jouer à Sherbrooke? Moi le coach, je suis content que tu viennes, mais tu dois être au courant de ton statut. Tu dois venir et te préparer à jouer... même si tu ne joues pas et c'est avec ça que les athlètes ont de la difficulté. Aussitôt que tu leur dis qu'ils ne joueront pas, il y a comme un... en anglais on dit «switch» et plouf: leur préparation... finie! Elles ne sont pas préoccupées par les discours d'avant-match. Quand on parle, elles écoutent, mais n'entendent rien. Et c'est là le dilemme du coach: le dire ou ne pas le dire? Il faut marteler aux athlètes qu'ils ont un rôle important dans le groupe. Il faut témoigner un grand intérêt aux réservistes parce que tu sais que tu vas en avoir besoin, même si c'est difficile à gérer.

Quel est ton match référence? Celui où le génie tactique de ton staff s'est le mieux exprimé.

L. J La finale du championnat contre McGill à Concordia en 1988. Sur le plan tactique, nous avons été capables d'imposer notre rythme et de limiter les occasions de but de McGill, c'est ce qui nous a permis de nous sauver avec la victoire. Pendant la semaine, on avait mis en place des trucs, on avait répété, répété, répété entre autres avec les filles en petits groupes: les arrières, les milieux, les attaquantes. On avait fait la préparation d'avant match la veille ou l'avant-veille avec les filles en groupe afin de disputer ce match. À la fin du match, il y a trois filles qui soulèvent leur chandail qui fait apparaître un tee-shirt. U pour Annie Caron, B pour Heidi Jones et C, je ne sais plus si c'était une des sœurs Cant, je ne me souviens plus. Ça formait UBC, pour le lieu où se déroulait le championnat canadien: University of British Columbia! Les filles avaient porté ces tee-shirts au coup d'envoi et les ont montrés dès le coup de sifflet final: c'était quelque chose. Elles avaient déjà dans leur tête de poser cet acte, elles n'ont pas eu le temps d'aller chercher les chandails à la fin du match. Soit elles les avaient au début, soit à la mi-temps. Il faudrait que je retrouve la photo et celle-là, tu vois, elle m'est restée, mais aussi en tête. On avait une bonne équipe et tout ce qu'on voulait, c'est être capable de jouer sur nos qualités. Oui, il fallait limiter McGill, mais nous devions jouer sur nos qualités. Je ne me souviens plus du score, mais côté qualité de match, c'était un très bon match où ça allait des deux côtés. Nous, sur le plan défensif, c'était une animation pour être capables de fermer le jeu et ne pas laisser McGill s'amuser. Beaucoup de pression, et ne pas les laisser jouer, faire attention aux ballons en profondeur. McGill jouait un style de jeu direct. La seule joueuse dont je me souviens du côté de McGill, c'est Gayle Noble, qui a joué là pendant des années. Elle jouait derrière et était capable de jouer ces ballons. La consigne c'était de fermer sur elle, dès qu'elle avait le ballon.

Vous êtes champions. Concordia se rend au championnat canadien et tout ne se passe pas comme prévu.

L. J Au Canadien, les choses ne se sont pas déroulées comme moi j'aurais voulu. Un, par rapport au résultat et deux, par rapport à l'ambiance en général. Indirectement, j'ai une certaine déception à ce niveau-là. Nous étions en classe touriste, on allait dans l'ouest, le désir de vaincre présent contre McGill ne s'est pas vu à Vancouver.

«LE RÔLE QUE NOUS AVONS À JOUER DANS LA PRÉPARATION MENTALE»

Peut-être parce que mentalement, les filles ne s'y attendaient pas en début de saison donc tout était du bonus...

L. J Ça, c'est fort possible! Nous avions un groupe. Il n'y avait pas une personne qui ressortait plus qu'une autre dans le groupe. C'était un vrai collectif, nous avions des qualités. Oui, je comprends que c'est toujours plus agréable et toujours plus intéressant de faire un championnat canadien à l'étranger que d'aller le faire à Sherbrooke. Comme les gens de l'Ouest canadien UBC, ils n'avaient pas cette excitation du voyage: ils recevaient! C'est devenu pour nous un couteau à double tranchant, on a eu de la difficulté à jouer comme on jouait, c'est-à-dire avec intensité! Même avec les filles, on a essayé. Nous sommes partis trop tard de l'hôtel et nous ne sommes pas arrivés à l'heure prévue. Notre préparation a été bousculée à cause de ce retard, et il y a eu de petites choses qui indirectement nous ont dérangés et nous n'avons pas été capables de reprendre le dessus. Et c'est là que je me suis vraiment rendu compte du rôle que nous avons à jouer dans cette préparation mentale, pour nous assurer que les athlètes soient bien ancrées. Mais aussitôt que quelque chose leur est entré dans la tête, c'est vachement difficile. Je te donne un exemple concret, je joue un match de demi-finale à Québec, je finis de parler avec Julie Casselman, une joueuse sort du vestiaire et me dit: «Pfiou! Une chance que...

...Joëlle Gosselin n'est pas là!»

L. J (Il soupire) Tu comprends? Une fois qu'elle m'a dit ça, je peux la frapper, je peux la secouer comme un prunier en mode «Non, pas cet argument-là!», lui donner des tapes pour faire bouton reset pour la déprogrammer... j'exagère pour te montrer à quel point c'est trop tard, c'est fini. Je me

Club de Soccer Mont-Royal Outremont - champion du Québec Senior féminin AAA 2017

De la gauche vers la droite: 1er rang à genoux: Lyonel Joseph (entraîneur), Léa Palacio-Tellier. *2e rang:* Noémie Demers-Bouchard, Béatrice Toupin, Laurence Martel, Karolanne Montpellier, Catherine Cloutier. *3e rang debout:* Véronique Laverdière (entraîneure-assistante), Geneviève Harnois, Mathilde Palacio-Tellier, Catherine Fournier, Alyssa Ruscio, Virginie Labossière, Marie-Michèle Brûlé, Laurie Thibault, Sophie Therrien, Anik Levert, Holly Désirée Corcoran, Ève Labbé, Joanie Labbé. ***Absente:*** Frédérique Labelle.

suis senti impuissant parce que comme coach, tu te demandes quoi faire pour changer cette mentalité. Que dois-je modifier dans mon approche pour donner confiance aux athlètes? Ça, c'est pour faire le lien avec le championnat canadien à Vancouver. Vancouver c'est mon cimetière des éléphants: j'y suis allé en 1988 avec Concordia en universitaire et CSMRO en 2017. Les deux fois, je ne réussis pas à faire comprendre à mon groupe qu'on n'y va pas pour le tourisme. Avec Concordia, nous nous inclinons en demi-finale contre une équipe à notre portée. Les filles se parlent ensuite et décrochent la troisième place. J'aurai dû être plus performant lors de cette demi-finale. En 1988, notre gros problème était de marquer des buts dans le championnat canadien. Nous n'avons pas été capables de finir, nous n'étions que quatre équipes, c'était demi-finale et finale.

Te souviens-tu de ce que tu as dit aux filles après la demie pour aller chercher la médaille de bronze?

L.J C'était de leur faire comprendre qu'on ne pouvait pas être venues aussi loin et c'était une occasion unique de rapporter quelque chose. La preuve, jusqu'à aujourd'hui, c'est la seule participation de Concordia au championnat canadien. Il fallait que l'on continue à être performants sur le terrain. Sommes-nous capables de montrer aux gens le vrai niveau d'une équipe championne du Québec? La médaille, c'est pour vous. Ma satisfaction à moi, c'est que performiez sur le terrain. Les filles ont eu une réunion la veille et ont décroché une médaille de bronze.

Pourquoi avoir lâché l'université Concordia?

L.J En toute honnêteté, ce n'était pas mon choix. J'ai vécu deux fois cette expérience et les deux fois pour les mêmes raisons. Je cite souvent le mot «frustration», mais mon mécontentement est exactement le même, en beaucoup plus élevé. La première fois, je me suis fait «limoger» parce que la dame responsable du programme, Kathy Macdonald, pour ne pas la nommer, voulait avoir une femme. À l'intérieur du groupe, elle a approché Annie Caron, lui a offert le poste, et voilà! J'étais tellement choqué que j'ai dû me rendre à la Commission des droits de la personne.
La deuxième fois, c'était avec les Comètes. Pierre Marchand voulait Cindy Walsh. Après, Cindy s'est bien débrouillée. Rudy Doliscat lui a apporté des filles du CNHP. Elle a été capable d'aller chercher des filles d'Ottawa, de Lakeshore. Elle a ensuite fait les séries d'après-saisons. On recevait le championnat cette année-là et elle a très bien fait. Je n'ai rien contre Cindy Walsh, je dis juste que je n'ai pas apprécié la manière dont les choses se sont déroulées avec l'organisation.

Comment ça s'est déroulé avec Concordia à la Commission des droits de la personne?

L.J J'ai eu un dédommagement financier, mais c'est tout, ça n'a rien donné. Annie Caron est devenue l'entraîneuse. Je ne sais pas si Heidi Jones n'en a pas fait un peu après. Ensuite, ça a été George Sanchez.

«PRÉPARER LES JOUEURS AFIN DE FAIRE FACE À DIFFÉRENTES SITUATIONS»

Par la suite, tu as été au collégial...

L.J Il y a une année avec le Cégep Marianopolis où je pouvais m'asseoir sur le banc, tourner le dos au jeu, lire le journal et ça se passait comme sur des roulettes. Tu mets la cassette, tu appuies sur lecture et les consignes d'avant-match appliquées à la lettre toute la saison jusqu'à ce qu'on devienne champion provincial AA. Je me souviens de Daniel Frankman, le reste des joueurs, c'est assez flou. Je pense qu'on gagne le provincial contre Édouard-Montpetit. Tu te dis que ce n'est pas possible et qu'il doit se passer quelque chose, mais les gars trouvaient la solution à tout sur le terrain, c'est le rêve de tout entraîneur. Et c'est là que j'ai commencé à réellement comprendre que notre rôle c'est vraiment ça: préparer les joueurs afin de faire face à différentes situations et qu'eux, collectivement, sur le terrain soient capables de prendre une décision pour pouvoir être capable de gérer le match. Cette année-là a vraiment été une de mes plus belles années à cause de ça. J'ai essayé de faire la même chose ailleurs, mais je n'ai pas eu le même résultat. J'essaie d'appliquer la même chose avec les u16 de Mascouche en ce moment.

Stingers de Concordia - championnes RSEQ 1988 4e championnat canadien

De la gauche vers la droite: 1er rang accroupi: Sheryl Moore, Leslie Clement, Debbie Doyle, Valérie Gaston, Brenda Flannelly, Brigitte Brisson. *2e rang debout:* Gaspard d'Alexis (entraîneur-assistant), Catherine Caron, Sue Dufresne, Alexandra Jones, Sophie Drolet, Leanne Murray, Lea-Anne Thomas, (thérapeute athlétique nom inconnu), Lyonel Joseph (entraîneur-chef). ***Absentes:*** Jennifer Beauregard, Connie Cant, Barbara Grant, Melody Kratsios.

Quel est le pire match de ta carrière de coach? Celui où rien n'a fonctionné comme prévu.

L.J Ce n'était pas un fiasco même si on a perdu. Je pense à un match AAA avec Repentigny qui vient jouer chez nous au CSMRO dans le civil. Je ne suis pas là, je suis en voyage. On joue contre Repentigny. Qui est à Repentigny? Audrey Lagarde; et voilà, on est bloqués! Pourquoi aurait-on un complexe face à Repentigny parce que Audrey Lagarde est là? Sinon au championnat canadien, on a vu Terre-Neuve. Terre-Neuve, ce n'est pas BC ni Ontario. Mais Terre-Neuve a quand même été quatre, cinq, six fois au championnat canadien. On se fiche de savoir contre qui on joue, ce qui importe c'est de connaître le parcours de l'équipe, c'est ça qui est important pour nous. Mais nous en tant que coachs, n'avons pas été capables d'accrocher, de permettre aux filles de s'accrocher là-dessus. Nous venions de battre Québec, qui me rappelait le McGill surpuissant de 1988. J'ai dit aux filles que nous allions pour jouer un match: le premier! Et ensuite le deuxième et ensuite les suivants! Nous perdons contre Terre-Neuve et avec tout le respect que j'ai pour Terre-Neuve, tu ne peux pas faire l'exploit contre Beauport et aller te saborder contre Terre-Neuve! Après ce match, les filles m'ont demandé pourquoi j'avais pour la première fois de la saison titularisé Joanie Labbé en 6. J'avais Alyssa Ruscio, Sophie Thérien, Laurie Thibault, Marie-Michèle Brûlé, je crois, derrière. Pour moi, Jo Labbé ne pouvait pas rester sur le banc. Joanie a été professionnelle dans son attitude et a joué le jeu. J'ai fait un pari et j'ai perdu. C'est ça, la difficulté d'un coach: quand tu fais un choix gagnant, tu es un génie, quand tu fais mal paraître ton équipe, tu dois prendre le blâme. C'est comme ça la compétition et il faut l'accepter.

Pour toi, quel est le geste le plus important durant un match de soccer?

L.J Je te dirais que c'est de gérer le match. Une fois que le ballon est en jeu, il faut gérer chaque minute du match. C'est là que nous faisons les interventions, qu'on donne des consignes sur les plans tactique, technique et psychologique. Une fois que c'est lancé, il faut gérer le match, essayer de contrôler ce qu'on peut contrôler, certains éléments de l'adversaire, le rythme, la vitesse du jeu.

Qu'est-ce que tu ne ferais jamais durant un match?

L.J Je te dirai de tricher pour gagner. Pour moi le respect de l'intégrité du jeu, l'esprit du jeu, l'esprit sportif est extrêmement important. Ça vient de moi en tant qu'ex-joueur mais aussi en tant qu'enseignant, parce que j'inculque ces valeurs aux élèves. On va faire ce qu'il faut pour gagner et si l'on n'y arrive pas, nous sommes responsables de notre défaite. On pleure un coup, on rentre à la maison et on va travailler pour s'assurer que ça n'arrivera pas une autre fois; c'est important de rester honnête en tout temps.

Si tu pouvais inverser le résultat d'un match, d'un seul, lequel ce serait?

L.J La demi-finale du championnat canadien 1988 où on était à un match de disputer la finale. Sinon, c'est la finale qu'on perdu contre McGill en 1989, j'en avais les larmes aux yeux.

«TOUTES AVAIENT DES QUALITÉS DIFFÉRENTES, MAIS AVAIENT EN COMMUN CETTE INTÉGRITÉ»

Avec quel athlète as-tu adoré travailler?

L.J Connie Cant, une athlète là pour les bonnes raisons: la passion, le désir de s'améliorer et de rendre meilleur les autres autour de soi, elle c'est le «next level». J'ai adoré travailler avec elle, elle avait un bon contact, une excellente lecture de jeu, une bonne technique et une bonne tactique. Elle jouait en 10 et était capable de marquer des buts, de tacler, de s'imposer et d'encourager. Je n'ai pas eu l'occasion de travailler très longtemps avec Luce Mongrain aux équipes du Québec, une fille avec un énorme potentiel, une grande volonté, là pour les bonnes raisons, elle pensait à l'équipe avant tout, c'est le genre d'athlète que tu veux avoir dans ton équipe. Parmi les jeunes, il y a eu Andréanne Gagné, Josée Bélanger, Isabelle, qui est devenue physiothérapeute à Longueuil... son nom de famille m'échappe! Ah oui! Morneau! Toutes avaient des qualités différentes, mais avaient en commun cette intégrité, cette générosité et cette éthique de travail que tu recherches chez une athlète.

À l'inverse, y a-t-il un(e) athlète avec qui la relation a été difficile, mais avec qui le travail s'est avéré payant?

L.J Sophie Drolet. Sophie a un talent énorme pour éliminer deux voire trois joueuses, une puissance athlétique qui lui permettait de remporter n'importe quel duel, mais une implication défensive minimale, le strict minimum. Je trouve ça d'autant plus drôle que maintenant il semblerait qu'elle fasse beaucoup de marathons! (Rires) On lui reprochait son implication défensive, à commencer par les sœurs Cant. J'essayais de lui faire comprendre, mais comment veux-tu faire comprendre à quelqu'un d'indispensable dans le système de l'équipe qu'il faut en faire plus? C'est d'autant plus paradoxal qu'on a gagné ensemble, mais, le rôle de l'entraîneur, c'est d'essayer de tirer le maximum de ses athlètes. Ai-je tiré le maximum de Sophie? Je pense que non! Alors, je me suis adapté et l'équipe roulait bien donc on a fait avec. Par la suite nous avons coaché ensemble les équipes du Québec et nous avons dû en reparler peut-être une fois en trente ans autour d'une bière, mais sinon Sophie est une athlète extraordinaire, talentueuse, puissante, souvent décisive, qui nous a permis de gagner beaucoup de matchs difficiles.

Quelle a été ta plus grande émotion en tant que coach?

L.J C'est notre réussite tactique. Quand on travaille quelque chose sur le plan tactique et qu'on le réussit sur le terrain... waouh! Et dernièrement, ça a été la finale CSMRO contre Beauport dans le civil. Tactiquement, notre exécution lors de ce match a été au plus haut point. Au cours de ce match, nous avons marqué deux buts sur balles arrêtées par Joanie Labbé et Laurence Martel.
Quand je te parle de pari gagnant, je pense à une joueuse lors du Final Four 2017 face à Québec. Cette joueuse, c'est Karolanne Montpellier. Karolanne est une joueuse qui tombe tout le temps pour X ou Y raison, qui se blesse, se relève et revient à la charge, un peu comme Rocky le boxeur. C'est une génératrice de fautes pour l'équipe. Malgré les commotions, elle ne refuse jamais le duel. J'ai souvent été dur et rigide avec elle par le passé. C'est une fille à qui tu dois laisser de la liberté et je l'ai compris lors de la finale contre Québec. On était à 1 partout et Léa Palacio venait de réaliser un arrêt déterminant face à Joëlle Gosselin. Je regarde mon banc et je cherche le facteur X. Karo est sur le banc et ne dit rien. Je la fais rentrer. Ce qui est bien avec Karolanne, c'est qu'elle joue tous ses matchs comme si elle jouait dans la rue avec ses amies: avec de la passion! Elle provoque, elle va au duel, tente des gestes, elle rend folle la défense de Beauport. Tu te demandes si elle est au courant qu'elle joue une finale! Elle obtient un penalty transformé par Joanie Labbé et un coup franc réussi par Laurence Martel. Ce jour-là, c'est une remplaçante qui nous donne deux coups de pied arrêtés gagnants! Ce jour-là, tu passes pour un génie. Un mois plus tard, tu t'inclines contre Terre-Neuve et tu dois prendre le blâme! C'est ça être coach!

«JE VEUX JOUER AU PLUS HAUT NIVEAU DE COMPÉTITION»

Si tu devais dire mot au coach qui a le plus mis ton sens tactique à l'épreuve, qui ce serait?

L.J Au niveau civil, ce serait le deuxième Samir avec Beauport dans le AAA.

Samir El-Akkati?

L.J Exactement, il voit les choses de la même façon que moi. Il ne veut pas s'adapter à nous. En voulant jouer à sa façon à lui, il veut nous obliger à nous adapter. On veut être capables de jouer notre style, c'est-à-dire de manière offensive. Défensivement, c'est sûr qu'on doit s'adapter. Si en face, il te met une ailière rapide et que nous, nous avons une défense latérale lente, il faut s'ajuster. Mais le fait que lui a toujours gardé le même style nous cause des problèmes. Il a fallu qu'on soit capables de ralentir l'adversaire et les forcer à jouer sur les côtés plutôt que dans la profondeur, parce qu'avec une fusée comme Léa Chastenay-Joseph, ça allait vite.
À Québec, l'autre Samir de Laval...

Samir Ghrib?

L.J Exactement, avec l'Amiral de Québec, sur le plan tactique c'était quelque chose. Un de mes plus grands défauts est que quand il y a un changement dans la dynamique d'une partie, je mets du temps à m'adapter pour faire l'ajustement nécessaire. Mais j'apprends! Ça, c'est dans ma nature. Parfois, je prends trop de temps pour observer. J'ai vu, donc on va vérifier ce que j'ai déjà vérifié et je vérifie à nouveau ce qui avait déjà été vérifié. Dans ma gestion de match, je tarde.
Aux deux Samir, je leur dirais que j'ai adoré jouer contre eux. Je veux jouer au plus haut niveau de compétition et voir comment je me comporte quand je me frotte aux meilleurs. Qu'est-ce que je veux apporter comme différence et nouveauté pour permettre à l'équipe de rester concentrée et de performer sur le terrain? C'est un grand défi personnel quand tu rencontres des gens capables de te challenger tactiquement, c'est très intéressant.

Ta citation préférée et pourquoi?

L.J «L'effort vaut mieux que le talent quand le talent ne fait pas d'efforts.» Je déteste quand les athlètes perdent un ballon et ne font pas l'effort derrière pour le récupérer. Pour moi, dans tout ce qu'il fait, un athlète doit mettre de la rigueur et faire sentir à ses partenaires qu'il est là pour eux et vice-versa! Quel que soit le talent que tu as, il faut que tu fasses des efforts.

Quelle est l'équipe que tu as préféré coacher?

L.J Je dirais que pour l'année avec Marianopolis, vraiment de pouvoir m'asseoir et admirer ce que les garçons étaient capables de faire, c'était de toute beauté. Mais en même temps, mes expériences avec les équipes du Québec ont toujours été très intéressantes, que ça aient été des années gagnantes ou pas. J'ai adoré les années passées avec les Comètes, j'ai adoré parce que je veux travailler avec ces athlètes-là. Finalement Concordia aussi, parce que c'était du haut niveau. Outremont également, au départ c'était ardu, mais après 4-5 ans nous avons pu nous rendre au championnat canadien. Malheureusement la performance n'a pas été au rendez-vous de nos qualités, je prends une partie du blâme.

Brian Clough a dit «le jour où je m'en irai, Dieu devra abandonner son fauteuil favori!» Et toi, comment voudrais-tu que l'on se souvienne de toi?

L.J Que j'étais et que je suis un passionné de ballon. J'adore le ballon. Je veux essayer de transmettre du mieux que je peux mes connaissances, mes affinités, mon intérêt, mon désir de vaincre et la volonté de vouloir s'améliorer.

ONCORDIA
TINGERS

JORGE SANCHEZ

CONCORDIA

«Chaque match a une histoire et finit par un résultat», qu'est-ce que cela signifie pour toi?

J.S Un match a un début, un milieu et une fin. Le fait que tu aies gagné un match ne garantit rien pour la suite des choses. Le fait que tu aies perdu un match ne signifie rien pour le prochain. Je le dis souvent aux athlètes: le match le plus important, c'est celui qui s'en vient et le match le moins important, c'est celui qui vient de finir. Chaque match a une petite histoire dans la grosse histoire d'une carrière d'athlète, d'une carrière de coach, d'une saison. Et il y a la réalité qui vient avec, tous les facteurs entourant le match: la météo, les arbitres, l'adversaire, les conditions du terrain, si l'athlète a bien dormi et mangé avant le match. Il y a tellement de petites choses qui rentrent dans un match. Est-ce que j'aurai utilisé le mot «histoire», plutôt «chapitre» ou «événement». Ce sont des petits chapitres qui mis ensemble vont définir ta saison.

Qu'est-ce qui t'a donné l'envie de faire ce métier?

J.S En 1991, l'équipe dans laquelle jouait ma fiancée cherchait un nouvel entraîneur après avoir changé à quelques reprises. Un coéquipier à moi a décidé de prendre l'équipe et comme j'allais souvent aux matchs, il m'a demandé d'être adjoint. Par contre, il a lâché en milieu de saison et je me suis retrouvé seul et en charge. Après avoir terminé la saison, je me suis dit que peut-être, ayant une saison complète, j'aurais pu faire quelque chose d'intéressant. En 1992, on a gagné la Coupe du Québec et fini 4e aux nationaux et alors la passion est née. J'ai fait 7 ans en club avec Lakeshore, 6 ans avec les équipes du Québec et 16 ans avec Concordia.

«UN ENTRAÎNEUR DOIT INSPIRER LA CONFIANCE ET ÊTRE RASSEMBLEUR»

Faut-il forcément avoir été un bon joueur pour faire un bon entraîneur?

J.S Non, même que des fois, les très bons joueurs ne font pas de bons entraîneurs parce que leur talent et leur naturel, ils ne savent pas comment l'enseigner. Il faut avoir une bonne connaissance du jeu certes, et l'expérience aide, mais être entraîneur reste un métier et il faut apprendre les compétences d'entraîneur, avoir joué ne suffit pas.

Quelle est la plus grande qualité d'un entraîneur selon toi?

J.S Je ne sais pas si c'est une qualité en soit, mais un entraîneur doit accepter et réaliser que sans athlètes, on n'a pas besoin d'entraîneurs. Alors ceux qui coachent pour leur propre validation ou gloire, ne sont pas là pour les bonnes raisons. Un entraîneur doit inspirer la confiance et être rassembleur, savoir bien communiquer, mais surtout, toujours mettre ses athlètes en premier.

Comment faire jouer une équipe quand on a moins d'un mois pour faire connaissance avec la totalité de son effectif?

J.S Mais, on a toujours plus d'un mois. La préparation se fait durant la saison morte, il faut bien observer les forces et faiblesses de l'équipe, recruter selon les besoins du groupe et s'assurer qu'il n'y ait pas de perte de temps. Il faut maximiser le temps sur le terrain pour que chaque séance ou chaque match préparatoire apporte de la valeur ajoutée au groupe.

Selon Aimé Jacquet, «le football est le reflet de notre société. Regardez bien l'expression d'un joueur sur le terrain, c'est sa photographie dans la vie.» Sur quels critères vous basez-vous pour recruter vos étudiants-athlètes?

J.S Bien sûr, il faut que l'athlète ait les atouts pour jouer au foot. Il y a 4 critères: technique, tactique, physique et psychologique. Idéalement il faut que l'athlète ait de quoi dominer dans au moins un des quatre, et il faut qu'il soit plus que sous-standard. Par contre, étant donné qu'il s'agissait d'étudiants-athlètes, moi j'observais la personne dans l'ensemble, sa maturité, son sérieux, comment elle pourrait s'associer avec le groupe, sa capacité à combler les besoins sur le terrain, mais surtout l'aspect académique. Je cherchais des personnes qui seraient là pour quatre ans, et non de bonnes joueuses qui aideraient à court terme sans réussir le tout.

Lorsque tu rencontrais tes athlètes pour la première fois, quelle philosophie souhaitais-tu leur transmettre?

J.S Souvent, la discussion soccer était secondaire, je voulais en savoir plus sur leurs objectifs académiques, ce qu'elles voulaient accomplir dans la vie. Je voulais les connaître comme personnes, connaître leurs motivations. Je voulais savoir pourquoi elles avaient décidé de jouer universitaire, de choisir Concordia, etc.

Quelle est votre routine d'avant-match?

J.S Dans un monde idéal, la planification pour un match était bien en place suite au dernier entraînement, juste avant le match. Alors ma causerie d'avant-match servait juste à sortir quelques aide-mémoires sur nos objectifs durant le match, des signes clés sur lesquels faire attention, et leur laisser avec une petite pensée pour les motiver.

Faut-il imposer son style ou s'adapter à l'adversaire en face?

J.S Encore, dans l'idéal, toujours imposer, mais la réalité fait que parfois il faut s'ajuster. Par contre, l'accent était toujours sur «nous», sur ce que nous allions ou devions faire pour réussir. Tout était dans la façon dont le message était donné: je ne parlais pas d'ajuster, mais de ce que nous allions faire pour réussir.

«LEUR DONNER LES OUTILS POUR QU'ILS OU ELLES PUISSENT S'AJUSTER EN COURS DE MATCH»

Selon toi, quelle est la part de l'entraîneur dans le résultat final?

J.S Un entraîneur c'est comme un remplaçant qui est toujours aux activités, mais ne joue jamais. L'entraîneur doit préparer les athlètes pour faire face aux défis, leur donner les outils pour qu'ils ou elles puissent s'ajuster en cours de match facilement, sans se sentir dépasser par la situation. Un entraîneur n'est pas sur le terrain, par contre les décisions prises par un entraîneur, autant dans la préparation qu'au cours du match (changement tactique, directives ou changements) affectent le résultat. Une équipe doit gagner et perdre en équipe, avec chaque membre ayant un rôle, le rôle de l'entraîneur c'est de gérer les rôles des autres membres de l'équipe.

Gère-t-on tous les athlètes de la même façon ou t'est-il arrivé de déroger à vos principes à l'occasion?
J.S Non, on ne gère pas tous les athlètes de la même façon, chaque personne est unique, et justement un bon entraîneur doit savoir s'ajuster pour trouver la bonne ou la meilleure, voire parfois la moins mauvaise, façon de transmettre les attentes ou directives d'une manière que tous comprennent. Certains ont besoin de rétroaction constamment, d'autres juste quand ça va mal, certains aiment qu'on soit exigeant avec eux et d'autres trouvent cette façon de gérer difficile. Un bon entraîneur est en fait un bon gestionnaire, s'ajuste à ceux sous sa responsabilité. Par contre, il faut toujours rester fidèle à ses principes, ses valeurs et sa personnalité.

«BIEN COMMUNIQUER SUR LA FAÇON DONT LES DÉCISIONS SERONT PRISES»

Comment gère-t-on les remplaçants lorsqu'on a une saison qui ne dure que trois mois?
J.S Ce n'est pas juste une question de remplaçants, mais de tous, il faut savoir bien gérer les attentes, et surtout bien communiquer sur la façon dont les décisions seront prises. Il faut faire un «check-in» régulièrement pour s'assurer que les athlètes comprennent.

Raconte-nous ton match référence, celui où ton génie tactique s'est le mieux exprimé.
J.S En 27 ans j'en ai plusieurs, et parfois, nos meilleurs matchs en tant qu'entraîneur ne se concrétisent pas par une victoire, au vu de tous les facteurs qui affectent un résultat dont la plupart ne sont pas sous notre contrôle.

À l'inverse, quel a été le pire match de ta carrière de coach? Celui où rien n'a fonctionné comme prévu.
J.S La finale du championnat des sélections u18 contre Alberta en 1998 et la finale des sélections u15 contre Ontario en 2000 sont les deux qui me restent en tête.

Quel est le geste le plus important pour toi durant une partie de soccer?
J.S En gros, c'est savoir comprendre les moments clés lors d'un match, d'avoir le pou autant de ton groupe que de l'adversaire et pouvoir faire les ajustements aux bons moments.

Qu'est-ce que tu ne ferais jamais durant un match?
J.S Il ne faut jamais dire jamais parce qu'il y a peu d'absolus dans la vie, mais j'ose penser que jamais je n'ai humilié un athlète sous ma responsabilité ou manquer de respect à un adversaire.

Si tu pouvais inverser le résultat d'un match, d'un seul, lequel ce serait?
J.S La finale du Championnat canadien des sélections u15 contre l'Ontario en 2000. On a bien joué et même dominé; avec quelques ajustements, on aurait pu gagner.

Avec quel athlète as-tu adoré travailler?
J.S En 27 ans de coaching, j'ai eu la chance de travailler avec des pionnières du soccer féminin au Québec, Annie Caron, qui a beaucoup influencé mes débuts comme coach. Annie est dans le temple de la renommée du soccer québécois. Elle a figuré dans les premières équipes nationales. Elle a été réinvitée en 93-94 pour faire une coupe du monde en 1995. C'est une très bonne amie à ma conjointe et moi, c'est elle qui nous a présentés d'ailleurs. Elle a été demoiselle d'honneur à nos noces. Mais à un moment donné, il fallait séparer l'amitié du travail. Elle venait avec son bagage et son expérience en tant que membre de l'équipe nationale et il y avait ce côté intimidant de se dire: «Wow je ne connais rien en tant qu'entraîneur et elle, elle a vécu de grands moments avec l'équipe nationale!» Mais en même temps, c'était comme un miroir pour moi, je la regardais et de par ses réactions, si je voyais que ce que je faisais avait du sens pour elle, c'est que ça devait être bien! C'était aussi quelqu'un de très compétitif donc dès que quelque chose n'allait pas, elle me le faisait savoir. Ça n'a jamais été difficile, il n'y a pas eu de chicanes, seulement des accrochages et des divergences d'opinions, mais comme je la connaissais comme amie aussi, je voyais dans cette situation une façon pour moi d'apprendre de son expérience.
Lorsque je me projette 20 ans plus tard. Là je suis un homme dans la fin quarantaine-cinquantaine et je coache des athlètes de 21 ans, j'ai la sagesse des années d'expérience. Donc si j'avais le même accrochage avec un athlète, je saurais à quoi m'en tenir. Mes deux dernières années, j'ai travaillé avec Chama Sedki. Quand elle était au sommet de sa forme, c'était une joueuse dominante. Mais quand les fils se touchaient, elle pouvait prendre des cartons jaunes, rouges complètement sortir de son match. Ce n'était pas facile, mais moi étant un éternel optimiste, je voulais être le coach qui trouverait la formule gagnante pour la faire briller. Nous avons eu de bons moments ensemble, on s'entendait super bien et on se respectait. Mais ça créait des froids avec d'autres joueuses parce que si je lui donnais des petits passe-droits, les autres étaient comme «Moi je viens à l'entraînement, je soulève des poids, je ne viens jamais en retard, je suis toujours positive, je ne comprends pas pourquoi je ne joue pas!» Mais à un moment donné, le talent c'est le talent! Même si tu fais tout correctement, il faut avoir le talent derrière pour réussir. Je dirais que parfois il faut faire différemment, tu gères la personne et non l'athlète. Luce Mongrain, Amy Walsh, Marie-Ève Nault, Rhian Wilkinson, entre autres. Aussi pendant mon temps avec les Stingers, j'ai pu travailler avec des femmes arrivées à 18/19 ans et parties quatre ou cinq ans plus tard, diplôme en main, ayant réussi dans les études et le soccer. Certaines sont même revenues pour assister le staff en tant qu'adjointes. Celle avec qui j'ai passé le plus de temps, c'est Frédérique Labelle qui a joué ses cinq ans puis servi comme adjointe durant deux années en finissant sa maîtrise.

À l'inverse, y a-t-il un(e) athlète avec qui la relation a été difficile, mais avec qui le travail s'est avéré payant?

J.S En 27 ans, j'ai coaché des centaines et des centaines d'athlètes. Il y a des athlètes que j'ai retranché des équipes du Québec, que j'ai retranché de clubs et même aux Stingers... mais des regrets? C'est toujours facile d'avoir des regrets après les faits, de se dire «Si j'avais pris un peu plus de temps, si j'avais été plus clair dans mes attentes, si, si, si...» Moi, j'ai toujours cru en tant qu'entraîneur et en tant que gestionnaire, ma profession c'est gestionnaire ici à Dawson et dans les compagnies, que tu prends les décisions sur le moment avec les informations à ta disposition. C'est très facile d'avoir de nouvelles informations après coup et de dire «Si j'avais su, j'aurai agi différemment.» Et tout le monde peut dire ça. À Concordia j'ai été exigeant pendant un ou deux ans avec des joueuses en sachant que si je le faisais, elles allaient lâcher parce que ce faisant je créais une situation où elles ne voudraient plus rester. Mais avec des joueuses talentueuses: c'est la sagesse. La personne que j'étais à 40 ans, n'est pas la personne que j'étais à 50 ans donc peut-être que si j'avais eu la même chance avec ces athlètes à 40 ans, j'aurais été plus patient. Peut-être qu'il y a d'autres choses dans leur vie qui affectent leur caractère. Mais des regrets? J'ai rarement des regrets. Tu connais la chanson de Frank Sinatra *«I Did It My Way»*? Elle a un refrain que j'aime beaucoup et qui dit:

«J'ai fait des erreurs
J'ai fait de bonnes choses
Mais chaque étape, je l'ai fait à ma façon
Le mieux que je pouvais
Et après les conséquences
sont les conséquences.»

Quelle a été ta plus grande émotion en tant que coach?

J.S Pouvoir inviter Rhian Wilkinson à deux reprises (dont une fois seulement quelques semaines après qu'il ait gagné sa deuxième médaille olympique) venir parler aux athlètes et l'entendre dire que quelque chose que je lui avais dit à son arrivée dans l'équipe provinciale (u15 en 1997) l'avait marqué tout au long de sa carrière de joueuse.

Si tu devais dire un mot au coach qui a mis le plus ton sens tactique à l'épreuve, qui ce serait?

J.S Kevin McConnell, qui semblait toujours trouver façon de surprendre et s'ajuster à mes plans tactiques même quand je pensais qu'on avait le match en main.

Comment est-ce qu'on garde motivées ses troupes lorsque chaque année on voit constamment les grosses puissances du circuit finirent en tête?

J.S C'est savoir gérer les attentes, ne pas mentir aux athlètes en disant «On est les meilleures, on est les meilleures!» Quand tu les recrutes, il convient de dire: «Voici nos résultats depuis dix ans, voici nos plans pour le futur.» Mais la réalité à Montréal, c'est qu'il y a deux universités anglophones. McGill avec ses 200-300 ans d'histoire puis Concordia qui malgré d'excellents résultats académiques, est vu comme le petit frère de McGill. Peu importe les diplômes à McGill, ce sera toujours mieux qu'à Concordia dans l'imaginaire collectif. De deux, il faut attirer des athlètes anglophones en priorité. Au Québec, tout le sport universitaire collégial passe par les francophones ou les allophones, c'est la réalité aujourd'hui. Il y a Champlain, qui fait bien côté résultats côté anglophone comme cégep, mais la plupart des athlètes sont francophones. John Abbott finit quatrième ou cinquième depuis des années, Dawson a été rétrogradé en deuxième division. Donc pour rechercher des athlètes anglophones de bon calibre, il faut sortir de la province. Mais quand tu vas en Ontario, à Calgary ou en Colombie-Britannique, les athlètes s'attendent à des bourses pour payer le coût des études et de la vie ici. Puis, si tu n'as pas un budget approprié pour attirer ces jeunes-là, tu peux oublier ça! Ou alors tu attires des étudiantes qui arrivent à 18 ans contre des filles qui sortent du cégep à 19-20 ans donc déjà tu pars avec du retard. L'université Laval a de la réserve. Il y a les cégeps Sainte-Foy et Garneau qui fournissent des joueuses chaque année. À la blague j'avais appelé David Desloges, l'ancien coach de Garneau maintenant à la barre du Rouge et Or et je lui avais dit: «David, je fais mon appel annuel de recrutement, est-ce que tu peux me donner la liste des finissantes?» Il n'y avait pas une seule fille de Garneau qui voulait venir à Concordia. Mais pour la forme, on essaye. C'est juste d'être réaliste et de te dire que Montréal a une réputation et ils recrutent, ils ont également des bourses. Laval a un programme qui les nourrit chaque année avec des joueuses qui ont un vécu commun. McGill, c'est McGill! Après ça, il y avait des fois Sherbrooke quand il y avait un groupe de bonnes joueuses; ces joueuses ont toutes fini à présent. On a vu ce qui est arrivé à Sherbrooke cette année. Moi je pense que la surprise dans les prochaines années viendra peut-être de Bishop's parce qu'ils ont décidé d'investir dans les programmes sportifs de soccer en priorité. Il y a un entraîneur qui a des contacts partout. Auparavant, jamais un entraîneur de Bishop's n'allait dans l'Ouest canadien ou dans les Maritimes. Eux autres faisaient Ottawa, Toronto, that's it. Depuis que Paul Ballard est là, année après année il y a une progression, une qualité de jeu. Il a recruté neuf ou dix joueuses l'année passée. Si ça ne va pas bien, il n'a pas peur de dire: «Tu n'es pas assez bonne, too bad! Out! Je recrute dix autres.» Puis quand son équipe sera rodée, je pense, il va y avoir des surprises.

Tu es un des coachs qui a le plus œuvré pour la promotion du soccer féminin au Québec, tu tiens même un blogue à ce sujet. Comment juges-tu l'évolution du soccer féminin?

J.S On pense que la promotion, l'exposition et la couverture sont meilleures parce qu'on a accès à des blogues, des sites web, des diffusions, toutes sortes de médias sociaux, mais la réalité c'est qu'on a deux-trois joueuses sur les équipes nationales. Génération après génération, nous avons plein de jeunes joueuses qui sont sur les équipes de jeunes, mais quand on arrive à l'équipe nationale sénior, c'est toujours trois ou quatre. Pendant longtemps c'était Rhian Wilkinson, après, Marie-Ève Nault était out, in, revenait. Josée Bélanger a effectué un petit parcours avec l'équipe nationale parce qu'elle est arrivée en retard pour plusieurs raisons, mais depuis que ces trois ont pris leur retraite, on a qui? On a une: Gabrielle Carle. C'est ridicule qu'à ce niveau-là, le Québec n'ait réussi qu'à mettre une joueuse sur l'équipe nationale senior avec la qualité qu'on a, avec notre centre national, avec la formation qu'on fait. Mais je pense qu'on s'exclut nous-mêmes et je dis nous parce que même si je suis espagnol-anglophone, je me considère québécois. On s'exclut nous-mêmes. J'étais avec les équipes du Québec quand des joueuses francophones allaient sur des camps de l'équipe nationale puis revenaient en disant «Oh! c'est plate, ils parlent juste anglais!» Mais oui, parce que c'est l'entraîneur de l'équipe nationale, 90% de l'équipe est anglophone donc il va parler l'anglais. Apprends l'anglais si tu veux réussir. Ces mêmes joueuses qui se plaignent de ça vont accepter une bourse pour les États-Unis, où c'est encore pire côté anglophone, mais ça c'est normal pour elles. On s'exclut parfois! On ne fait pas assez de promotion, que ce soit les coachs ou les joueuses. Pendant longtemps, c'était Rhian Wilkinson, la constance québécoise sur l'équipe nationale. Je pense que c'est la joueuse avec le troisième plus grand nombre de matchs internationaux. Selon moi, elle devrait être la prochaine coach de l'équipe nationale mais parce qu'elle avait un nom anglophone, ici au Québec, on ne faisait pas assez de promotion. En revanche, quand Marie-Ève Nault et Josée Bélanger sont arrivées, là c'était les Québécoises sur l'équipe nationale. Mais Rhian est québécoise, elle a grandi à Baie-d'Urfé donc c'est un peu ça: il faut qu'il y ait des modèles pour que les jeunes s'inspirent de ces modèles. Quand j'étais membre des équipes du Québec et à l'université: une jeune fille de 10 ans aurait eu beau aimer aller voir l'Impact de Montréal, mais elle ne serait jamais devenue joueuse avec l'Impact. Donc il faut qu'on ait des matchs de l'équipe nationale au Québec pour que les filles puissent voir des matchs en live. Il faut qu'il y ait plus de promotion du réseau universitaire, pour que les filles voient qu'il y a d'autres façons de se développer quand on est joueuse. C'est un combat permanent! Parfois on avance puis on recule après! Ça arrive à l'équipe nationale: médaille de bronze aux Jeux olympiques de 2012 à Londres, Coupe du monde locale en 2015, elles finissent huitièmes, c'est correct. Deuxième médaille de bronze à Rio en 2016, tout le monde est content! La coupe du monde 2019 a été complètement ratée selon moi, puis l'équipe garde le même coach parce qu'elle espère faire mieux aux Jeux olympiques. Je pense qu'à un moment donné, il faut qu'on prenne le soccer féminin au sérieux. On se fait dépasser et je pense que même les Américaines vont se faire dépasser d'ici quatre ou cinq parce que le réseau de clubs en Europe prend de plus en plus de place dans la promotion du soccer féminin. Le modèle nord-américain, on le voit, n'est pas le meilleur. Traitement équitable, investissement équitable, promotion équitable, ça exige des modèles. Les jeunes ont besoin de modèles!

«SI ON VEUT SE DÉVELOPPER, IL FAUT QU'ON AIT DE MEILLEURES OPTIONS»

En parlant de promotion du soccer féminin au Québec, il existe depuis deux ans la Première Ligue de Soccer au Québec féminine. Pour l'instant, ce programme n'est pas encore jumelé avec le Réseau du Sport étudiant du Québec, RSEQ. L'arrivée de la PLSQ est-elle un progrès ou une régression selon toi?

J.S Déjà il y a une inégalité dans l'investissement qui est faite par les équipes. Je sais que quand Lakeshore avait son équipe, le directeur de la région demandait à ce qu'on appelle l'équipe semi-pro, mais on ne payait personne tandis que certaines équipes utilisaient des jeunes pour faire de la promotion, pour d'autres, c'était des athlètes universitaires. De un, il y avait une inégalité dans la gestion des équipes. De deux, on n'a pas élargi le bassin, on n'a pas amélioré la qualité des athlètes. On a juste pris les 120 meilleures joueuses du Québec puis on les a juste regroupées dans une ligue. Mais on avait ça avant: ça s'appelait la ligue élite! On n'a rien rajouté. Il n'y a pas une bonne joueuse du Québec qui va rester au Québec parce qu'il y a la ligue semi-pro qui est la même ligue qu'il y avait avant sous un autre nom. Il faut qu'on ait de meilleures options. Si on veut se développer, il faut que nos meilleures joueuses jouent dans un environnement pro douze mois par an, tant au niveau national que provincial. Le sport-études est un bon outil, mais quand on finit le secondaire, il y a quoi après? Qu'est-ce qui arrive à une fille de 18 ans qui sort du Centre national sans avoir fait les équipes u17, u20? Comment peut-elle revenir dans le circuit comme Marie-Ève Nault l'a fait? À 21-22 ans, Marie-Ève a été capitaine de l'équipe nationale pendant des années. Puis la raison pour laquelle elle est revenue, c'est parce qu'elle a joué dans une équipe américaine qui a gagné la W-League puis le nouvel entraîneur a dit: «Hey, il y a une canadienne qui joue dans cette équipe-là! Elle doit être bonne! Je vais l'inviter au camp!» Elle a réintégré l'équipe un peu plus tard. Comme disait Pierre Clermont son coach à Trois-Rivières: «Ils ont perdu ton dossier pendant quelques années!» Mais on n'a pas ça. Comment une fille peut-elle revenir dans le soccer de haut niveau si elle n'a pas cette opportunité? Même à la League One en Ontario, c'est à peu près la même chose, à la différence que eux font une meilleure promotion. Il y a une différence entre League One et WSL qui est comme notre ligue élite. Tu vois un écart! Moi, j'ai vu des matchs de la ligue élite et je ne vois pas un grand écart comme tel.

Tu as été deux fois aux Universiades où tu as pu observer la cohabitation anglophone-francophone. Comment s'est-elle déroulée?

J.S C'était super! Au Canada, la CSA ne s'implique pas dans les Universiades. Dans d'autres sports comme la natation, le basketball, le volleyball, on utilise les équipes d'Universiades comme des équipes relève. La natation utilise même les Universiades comme une des compétitions où l'on peut atteindre les standards olympiques. L'association canadienne ne veut rien savoir des Universiades. Donc nous, on a fait un choix: l'association des entraîneurs qui avait la responsabilité de gérer les équipes avait dit: «Nous, on va prendre des universitaires qui sont au Canada! Ça va être une façon de donner quelque chose aux joueuses universitaires canadiennes. Moi j'ai adoré. Nous avons joué contre des équipes nationales. L'équipe de France, c'était comme une équipe relève. C'était les meilleures u20 qui montaient, les seniors qui n'avaient pas encore percé. Le Japon en 2011, c'était leur équipe u23, la Corée, c'était leur équipe u20. La Corée a inscrit tout son centre national à la même université. Nous au Canada, on faisait une sélection. Puis souvent, ce n'était même pas les meilleures joueuses: c'était les meilleures joueuses qui avaient l'argent parce qu'elles doivent débourser 3000-3500 pour participer. Dans le staff où j'étais adjoint, nous avions créé une formule pour donner la chance aux athlètes de ramasser de l'argent. Ceux qui ont suivi, José Valdes de McGill et Peyvand Mossavat de York faisaient du financement douze mois d'avance. Mais il y avait quand même une inégalité: tu représentes ton pays et tu fais de l'autofinancement ou tu payes de ta poche? C'est un peu ridicule. Il y avait supposément les 20 meilleures joueuses universitaires au Canada, mais sur cette équipe, une des joueuses serait la 20e. Elles étaient toutes capitaines de leur équipe, membres des équipes étoiles, des joueuses qui jouaient tous les matchs, mais sur notre groupe, une devait quand même être 20e et ne jouerait pas beaucoup. Comment dis-tu à une fille qui a toujours joué que, sur cette équipe Canada, elle sera remplaçante? J'étais l'adjoint chez qui les joueuses venaient se plaindre des décisions de l'entraîneur en chef et ça m'a fait réaliser que des fois en tant qu'entraîneur-chef, on passe un message puis on prend pour acquis que notre message est passé, mais on ne fait pas de suivi pour nous assurer que notre message a été compris.

«C'EST UNE DISCUSSION QUI DURE DEPUIS 30 ANS MÊME CHEZ LES HOMMES»

Comment vois-tu l'avenir du soccer féminin au Québec et au Canada dans dix ans?

J.S À moins qu'il n'y ait des changements majeurs, nous serons à la même place, 6e à 10e voire 11e parce qu'on a le bassin de joueuses qui peuvent bénéficier du fait qu'elles iront jouer universitaire. Mais s'il y a changement, il se peut que ce soit pire. Nous avons vu des pays comme la Hollande, l'Espagne, l'Angleterre, l'Argentine et l'Italie qui investissent dans les programmes féminins. Le Danemark paye les mêmes salaires aux internationaux hommes comme femmes. Si nos joueuses n'ont pas la chance de jouer pro dans un environnement pro régulièrement, on est dans le trouble. Nous sommes allés à la coupe du monde avec des joueuses qui jouent universitaire ou en club au Canada contre d'autres pays où ils jouent à Chelsea, Lyon ou Marseille. Kadeisha Buchanan, considérée comme une de nos meilleures joueuses canadiennes, est remplaçante à Lyon. Puis tu joues contre l'équipe de France qui a huit filles de l'Olympique Lyonnais toutes partantes: il est là l'écart. Manchester City, Manchester United, Arsenal, Barcelone, Atletico, Real Madrid, tous les grands clubs européens commencent à investir dans le soccer féminin. Tu me dis qu'entre les Whitecaps, l'Impact ou le Toronto FC, on ne peut pas avoir une équipe canadienne dans la ligue féminine américaine? On prend les 16-17 meilleures joueuses et on les met toutes ensemble? À voir! C'est une discussion qui dure depuis 30 ans même chez les hommes. En 1986, nous sommes allés à la Coupe du Monde en pensant que c'était le début de quelque chose: 40 ans plus tard, on dit: «Ah on espère faire la prochaine Coupe du Monde!» C'est un cercle vicieux.

Concordia Stingers 2016-2017

De la gauche vers la droite: Debouts: Sophie Beaudry, Frédérique Labelle (entraîneure-adjointe), Erica Geertsen (entraîneure-adjointe), Olivia Desgroseillers, Bella James, Emma Scullion, Rhian Wilkinson, Émilie Côté, Jorge Sanchez (entraîneur-chef), Laura Lamontagne, Mélisane Lafrenaye, Alyssa Ruscio, Angela Stroubakis, Camille Dion, Gabriella Dobias, Chama Sedki, Imane Chebel, Carmen Milne. *Au premier rang:* Loanna Kontogianos, Sarah Humes, Valérie Arenal, Alice Grandpierre, Julia Bianchi, Shannon McFadden, Sabrina Manolakos, Madeleine McKenzie, Claudia Waddingham.

Quelle est la bonne nouvelle pour le soccer féminin?

J.S Le fait que la Coupe du Monde féminine ajoute des équipes. De 16 à 24 puis à 32 pour 2023. Oui, il y aura de gros écarts de pointages. Tu arrives pour la première fois, tu vois l'écart de niveau et tu retournes à la maison en décidant d'investir: c'est bien! On voit les cotes d'écoute et les assistances et ce sont des niveaux jamais vus auparavant mais il faut bâtir, et ne pas se contenter.

Quelle est ta citation préférée et pourquoi?

J.S «Si on fait toujours ce qu'on a toujours fait, on aura toujours ce qu'on a toujours eu.» Je trouve que ça résume très bien un de mes principes de base, qu'il faut toujours être ouvert au changement, savoir s'ajuster parce que les athlètes, la technologie, les attentes, les besoins, etc. sont toujours en évolution.

Brian Clough a dit «le jour où je m'en irai, Dieu devra abandonner son siège favori.» Comment voudrais-tu que l'on se souvienne de toi?

J.S Je te dirais qu'en principe, il y a deux choses que j'espère que les gens retiennent de moi. La première, que j'étais toujours là pour les athlètes, que je me battais pour m'assurer de pouvoir leur offrir la meilleure expérience et le meilleur environnement possible! La seconde est que j'ai été un des premiers à jouer le rôle d'entraîneur dans le soccer féminin, que je me suis battu pour un investissement, une couverture, un soutien équitable, mais surtout, que j'étais une personne qui croyait sincèrement dans le sport féminin et dans les femmes au sport.

LE MOT DE LA FIN

«Je suis devenu coach par hasard. Ça m'a donné une voie, une raison d'être, une passion, la chance de voyager, de croiser des gens superbes, des amis, des collègues, des adversaires, des athlètes donc je me considère privilégié. Je crois qu'un entraîneur ne coache pas pour son propre gain, gagner des prix et des championnats, mais pour donner aux autres; mais quand tu as fini, tu peux regarder avec le recul ce que le sport t'a donné!»

GREG SUTTON

CONCORDIA

«AIDER LES INDIVIDUS À S'AMÉLIORER AINSI QUE L'ÉQUIPE EN TANT QU'UNITÉ»

«Chaque match a une histoire et finit par un résultat.» Que signifie cette phrase pour toi?

G.S Chaque match est différent et vous en apprenez beaucoup sur vous en tant qu'entraîneur. Vous apprenez beaucoup de choses sur vos joueurs sur le terrain et maintenant, il s'agit simplement de continuer à faire évoluer votre équipe en fonction de vos matchs et de vos performances et savoir comment structurer votre équipe, comment aider les individus à s'améliorer ainsi que votre équipe en tant qu'unité et vous en apprendrez ainsi sur vos tâches à accomplir au fil de la saison et à travers chaque match. Donc je pense que ce serait pour moi de savoir ce que je peux retirer de chaque match et redonner d'une manière à aider mon équipe à devenir une meilleure équipe.

Qu'est-ce qui t'a donné l'envie de faire ce métier?

G.S Après avoir eu une longue expérience du soccer en tant que gardien de but professionnel, je suis passé de l'autre côté de la ligne de touche. Et je me rappelle que, même en tant que joueur, je m'intéressais de par la position que j'occupais, à l'aspect tactique du jeu et je sentais qu'un jour je pourrais redonner au jeu d'une certaine manière ce qu'il m'a donné. Une fois ma carrière de joueur finie, le privilège de pouvoir entraîner tout de suite après au niveau universitaire a été un grand honneur et donc vous savez, je pense qu'il est important que je transmette aux jeunes athlètes universitaires certaines des connaissances acquises au fil des années et aussi que je les aide à s'épanouir sur le terrain et en dehors.

Faut-il avoir été forcément un bon joueur pour faire un bon entraîneur?

G.S Non, je ne pense pas. Je pense que c'est comme n'importe quoi dans la vie, vous devez avoir un équilibre dans votre vie, pouvoir gérer vos émotions au bon moment. Beaucoup de gens ont la vision du jeu dans sa globalité, mais peut-être pas l'aspect technique que ça demande pour diriger un match. Mais après, c'est comme dans tout, si vous y pensez tous les jours, que vous travaillez dur et que vous continuez simplement à étudier le jeu et à regarder son évolution, vous constatez que le soccer d'il y a cinquante ans n'est plus le même aujourd'hui. Vous devez garder un esprit ouvert et être prêts à entendre tous les différents points de vue. Je pense qu'un bon entraîneur est quelqu'un qui prend la critique, qui vous fait connaître les pensées et les procédés des autres entraîneurs ainsi que ceux des membres du personnel d'encadrement. Enfin, un bon entraîneur c'est aussi quelqu'un qui garde l'esprit ouvert et qui cherche en permanence à s'améliorer.

Quelle est la plus grande qualité d'un entraîneur selon toi?

G.S Être une forme de soutien, en particulier au niveau universitaire. Vous ne devez pas oublier que ces athlètes sont dans des positions où il y a beaucoup à faire entre l'école, le soccer et le reste de leur vie; les soutenir est donc important parce que je pense que beaucoup de ces jeunes marchent au capital confiance. Vous pouvez et vous devez tirer le meilleur parti de vos joueurs en étant là de manière encourageante, mais en même temps, être également durs quand vous avez besoin d'être durs avec eux, être une sorte de parent ou de figure parentale d'une certaine façon, mais il est important de garder un bon équilibre.

«CRÉER UNE IDENTITÉ, UNE (...) CULTURE AUTOUR DE L'ÉQUIPE»

Comment faire jouer une équipe quand on à moins d'un mois pour faire connaissance avec la totalité de son effectif?

G.S Je pense que le plus important est d'essayer de créer une identité ou une sorte de culture autour de votre équipe afin que les athlètes comprennent ce qui est nécessaire pour réussir au sein de votre groupe. Un joueur de première année après sa première saison se rend compte à quel point il va devoir continuer à travailler pour s'améliorer ou pour continuer à maintenir son niveau de jeu de façon à devenir un meilleur élément au service de l'équipe. Il faut vraiment créer cette culture de l'effort dès le début. Parfois, ça ne se passera pas du jour au lendemain, mais une fois que vous avez fait cela, je pense qu'il va se créer un effet boule de neige dans le bon sens comme ça, quand les joueurs s'éloignent de l'Université pour leurs vacances d'été, ils savent à quoi s'attendre et ils savent quel genre de travail, ils doivent effectuer pendant l'intersaison de décembre ou la saison estivale et, évidemment, nous leur donnons les outils pour pouvoir retourner chez eux et continuer de travailler sur les choses sur lesquelles ils doivent travailler et communiquer avec eux sur comment ils doivent le faire est important pour le succès de l'équipe.

D'après Aimé Jacquet, «le football est le reflet de notre société. Regardez bien l'expression d'un joueur sur le terrain, c'est sa photographie dans la vie.» Sur quels critères vous basez-vous pour recruter vos étudiants-athlètes?

G.S Je pense qu'il est important qu'ils aient la mentalité selon laquelle rien ne leur est donné au départ, que tout doit se gagner au prix de l'effort et ils doivent se tenir prêts à mettre le travail et la détermination qui sont nécessaires pour réussir au soccer, mais aussi dans la vie en général. Très souvent, je fais la remarque selon laquelle je dis que je suis ici pour aider ces jeunes à s'améliorer sur le terrain, mais que je suis aussi ici pour les aider hors du terrain et que c'est un microcosme de ce que sera leur vie plus tard. À travers le soccer ou l'école, vous pourrez aussi connaître leur vie de famille. Il faudra leur apprendre à trouver le bon équilibre, à faire face à des hauts et des bas que cela génère, leur apprendre à gérer les attentes et à trouver les bonnes solutions. Je pense que cette citation résume bien ce que c'est que la vie d'un athlète. Vous pouvez vraiment contrôler votre propre destin dans une certaine mesure en tant que joueur ou joueuse de soccer et c'est à vous de décider à quel point vous le voulez vraiment et de vous assurez de bien comprendre ce qu'il faut pour réussir au plus haut niveau.

Lorsque tu rencontres tes athlètes pour la première fois, quelle philosophie souhaites-tu leur inculquer?

G.S S'assurer qu'ils se sentent à l'aise dans cet environnement et qu'ils puissent s'exprimer de la bonne manière, être prêts à travailler dur et je pense qu'une fois qu'ils auront acquis cet état d'esprit, ils performeront. C'est un grand défi selon la provenance des athlètes. Dans la plupart des cas, beaucoup de ces athlètes sont venus d'équipes ou de cégeps où ils étaient les vedettes et avaient moins d'efforts à fournir, ce qui n'est pas le cas au niveau universitaire. Ils doivent donc trouver cette façon de travailler efficacement et je leur fais comprendre que j'espère qu'ils pourront être à la hauteur des attentes. Et pour toi en tant qu'entraîneur, ça t'amène à bien leur faire comprendre les exigences du niveau universitaire. Je pense que c'est important qu'ils essaient de devenir à l'aise avec l'environnement dans lequel ils vont évoluer pendant plusieurs années. Je suppose que le commentaire que je fais souvent est que si vous êtes le type d'élément capable de vous intégrer rapidement, c'est-à-dire que vous êtes capable d'arriver dans un entraînement et de vous exprimer à travers votre jeu ainsi que dans la façon dont vous parlez au reste de l'équipe, cela vous aidera à long terme à avoir le bon état d'esprit pour progresser.

«VOUS POUVEZ CONTRÔLER LA FAÇON DONT LE JEU SE DÉROULE»

Quelle est votre routine d'avant-match?

G.S L'une des choses que nous essayons de faire est évidemment de faire comprendre à nos joueurs que le match commence bien avant le début de l'échauffement et ils doivent surtout venir avec une mentalité avec laquelle ils sont prêts à entrer dans la compétition: avec concentration et détermination. L'aspect mental est aussi un facteur important à ce niveau et les athlètes doivent être allumés et prêts à jouer dès le coup de sifflet et jusqu'à la fin et donc ce n'est pas quelque chose que vous pouvez effectuer en un éclair, mais plutôt quelque chose qui commence le jour du match, vous devez être prêts à vous pousser mentalement. Du côté des entraîneurs nous nous assurons qu'ils soient bien préparés et nous faisons de notre mieux pour les mettre dans de bonnes conditions en connaissant leur adversaire, en mettant en place notre plan de match de sorte que nos athlètes soient prêts à démarrer le match de la meilleure des façons.

Faut-il imposer son style ou s'adapter à l'adversaire en face?

G.S Je pense que cela dépend de toute évidence de l'équipe où vous êtes actuellement, de comment votre équipe joue, contre qui vous jouez et de la qualité de l'équipe adverse. Toutes ces choses changeront au fil des années tout au long de la saison, mais je pense qu'en fin de compte, vous pouvez contrôler la façon dont le jeu se déroule. J'aime que nos équipes se sentent comme si elles allaient dicter le jeu. Le jeu peut être différent d'un match à l'autre, mais il y a encore une période où le jeu doit toujours être dicté de cette façon et la façon dont vous vous sentez le mieux pour réussir et donc pouvoir jouer selon vos conditions est quelque chose que j'essaierais de faire le plus souvent.

Quel est votre style de jeu préféré? Aimez-vous la possession de jeu ou cela dépend des joueurs que vous avez?

G.S Je pense que cela dépend des joueurs que vous avez, mais je veux quand même que les joueurs s'expriment de la meilleure manière, même si à certains moments, ils doivent comprendre que parfois, il peut être judicieux de jouer d'une certaine manière qui n'est pas celle proposée habituellement par notre équipe. Par exemple, si l'équipe adverse nous met beaucoup de pression, c'est peut-être un indicateur qu'on ne doit pas systématiquement faire de la sortie de zone au sol, et privilégier à l'inverse un jeu plus direct. Un autre exemple: si vous faites les mêmes erreurs deux ou trois fois, vous devez trouver une solution différente pour vous en sortir et c'est ainsi que le jeu change de momentum. C'est un changement dans le jeu dans lequel les joueurs doivent être prêts à s'adapter et nous aussi en tant qu'entraîneurs, nous devons nous réinventer en permanence en gardant à l'esprit quelques changements tactiques possibles et quelques idées novatrices. Les tactiques sont amenées à évoluer constamment tout comme je continue d'évoluer en tant qu'entraîneur pour m'adapter à l'esprit du jeu.

Que fais-tu lorsque tu as des difficultés à faire comprendre ce que tu veux faire faire aux athlètes et ce à quoi tu t'attends?

G.S Je pense que c'est quelque chose que vous devez enraciner en eux dès le premier entraînement. L'entraînement est un élément si vital d'une saison et vous savez que dans une certaine mesure, c'est presque plus important que le match lui-même parce que les matchs sont le reflet de notre façon de nous entraîner. Nous mettons beaucoup l'accent dessus pour nous assurer que les athlètes fassent les bonnes choses durant l'entraînement de sorte que lorsque le match arrive, il soit le miroir de ce qui a été fait à l'entraînement. La clé, c'est la préparation.

Tu étais joueur, maintenant tu es entraîneur donc quand tu as un athlète qui vient vers toi et te dit: «Greg, à cause des résultats que nous avons, je n'ai aucune confiance, que ce soit en l'équipe, en mes partenaires ou dans le style de jeu.» Quelles réponses peux-tu donner à cet athlète?

G.S Je pense qu'il est important que beaucoup de ces joueurs qui ont du mal à traverser une période de la saison réfléchissent à ce qui les a fait réussir et donc se rapportent à la valeur de l'expérience. Quel type de solutions allons-nous proposer pour vous aider à sortir d'une pareille situation et retrouver cette confiance? Pouvons-nous simplifier le jeu? Pouvons-nous trouver un moyen maintenant de repenser à ce qui nous a fait réussir et essayer de répéter le comportement qui nous a permis d'y parvenir? Ensuite, il faut avoir la foi dans le système et avoir cette foi en vous-même et nous en tant que coach, nous transmettons cette croyance; nous leur rappelons également qu'ils doivent faire partie de la solution. Encore une fois, c'est beaucoup en termes de communication et nous devons envoyer les bons messages au bon moment, en leur donnant des commentaires positifs. Pour eux, c'est très important. Comme coach il faut garder cela à l'esprit et continuer à faire passer le message, c'est quelque chose de très important et qui je pense est oublié par beaucoup d'entraîneurs.

Concordia Stingers 2016-2017

De la gauche vers la droite : 1er rang assis : Alexandre Nay, Roby Simard, Amadou Lam, José Prida, Olivier Georges, Brandon Anderson, Gabriel Quinn. *2e rang :* Elias Barutciski, Mitchell O'Brien, Ramin Mohsenin (entraîneur-adjoint), Greg Sutton (entraîneur-chef), Frank (entraîneur-adjoint), Mohamed Dicko, Jack Nelson, Oussama Kounna. *3e rang :* Anthony Bruzzese, Nathan Campbell, Omar Abdelfadel, Abdallah Medouni, Mustapha Medouni, Sebastien Boucley. *4e rang :* Jorgen Ulloa Aguilar,Oliver Snell, Karl Gouabé, Samuel Pelletier, Michael Pelcar, Justin Gibson, Corentin Aussems.

Quelle est ta meilleure qualité ?

G.S Je pense que ma meilleure qualité est que je ne monte pas trop haut et que je ne descends pas trop bas dans ma vision du monde. Je ne suis pas quelqu'un de fermé. Il faut savoir garder les choses en perspective et quand ça se passe mal, ne pas agir comme si c'était la fin du monde. À l'inverse, quand les choses sont vraiment géniales et qu'on sent que rien ne peut nous atteindre, il faut être encore plus attentif au match suivant. Il s'agit de trouver le juste équilibre. Je pense que c'est la façon dont cela est perçu par les joueurs. Il ne faut pas être dans une situation où tu as l'air de paniquer, mais au contraire avoir l'air extrêmement confiant de sorte à ce que les joueurs pensent que ça devient facile pour eux.

Quelle est la part de l'entraîneur dans le résultat final selon toi ?

G.S Je pense que parfois les résultats sont trompeurs, parfois vous pouvez jouer un bon match et le perdre. Vous pourriez aussi gagner un match sans que vous ayez bien performé. Il n'est pas toujours question de résultats ou de performances, mais plutôt de cohérence dans vos performances. Je pense que l'un des objectifs maintenant pour moi et mes groupes est d'être plus cohérent dans nos performances et je crois qu'une fois que cela aura été fait, les résultats finiront par en découler logiquement. Vous aurez toujours des résultats qui n'iront peut-être jamais de la façon dont vous pensez qu'ils devraient aller, mais à la fin, si vous avez des performances qui vont comme vous le souhaitez, la plupart du temps, les résultats vous donneront raison.

Comment gérer les remplaçants quand la saison est si courte ?

G.S C'est très difficile ! Évidemment, vous devez trouver des moyens d'obtenir des résultats avec la possibilité de donner du temps de jeu à certains joueurs. C'est un défi pour tout le monde, mais, en fin de compte, je pense que les joueurs qui méritent de jouer te prouveront qu'ils en sont capables. Nous avons également besoin de remplaçants lors d'un match donc je pense que la gestion de ton alignement est importante. Encore une fois, il s'agit de communiquer et de faire en sorte que les joueurs comprennent les rôles que tu leur assignes et que ces rôles peuvent changer. Comme je le dis à mes joueurs, des blessures ou des baisses de performances peuvent se produire. Ils doivent connaître leur statut et ce qu'ils doivent faire pour peut-être avoir plus de minutes. La transparence est très importante.

Raconte-nous ton match référence, celui où votre génie tactique s'est le mieux exprimé.

G.S Je pense que cela revient à quand tes joueurs jouent sur leurs qualités et performent. Si vous avez été en mesure d'éduquer vos joueurs pour qu'ils puissent s'adapter à certaines situations, c'est à ce moment-là que votre connaissance du jeu ou vos idées brillent à travers leur jeu sur le terrain. Ça signifie qu'ils sont capables de prendre votre message, de se l'approprier et de le diffuser. Si vous ne les éduquez pas, si vous ne leur expliquez pas et ne clarifiez pas vos idées du jeu et la façon dont ils peuvent changer le destin d'un match grâce à elles, le match va devenir compliqué. Il s'agit maintenant de s'assurer qu'ils sont conscients des situations tactiques et de la façon dont ils peuvent s'adapter à certaines équipes. Cela fait du bien en tant qu'entraîneur, quand vous pouvez voir un changement fonctionner tactiquement, mais cela a beaucoup à voir avec la façon dont votre équipe s'en accommode et je pense que l'éthique de travail et l'application qu'ils mettront à exécuter les consignes feront la différence sur le plan tactique.

Chez les hommes, nous avons fait de bonnes choses contre Montréal cette année. Dans les deux matchs, nous avons mené (2-2 et 1-1) et donc je pense que vous savez que nous avons pu prendre l'ascendant contre une équipe pour qui c'est très rare de jouer en étant menée au score. Il faut trouver une façon de savoir si c'est possible de le faire par le biais de contre-attaques en les attirant dans certaines zones clés du terrain, puis exploiter ce déséquilibre derrière. C'était quelque chose d'agréable à voir mais pour le second aspect, il fallait trouver un moyen de tuer le match, et sur le plan tactique, nous n'avons pas fait un très bon travail. C'est en partie la responsabilité des joueurs de devoir tenir un score, mais vous devez très rarement à cent pour cent les tenir pour responsables. Je vais porter le blâme dans la plupart des cas parce que je suis celui qui a été plus longtemps exposé dans sa carrière à ce type de situations. Je vais donc améliorer ma communication pour que l'équipe performe mieux les prochaines fois.

Du côté féminin, pareil contre Montréal cette année (1-1) où nous avons pu les faire déjouer pendant un long moment en faisant jeu égal avec elles. Nous devons défendre de la bonne façon, mais également miser sur des contre-attaques, peut-être parce que nous ne sommes pas aussi doués sur le plan technique que beaucoup d'autres équipes du RSEQ, nous devons compenser en étant plus intelligents sur le plan tactique. Nous espérons à terme que nos équipes continueront de croître sur le plan technique et seront un peu plus axées sur la possession pour être en mesure d'attaquer de façon plus dynamique. Et à terme, j'espère que nous n'aurons pas à devoir nous reposer autant sur une tactique défensive, mais au contraire, que nous serons une équipe qui donnera le tempo du jeu pendant les matchs afin d'éviter un match nul comme celui du match aller contre les Carabins.

À l'inverse, quel est le pire match de ta carrière de coach? Celui où rien n'a fonctionné comme prévu.

G.S Chez les hommes, je pense que le plus décevant a été contre McGill à McGill lorsque nous avons perdu 4-1. Les choses ont radicalement changé au cours de la première mi-temps lorsque nous avons reçu un carton rouge, mais c'est quelque chose qui, encore une fois, doit être clair. Nous devons être intelligents dans les duels lorsque nous sommes sous la menace d'un carton rouge. Je ne vais pas tenir le joueur expulsé responsable de tout. Je pense que c'est aussi maintenant un défi pour nous de faire face à la situation quand nous sommes réduits à dix, de pouvoir être meilleur tactiquement, comprendre comment notre plan de match doit changer et, encore une fois, ce message n'était peut-être pas aussi clair qu'il aurait dû l'être. Je vais donc encore prendre le blâme. C'était probablement l'un des résultats les plus décevants pour nous cet hiver. À l'automne, il y a les trois matchs contre les Patriotes de l'UQTR, surtout les deux derniers, où j'avais l'impression que nous aurions pu faire mieux, c'est juste dans l'exécution et la finition que nous avons pêché. Mais encore une fois, avoir une jeune équipe comme celle que nous avons eue cette année est une expérience d'apprentissage que nous espérons avoir acquise. Si cette situation se reproduit la saison prochaine, nous avons retiré des enseignements de cette saison que nous pourrons mettre en avant pour apprendre et devenir meilleurs.

Et la même chose vaut pour les femmes, encore une fois, nous sommes une très jeune équipe du côté féminin. Nous pouvons prendre le premier résultat contre Laval lorsque nous avons perdu largement (10-0). Mais nous avons su rebondir contre elles lors du deuxième affrontement. Nous menions contre Laval, mais nous nous sommes finalement inclinés 4-1. C'est quand même une bonne performance pour notre groupe qui, entre le premier et le dernier match, a su tirer des leçons pour devenir meilleur.

«NOUS DEVONS AGIR DE FAÇON COHÉRENTE DANS NOS CHOIX TOUT AU LONG DE LA PARTIE»

Quel est le geste le plus important pour toi durant une partie de soccer?

G.S Je pense que c'est de pouvoir poser le geste adéquat pour s'assurer que son équipe sache comment gérer une situation donnée et cela peut être par exemple le fait de faire sortir un défenseur pour faire rentrer un attaquant pour être en mesure de renverser un match, mais en même temps, ne pas être dans l'état d'esprit qu'il faut se replier dans sa boîte et marquer le but, mais plutôt toujours être en mesure de défendre plus haut sur le terrain. Il faut juste être sûr en faisant vos choix de coach, de vous assurer à nouveau que les joueurs sont au courant des changements effectués parce que le jeu dure 90 minutes et nous devons agir de façon cohérente dans nos choix tout au long de la partie. C'est un défi pour beaucoup de joueurs universitaires d'avoir cette mentalité et cet état d'esprit, pour pouvoir rester concentré pendant 90 minutes.

Qu'est-ce que tu ne ferais jamais durant un match?

G.S Je ne crierais jamais directement sur un joueur, en particulier devant tout le groupe, pendant le match. Si quelque chose se passe dans le jeu et qu'il prend une mauvaise tournure, je ne vais pas enterrer le joueur de cette façon parce que je ne pense pas que ce soit efficace ni pour le joueur, ni pour l'équipe. Je pense être une bonne personne et donc je ne crois pas qu'humainement ce soit une très bonne chose à faire à un athlète que de le descendre devant ses partenaires.

Si tu pouvais inverser le résultat d'un match, d'un seul, lequel ce serait?

G.S Si je pouvais inverser le score d'un match, chez les hommes ce serait la demi-finale contre Trois-Rivières en séries l'automne 2019 où nous avons perdu 3-0. En première mi-temps, nous étions la meilleure équipe et en deuxième mi-temps, ils ont réussi à concrétiser leurs opportunités. Nous nous sommes projetés vers l'avant et nous nous sommes fait punir sur des contres. Si nous avions gagné, nous aurions eu l'opportunité de faire les nationaux, ça aurait été un exploit qui aurait fait du bien au programme de soccer.

Chez les femmes, ce serait le premier match contre Laval à l'automne 2019. Nous avons eu une belle pré-saison et la confiance était au beau fixe, mais la raclée 10-0 encaissée contre Le Rouge et Or a miné notre confiance. Ça a été un combat intérieur pour nous remettre les idées en place et retrouver la foi en nos capacités. La pilule a été dure à avaler pour moi, c'était un peu un défi pour nous de nous remettre en route, ce que nous avons finalement fait. À la fin de la saison, nous sommes restés invaincus au cours des cinq derniers matchs.

Avec quel athlète as-tu adoré travailler?

G.S L'athlète masculin avec qui j'ai eu le plus de plaisir à travailler est Jose Luis Prida qui était milieu de terrain pour nous. Il était déjà dans l'équipe à mon arrivée, il avait un état d'esprit qui faisait qu'il ne lâchait rien. Il avait une éthique de travail phénoménale, c'est un joueur qui prenait toujours ses responsabilités et apprenait de ses erreurs. Il s'assurait que ses coéquipiers fassent leur travail, c'était un vrai leader. Ce n'était pas le meilleur techniquement, mais c'était un vrai bosseur. Son travail a payé! Il était reconnu pour sa détermination.

Chez les femmes, c'est Shannon McFadden qui était ma capitaine lorsque je suis arrivée. C'était une jeune joueuse contre qui c'était difficile de jouer. Elle travaillait très fort et avait un énorme volume de jeu. C'était une joueuse avec beaucoup de détermination et un grand sens du leadership, elle poussait ses coéquipières à progresser jour après jour.

À l'inverse, y a-t-il un(e) athlète avec qui la relation a été difficile, mais avec qui le travail s'est avéré payant?

G.S L'athlète masculin avec qui les débuts étaient difficiles, mais avec qui le travail a payé du côté masculin est, je pense, Amadou Lam, qui était un joueur qui quand j'ai commencé à Concordia n'était pas nécessairement parmi les meilleurs de l'équipe, mais vers la fin de sa carrière universitaire, il était parmi les meilleurs arrières gauches de la ligue. Il a été récompensé par des buts sur coup franc et reconnu par la ligue sur les équipes d'étoiles. C'est un joueur qui a pris sur lui toutes les critiques qu'on lui faisait sans jamais se plaindre. Il prenait les critiques et corrigeait rapidement ses erreurs. Il a fait un travail fantastique et maintenant il joue semi-pro avec Outremont.

Chez les femmes, c'est Sarah Humes qui a posé le plus de difficultés pour cerner son jeu. Je pense que c'est une joueuse qui a beaucoup à offrir au programme sur le terrain, ses capacités sont au-dessus de la moyenne. Là on essaie d'obtenir le maximum d'elle sur le terrain et c'est un gros défi pour moi, nous espérons que nous aurons du succès avec elle l'automne prochain.

«MA SATISFACTION C'EST DE VOIR LES SOURIRES SUR LES VISAGES DE MES ATHLÈTES»

Quelle a été ta plus grande émotion en tant que coach?

G.S Je pense que c'est juste une affection personnelle pour tout le monde et que je veux que tout le monde réussisse. De plus, je veux tout faire pour essayer d'en tirer le meilleur, je pense que pour ce faire, il faut avoir foi en tout le monde et leur montrer que vous vous souciez d'eux. En tant qu'entraîneur, ma satisfaction c'est de voir les sourires sur les visages de mes athlètes quand ils ont le sentiment d'avoir bien travaillé sur le terrain et d'avoir eu le résultat qu'ils méritaient.

Si tu devais dire un mot au coach qui a mis le plus ton sens tactique à l'épreuve, qui ce serait?

G.S Chez les hommes, celui qui m'a posé le plus de difficultés, ce serait Shany Black de l'UQTR. Je lui donne beaucoup de crédit pour son travail, pour la manière dont il a composé son équipe, la manière dont les Patriotes veulent gagner, dont ils sont assoiffés de succès et dégagent autant de confiance.

Chez les femmes, celui qui m'a posé le plus de problèmes, c'est Kévin McConnell qui fait du bon travail avec les Carabins de Montréal. Tactiquement, son équipe est en place et il est capable de faire jouer ses filles dans les meilleures conditions et très important, sur la durée de toute une saison.

Quelle est la meilleure génération que tu aies entraîné à Concordia et pourquoi?

G.S Je pense que c'est la génération actuelle. Je pense que nous allons enfin là où nous voulons aller, nous avons encore un long chemin à parcourir, mais nous allons dans la bonne direction maintenant. Nous avons un bon groupe de jeunes joueurs des deux côtés et le tout fonctionne. Nous sommes ravis pour l'avenir.

«CHAQUE CHOSE DANS LA VIE EST GAGNÉE ET NON DONNÉE»

Quelle est ta citation préférée et pourquoi?

G.S Je reviens à ce que j'ai dit plus tôt: «Chaque chose dans la vie est gagnée et non donnée!» Je pense que c'est très vrai dans tout ce que vous faites dans la vie. Je ne saurais pas exactement dire de qui cela vient, mais on pourrait dire Greg Sutton (rires). Plus sérieusement, je fais en sorte que nos filles et nos gars comprennent qu'ils vont devoir travailler dur pour arriver là où ils veulent se rendre.

Brian Clough a dit «le jour où je m'en irai, Dieu devra abandonner son siège favori.» Comment voudrais-tu que les gens se souviennent de toi?

G.S Je pense d'abord et avant tout qu'ils se souviendront de moi comme d'une bonne personne, de quelqu'un qui était là pour aider et qui avait une bonne équipe, quelqu'un qui, dans les bons et les mauvais moments, n'a pas changé dans sa façon de travailler, ses croyances et ses valeurs. Je pense que pour moi, c'est la chose la plus importante parce que je ne veux pas être faux, je veux être fidèle à ce en quoi je crois, de la façon dont j'ai été élevé, de la façon dont j'ai transmis mon message et dans mes valeurs.

Quel message peux-tu transmettre aux athlètes qui veulent jouer à Concordia?

G.S Efforcez-vous de vouloir être meilleurs, mais comprenez aussi ce qu'il faut pour être meilleur. Si vous avez cette compréhension, que vous avez ce savoir et que vous avez cette passion, vous pouvez être aussi bon que vous le souhaitez.

Qui est le vrai Greg Sutton, une fois la casquette de l'entraîneur retirée?

G.S Je suis le même gars. Je crois être fidèle à moi-même et être honnête et transparent avec mes joueurs et je pense que c'est la seule façon de vivre. Si vous faites quelque chose, vous devez croire et être fidèle à vos valeurs. C'est moi! Je ne vais pas changer qui je suis et je ne prétendrai pas être quelqu'un de différent.

LE MOT DE LA FIN

«La dernière phrase serait: «Croyez en chacun, croyez en vous-même!» Je pense que si vous vous appropriez ce message en tant que groupe et en tant qu'individu, vous, les gars comme les filles, pouvez tout faire.»

industria industria indust
nature's touch
STINGERS
CONCORDIA SOCCER

WILFRIED MONTHE

CONCORDIA

« Chaque match à une histoire », que signifie cette phrase pour toi?

W.M Nous nous souviendrons de notre match contre l'UQAM du côté masculin cette saison. Nous n'avons pas été présents durant le match et nous allons chercher un point en allant marquer à la toute fin donc l'histoire c'est que nous n'avons pas été fameux durant ce match, mais à la fin nous repartons quand même avec un point.

Qu'est-ce qui t'a donné l'envie de faire ce métier?

W.M Je suis arrivé dans le métier d'entraîneur par accident. Auparavant j'étais joueur de soccer avec le FC Metz en France. Au cours de la coupe Gambardella qui est une compétition de jeunes, je me suis déchiré le tendon d'Achille. Philippe Eullafroy de passage avec l'Académie de l'Impact me propose de venir au Canada. En 2009 avant le championnat canadien, nous faisons un match amical avec le Toronto FC en présence d'universités américaines et je reçois une bourse complète pour l'université du Maine. Tout se passe bien, nous gagnons même le championnat lors de ma dernière année. Je me fais inviter par les Colorado Rapids en MLS et là je me fais une commotion cérébrale: deux jours de coma et une carrière de joueur qui s'est arrêtée net. De retour à Montréal, Philippe Eulaffroy me propose de travailler avec certains de ses jeunes de l'Académie en tant que psychologue sportif. C'est là que je rencontre Greg Sutton et que l'histoire d'amour avec les Stingers de Concordia commence.

Faut-il avoir été forcément un bon joueur pour faire un bon entraîneur?

W.M Avoir été un bon joueur sur le terrain rajoute un petit plus quand tu es un entraîneur. Ça t'amène à comprendre certaines choses qu'un entraîneur qui n'a pas été un joueur, surtout un joueur de haut niveau, parce que c'est bien beau d'être un joueur, mais quand tu as joué un certain niveau tu es capable de comprendre certaines situations et ça aide beaucoup, surtout pour un jeune entraîneur comme moi. Au début ça n'a pas été facile de se faire une place dans le métier, d'autant plus quand on est super jeune. Tu arrives là, les jeunes verront tes qualifications et se demanderont tout de même ce que tu leur apportes. Mais après, une fois qu'ils voient ton parcours de joueur, tu gagnes une certaine crédibilité et donc oui, à ce moment je pense ça devient un avantage d'avoir eu un parcours de joueur.

«IL FAUT ÊTRE EN MESURE D'ÉCOUTER SES JOUEURS»

Quelle est la plus grande qualité d'un entraîneur selon toi

W.M Je crois que c'est l'écoute, il faut être en mesure d'écouter ses joueurs, mais aussi d'écouter le terrain. Il faut analyser des situations, être patient, mais surtout avoir de la passion. Plus tu prends des nouvelles de tes joueurs, plus tu es en contact avec eux et plus tu iras chercher leur 100%.

Comment faire jouer une équipe quand on a moins d'un mois pour faire connaissance avec la totalité de son effectif?

W.M C'est sûr qu'il faudra un moment en parler avec la ligue. Nous commençons début août avec seulement trois semaines pour préparer une saison qui va durer à peine deux mois. À ce moment, cela aide beaucoup d'avoir des joueurs de qualité parce que c'est beaucoup plus facile de mettre des choses en place. Quand tu ne les as pas, ça devient plus problématique parce que pour les faire adhérer à ton système de jeu, c'est quand même quelque chose. Je te donne notre exemple, aux Stingers, nous faisons les tests physiques durant les quatre premiers jours et nous n'avons pas le choix d'incorporer l'aspect tactique parce qu'on sait que l'on n'aura pas le temps de pouvoir travailler sur tous les aspects du jeu et malheureusement nous nous retrouvons à travailler sur des aspects du jeu comme les corners ou les coups francs alors que ce sont des aspects qui doivent être travaillés avant la saison. Mais vu que la préparation est écourtée, nous ne pouvons pas pousser plus.

«TU DOIS AVOIR UNE ÉQUIPE QUI EST PHYSIQUE ET QUI TRAVAILLE PENDANT 90 MINUTES»

Selon Aimé Jacquet, « le football est le reflet de notre société. Regardez bien l'expression d'un joueur sur le terrain, c'est sa photographie dans la vie. » Sur quels critères vous basez-vous pour recruter vos étudiants-athlètes?

W.M C'est sûr que le talent rentre en ligne de compte. Je vais prendre l'exemple d'une équipe comme Trois-Rivières côté masculin qui connaît une excellente saison. (Trois-Rivières finira premier du classement régulier cette saison), je crois qu'ils ne sont peut-être pas aussi talentueux qu'une équipe comme l'UDEM par exemple, mais c'est une équipe qui travaille beaucoup plus fort. Tu peux avoir une équipe avec des joueurs talentueux, mais si vous ne travaillez pas fort, si vous ne travaillez pas ensemble, tu n'auras pas grand-chose alors que si tu as une équipe avec des joueurs qui veulent travailler et qui sont sur la même longueur d'onde, tu vas pouvoir aller chercher quelque chose.

(Il montre un tableau sur lequel des noms d'athlètes de Cégep sont écrits.) Tu es devant notre tableau de recrutement, c'est pas mal diversifié. C'est sûr qu'il y a pas mal d'athlètes talentueux, mais la plupart sont sélectionnés selon leurs capacités à produire des efforts réguliers. Je crois que c'est le plus important. Je crois que vu la façon dont la ligue est faite en Amérique du Nord, c'est sûr qu'on a quelques athlètes qui sont super talentueux, mais la plupart sont des athlètes qui travaillent fort. En Amérique du Nord, tu dois avoir une équipe qui est physique et qui travaille pendant 90 minutes.

STINGERS

«LE RESPECT EST POUR MOI PRIMORDIAL»

À quoi l'athlète qui rencontre Wilfried Monthe pour la première fois à son premier jour d'entraînement doit-il s'attendre comme recommandations?

W.M La politesse, c'est la base de tout. Si un joueur vient et ne dit pas bonjour au coach, je ne m'attends pas à ce qu'il aille dire bonjour aux joueurs. Donc c'est une étiquette que je lui mets d'office. Le respect est pour moi primordial, un joueur respectueux va comprendre les consignes de jeu et les mettre en application.

Quelle est votre routine d'avant-match?

W.M À Concordia nous avons deux discours, le premier est fait dans les vestiaires par Greg (Sutton) et Kouyabé (Ignegongba). Moi, je suis sur le terrain à mettre en place un échauffement actif qui se compose de 5 minutes de jogging, de matchs 5vs5, ensuite 10 à 12 minutes de possession puis la finition avec ceux qui vont commencer le match. Mon discours est un peu différent de celui de Greg et Kouyabé. Le mien est plus émotionnel afin d'aller chercher les joueurs pour les motiver.

Faut-il imposer son style ou s'adapter à l'adversaire en face?

W.M Quand tu as une identité propre, c'est beaucoup plus facile de t'adapter au jeu de l'adversaire. Je donne l'exemple de l'équipe féminine des Stingers. Ça nous a pris du temps avant de trouver notre identité. Nous sommes une équipe défensive et nous mettons l'accent sur le bloc défensif et cela fait en sorte que peu importe contre qui nous jouons, par exemple une équipe moins forte sur le papier cette saison, comme Sherbrooke, nous allons commencer par mettre en place notre bloc défensif et ensuite remonter progressivement le terrain pour aller chercher des buts. De la même façon, lorsque nous jouons contre une équipe plus forte comme Laval ou Montréal, les principes restent les mêmes, à savoir commencer par nous assurer de ne pas encaisser de buts avant de chercher à aller en marquer.

Quelle est la part de l'entraîneur dans le résultat final selon toi?

W.M Elle est très importante. Cette saison, avec l'équipe féminine nous avons perdu contre l'Université McGill. C'est le premier match où nous avons été impuissants sur le banc au niveau de la gestion du match et au moment des remplacements; nous avons perdu 3-1. J'estime que la part de l'entraîneur représente 70% avec la préparation du match. Les 30% restants vont venir des joueurs sur le terrain, mais je crois que la préparation et les informations que nous donnerons durant le match feront la différence. Contre McGill, je pense que je suis resté debout 5-10 minutes et nous avons perdu le contrôle. Pour la suite de la saison, pas une seule fois je ne suis resté assis au cours des six derniers matchs et les joueurs et les joueuses le sentent, cette différence entre être passif et être dans l'action le long de la ligne de touche, à leur donner de l'information.

Gère-t-on tous les athlètes de la même façon ou t'est-il arrivé de déroger à vos principes à l'occasion?

W.M Nous sommes des êtres humains, nous ne pouvons pas gérer tout le monde de la même façon. Nous avons des joueurs avec des personnalités différentes et des attitudes différentes et quand tu vas chercher au niveau cognitif, tu peux les comprendre. Mon apport de psychologue sportif va permettre d'aller étudier les joueurs plus en détail pour chercher le meilleur d'entre eux. Nous n'avons pas d'autre choix que de donner des passe-droits parfois. Nous l'avons fait avec deux ou trois joueurs, pas parce qu'ils étaient meilleurs, mais parce qu'ils l'ont mérité par leur travail. Je prends l'exemple de Sarah Humes dans l'équipe féminine. C'est une joueuse exceptionnelle et qui a prouvé les deux dernières années qu'elle était l'une des meilleures attaquantes du Québec. Quand une joueuse comme elle vient te demander d'avoir cinq jours de pause pour effectuer une tâche importante, c'est difficile de lui dire non parce que c'est quelqu'un qui va se donner à 110% pour nous à chaque moment et qui fait passer l'équipe en priorité. Si tu dis non à certaines requêtes, ça peut miner la personne, mais aussi venir miner l'esprit de groupe.

«C'EST DONC À CE MOMENT PRÉCIS QUE L'HOMOGÉNÉITÉ DE NOTRE GROUPE FAIT LA DIFFÉRENCE»

Comment gère-t-on les remplaçants lorsqu'on a une saison courte qui ne dure que trois mois?

W.M J'irais un peu plus loin avec cette question dans la mesure où le plus difficile dans notre contexte n'est pas la façon de gérer les remplaçants, mais de gérer un groupe de 23 joueurs de top niveau qui savent que 18 seulement seront sur la feuille de match chaque dimanche, que 11 seulement seront sur l'équipe partante et que seuls deux ou trois remplaçants fouleront la pelouse. Dans ce contexte, nous avons donc toujours des joueurs qui ne seront pas forcément contents (très important de différencier content et heureux). C'est donc à ce moment précis que l'homogénéité de notre groupe fait la différence, car nous savions que nos adversaires sont tous différents et que certains de nos joueurs seront plus aptes à jouer contre certaines équipes que d'autres. Cela nous permet de faire une bonne rotation durant la courte saison et de garder un bel esprit d'équipe, tout en essayant de garder tout le monde heureux.

Tu nous racontes ton match référence? Celui où votre génie tactique s'est le mieux exprimé.

W.M Notre match contre les Citadins de l'UQAM dans le volet féminin à l'automne 2019. Nous avons l'habitude de travailler ensemble Greg Sutton et moi, mais malheureusement il était indisponible pour ce match. Pour le match aller, nous avions perdu 4-1, donc pour le match retour, il fallait changer complètement d'approche. Heureusement, nous étions dans une phase où les filles comprenaient un tout petit peu plus le bloc défensif et comment travailler ensemble. Sur le terrain les filles ont fait les sacrifices qu'il fallait. Nous sommes restés en bloc, avons fait preuve de rigueur et nous sommes allés chercher le nul (ndlr: 1-1). C'était la première fois de la saison que l'UQAM concédait un point. Et aller chercher ce point contre la meilleure équipe au classement RSEQ, ça restera un moment gravé dans ma tête.

À l'inverse, quel est le pire match de ta carrière de coach? Celui où rien n'a fonctionné comme prévu.

W.M Toujours avec les filles, mais cette fois-ci contre Bishop's, nous établissons un plan dans lequel nous décidons de mettre assez de pression sur l'équipe adverse en début de match. Les filles l'ont fait pendant 15-20 minutes et ont relâché ensuite. Nous avons finalement perdu 3-1. Nous n'avons pas été réactifs, tant au niveau du coaching que des filles sur le terrain. Je n'enlève rien au talent de Bishop's, qui, il faut le souligner, a fini devant nous dans la saison (Ndlr: Bishop's finira 5e, juste devant Concordia). Nous perdons à domicile et en plus c'était la première victoire de Bishop's depuis deux ans, donc c'est sûr que c'est une défaite qu'on n'oubliera pas de sitôt.

«LA COMMUNICATION. (...) CE PETIT DÉTAIL CHANGE TOUT À CE NIVEAU»

Quel est le geste le plus important pour toi durant une partie de soccer?

W.M La communication. Je suis un entraîneur qui est sur la ligne de touche et qui parle constamment aux joueurs et aux joueuses. Je vais les appeler durant un arrêt de jeu pour leur donner des informations. Ce petit détail change tout à ce niveau.

Qu'est-ce que tu ne ferais jamais durant un match?

W.M Je ne me permettrais jamais de crier sur un joueur durant un match même si des fois, les athlètes font des actions qui donnent envie de leur arracher la tête. À ce moment, il faut leur faire signe pour changer la dynamique. Donc oui, il y a parfois de la frustration mais c'est quelque chose que personnellement je ne ferai jamais: crier sur un de mes joueurs sur le terrain.

Si tu pouvais inverser le résultat d'un match, d'un seul, lequel ce serait?

W.M Notre match contre les Carabins de l'UDEM, du côté masculin à la maison (ndlr: 1-1). Nous étions en train de gagner et dans les 3 dernières minutes, Montréal égalise. Ce match a juste repoussé l'échéance de notre qualification pour les séries. (Les Stingers se qualifieront pour les séries le dimanche suivant, séries où ils s'inclineront face aux Patriotes de l'UQTR, futurs champions canadiens).

Avec quel athlète as-tu adoré travailler?

W.M Du côté féminin, ce serait Sarah Humes, pas seulement parce que c'est une attaquante, mais parce que c'est une très, très grande joueuse. C'est une athlète qui écoute constamment, veut s'améliorer, prend l'information et travaille fort. C'est celle avec qui j'ai eu le plus de facilités à travailler. Du côté masculin, c'est difficile parce que les gars travaillent tous fort, mais je dirai Yacine Aït-Slimane parce que c'est quelqu'un qui est bourré de talent, comprend le jeu, a une belle philosophie et tactiquement, il nous fait progresser dans notre travail d'entraîneurs en nous faisant voir des choses qu'on n'avait pas vues au premier regard. Comme Sarah, c'est un gars qui travaille fort. Malgré les aptitudes qu'ils ont déjà, ils veulent constamment s'améliorer. Après l'entraînement, ils demandent à faire du spécifique 1vs1 pendant 15-20 minutes, ce n'est pas donné à tout le monde d'avoir une telle éthique de travail.

À l'inverse, y a-t-il un(e) athlète avec qui la relation a été difficile, mais avec qui le travail s'est avéré payant?

W.M Je dirais Chama Sedki, qui est sans aucun doute la joueuse la plus talentueuse que nous ayons eue, à Concordia au cours des deux ou trois dernières années. Chama, c'est quelqu'un qui a une très, très forte personnalité, qui sait de quoi elle est capable et c'est aussi une gagnante. Donc vu que les choses n'allaient pas super bien avec l'équipe au début, elle avait tendance à tout remettre en question. Donc je crois que la première approche n'a pas été super bonne avec Chama, mais à force de travailler ensemble et de communiquer, nous avons pu nous mettre sur la même longueur d'onde, ce qui a fait qu'une collaboration qui avait mal débuté s'est quand même finie sur une bonne note malgré le fait que Chama ait quitté l'équipe en cours de saison, nous avons eu que des résultats positifs avec elle malgré un début de relation compliquée tant avec Greg Sutton qu'avec moi.

Quelle a été ta plus grande émotion en tant que coach?

W.M Notre match à Québec contre l'université Laval. Nous avions perdu 10-1 au match aller donc nous y allons avec beaucoup d'appréhension. Nous mettons en place notre bloc défensif et nous menons 1-0 jusqu'à la 70e minute avant qu'une décision arbitrale douteuse selon moi qui fait en sorte qu'on finisse par perdre le match. C'est difficile en tant qu'entraîneur de perdre un match et d'être content, mais cela nous a servi de catalyseur pour la suite de la saison.

Concordia vs Uqam (58') - 6/10/2019

Si tu devais dire un mot au coach qui a mis le plus votre sens tactique à l'épreuve, qui ce serait?

W.M Je dirais Samir Ghrib, le coach du Rouge et Or masculin. Il n'arrête pas de nous impressionner à chaque match. C'est quelqu'un qui s'ajuste assez rapidement à l'adversaire. Il n'y a pas beaucoup de coachs qui le font dans la ligue et Samir, c'est un de ceux qui ont cette habileté-là. Le premier match de la saison, nous jouons contre Laval avec un système 3-5-2 et Samir se rend compte que nous avons 3 défenseurs alors que lui joue avec un seul attaquant. Il rajoute un second attaquant pour avoir un 3 contre 2 et Laval finit par marquer un but parce qu'il est allé chercher cette puissance supplémentaire. Samir, c'est quelqu'un qui ne parle pas beaucoup. Mais chaque fois qu'il se lève pour parler à ses joueurs, c'est pour effectuer un changement tactique et ramener quelqu'un à l'extérieur, ramener un ailier au milieu et ramener quelqu'un sur le côté donc ça change un petit peu comment le ballon va circuler à l'intérieur tout simplement parce qu'un ailier et un milieu de terrain n'ont pas la même façon de gérer un ballon. Donc des fois Samir va procéder à ce genre de changement en cours de match et ton temps de réaction doit être assez rapide et c'est pour cela que je pense que Samir est l'entraîneur qui va le plus te pousser dans tes derniers retranchements.

«UNE ÉQUIPE PASSIONNÉE DONNERA TOUT LE TEMPS SON MAXIMUM SUR LE TERRAIN»

Quelle est ta citation préférée et pourquoi?

W.M «It's all about passion! The more you have, the better is gonna be!» Une équipe passionnée donnera tout le temps son maximum sur le terrain. Il vaut mieux onze joueurs travailleurs, même s'ils ne sont pas les plus talentueux, que onze joueurs talentueux mais moins travailleurs. Si on a plus de passion que l'adversaire, on va se donner des chances de performer. Sinon, une autre citation que j'affectionne, c'est «Quand nous allons dans un match, nous avons tous un point!» Le but, ce n'est pas de perdre le point que tu as et d'aller chercher les 2 points restants. C'est beaucoup plus facile d'aborder le match de cette façon et j'en parle souvent avec mes athlètes.

Brian Clough a déclaré: «Le jour où je m'en irai, Dieu devra abandonner son siège favori!» Et toi, comment voudrais-tu que l'on se souvienne de toi?

W.M Comme d'un coach passionné, amoureux du foot, qui tirait le meilleur de chacun de ses athlètes. Ça va être un peu prétentieux de ma part de le dire tout de suite, mais je peux déjà le sentir avec mes joueurs, que ce soit au niveau universitaire ou collégial. Ils se rappelleront de quelqu'un de positif, toujours là pour les motiver, et de passionné. Le soccer, c'est ce qui m'allume.

Mc GILL

7
24
10
9
2

adidas
McGill
SOCCER

PHILIPPE EULLAFFROY

McGILL

«Chaque match a une histoire et finit par un résultat», qu'est-ce que cette phrase t'évoque?

P.E Effectivement chaque match est unique et a donc son histoire, de la première à la dernière minute. Ça, c'est son histoire je dirais sur le moment mais l'histoire commence en fait en amont lors de la préparation donc c'est toute la mise en scène du match on va dire qui se fait en amont. Elle se fait classiquement une semaine en avance, mais il y a certains matchs qui se préparent encore plus en amont. De manière générale, l'environnement et le décor du match sont mis en place une semaine avant. Ce décor de match change de manière importante ou subtile match après match et ensuite le match en tant que tel, de la première à la dernière minute, a un scénario qui est toujours différent, de par bien sûr les acteurs qui sont dans ce décor et qui jouent dans ce décor, et de par la richesse et la complexité du soccer.

«C'EST AUSSI PARCE QU'ON VEUT TRANSMETTRE ET QU'ON A L'AMBITION DE FAIRE UNE DIFFÉRENCE»

Qu'est ce qui t'a donné envie de faire le métier d'entraîneur?

P.E Beaucoup de choses, on devient coach déjà parce que l'on aime ça! (rires) C'est surtout parce que c'est une passion et je dirais que c'est la raison principale. Après, il y a la raison pour laquelle on aime ça et pourquoi on veut être entraîneur: c'est aussi parce qu'on veut transmettre et qu'on a l'ambition de faire une différence dans la vie des gens, à travers une passion et à travers l'outil qu'est le soccer. En étant entraîneur, on a la possibilité de faire une différence dans la vie de certaines personnes, en partant du principe bien sûr de faire une différence positive. Transmettre des valeurs et des connaissances à travers un levier hyper motivant: le sport et le soccer en particulier. C'est la raison principale. Ensuite, il y a le côté soccer qui est super intéressant comme sport parce qu'il permet de toucher à plusieurs dimensions qui sont des dimensions humaines, sociales mais également des dimensions scientifiques qui m'attirent aussi beaucoup. Ce sont ces principales raisons et tout ça dans un environnement de compétition qui est aussi pour moi quelque chose d'important. Progresser dans un environnement de comparaison qui est la base même de la compétition... Voilà c'est tout ça mis ensemble qui m'a attiré vers le job d'entraîneur.

Pas trop déçu d'avoir mis en pause l'océanologie?

P.E Déçu? Non! Ça a été un choix qui n'a pas été facile à faire mais qui a été pleinement assumé et je ne le regrette pas. Ta question est super intéressante parce qu'en fait, on se bâtit en tant qu'être humain et en tant que professionnel à travers ces expériences. C'est une évidence et chaque expérience sert à enrichir la suivante. Mes études, mon background scientifique ou mon cheminement me servent énormément tous les jours dans mon métier et j'ai toujours gardé cette mentalité de chercheur, ce qui fait que je n'ai pas l'impression de véritablement avoir quitté le domaine de la recherche. Je le fais simplement dans un domaine différent de mes premiers domaines de recherche que sont l'océanologie et les sciences de l'eau. Je garde cette mentalité même dans ce que je fais en ce moment. Donc une des choses qui fait que je ne regrette pas du tout mon choix c'est que je continue à faire certaines choses notamment les processus intellectuels et l'approche du métier qui ont les mêmes bases donc j'ai quitté le monde de la recherche mais en gardant quand même certains liens forts avec ce que je faisais avant.

Faut-il forcément avoir été un bon joueur pour faire un bon entraîneur?

P.E C'est peut-être une «réponse bateau» mais je pense qu'avec les autres entraîneurs, nous sommes tous sur la même page. Si tu as été joueur de haut niveau, c'est sûr qu'il y a certaines choses qui te ramènent à tes propres expériences, comme la façon dont tu as géré certaines situations quand tu étais de l'autre côté du banc. Cela peut te servir et t'enrichir, te permettre d'appréhender certaines situations de manière plus efficace. Ça te permet de comprendre un petit peu mieux la mentalité des joueurs et l'approche du haut niveau mais c'est très loin de suffire et ce n'est pas indispensable au métier d'entraîneur. Je m'explique, les avantages sont d'avoir un ressenti, d'avoir un passé, comprendre peut-être plus facilement certaines situations de jeu où certaines situations de gestion de stress ou de gestion de situations de moments du jeu de moments de saison, ça c'est clair. Par contre, les gens qui n'ont pas ce vécu ont dû généralement étudier plus pour justement l'appréhender et cet enrichissement à travers les lectures, à travers des expériences avec différentes catégories d'âge ou à travers du visionnement permet de compenser ce manque d'expérience en tant que joueur de haut niveau que l'on n'a pas. C'est très enrichissant et ça permet d'avoir une approche du soccer peut-être un peu plus scientifique, un peu plus structurée et un peu moins basée sur l'intuition et sur les expériences personnelles de joueur, ce que n'a pas, a contrario, l'entraîneur qui a eu une carrière de très haut niveau parce qu'il n'a pas eu le temps d'étudier le jeu. Ça a été un acteur du jeu mais pas un étudiant du jeu contrairement à certains coachs, pour qui c'est un peu l'inverse. Ils ont été des étudiants du jeu en étant moins acteurs du jeu et au bout du compte, je pense qu'un entraîneur qui n'a pas un passé de grand joueur et qui n'arrive pas à se mettre dans la peau d'un joueur a du mal à être performant dans son métier. C'est l'inverse pour un joueur qui a joué à un très haut niveau mais qui n'arrive pas à faire la transition vers le métier d'entraîneur et qui pense que le fait d'avoir été joueur suffit et n'appréhende pas la complexité de ce métier. A la même question de savoir: «Comment tu veux entraîner des champions si tu n'as jamais été un champion toi-même?» posée par des journalistes, je ne sais plus quel entraîneur de haut niveau leur avait répondu: «Je n'avais jamais réalisé que pour devenir jockey, il fallait d'abord avoir été un cheval!»

Arrigo Sacchi!

P.E Voilà, ça résume très bien le truc! Le «non» comme réponse à ta question de départ est vrai mais je détaillerai un tout petit peu plus en disant qu'à la limite, le fait d'avoir joué à un haut niveau n'a pas une si grosse importance. Ce qui est surtout important, c'est comment tu as grandi, comment tu as compensé le fait de ne pas avoir été joueur de haut niveau à travers tes études, tes expériences et ton approfondissement de la matière. De l'autre côté, si t'es un joueur de haut niveau, comment t'es-tu adapté à ton nouveau rôle? Là également, tes connaissances, tes formations et ton encadrement de staff te permettront de compenser le fait de n'avoir pas pu étudier le jeu quand tu étais joueur parce que globalement 98% des anciens joueurs n'ont été que des joueurs. Ils sont relativement rares les joueurs qui prenaient des notes qui posaient des questions, il y en a quelques-uns mais globalement on a tous été joueurs, on s'occupait de son truc et on ne se posait pas trop de questions sur le métier d'entraîneur. Le seul moment où on s'inquiétait du métier d'entraîneur, c'était quand on n'était pas content des décisions du coach.

Quels entraîneurs t'ont influencé dans ton cheminement?

P.E Je pense que les entraîneurs ou les personnes qui t'influencent de manière générale, t'influencent dans différents domaines c'est-à-dire qu'un entraîneur parfait, je pense qu'il n'y en a pas. Par contre, tu as des entraîneurs qui ont des grandes forces comme les joueurs qui ont de très grandes forces et qui vont t'inspirer. Dire qu'il y en a un qui m'a inspiré parce qu'il était extraordinaire sur toutes les dimensions de l'entraînement, je mentirais. Je suis d'une autre génération. Honnêtement je n'ai pas retenu des choses extraordinaires des entraîneurs qui m'ont entraîné à l'époque. Pourquoi? Parce que d'abord j'étais joueur et que honnêtement à l'époque où je jouais, je me foutais complètement de la démarche intellectuelle derrière l'entraînement. Je m'entraînais du mieux possible, j'essayais de répondre aux attentes de l'entraîneur et d'être le plus performant le samedi car il n'y avait que ça qui m'intéressait. Quand j'ai commencé à penser au métier d'entraîneur, mes souvenirs de ceux qui m'ont entraîné quand j'étais joueur, étaient plus ou moins clairs mais ils étaient surtout très peu détaillés. Les entraîneurs qui m'ont surtout inspiré, sont ceux qui m'ont accompagné quand j'ai commencé à être dans le métier, ensuite on s'inspire de beaucoup de personnes. Par exemple, concernant l'approche de la préparation physique intégrée, c'est José Mourinho qui m'a intéressé et influencé. Dans la gestion tactique d'un match, c'est Marcelo Bielsa qui m'a intéressé. Dans la gestion humaine, la mise en place de valeurs et de l'identité de jeu, c'est Pep Guardiola qui m'a intéressé. Dans la gestion, la recherche, l'évolution, l'adaptation, en gros la partie intellectuelle du soccer, ce sont Aimé Jacquet et Arrigo Sacchi qui m'ont influencé. Dans la démarche d'être toujours ouvert aux autres et d'être en constant apprentissage, c'est Marcello Lippi ou Fabio Capello qui m'ont inspiré avec cette citation de Capello que je trouve extraordinaire: «un entraîneur, c'est le plus grand des voleurs!» Lippi m'a énormément influencé là-dessus dans cette démarche. Dans l'approche émotionnelle du foot et le jeu de position, Paco Seirul-Lo me passionne. Je pense que c'est ça la richesse d'un entraîneur! Ce sont toutes les différentes influences qu'il a pu avoir mais une influence qui n'est pas juste basée sur le fait de se dire: «Ah, il a dit ça, je trouve ça super!» C'est plutôt: «Il a dit ça, c'est super! Je vais creuser derrière le pourquoi il a dit ça et voir ce que je peux en tirer!» Je suis vraiment un entraîneur qui n'a pas été influencé par une seule personne mais par plusieurs parce qu'il y avait un domaine particulier où ils étaient très bons et cela m'a influencé. On pourrait en citer d'autres parce que le domaine de l'entraînement est très riche. Après sur un plan plus personnel, j'ai eu la chance d'être initié à la préparation physique avec une personne extraordinaire comme Philippe Lambert. Il a été préparateur physique de l'équipe de France et de Lille. J'ai eu la chance de l'avoir comme formateur dans les formations d'entraîneurs, il a une approche de la préparation physique qui me touche beaucoup. J'ai commencé avec un coach qui était au Stade de Reims qui s'appelle Patrice Lair, très rigoureux, un personnage assez particulier qui a entraîné l'Olympique Lyonnais féminin et le PSG féminin ou encore Niort en Ligue 2 en France. Dans sa rigueur, dans la mise en place de valeurs, de structures d'entraînement, ça a été un très bon professeur au départ. Il y a aussi mes rencontres avec Gérard Houllier qui a une approche fantastique du métier d'entraîneur. C'est un prof d'anglais à la base qui a une carrière extraordinaire et qui s'est construit un peu lui-même à travers ses lectures, sa recherche et qui a amené beaucoup d'idées sur notamment l'environnement de performance. J'ai eu la chance de discuter avec lui et il m'a donné beaucoup d'idées sur comment mettre en place un environnement de performance. Tu sais ce qui est extraordinaire dans ton terme «influence» Fred, c'est que pour être influencé, il faut être ouvert. Si tu n'es pas ouvert, tu n'es pas influencé. Un entraîneur qui a envie de progresser en permanence c'est quelqu'un qui va être influencé par une multitude de personnes parce que c'est un entraîneur qui n'a jamais de certitudes mais qui a des convictions et qui évolue au fur et à mesure de ses expériences. Il y a une nouvelle génération de coachs qui sont super intéressants notamment les coachs allemands. Il y a une quinzaine d'années, la fédération allemande a remanié un petit peu sa manière de faire notamment dans la formation de joueurs. Ces nouveaux coachs allemands ont amené un vent de fraîcheur. La fédération française qui a aussi changé toutes ses perspectives d'entraînement il y a 6 ou 7 ans maintenant a amené une nouvelle façon de faire. En ce moment, je baigne dans la culture de club, comment mettre en place une identité, comment embarquer du monde dans un projet commun, ce qui est l'une des essences mêmes de l'entraîneur parce qu'il ne faut pas oublier que la définition du terme entraîneur c'est: embarquer avec soi des personnes. Ça reste un des défis les plus importants d'un entraîneur parce que c'est bien d'avoir les meilleures connaissances du monde mais si on n'embarque pas les joueurs dans notre projet, on n'est pas un bon entraîneur. En ce moment, j'étudie également beaucoup sur la biochimie de la connaissance et de l'apprentissage et donc sur l'aspect cognitif du jeu. Et là, c'est un économiste qui a été prix Nobel qui m'influence un maximum. Ça n'a rien à voir avec le soccer à la base mais la manière dont il présente les processus cognitifs m'influence beaucoup. Il y a cinq ans, si tu m'avais posé la question je t'aurais dit que je connaissais pas ce gars et pourtant cinq ans plus tard, il a une influence sur ma manière de mettre en place des méthodologies et des séances d'entraînement. Si tu veux on se reparle dans trois mois et je te dirai que telle ou telle personne est en train de m'influencer en ce moment. Ces influences sont perpétuelles. Il y a des influences qui ont été très fortes il y a quinze ans et qui ont bâti l'entraîneur que je suis, puis je suis passé à d'autres influenceurs. On est dans un monde d'influenceurs à travers Youtube, Instagram ou les livres. Claude Onesta, un coach de handball bien connu en France, m'a beaucoup influencé dans la manière d'appréhender la gestion des joueurs quand il a écrit son bouquin, il y a quatre ou cinq ans. On connaît tous Phil Jackson qui a écrit un bouquin super et qui était l'entraîneur des Bulls de Chicago en NBA. Sa manière de gérer les égos, les matchs à haut-stress et à grosse pression, c'est une influence très riche sur la façon de se bâtir en tant qu'entraîneur... C'est une question qui paraît simple à la base mais à laquelle finalement, il est complexe de répondre de par le fait même de ce terme d'«influence».

Quelle est la plus grande qualité d'un entraîneur selon toi?

P.E Je vais en donner une qui résume quand même bien parce qu'elle sous-entend d'autres, c'est la capacité à donner de la confiance. Finalement je suis assez fier de ma réponse parce que ça sous-entend beaucoup de choses derrière. Si tu veux donner de la confiance, être empathique, il faut être compétent, juste et respectueux. La capacité à donner de la confiance est pour moi la plus grande qualité d'un entraîneur.

Comment faire jouer une équipe lorsque l'on a moins d'un mois pour faire connaissance avec la totalité de son effectif?

P.E Il faut mettre un cadre de travail clair avec des valeurs chères comprises par tout le monde, ça peut se mettre en place très rapidement. La deuxième chose, c'est d'être clair dans ce que tu attends de tes joueurs, ça aussi, ça peut être mis en place rapidement. Tu vas illustrer ces deux choses à travers quelques principes forts offensifs-défensifs. C'est sûr que tu ne peux pas avoir 27 principes en place parce qu'en un mois, tu n'as pas le temps. Si tu as déjà des principes clairs, forts bien compris dans un cadre de valeur, derrière tu mets en place des séances d'entraînement qui vont tourner autour de ces valeurs et de ces principes forts, en un mois, tu peux avoir une équipe sur le terrain qui ressemble à quelque chose de cohérent. Elle ne sera peut-être pas hyper performante, mais il y aura une ligne directrice permettant aux joueurs de communiquer de la même façon. À ce sujet, Christian Gourcuff est un influenceur intéressant dans sa perception d'une équipe puisqu'il considère qu'une équipe est une micro société dont le langage est tactique. On ne parle pas avec des mots mais par rapport à une réaction, à une solution à un problème posé sur le terrain. À partir du moment où tu donnes un langage commun à tes joueurs sur le terrain, qui est un langage tactique et se traduit essentiellement par la passe et que tu n'as pas beaucoup de temps, il ne doit pas contenir beaucoup de mots. Ces mots doivent s'exprimer clairement et dire la même chose pour tout le monde. Alors tu arrives à une expression collective qui n'est certes pas hyper riche, mais qui est clairement exprimée et qui permet d'avoir un bouquin sur le terrain qui ne fait pas 350 pages, mais peut-être 15 pages qui racontent une belle histoire avec, on l'espère la plupart du temps, une belle fin, c'est-à-dire une jolie performance et un bon résultat. Voilà comment on peut mettre en place les choses en un mois.

« ON JOUE COMME ON VIT ! »

D'après Aimé Jacquet, « le football est le reflet de notre société ! Regardez bien l'expression d'un joueur sur le terrain c'est sa photographie dans la vie ! » Sur quels critères tu te bases pour recruter tes étudiants-athlètes ?

P.E Je suis nettement meilleur dans le recrutement à l'heure actuelle que je pouvais l'être à McGill. Je rejoins un peu ce que Jacquet dit : « On joue comme on vit ! », je pars de ce principe. Maintenant quand tu recrutes un joueur, il faut être honnête, tu découvres la personne à partir du moment où tu vis avec elle, à partir du moment où tu travailles avec elle, à partir du moment où tu partages des choses avec elle. Quand tu recrutes un joueur ou un étudiant-athlète, tu as quand même relativement peu de temps pour découvrir sa personnalité. À partir de là, tu vas essayer de déterminer quel type de personne il est. Ce que tu veux essentiellement ce sont des gens qui ont une capacité d'apprentissage la plus élevée possible. Capacité d'apprentissage, qu'est-ce que ça veut dire ? Ça veut dire des gens qui sont ouverts, c'est-à-dire qui écoutent et comprennent ce que tu dis, ont une envie de progresser et de partager des choses parce que le soccer, c'est un environnement de partage. Si tu ne veux pas partager, c'est quand même difficile d'être performant dans un sport collectif et comme ça rejoint ta question précédente, c'est que tu as relativement peu de temps dans le domaine universitaire. Tu n'as pas une saison et six semaines de préparation pour mettre en place ton équipe, donc il faut que tu sois performant très rapidement parce que ta saison elle dure douze matches plus les séries et idéalement deux matches, donc ce n'est pas beaucoup. Ce sont environ huit semaines de compétition, il faut aller très vite et si tu as des joueurs qui à la base ne veulent pas partager ça devient difficile. Ton collectif prend une importance et la qualité de tes joueurs sur le plan humain encore plus d'importance parce que tu n'as pas le loisir de te tromper sinon c'est trop tard. Si tu rates tes quatre ou cinq premiers matchs de championnat, ta saison est quasiment finie ! Il faut que tu sois bon dès le départ et si tu as déjà des joueurs qui ont envie de partager, de s'inscrire dans un collectif et comprennent ça, tu as déjà gagné du temps et surtout réduit ta marge d'erreur sur « la greffe ». La greffe parce que tu greffes toujours un joueur à un collectif, donc est-ce que cette greffe va bien se passer ? Il s'agit de voir si ce sont des jeunes qui ont envie de partager, qui veulent vivre une aventure collective, des joueurs qui considèrent la performance individuelle à travers une performance collective. On cherche aussi des joueurs qui ont du leadership et de l'ego. On a une expression qui dit : « On veut des ego qui forment des legos. » Il s'agit de voir dans quelle mesure les égos peuvent s'imbriquer les uns dans les autres pour avoir quelque chose de cohérent avec une cohésion forte : on a ainsi des ego qui s'intègrent les uns dans les autres pour former des legos. C'est donc de voir si ce joueur que tu vas recruter va avoir cette capacité à amener sa personnalité au sein d'un collectif. À travers certaines questions, on arrive quand même à le découvrir. Maintenant savoir si c'est quelqu'un qui va être coachable, si c'est quelqu'un qui va amener une atmosphère dans l'équipe ? C'est en vivant avec lui qu'on va vraiment le voir parce que quand tu fais un entretien, tu poses quelques questions, généralement les joueurs te donnent toujours les réponses que tu veux entendre. Est-ce que tu es ouvert à la critique ? Oui, oui coach ! Est-ce que tu es prêt à partager le temps de jeu ? Oui, oui coach ! Tout le monde est prêt à tout mais quand tu es dans le feu de l'action, quand il y a les émotions, la problématique du temps de jeu etc., c'est différent. Globalement, c'est détecter les caractéristiques d'une personne en face sachant ce qu'on ne veut pas. C'est Phil Jackson qui disait notamment dans son livre que « la richesse d'un collectif, c'est aussi la richesse des personnalités. » On ne veut pas des personnes identiques, on veut seulement que ce soient de bonnes personnes qui ont certaines valeurs qui vont leur permettre de bien vivre dans un collectif et dont la personnalité va permettre au reste des joueurs de bien vivre également et de s'épanouir donc c'est surtout de ça qu'il est question : détecter les personnes qui vont bien vivre dans un collectif. Bien sûr on espère et on veut que ce soit également des joueurs de soccer de qualité.

« IL S'AGIT DE DIRE CE QU'ON VA FAIRE ET DE FAIRE CE QU'ON A DIT »

À quelles recommandations doit s'attendre un(e) athlète qui rencontre Philippe Eullaffroy pour la première fois à son premier jour d'entraînement ?

P.E À partir du moment où tu fixes le cadre de valeurs mais aussi de performance, ça veut dire qu'en amont, tu as déjà planté le décor, c'est-à-dire que quand tu vas parler au joueur lors de sa première séance d'entraînement, il sait déjà sur quel critère il sera évalué. En théorie, il ne devrait pas être surpris à la première séance d'entraînement, il ne doit pas y avoir de surprise. Si le joueur est surpris à sa première séance d'entraînement, c'est que soit tu n'as pas bien fait ton job en amont, soit tu n'as pas été assez clair. Par contre, il doit avoir confirmation lors de sa première séance d'entraînement de ce que tu lui as dit avant, et c'est là où tu dois être bon parce que si tu dis une chose et que sur terrain tu fais l'inverse, tu n'es pas bon. Il s'agit de dire ce qu'on va faire et de faire ce qu'on a dit. Il faut que le joueur sente que tu es en train de faire ce que tu lui as dit. Il va s'attendre à de l'exigence, de l'intensité, à des entraînements qui demandent un engagement cognitif et physique total. À partir de là, il va s'attendre un entraîneur qui va être très attentif à cela et à son interaction avec les autres donc son côté collectif, il ne va pas en être surpris.

Quelle est ta routine d'avant-match?

P.E La routine de l'entraîneur est relativement simple, le jour du match je veux réfléchir le moins possible à des choses compliquées. Tout est préparé en amont, le speech d'avant match ainsi que les fiches de coups de pied arrêtés sont prêts. Le timeline que les joueurs doivent suivre, c'est-à-dire leur protocole d'avant-match est prêt. Le plan de match a déjà été préparé sept jours à l'avance de sorte que je n'ai plus à y penser. Tout a déjà été mis en place donc moi en fait je suis dans l'observation et l'accompagnement le jour de match. À partir de là, c'est comment être le plus clair possible dans mes rappels d'avant-match, comment mettre les joueurs au maximum en état de confiance et être attentif parce que tout le reste a été préparé en amont, je peux être un peu plus attentif aux détails, aller parler à tel joueur plutôt qu'à un autre, gérer des imprévus. Ce n'est pas vraiment une routine d'avant match, c'est plus un état d'esprit d'avant-match, d'être attentif aux petites choses très particulières. Tu parlais d'histoire, chaque match a son histoire, c'est être attentif à cette histoire particulière du match et pour ça il faut des décors. Tu as déjà recruté les acteurs, ton scénario est prêt, ton décor a été mis en place et les costumes sont là, les figurants et seconds rôles, tout le monde est en place. Tu vas te concentrer sur le scénario et sur le jeu de l'acteur. Tu t'attaches aux petites choses qui font la différence. Au bout du compte, c'est plus un état d'esprit d'avant match qu'une routine en tant que tel mais après pour les joueurs c'est du classique: à quelle heure doit-on être dans le vestiaire? Quelles sont les règles à respecter dans le vestiaire? Au niveau de la thérapie, du cellulaire, le niveau de la musique, etc., ils ont une timeline dans le vestiaire qu'ils doivent suivre à la minute près. L'heure à laquelle ils doivent être prêts pour le tapping, pour le discours d'avant match, pour sortir et pour rentrer, tout est précis et ce qui est important dans les protocoles d'avant-match, c'est de garder toujours une liberté pour le joueur de faire les choses qui le mettent dans les meilleures conditions psychologiques pour aborder le match. Tu te prépares d'une manière, ton équipier peut-être d'une autre donc il faut garder cette flexibilité-là. C'est sûr que quand on est en déplacement, la routine d'avant match est un petit peu différente parce qu'on est directement avec les joueurs donc on peut les gérer un peu plus en amont, c'est-à-dire qu'on va faire des choses le matin d'un match de manière collective, ce que l'on ne ferait pas quand on est à Montréal. En déplacement, on peut par exemple faire une activation collective, une activation qui est à base de rouleaux et d'élastique mais aussi une activation cognitive. Il y a toujours un petit jeu cognitif qui se fait trois-quatre heures avant le match. C'est la petite routine supplémentaire qu'on fait quand on est en déplacement, on encourage les jeunes à le faire quand ils sont à Montréal. On espère qu'ils le font tous même s'il y a pas n'y a pas moyen de vérifier mais voilà, peut-être les petites choses un peu différentes qu'on ajoute à notre routine d'avant match lorsqu'on est sur la route.

«ON NE PEUT PAS AVOIR UNE IDENTITÉ SI ON LA CHANGE EN PERMANENCE»

Faut-il imposer son style où s'adapter à l'adversaire en face?

P.E Les deux, je pense que les deux extrêmes seraient mauvais. Si tu ne joues qu'en fonction de l'adversaire, je pense que tu te trompes. Si tu ne joues que par rapport à toi, tu te trompes aussi. Dans ton curseur, c'est à toi de voir par rapport à l'entraîneur que tu es, où tu mets le curseur, un peu plus sur toi ou un peu plus sur l'adversaire. C'est à toi de voir. Nous, globalement on passe 80-85% du temps sur nous et 15% sur l'adversaire. Moi je pars du principe que si tu fais bien les choses que tu peux contrôler, tu as déjà de bonnes chances de faire une bonne performance. Après tu dois aussi faire certaines choses par rapport aux particularités de l'adversaire donc c'est le 15% que tu mets sur l'adversaire, que ce soit sur un cheminement de passes privilégié ou sur un ou deux joueurs beaucoup plus influents que d'autres ou encore sur des coups de pied arrêtés, une sortie de zone qui est un peu particulière et sur laquelle il faut faire un peu plus attention. Même quand on prend en compte l'adversaire, on ne change pas qui on est. On part du principe qu'une identité c'est quelque chose de très fort et d'hyper important, on ne peut pas avoir une identité si on la change en permanence. Si tu veux avoir des principes forts et une identité forte, il faut que les joueurs parlent le même langage et puissent s'exprimer de la même manière toutes les fins de semaine. Maintenant tu puises dans ton vocabulaire, là on revient à la conception de micro société de Christian Gourcuff, dans ton dialogue, tu vas peut-être utiliser certains mots plus que d'autres. Ça, c'est ton adaptation à l'adversaire. Ça pour nous, c'est hyper important donc le seul moment où on va véritablement changer d'identité c'est peut-être dans les cinq dernières minutes d'un match parce que le résultat, les circonstances, l'atmosphère, vont nous demander de changer et de jouer d'une façon complètement différente. Nous sommes attentifs à notre identité parce que là aussi on est dans l'évaluation de performance et un joueur a besoin de repères. Comment évaluer d'un match à l'autre si tes critères d'évaluation sont différents. Ça rend l'évaluation de la performance difficile, très floue et la progression beaucoup plus lente. Je vais te raconter une anecdote. Quand j'étais au Stade de Reims, j'entraînais les moins de 19 ans et j'étais espion pour le club. On était en ligue 2. Le samedi, je partais dans toute la France espionner les futurs adversaires des pros. C'était super, on était deux. On voyageait partout où on nous demandait d'aller. Je faisais les choses du mieux possible, c'est-à-dire que je donnais des rapports d'une quinzaine de pages, des statistiques, l'état de forme des joueurs etc. Avec le coach des pros, on discutait du rapport puis il me demandait toujours: «Toi Phil, comment tu jouerais contre l'équipe contre laquelle on va jouer? Donne-moi des pistes de réflexions!». «Phil, on va jouer comme ça contre cet adversaire-là! On change ça et je vais y aller comme ça!» Il change son identité de jeu et ses animations. Le jour du match, on joue et j'étais au bout du banc. L'adversaire joue alors complètement à l'opposé de ce qui était prévu. Et là, il se retourne vers moi en haussant les épaules (il mime le geste) et moi je lui réponds de la même façon en haussant les épaules. L'autre équipe avait fait la même chose, elle avait également changé sa manière de jouer par rapport au Stade de Reims. Si tu regardes l'absurdité de la situation, tu avais un coach qui sur ce match là te dit: «Tu sais quoi? On va tout changer pour s'adapter à l'adversaire!» Et l'autre coach en face qui dit: «Tu sais quoi? On va tout changer pour s'adapter au Stade de Reims!» Donc au bout du compte, tu avais une rencontre qui, au niveau du plan de match, après 10 minutes, n'avait plus rien à voir du tout avec ce qui avait été prévu. C'était il y a quinze ans et ça m'avait allumé. C'est ridicule à un moment donné, si tu prends le fait d'espionner l'adversaire pour s'adapter à 80% à l'adversaire et que l'adversaire fait la même chose, ça ne rime à rien.

«FAIRE DES CHOSES POUR GAGNER PLUTÔT QUE DE FAIRE DES CHOSES POUR NE PAS PERDRE»

C'est aussi peut-être un peu ce qu'on reproche au championnat français: de jouer pour ne pas perdre plutôt que pour gagner...

P.E Là tu reviens à l'identité du coach. J'aime bien le sens des mots. Si tu vois la définition du football dans n'importe quel dictionnaire, l'objectif c'est de marquer un but. C'est ça le but du jeu. Ce n'est pas de ne pas les prendre, c'est de marquer un but. La deuxième chose, c'est que les gens qui disent: «Je déteste la défaite! Ce n'est pas ma tasse de thé.» Il y a des gens qui se valorisent ou qui pensent se valoriser en disant: «Je hais la défaite!» Je préfère qu'ils adorent la victoire! Je préfère qu'on me dise: «Pour moi, la victoire c'est une drogue!» plutôt que de me dire «je déteste la défaite!» Je préfère que tu fasses des choses pour gagner plutôt que de faire des choses pour ne pas perdre. À partir de là, ça modèle énormément ton approche de ton entraînement, ton approche du match et ton approche de l'histoire du match! Tu vois, Paco Seirul-Lo disait que pour lui, il y avait deux types d'entraîneurs: ceux qui étaient courageux et ceux qui ne l'étaient pas. Sa définition du mot courage avait le sens du mot audace. Tu peux être très audacieux défensivement aussi. En ce qui concerne «l'école française» tu as raison, même si elle commence un peu à changer; mais je suis totalement d'accord avec toi. J'ai fait des formations en France et 90% des formations étaient basées sur le jeu défensif, comment ne pas prendre de but, comment faire quand tu n'as pas le ballon. Par contre le côté offensif était mis un peu plus de côté, ce qui fait qu'il avait une génération de coachs qui était surtout axés sur l'aspect défensif, sur comment ne pas perdre de matchs, comment attaquer en étant toujours en place défensivement, toujours être en surnombre derrière. C'est une approche qui n'est pas ma tasse de thé. Encore une fois je comprends, et j'ai un respect total pour les coachs qui ne sont pas dans cette même mouvance, mais mon truc c'est : comment faire quand on a le ballon? Donc 75% de notre planification à l'académie, mais c'était la même chose à McGill, 75% des exercices qu'on fait, on les fait quand on a le ballon, c'est ça qui m'intéresse. Guardiola dit que son objectif, c'est de gagner tous les matchs. Qu'est-ce que je mets en place pour gagner les matchs? Et je sais que je ne gagnerai pas tout. Par contre, je veux les perdre comme moi je veux. Ça me guide en permanence, c'est-à-dire que je les perds en gardant les initiatives, en les perdant parce que j'ai voulu les gagner. Je veux être proactif et donc essayer d'avoir la maîtrise sur le jeu, ce qui ne veut pas dire avoir plus souvent le ballon. Que ce soit toi qui gère le match plus que l'adversaire.

La part de l'entraîneur justement dans le résultat final d'un match, c'est quoi pour toi?

P.E Honnêtement, je n'en ai aucune idée parce que je pense que ta question est très philosophique, parce que tu as envie de dire quelque part 0% car ce n'est pas toi qui joue. Tu peux être un génie, tu peux être nul, au bout du compte, ce sont les joueurs qui feront que tu gagnes ou que tu perdes. Ce sont les joueurs qui vont appliquer ce que tu mets en place, qui mettent les buts, font les tacles, récupèrent les ballons. Maintenant comment tu as fait pour les guider? Qu'est que tu as mis en place pour le match mais aussi dans ton environnement de performance et qui va faire qu'à un moment donné, tu as des joueurs, une équipe qui se comporte de telle ou telle façon par rapport à telle ou telle animation et situation. À la fin, on ne peut pas prévoir. Tu peux dire que tu as fait rentrer Fred et qu'il a mis trois buts donc tu as eu une énorme influence sur le jeu... bravo mais c'est Fred qui a mis les buts! Et si tu fais rentrer Fred, qu'il ne met pas un pied devant l'autre et que tu perds, d'un seul coup, tu as la sensation de n'avoir eu aucune influence sur le match, voire même d'avoir une influence négative sur celui-ci! Où se situe ton influence et de quelle ampleur est-elle? Je pense que ce qui est important, c'est de leur montrer le chemin. Pour moi, l'influence que tu peux avoir c'est de leur expliquer et leur montrer comment faire pour avoir une bonne performance. Tu espères que tu leur as montré le bon chemin. Honnêtement je suis incapable de répondre à cette question-là de manière précise.

«AVOIR UN PETIT PEU MOINS DE RÈGLES MAIS ÊTRE SÛR DE POUVOIR LES APPLIQUER À TOUT LE MONDE»

Gère-t-on tous les athlètes de la même façon où t'est-il arrivé de déroger à tes principes à l'occasion ?

P.E Tu as des valeurs de base et tu as des règles de base auxquelles tu ne dois pas déroger et qui s'appliquent à tous les joueurs. D'où l'importance de bien déterminer des règles et des valeurs, et surtout ce que tu ne veux pas. Il vaut mieux avoir un petit peu moins de règles mais être sûr de pouvoir les appliquer à tout le monde plutôt que d'en avoir beaucoup et de faire des exceptions en permanence. Ça parait classique de dire qu'on va mettre des règles de vie et des valeurs en place mais ce n'est pas anodin parce que ça doit guider ton mode de fonctionnement. Ton cadre va être hyper important pour la vie de ton groupe et pour les décisions que tu vas prendre. Ce que tu ne veux surtout pas, c'est créer une injustice, ça c'est le pire dans la gestion du groupe. Si tu es perçu comme quelqu'un d'injuste, ça devient compliqué. Donc je dirais qu'à partir du moment où tu as mis de bonnes règles et de bonnes valeurs en place, tout le monde est traité de la même manière. Maintenant c'est tout le reste que tu ne vas peut-être pas gérer de la même manière en fonction des circonstances du match, des personnalités de chacun, du statut du joueur parce que qu'on le veuille ou non, des joueurs ont des statuts différents des autres. L'important c'est que ça ne déroge pas à tes règles et que ça ne crée pas d'injustice et à partir de là, c'est beaucoup plus facile d'expliquer pourquoi tu as pris cette décision. Tant que ça ne brise pas les règles, c'est généralement très bien compris par tout le monde et ça te donne de la flexibilité. Ça ne veut pas dire que tu ne dois pas avoir de règles, que tu dois n'en avoir qu'une ou que tu dois en avoir plusieurs. Tu dois avoir certaines valeurs et certaines règles qui doivent être les mêmes pour tout le monde selon moi. Si de temps en temps, ça te met dans l'inconfort parce qu'il faut que tu te prives d'un joueur, de deux joueurs voire de trois joueurs... moi ça m'est arrivé lors d'un match en déplacement en Floride. Il a fallu que je me prive de quatre joueurs pour un match. Ils devaient commencer mais n'ont pas commencé. Il a fallu que je fasse jouer des joueurs à leur place hors de position. On n'a pas gagné et ce n'est pas grave, on a quand même fait une bonne performance. Tu renforces ta vie de groupe en faisant ainsi. Tu as toujours la question extrême qu'on peut te poser en disant: «Oui, mais s'il se passe la même chose la veille de la finale de la Ligue des Champions?» J'ai encore la naïveté de penser que quand on arrive à ce niveau avec des joueurs de ce niveau, on n'a pas à gérer ces problèmes-là. Les joueurs d'un très haut niveau ne te mettent pas dans une situation où tu as à gérer des cas extrêmes, ça doit arriver très rarement.

Comment gère-t-on les remplaçants lorsqu'on a une saison qui ne dure que trois mois?

P.E Déjà ça va dépendre de la qualité de ton effectif. Partons d'un effectif qui est relativement homogène, quand je dis relativement homogène c'est sûr que dans une équipe universitaire encore plus qu'ailleurs, tu as six ou sept joueurs qui sont un peu au-dessus parce qu'ils sont plus vieux, ont plus d'expérience et parce qu'ils sont meilleurs point! On va dire que ce sont des piliers sur lesquels tu as envie de t'appuyer. Maintenant tu sais aussi qu'ils ne vont pas pouvoir être toujours performants parce que le rythme universitaire est quand même particulier. C'est généralement deux matchs par semaine donc il faut quand même gérer cette charge qui est réelle plus les études. Ce ne sont pas des joueurs pros, ce ne sont pas des joueurs qui peuvent faire un spa le lendemain du match et passer une heure avec un massothérapeute et donc n'ont pas la possibilité d'avoir un rythme de vie qui leur permet de récupérer de manière optimale. Tu sais aussi que tu as besoin d'avoir un collectif fort et que tu ne peux pas te permettre de négliger des joueurs. Déjà c'est pour moi l'opposé de ce qu'est un sport collectif et à l'opposé des conceptions d'une équipe de cette micro société où tout le monde doit être valorisé mais chacun doit connaître son rôle et le respecter. À partir du moment encore une fois où tu es clair avec les joueurs qui auront un petit peu moins de temps de jeu. Tu leur expliques pourquoi mais tu leur expliques également l'importance qu'ils vont avoir dans la réussite de l'équipe parce que cette importance est réelle mais ce que tu ne sais pas en tant que coach au début de la saison ou avant un match c'est par quoi, ou comment, ça va se traduire. Tu ne peux pas dire à un joueur qui joue un peu moins, qu'au match numéro 4, il va rentrer à la 80e minute et va marquer, tu n'en as aucune idée. Alors comment gérer ces joueurs qui jouent un peu moins? Déjà, ils doivent être valorisés dès que l'occasion s'en présente, si un joueur rentre et fait bien son job, tu dois lui exprimer ta satisfaction mais aussi l'exprimer en face du reste du groupe. Si tu penses qu'un joueur peut avoir un impact sur le match, il ne faut pas hésiter à le faire rentrer et encore une fois, ça revient à une de tes premières questions, tu es un donneur de confiance et le joueur doit savoir que s'il rentre, ce n'est pas parce que tu as pitié de lui mais parce tu sais qu'il va amener quelque chose et tu y crois donc tu crois en lui. C'est toujours pour le bien de l'équipe. Je dirais aussi que c'est gérer une charge entraînement-match qui est quand même intense au niveau universitaire. Que tu aies les moyens de gérer le temps de jeu de tout le monde en fonction des circonstances du match est un luxe que tu n'as pas toujours. Tu es conscient que ta saison est courte, intense et que tu ne veux pas commencer à être bien alors qu'il ne reste plus que deux matchs de championnat et que tu as dix points de retard. La dynamique universitaire est très particulière d'où ta question mais je pense encore une fois que c'est une question de clarté et à partir du moment où tout le monde connaît son rôle et que tu continues à être juste, c'est à dire que tes sept ou huit top joueurs sont aussi conscients que s'il y en a un ou deux qui ne livre pas la marchandise après trois ou quatre matchs, tu n'hésiteras pas à donner plus de temps de jeu à des joueurs qui étaient sur le banc et qui vont t'amener sans doute autant, sinon mieux. Tu alimentes ainsi la notion de justice. Quand il y a du respect, de la justice et de la compréhension des rôles de chacun, tout en prenant en compte cette charge physique alors je pense que ça se gère bien et Fred, ça fait un lien aussi par rapport au recrutement dont tu parlais, c'est qu'il faut que la personne, humainement elle soit prête à vivre ça. Si tu as un gars sur le banc qui est incapable de s'auto-évaluer, qui pense qu'il doit commencer, qu'il est la vedette alors qu'il ne l'est pas et qu'il ne veut pas entendre ce que tu lui dis, je pense que tu t'es trompé dans ton recrutement à la base et bien sûr ça arrive de se tromper. Je pense que la gestion est facilitée quand les règles du jeu sont bien établies et que derrière, tu es honnête, transparent et juste et que tu évalues bien la performance des uns des autres.

Quel est ton match référence? Celui où tout s'est passé comme prévu.

P.E Je vais prendre celui-là parce que l'équipe en face a terminé championne donc ça a peut être un petit peu plus de portée mais on était en USL avec le FC Montréal avec une bande de gamins donc globalement une équipe presque plus jeune qu'une équipe universitaire, même bien plus jeune. Dans cette équipe d'ailleurs, il y avait certains qui ont joué après à l'Université de Montréal comme Frédéric Lajoie-Gravelle. On va jouer à Louisville qui terminera champion cette année-là. On prépare bien le match, on se concentre beaucoup sur nous, sur notre animation, sur l'état d'esprit et on gagne 4-0 chez eux, en jouant avec nos forces, c'est-à-dire avec beaucoup de vitesse, beaucoup de jeu vers l'avant et beaucoup de déplacements. Dans la saison ça a été un match référence, pas un match référence dans ma manière de coacher, même si on s'était bien préparés. On jouait chez le leader du championnat et il devait y avoir dix voire douze mille spectateurs. Une équipe de gamins qui est sur la route avec une expérience professionnelle très limitée, ça a été une réussite parce que l'état d'esprit était extraordinaire, tout le monde était sur la même page. Pourquoi je te donne cet exemple-là? Déjà parce que c'était à un haut niveau, et ensuite parce que tu mettais vraiment le doigt sur l'importance de l'état d'esprit. Ils étaient meilleurs que nous mais sur ce match, parce qu'on était concentré sur nos tâches avec des principes clairs et un plan de match clair, ça a donné une performance de très haut niveau. On aurait joué le match dix fois, on l'aurait sans doute perdu neuf fois mais sur ce match-là, l'entraîneur adverse n'était pas content. Ce match a été extraordinaire dans la manière dont il a été exécuté, c'est un très bon souvenir. Ce sont des matchs qui marquent, non seulement l'entraîneur mais également le joueur parce que dans un contexte difficile, ce sont des matchs qui deviennent des matchs de référence. Des matchs où tu pars avec un handicap et où l'entraîneur a un rôle important parce que s'il laisse son équipe livrée à elle-même, elle n'y arrivera pas. Comment, en tant qu'entraîneur, arriver à combler ce handicap pour qu'après les joueurs fassent le reste? Dans cette perspective, ce match était un bon match.

Redmen de McGill - 2007-2008

De gauche à droite : Au premier rang : Dominic Desbois, Vaughn Richards, Alejandro Julian, Owen Braun (entraîneur des gardiens), Philippe Lazure (entraîneur adjoint), Philippe Eullaffroy (entraîneur-chef), David Simon (entraîneur adjoint), Elias Gedamu, Samuel Lindauer, Nicolas Levesque. *Au deuxième rang :* Stephanie Steen (physiotérapeute), Jamie Scholefield, Shawn Amarasekera, Alec Milne, Michael Faustini, Olivier Boulva, Omar John, Gareth Pugh, Mac Ojiaku, Mylène Boudreau (physiothérapeute), Monica Trozzo (physiothérapeute). *Au troisième rang :* Eugene Graske, Sami Obaïd, George Banks IV, Axel Dovi, Graeme Tingey, Lin Mavula, Samuel Goss, Thomas Lucas.

À l'inverse, quel a été le pire match ? Celui où rien n'a fonctionné comme prévu.

P.E Le fiasco peut être sur différents plans. Je vais encore prendre Louisville, la saison d'après on va à Louisville, on se prend 3-0. On avait une équipe encore plus jeune et ils étaient encore leaders du championnat. Nous y sommes allés mais nous n'étions pas bien, nous étions un peu plus en difficulté que la saison précédente. Ils étaient vexés du 4-0 de l'année précédente donc c'était un match particulier pour eux. On l'a préparé du mieux possible, les gars étaient motivés et hyper intenses mais nous nous sommes fait expulser un joueur au bout de dix minutes. On était déjà mené 1-0. Tout de suite après, on se prend deux buts et ça fait 3-0 à la mi-temps. On parlait d'identité de jeu ! (rires) Et là on va tout changer ! On s'est accroché, on a essayé d'être le plus solidaire possible et à la deuxième mi-temps, on ne s'est pas pris de but. Au bout du compte, ça reste un gros échec. Dans ces situations, le staff a le rôle hyper important de trouver des solutions, de rassurer les joueurs et de minimiser les effets du « rien ne marche comme prévu ». Ça a été un fiasco parce que la première mi-temps a été catastrophique, rien ne marchait. Le plan de match, on ne pouvait plus le faire au bout de dix minutes. On a été dominés dans tous les compartiments mais à la deuxième mi-temps, on a réussi à réduire un fiasco total en fiasco partiel. Je me rappelle de cette sensation qu'on avait sur le banc. Tout le monde s'est dit que le match allait être long, tous les entraîneurs ont vécu ces scénarios-là où au bout de cinq minutes, tout ton plan de match explose. On a réussi à limiter les dégâts mais le parallèle est pas mal puisque c'étaient les deux mêmes équipes les deux fois à l'extérieur, dans le même contexte quasiment puis tu vois, une fois ça a été une réussite totale, nous avons gagné 4-0, et l'autre fois, un échec avec une défaite de 3-0.

« LE GESTE D'ENCOURAGEMENT, C'EST ÇA LE PLUS IMPORTANT »

Quel est le geste le plus important pour toi durant un match ?

P.E C'est le geste d'encouragement, c'est ça le plus important. Frapper dans les mains est le geste d'encouragement le plus classique et le plus banal mais il reste très important. Alors c'est vrai, quand on évolue à des niveaux où il n'y a pas beaucoup de monde dans les estrades, on peut avoir un rôle de recadrage, de conseils quand on est sur le banc mais quand on arrive à un certain niveau, les joueurs n'entendent rien parce qu'il y a trop de bruit dans le stade, d'où l'importance également d'avoir des joueurs qui soient les plus autonomes possible et capables de prendre les décisions sans l'entraîneur. Je dirais donc qu'à partir du moment où tu es parti dans une dynamique où tu veux des joueurs capables de s'adapter, de reconnaître les situations et de prendre des décisions, ton rôle à toi c'est d'encourager à ce que ça se passe bien. Que tu ailles vers un échec ou vers une réussite, les joueurs doivent sentir en permanence que tu es derrière eux.

Qu'est-ce que tu ne ferais jamais durant un match ?

P.E Être méchant.

Et si tu pouvais inverser le résultat d'un match?

P.E Je pourrais donner deux exemples, un universitaire et l'autre à l'Impact de Montréal. Samir Ghrib s'en rappellera de celui-là. C'est la demi-finale de championnat universitaire avec McGill, on va à Québec affronter le Rouge et Or de l'Université Laval en demi-finale au PEPS. Ça a été un match très particulier parce qu'on joue un soir relativement tard et on commence à la dernière lueur du jour et Sam me dit qu'il n'y a pas de problème si on va en prolongation parce qu'ils ont amené des projecteurs portables sur roulettes qui font trois mètres de haut. Fin du temps réglementaire, 0-0, match équilibré, prolongations et là, la neige commence à tomber. L'arbitre veut continuer le match donc on met les petits projecteurs parce qu'il faisait nuit, mais les petits projecteurs qui n'éclairent déjà pas grand-chose, avec en plus de la neige, on n'y voyait rien, mais vraiment rien. L'arbitre ne voulait pas arrêter. Il a fallu qu'avec Sam, on rentre sur le terrain, les deux coachs, pour dire que c'était ridicule et qu'on ne pouvait pas continuer à jouer. L'arbitre a arrêté le match et il fallait le finir parce qu'on était à cinq minutes du début de la prolongation. Sam a proposé d'aller chez lui, à Beauport où il a de superbes installations avec éclairage. On avait le bus, eux la voiture, on part vers Beauport en pleine heure de trafic, un vendredi soir. Tous les joueurs arrivent à Beauport en ordre dispersé parce qu'ils étaient pris dans le trafic. Globalement 1h15 à 1h30 plus tard, on recommence la prolongation... Et première touche centre et but pour Laval, 1-0 score final. Donc on se fait éliminer, pas de problème sur les circonstances du match, ils peuvent gagner, on peut gagner. Je pense qu'il n'y avait pas de scandale du tout par rapport au fait que Laval gagne mais c'est un match qu'on aurait aussi pu gagner. Les événements ont eu une influence importante sur cette fin de match. On avait une équipe très intéressante cette année-là, qu'est-ce que ça aurait donné en finale? Je n'en ai aucune idée. C'était en 2007 ou 2008, un truc comme ça. Ça faisait longtemps que McGill n'était pas allé en finale, et si les circonstances avaient été différentes peut-être que le résultat aurait été différent. Vivre une finale avec McGill, ça aurait été super. C'est un match qui a duré 3h30! (rires)

«DES JOUEURS QUI VONT POSER DES QUESTIONS (...) T'OBLIGENT À RÉFLÉCHIR»

Avec quel athlète as-tu adoré travailler et pourquoi?

P.E Les athlètes avec qui tu adores travailler sont les athlètes qui sont curieux et qui te sortent, toi en tant que coach, de ta zone de routine. Je n'aime pas parler de zone de confort, je préfère parler de routine dans le sens où ils vont te poser des questions, que tu ne t'étais peut-être pas posées parce qu'eux voient les choses un petit peu différemment. Ils ont peut-être trouvé la faille dans un exercice ou dans les règles. Des joueurs qui vont poser des questions par rapport à l'adversaire et te demander ce qu'il faudrait faire dans telle ou telle situation donnée, t'obligent à réfléchir. Ce sont des joueurs qui vont beaucoup t'enrichir et te faire progresser en tant que coach dans ton ouverture, ta recherche de connaissances et ton apprentissage qui est permanent. Ce sont des joueurs qui vont te faire grandir à travers leurs questionnements. De toute façon, si tu aimes entrainer, tu fais ce métier car tu apprécies de travailler avec tous les joueurs, qui ont envie de bosser, qui ont une bonne éthique de travail, qui veulent progresser qui veulent faire de bonnes performances.

«L'IMPORTANCE DU CADRE, DES PRINCIPES ET DES RÈGLES DE VIE»

À l'inverse, y a t-il un(e) athlète avec qui la relation a été difficile au départ mais avec qui le travail s'est avéré payant?

P.E Je ne veux pas être prétentieux mais j'en ai rencontré relativement peu des joueurs comme ça. À ma première année à McGill, quand je suis arrivé, j'ai pris l'équipe je pense moins d'un mois avant la reprise de l'entraînement donc je ne connaissais aucun joueur. Je suis arrivé et heureusement que j'avais des assistants encore en place qui connaissaient les joueurs. Il a fallu prendre certaines décisions basées sur relativement peu de connaissances des joueurs. Il a fallu se séparer de certains qui étaient là depuis trois ou quatre ans et mon staff ne comprenait pas pourquoi je m'en séparais. Du coup, j'ai fait un compromis, c'est-à-dire que je ne voulais pas tout changer dès mon arrivée, et surtout je voulais écouter à très juste titre l'avis de mes assistants. Je voulais me séparer d'un joueur en particulier mais ils m'ont convaincu de le garder. C'est un joueur avec qui j'ai passé énormément de temps à discuter parce que l'aspect collectif n'était pas bien compris, la solidarité, le goût de l'effort, jouer pour l'équipe avant de jouer pour soi, c'étaient des concepts que ce joueur n'avait pas vraiment mais je l'ai gardé malgré cela. C'est un joueur qui n'a pas beaucoup joué au départ, qui a eu de plus en plus de temps de jeu, qui est rentré en cours de match et plus on avançait dans la saison et plus il était performant et amenait quelque chose au collectif. C'était sa dernière année. On va dire que c'est un joueur avec lequel j'ai démarré dans l'incompréhension totale. Lui ne comprenait pas ce que je demandais et moi je ne comprenais pas ce que lui pouvait apporter à l'équipe. On a cheminé ensemble, je l'ai accompagné sans aucun a priori et lui a été ouvert au changement. Ça n'a pas été facile au départ et au bout du compte, c'est un gamin, qui je pense a progressé, qui a été content de l'expérience et moi aussi. Je pense que tu peux te permettre de le faire quand à côté tu as une équipe qui fonctionne déjà bien. Si tu as ce genre d'athlète dans un environnement déjà difficile, c'est très compliqué, d'où l'importance encore une fois du cadre, des principes et des règles de vie qui permettent de gérer.

Quelle a été ta plus grande émotion en tant que coach?

P.E Il y en a quand même beaucoup, heureusement d'ailleurs. Je vais prendre l'exemple d'une montagne russe d'émotions. Il y a deux ou trois ans, on a fait les play-offs avec les U19 de l'Impact. Il y avait une très belle génération, Clément Bahiya, Mathieu Choinière, etc., on avait sans doute une des plus belles équipes de toute la ligue. Il y a 80 équipes dans la ligue et on était sans doute l'une des deux trois meilleures équipes cette année-là. Nous avons fait une saison de très bonne qualité en termes de performances et de résultats et avons terminé 4e sur 80 équipes et au tirage au sort des groupes de play-offs, c'était la première fois que ça arrivait dans l'histoire de la compétition, on était quatre clubs MLS. Nous sommes partis avec beaucoup d'ambitions légitimes et avons joué le premier match contre Los Angeles Galaxy. Nous avons eu un joueur expulsé et avons perdu 4-0. Il y avait en face un petit milieu de terrain qui joue maintenant régulièrement en MLS, un peu enveloppé avec un super pied gauche...

Efraìn Alvarez?

P.E Oui! Alvarez et une belle équipe de L.A Galaxy, qui perdra en finale d'ailleurs. On a perdu 4-0, on ne méritait pas de gagner, le score était mérité et on a terminé à 10. Le lendemain avec le staff, on se demande ce qu'on fait avec les joueurs. Il y a une énorme déception parce que ce sont des groupes de quatre dans les play-offs et juste les premiers se qualifient. On fait une réunion d'équipe basée sur le pouvoir et la ressource ultimes. Pour nous, le pouvoir ultime c'est le pouvoir de décision et la ressource ultime c'est l'amour. On fait une réunion d'une heure avec pour thème: c'est quoi le pouvoir de décision? Comment peut-on prendre ces décisions? Pourquoi va t-on prendre ces décisions et qu'est-ce qui motive ces prises de décision? On parle pendant une heure de ça. Les joueurs à la suite de cette réunion, font un meeting d'équipe qui dure bien deux heures. Le lendemain, pas grand-chose à dire. Préparation de match, on jouait contre Houston Dynamos et on a gagné 6-0 en faisant un match de grande qualité. Je n'ai rien eu à dire ni à faire comme coach, je n'ai pas ressenti une émotion qui te fait sauter partout, faire le tour du stade et t'arracher ton maillot. Non, c'était plutôt une énorme satisfaction basée sur où on était haut avant L.A Galaxy puis bas à la fin du match et comment sur la base d'un travail sur soi, les joueurs comme le staff, on a réussi à faire une performance individuelle et collective de grande qualité. Le match d'après a été un bon moment, on jouait contre Atlanta, je pense qu'on a gagné 3 ou 4 à 0 mais nous ne nous sommes pas qualifiés parce qu'on a terminé un point derrière L.A Galaxy. Ça a été un gros regret après mais sur ce match, par rapport à l'histoire qui accompagnait ce match contre Houston, ça a été une énorme satisfaction de voir comment collectivement on a été capable de passer outre ces déceptions et faire quelque chose de haut niveau.

«CE SONT LES EXPÉRIENCES À TRAVERS LESQUELLES ON GRANDIT»

Si tu devais dire un mot au coach qui a le plus mis ton sens tactique à l'épreuve?

P.E Je ne me rappelle plus de son nom mais il coachait à Charlotte en Caroline du Nord. Ce sont les expériences à travers lesquelles on grandit; je ne le connaissais pas plus que ça mais il avait une approche de l'animation notamment à domicile avec des joueurs expérimentés. Une animation très caractéristique: il laissait en permanence devant des joueurs qui ne défendaient pas du tout. Il surchargeait en permanence un côté et ce n'est pas évident au départ de s'adapter à ça. Quand tu as un attaquant qui triche en permanence, qui reste sur un côté et ne participe jamais défensivement et d'un autre côté qui va offensivement surcharger toujours le même côté, ça te pose un problème inhabituel à gérer. Dans ce cas-là, ils jouaient avec un numéro 9 qui n'était pas dans l'axe mais toujours sur un côté. Imagine, tu as un ailier gauche adverse qui ne défend jamais et deux joueurs offensifs sur le côté droit, l'ailier droit et le numéro 9 et en plus, quand ils attaquent, le latéral qui vient apporter un surnombre supplémentaire. C'est un problème tactique à résoudre qui n'est pas banal et quand tu le vis en match tu te dis que quand tu as le ballon, tes défenseurs centraux globalement sont libres comme l'air parce qu'ils n'ont pas d'attaquants dans leur zone. De l'autre côté, une des clefs de ton animation offensive est la contribution de tes défenseurs latéraux. Alors, comment réagis- tu? Tu vas mettre ton défenseur central en couverture sur un côté mais tu sais qu'ils attaquent en surnombre de l'autre côté... je peux te dire que ça fume! La première fois que tu les affrontes, tu réagis un peu dans l'urgence mais la deuxième fois, tu as réfléchi avant de préparer ton match en gardant un maximum d'identité. Lui ça a été particulier! Tu t'organises un peu différemment avec tes milieux de terrain. Tu les sensibilises un petit peu plus dans leur positionnement en leur recommandant d'être proactifs et positionnés dans certaines zones du terrain plutôt que de manière classique. Tu es donc obligé dans ton positionnement d'être un petit peu différent, et ce que tu espères, c'est de pouvoir exploiter les zones où les adversaires étaient un petit peu moins denses et leur faire mal là-dessus. Donc tu t'adaptes! On n'a jamais vraiment eu de succès contre cette équipe-là mais après le premier match, on a été très surpris. Quand tu joues pour la première fois contre une équipe en championnat et en début de saison, tu n'as pas beaucoup de matchs références, d'accès à la vidéo, donc ce n'est pas évident. Après la deuxième fois, tu t'adaptes et puis tu fais jeu égal. Ça te pose moins de problèmes et c'est super parce que ça te sort encore de ta zone de réflexion en te faisant mettre en place une animation et un positionnement que tu n'avais jamais fait avant. Je pense qu'ils le faisaient surtout contre les équipes réserves où ils avaient un peu plus de contrôle sur le jeu, plus de domination sur le plan physique et il pouvait se permettre un peu plus de liberté parce qu'il y a d'autres matchs qu'on avait regardés où ils jouaient de manière plus classique.
Au niveau du RSEQ, celui qui nous a le plus embêté sur un match, c'est Samir de Laval. On jouait en 3-5-2 à l'époque à McGill. Je n'avais pas été bon mais Sam oui. Il y a une demi-finale où ils sont venus à McGill et ils nous ont battus 2 ou 3 à 0 si mes souvenirs sont bons et tactiquement, on n'a pas existé. Je ne me rappelle plus les détails du match mais ce dont je me souviens c'est qu'on n'avait pas vraiment existé sur ce match-là.

Dans ton 3-5-2 est-ce que tu es plus enclin à jouer avec un 10 à l'ancienne ou avec deux relayeurs?

P.E 10 à l'ancienne.

Quelle est ta citation préférée et pourquoi?

P.E C'est une citation de Pep Guardiola: «Je veux gagner tous les matchs! Je sais que je ne pourrai pas le faire, c'est pour ça que je veux les perdre comme moi je veux!»

Brian Clough déclarait «le jour où je m'en irai, Dieu devra abandonner son siège favori!» Comment voudrais-tu que l'on se souvienne de toi?

P.E Comme d'une personne, au-delà du coach, qui a une influence positive sur les joueurs qui sont passés dans mes groupes, quelle que soit l'importance de l'influence, grande ou minime, l'amplitude n'a pas d'importance mais qu'un joueur qui soit passé dans une des équipes que j'entraînais puisse dire: «C'était un vieux con mais il était super et j'ai appris ça et ça avec lui!» Pas juste des: «J'ai appris à mieux me placer sur les centres au deuxième poteau!», qu'il puisse affirmer que le coach l'a fait grandir, pas simplement en tant que joueur, mais en tant qu'homme donc c'est ça un peu mon ambition quelque part. Cette influence aussi minime soit-elle, cette influence positive sur la vie du joueur et de l'homme.

LE MOT DE LA FIN

«L'entraîneur moderne à l'heure actuelle est un expert dans de multiples domaines. Ce n'est plus comme à l'époque où l'entraîneur était soit un «dictateur» soit une personne qui ne connaissait que le terrain et pas trop ce qu'il y avait autour. Maintenant, tu as besoin de gens qui soient experts en gestion de crise, en tactique, en physique, en gestion de groupe, en planification et en communication. L'entraîneur est devenu un expert multidisciplinaire qui doit être très complet et qui rend le métier d'autant plus passionnant parce que tu fais du terrain mais pas que et le «pas que» est aussi passionnant que le terrain en tant que tel.»

JOSÉ LUIS VALDES

McGILL

«Chaque match a une histoire» Que signifie cette phrase pour toi?

J-L.V Pour chaque match, il y a une préparation qui est effectuée par les joueurs et les membres du staff des deux équipes. Même les parents préparent le match à leur façon. Tout le monde vit le match de façon très différente qu'il y ait une équipe qui gagne, une équipe qui perd ou match nul. Il y a les émotions qui sont très différentes d'un bord comme de l'autre. C'est combiner la préparation et les émotions que chaque personne vit pendant ce match-là et je te dirais qu'à l'intérieur d'une même équipe, une personne qui joue le match, par rapport à la personne sur le banc, celle qui fait le but ou celle qui donne un but à l'adversaire va vivre le même match, mais de très façon différente. Chacun a son histoire qu'il vivra différemment, certains vont même oublier le match parce que c'est juste un match comme un autre et pour d'autres ça aura été leur premier match en uniforme à la maison et ça a plus d'impact pour ces personnes. C'est un peu le sens que je donne à cette phrase.

Qu'est-ce qui t'a donné l'envie de faire ce métier?

J-L.V J'ai grandi à Notre-Dame-de-Grâce. Quand j'avais 13-14 ans, mon père faisait une clinique pour des gardiens de but de 8 ans et comme j'étais gardien de but, je l'ai aidé. Plus tard, mon père était responsable d'une équipe d'U16 féminines, moi j'avais 18 ans à l'époque. Mon père me demande un jour de le remplacer à une séance d'entraînement. Je suis allé faire la séance avec mon meilleur ami. Après une deuxième séance, mon père me dit: «Ah non, je ne peux plus coacher cette équipe-là! Prends là en charge parce que personne d'autre ne peut la prendre!» Donc il m'a lancé dans le grand bain et j'ai bien aimé les interactions avec les athlètes. Je me suis beaucoup amusé cet été. J'ai pris le côté enseignant de mon père pour l'appliquer à mes interactions avec les athlètes. Après ça, Pat Raimondo et Dean Howie m'ont pris comme entraîneur des gardiens de but à l'association régionale du Lac-Saint-Louis pour les plus jeunes avec Owen Braun. Je prenais l'autobus de NDG jusqu'à Saint-Anne de Bellevue: la motivation était présente! J'ai fait ça plusieurs années. Ensuite je suis parti aux États-Unis faire des cliniques comme joueur et comme entraîneur et pour me lancer en carrière, cela s'est fait au détour d'une conversation à McGill. Pat Raimondo m'aborde et me demande si pour l'université je veux venir à McGill. J'étais supposé appliquer en génie mécanique à McGill puis la fin de semaine avant l'application finale, je parle avec Mick D'arcy qui coache aux États-Unis en NCAA et en équipe nationale junior et qui était venu recruter une gardienne de but. Il me demande pourquoi je ne me lance pas dans le coaching, je lui réponds que je ne pense pas avoir toute l'expertise. Il me rétorque qu'il a une maîtrise en Histoire et qu'il n'a aucune expertise dans le soccer, mais qu'il s'est entouré de bonnes personnes et s'est lancé à fond. Je lui ai demandé ce que je devrais faire pour être coach et il m'a dit de rentrer en éducation physique. Le même week-end, j'ai appelé Pat Raimondo et lui ai demandé de changer mon application. Je rentrais en janvier en kinésiologie, mais après ça j'ai changé en éducation physique pour devenir coach. Évidemment ma famille immigrante n'était pas trop fière de ma décision parce que je passais de génie à kinésiologie, qui n'est pas mal, c'était une science après tout, mais le coup de massue est arrivé avec mon passage en éducation physique dans l'optique de devenir coach.

Faut-il forcément avoir été un bon joueur pour faire un bon entraîneur?

J-L.V Pas du tout, jouer te donne des aptitudes qui peuvent être différentes et t'aider parce que tu as vécu certaines choses qu'un joueur moins bon n'a pas vécues. Mais le joueur moins bon a vécu des choses que le bon joueur n'a pas eu «la chance» de vivre. Le joueur moyen doit s'adapter au bon joueur donc côté tactique, je pense qu'il sera toujours supérieur au bon joueur. Le bon joueur n'a pas eu besoin de s'adapter. Le joueur moyen, lent, capable de défendre contre le rapide, l'intelligent ou l'habile techniquement peut aussi devenir un bon coach. Je pense que les joueurs moyens font les meilleurs coachs. Par contre un joueur «nul», je ne pense pas qu'il peut devenir un bon coach. Pep Guardiola a eu une bonne carrière de joueur, mais ce n'était pas le meilleur sur le terrain. Zidane a été le top. Est-ce que je l'aime comme joueur et comme personne? À 100%! Est-ce qu'il est bon coach? Je ne pense pas. Je pense qu'on le voit déjà cette année. Il essaie de revenir dans une équipe où il n'a plus tous les meilleurs joueurs au monde. Il n'est pas capable de les faire travailler ensemble non plus, ça réussit moins bien. Je pense que ce qu'il est capable de faire commence à ressortir.

«IL FAUDRAIT ÊTRE CAPABLE DE VOIR QUE C'EST PLUS QUE DU FOOT»

Quelle est la plus grande qualité d'un entraîneur selon toi?

J-L.V Dans un contexte universitaire, il faut être capable de recruter, de présenter au joueur ce que la vie dans son université va lui apporter. Dans un contexte professionnel, ça va être le côté humain. Eux vont composer avec la masse salariale, la valeur marketing de chaque joueur, nous on doit gérer avec les priorités des athlètes et ce sont les études, surtout à McGill. Moi, si l'étudiant ne réussit pas sur le plan académique, je perds mon job. Si je ne suis pas capable de vendre l'aspect académique universitaire à McGill, le joueur ne vient pas à McGill. Il faudrait être capable de voir que c'est plus que du foot.

Comment faire jouer une équipe quand on a moins d'un mois pour faire connaissance avec la totalité de son effectif?

J-L.V Moi, je recrute avec deux ans d'avance minimum. Parfois je suis chanceux et je peux être en train de regarder jusqu'à trois ans à l'avance. Je ne te dirais pas que je commence les pourparlers trois ans à l'avance, mais je connais mon bassin, il n'est pas mal. Est-ce qu'il y a des surprises qui surviennent de temps en temps? Oui! Généralement ce sont toujours de bonnes surprises qui s'ajoutent au groupe. Si ce ne sont pas de bonnes surprises, je ne les prends pas. Mais je sais ce qui vient et je suis très excité par le recrutement. Pour celui de 2020, je ne suis pas mal excité, mais celui de 2021, je suis extrêmement excité. J'en parle à mes collègues et je leur dis qu'on sera dans le top 2 du RSEQ dans deux ans sinon c'est moi qui ai fait une gaffe. Par contre, est-ce que la dynamique de groupe sera bonne? Ça oui, on a un mois pour préparer le tout. Les filles savent dans quoi elles s'embarquent. Une fois qu'elles arrivent ici, les anciennes les intègrent au groupe ensuite, c'est à nous de faire ressortir leurs qualités.

Selon Aimé Jacquet, « le football est le reflet de notre société. Regardez bien l'expression d'un joueur sur le terrain, c'est sa photographie dans la vie. » Sur quels critères te bases-tu pour recruter tes étudiants-athlètes?

J-L.V Je les regarde sur le terrain. Il y a peut-être vingt joueuses que j'aime beaucoup. Je discute avec les vingt, j'en garde peut-être dix. Après que j'ai discuté avec ces dix, qu'elles soient venues visiter et qu'elles aient passé un moment sur le terrain avec mes joueuses, il en reste peut-être sept ou huit, c'est à ce moment que je les recrute. Je ne recrute pas une équipe de foot, je recrute des étudiantes-athlètes. Je n'ai jamais eu une femme qui rentre à McGill et qui ne réussit pas académiquement. Est-ce qu'on les encadre pour qu'elles réussissent ? Oui. Ça ne m'intéresse pas des filles qui font une saison et qui ne sont pas capables de maintenir le rythme. Voilà pourquoi je recrute sur trois ans minimum. Généralement, si la fille est disciplinée sur le volet académique, elle est disciplinée pour réussir au foot. Et si j'aime déjà ses qualités sur le terrain à 15, 16, 17 ou 18 ans et je sais que mentalement, elle est très sérieuse pour réussir académiquement, je sais que côté foot ça va continuer à augmenter sur le terrain. Il s'agit aussi de voir si socialement on ressent que c'est une bonne personne dans le groupe.

«JE LEUR RÉPONDS QUE CE N'EST PAS UNE QUALITÉ, C'EST UNE NÉCESSITÉ!»

Lorsque tu rencontres tes athlètes pour la première fois, quelle philosophie souhaites-tu leur inculquer?

J-L.V Je dis souvent à mon équipe: «Vous êtes à mon image!» Donc si l'équipe, elle est capable d'être sérieuse et de rire en même temps, c'est vraiment moi! Quand c'est le match, on donne tout pour réussir, mais on reste dans les règles. On n'essaie pas de trouver la faille dans le règlement pour gagner. Dans l'adversaire pour le battre: oui! La joueuse qui va venir ici pour la première fois va se poser beaucoup de questions. Lorsque je demande à des filles quelles sont leurs meilleures qualités, elles me disent: je travaille fort! Je leur réponds que ce n'est pas une qualité, c'est une nécessité! Si tu travailles fort, tu es comme n'importe quelle joueuse que j'ai sur le terrain aujourd'hui! Toutes mes joueuses travaillent fort. En revanche, savoir ce que la fille apporte de différent, c'est ça l'important!

«GAGNER UN MATCH, CELA VOUS APPARTIENT»

Quelle est votre routine d'avant-match?

J-L.V Le jour du match, c'est un petit café près de la maison ou du bureau. Kelsey Wilson et moi préparons le vestiaire. Lorsque j'étais adjoint avec Marc Mounicot en 2001, j'ai commencé à organiser le vestiaire comme chez les pros pour que tout soit nickel. Quand j'étais gérant des équipements avec l'équipe nationale u17, j'ai aussi poussé pour qu'on organise les vestiaires de cette façon. C'est rentré dans ma routine d'avant-match, j'organise les vestiaires, tous les maillots sur les cintres. Je suis très pointilleux, le chandail est mis sur le cintre avec les trois bandes Adidas, les lignes exactement pareilles sur tous les maillots. À la maison, on va également mettre en place les différents scénarios. Après cela, je reviens au bureau, je prépare mes notes dans mon calepin pour ce que je vais dire avant le match. Je prends ensuite une demi-heure pour me recentrer, à la limite fermer les yeux et dormir. Après cette demi-heure, je règle les petits détails pour le match, prends à nouveau un petit café et rencontre les filles avant qu'elles ne se changent, pour leur donner des idées sur lesquelles réfléchir. Cinq à dix minutes avant d'entrer sur le terrain, on donne quelques consignes tactiques. Je ne suis pas un coach qui harangue les troupes pour aller à la guerre. Je n'ai jamais aimé ça, je trouve que si le joueur n'est pas motivé pour jouer un jour de match, c'est qu'il n'est pas à la bonne place. Je dis aux filles: «Si vous attendez un discours pour vous motiver, ce n'est pas avec moi. Arrangez-vous entre vous, trouvez votre discours, votre chanson, mais moi, je ne suis pas là pour vous motiver! Gagner un match, cela vous appartient, sinon j'ai mal choisi mes joueuses!»

«ON ESSAIE DE DONNER AUX JOUEUSES L'INTELLIGENCE D'ANALYSER LA BONNE ACTION À EFFECTUER»

Faut-il imposer son style ou s'adapter à l'adversaire en face?

J-L.V Un peu des deux! Je fais toujours de la vidéo sur l'adversaire pour trouver des failles où ils sont plus vulnérables et j'essaie de les exploiter. J'ai fait des erreurs au début de ma carrière de coach car je donnais trop d'importance à l'adversaire, au point d'en avoir peur. Je disais: «Ça, c'est dangereux! Ça aussi c'est dangereux!» Ça n'a pas été un énorme succès de notre côté. Je pense qu'il faut quand même respecter l'adversaire pour ses qualités, donc c'est sûr que sur certains aspects, on s'adapte au jeu de notre adversaire défensivement et offensivement. Après la philosophie de jeu va rester pareille, on va toujours jouer d'une façon à garder le ballon au sol et le faire circuler. Mais par exemple, si l'autre équipe met une grosse pression et qu'il y a de l'espace dans le dos, je vais balancer trois ou quatre ballons pour nous sortir de la pression. On a une philosophie de jeu, mais on essaie de donner aux joueuses l'intelligence d'analyser la bonne action à effectuer au bon moment. Beaucoup de pression: on passe au-dessus! Contre une équipe qui recule: on fait circuler le ballon!

«L'INFLUENCE SE SITUE AU NIVEAU DE LA SEMAINE DE PRÉPARATION»

Quelle est la part de l'entraîneur dans le résultat final selon toi?

J-L.V Si tu prends en compte la sélection des joueurs qui vont commencer le match, tu le vois déjà. Maintenant, au cours du match. Tu vas le voir au début ainsi qu'à la mi-temps. Je trouve que c'est au cours des dix premières minutes qui suivent la mi-temps que ressortent les qualités d'un entraîneur. C'est avant le match que tout est fait. Pendant un match, l'influence n'est pas aussi grosse parce qu'on joue un sport où ce sont les joueuses qui doivent avoir l'intelligence de savoir comment s'adapter! Nous n'avons pas de temps morts pour élaborer une stratégie. Le coup de pied arrêté qui te fait marquer un but parce que ç'a été un jeu truqué, il a été pratiqué une semaine à l'avance. Si on regarde la demi-finale contre Montréal l'année passée, demi-finale qu'on perd aux tirs au but, Claudia Agozzino met un but sur un coup de pied arrêté. Ça a été une passe courte et elle le met pleine lucarne premier poteau. Pourquoi l'a-t-on travaillé? Parce qu'on voyait que Montréal sur les coups de pied arrêtés, tu avais Marie-Ève Bernard O'Breham qui reculait de entre 5 à 10 mètres du mur et le reste du groupe restait avec le peloton. Donc nous avons mis une joueuse exprès sur Marie-Ève sachant qu'elle allait reculer et quand le peloton allait se tasser, ma joueuse allait se libérer toute seule et on allait lui faire une passe courte dans l'espace pour mettre le ballon au fond.

Est-ce que j'ai influencé le match? Certainement, mais pas sur le match. L'influence se situe au niveau de la semaine de préparation. Si on regarde un match de football américain, c'est le coach qui a beaucoup plus d'influence parce qu'à chaque arrêt, il se dit qu'il va aller avec tel jeu ou tel jeu! Dans le foot, le jeu est plus fluide. Est-ce que je peux truquer des choses ou des changements pour étirer le temps? Oui, mais c'est une influence minimale. Si ma préparation a été nulle, nous allons être nuls. Si ma préparation est excellente et que je ne dis pas un mot, on peut quand même très bien faire. Si tu regardes certains des coachs, ils ne disent aucun mot, ils restent assis, ils sont tranquilles et ça réussit parce que la préparation a été faite avant!

«UNE FOIS QUE LA LIGNE EST TRACÉE, VOICI CE QU'ON ACCEPTE ET VOICI CE QUE L'ON N'ACCEPTE PAS»

Gère-t-on tous les athlètes de la même façon ou t'est-il arrivé de déroger à vos principes à l'occasion?

J-L.V C'est impossible de gérer chaque joueur de la même façon et si on le fait, c'est une erreur. Est-ce que tout le monde suit la même ligne? À 100%. Mais toi et quelqu'un d'autre avez des parents différents. Tu viens d'un système culturel différent. Tu vas venir avec une éducation qui est différente! Tu vas venir avec une philosophie de vie qui va être différente. Donc les boutons que je vais activer sur toi pour suivre cette ligne-là vont être différents des boutons que je vais activer pour quelqu'un d'autre. C'est impossible de gérer les gens de la même façon, ça n'a aucun sens. En anglais on dit on traite «fair», mais pas «equal». Non, on ne traite pas de façon égale, mais est-ce qu'on veut que tout le monde suive la même ligne? Toujours! Si toi, tu déroges à cette ligne, est-ce qu'il y aura une conséquence? Oui! Si un autre le fait? Oui! Il y aura toujours une conséquence quand on déroge à cette ligne, mais la conséquence sera différente pour l'une et pour l'autre selon que la personne soit de première année, de cinquième année ou alors ma capitaine. Tu peux être que le coup de massue qui va s'abattre sur ma capitaine de cinquième année va être un coup de massue très différent de celui sur ma joueuse de première année, qui dérogent de la ligne de conduite fixée. La ligne de conduite, il faut l'avoir, il faut l'enseigner, il faut s'assurer qu'elle est respectée, mais il y a différentes façons de faire. Les sanctions seront différentes pour la fille qui arrive de Colombie-Britannique à 17 ans, qui sort du High School et n'a jamais vu l'université, par rapport à une de mes joueuses rentrée après trois années au Cégep et qui a fait cinq ans d'université au cours desquels je l'ai moi-même coachée. La ligne de conduite est fixe, quand tu l'enfreins, tu la connais très clairement et tu sais qu'il y a une conséquence. Maintenant, si nous avons une conversation avec le capitaine ou avec mon staff et qu'on se concerte pour revoir la façon de faire, est-ce que la ligne change? Certainement! C'est le côté humain d'évoluer en tant que coach. Une fois que la ligne est tracée, voici ce qu'on accepte et voici ce que l'on n'accepte pas, tu travailles fort et tu défends, quel que soit ton statut. Si tu regardes un Simeone, il y avait Griezmann, qui défendait à tous les matchs et maintenant qu'il joue au Barça, il tacle les défenseurs parce qu'il a baigné dans la mentalité, tu défends à tout prix, ce qui n'est pas le statut de Messi. Oui, Messi défend à certaines occasions, mais parfois il marche. À l'Atletico, il n'y a personne qui marche. Tout le monde a une ligne à suivre, si quelqu'un y déroge, je ne vais pas fermer les yeux, mais la façon dont on va gérer les choses sera différente.

Comment gère-t-on les remplaçants lorsqu'on a une saison qui ne dure que trois mois?

J-L.V La communication claire du rôle de chaque personne facilite beaucoup. Sur une année, nous avons cinq rencontres obligatoires d'une demi-heure chacune avec chaque joueuse. On s'assoit avec chaque athlète au début, au milieu et à la fin de la saison puis au milieu et à la fin de l'hiver. Généralement, elles ont une idée très claire de ce qui se passe, de ce que l'on attend d'elles et également de ce qu'elles attendent de nous. Il y a des moments dans la saison où chacune prendra conscience: «Ah! Je ne suis pas une partante! Ah, je suis quelqu'un qui viendra du banc! Ah, je suis quelqu'un qui sera dans les estrades de

temps en temps!» Si cela est très clair déjà avec la raison qui l'explique et qu'elles connaissent leur rôle dans l'équipe, le problème est relativement plus simple par rapport à une fille qui ne connaît pas son rôle, qui pense qu'elle a les qualités d'une partante et que là tout à coup elle voit qu'une coéquipière joue 6 minutes tandis qu'elle est sur le banc à ne pas jouer et à se demander ce qui se passe. Donc je pense que la communication doit être très claire concernant le rôle de chaque athlète; il faut faire comprendre ce rôle aussi parce que j'aurai beau dire à la remplaçante qu'elle va me faire 15 minutes dans lesquelles elle va tout exploser, mais si elle n'est pas d'accord avec ça et qu'elle ne le voit pas de cette façon, alors on est encore dans le conflit! Sur un entraînement, tout peut changer. La beauté que nous avons en RSEQ, c'est la saison d'hiver. Chez nous, en hiver, tout le monde joue le même nombre de minutes. Tout est calculé, on sait tous que tout le monde va jouer, quand bien même tu as eu un superbe match ou un match désastreux, tu vas les jouer tes 45 minutes à chaque match en hiver. La fille qui a trouvé injuste de ne pas avoir eu la chance de se prouver, de ne pas avoir joué assez de minutes ou qui s'est blessée en début de présaison et n'a jamais été en rythme par rapport aux autres: OK tu as une saison à oublier! Parfait! L'hiver tu auras la chance toutes les semaines de te prouver pendant 45 à 60 minutes. L'hiver nous permet de donner la chance aux joueuses de se prouver par rapport à ce qu'elles ont fait l'automne.

Martlets de McGill - 2017-2018

De gauche à droite: Au premier rang, assises: Lisa Perrett, Anais Robert, Zoë Fasoulakis, Sarah Dubois, Cassandra Fafalios, Hannah Boshari, Daphnée Morency, Sarah-Maude Bouchard-Canuel, Alyssa Crichton. ***Deuxième rang:*** Audrey-Ann Coughlan, Hanna Moussa (préparatrice physique), Connor Castrataro (entraîneur des gardiens), Selwynne Hawkins (entraîneure-adjointe), Theo Tsouroupakis (entraîneur des gardiens), José-Luis Valdes (entraîneur-chef), Patrick Viollat (entraîneur-adjoint), Kelsey Wilson (entraîneure-adjointe), Kat Jirasek (physiothérapeute), Olivia Trotter. ***Troisième rang:*** Naomi Weber, Elise Lacoste, Stephania Folino, Nathalie Brunelle, Claudia Agozzino, Justine Enns, Tia Lore, Sophie Barlos, Olivia Lusterio-Adler, Mary Jardin.

Raconte-nous ton match référence, celui au cours duquel ton génie tactique s'est le mieux exprimé.

J-L.V L'année dernière contre Laval. On a gagné 2-1 à Québec pour la première fois en je ne sais combien d'années et là nous les recevons à la maison. Après notre victoire à Québec, Laval a commencé à faire des changements tactiques et revoir leur façon de travailler parce qu'ils ne s'attendaient pas à perdre contre nous et surtout pas chez eux. Ils ont commencé à gagner 6-2 contre Concordia, 6-0 contre Sherbrooke, 8-1 contre Sherbrooke, 5-0 contre l'UQAM. Ils devaient ensuite jouer de nouveau chez nous. Ce match-là, j'ai dit aux filles qu'il fallait le gagner sinon ça voudrait dire que chez elles, nous avions été chanceuses. Si on gagne, on mérite ce qu'on a fait au match aller et on confirme que nous sommes meilleures qu'elles cette année. Le match commence et nous menons 1-0 puis je ne me souviens plus exactement si nous menons 2-0 et elles font 2-1 ou si elles égalisent à 1-1 et nous faisons 2-1, par la suite. Finalement, nous gagnons 3-1 à la maison. Contre Laval, nous mettions toujours de la pression haute et on essayait de les faire déjouer dans leur système. Nous savions que sur 90 minutes, nous allions travailler plus fort qu'elles, il n'y avait pas de doute. Nous étions capables de maintenir la cadence pendant 90 minutes. Elles, le pouvaient-elles? Je ne pense pas! Par contre elles sont capables de te mettre 5 buts en 10 minutes donc si tu échoues dans ton plan, tu es dans la merde... (rires) donc oui mettre de la pression, mais défendre et s'assurer de ne leur faire aucun cadeau.

L'autre match qui me vient en tête est celui qui s'est soldé par un score de 2-0 de contre Bishop's en 2017. J'ai mis autant de temps pour la préparation du match contre Bishop's que celui contre Laval. J'ai regardé ce qu'ils faisaient, comment ils faisaient et où ils ont été vulnérables sur certains matchs? Je regarde 4 matchs sur 5 de chaque adversaire pour voir les tendances. Sur ce match ça allait bien. Elles n'étaient pas dangereuses, n'ont rien pu faire. C'était vraiment cool.

À l'inverse, quel est le pire match de ta carrière de coach? Celui où rien n'a fonctionné comme prévu.

J-L.V Il y a un match à Concordia qu'on a perdu 3-0, ce qui n'est pas normal parce qu'on rivalise très bien et on est capables de rester proches. Dans la journée, il y a eu une série de choses anormales: l'autobus en retard, l'oubli de matériel, l'oubli de maillots de gardiens de but. Je suis allé à mon café, mais mon barista n'était pas là, c'était une autre personne jamais vue auparavant. Je ne trouvais pas telle chose, je ne trouvais pas au bureau le linge que j'avais d'habitude pour aller au match... il y avait une série de choses... et là peut-être j'ai été con, car en début de causerie avec les filles je leur dis: «Bon les filles, il y a pas mal de choses chez moi et chez vous qui ne vont pas bien aujourd'hui! Il y a quelqu'un qui a raté l'autobus et qui a dû venir en taxi!»
Et là le match commence, et on essaie, on essaie, mais rien ne fonctionne! Ils ont une chance: but! Une autre chance: main, penalty et 2-0! Vraiment, il y avait une entité supérieure qui semblait dire: «Tu ne gagneras pas ce match!»

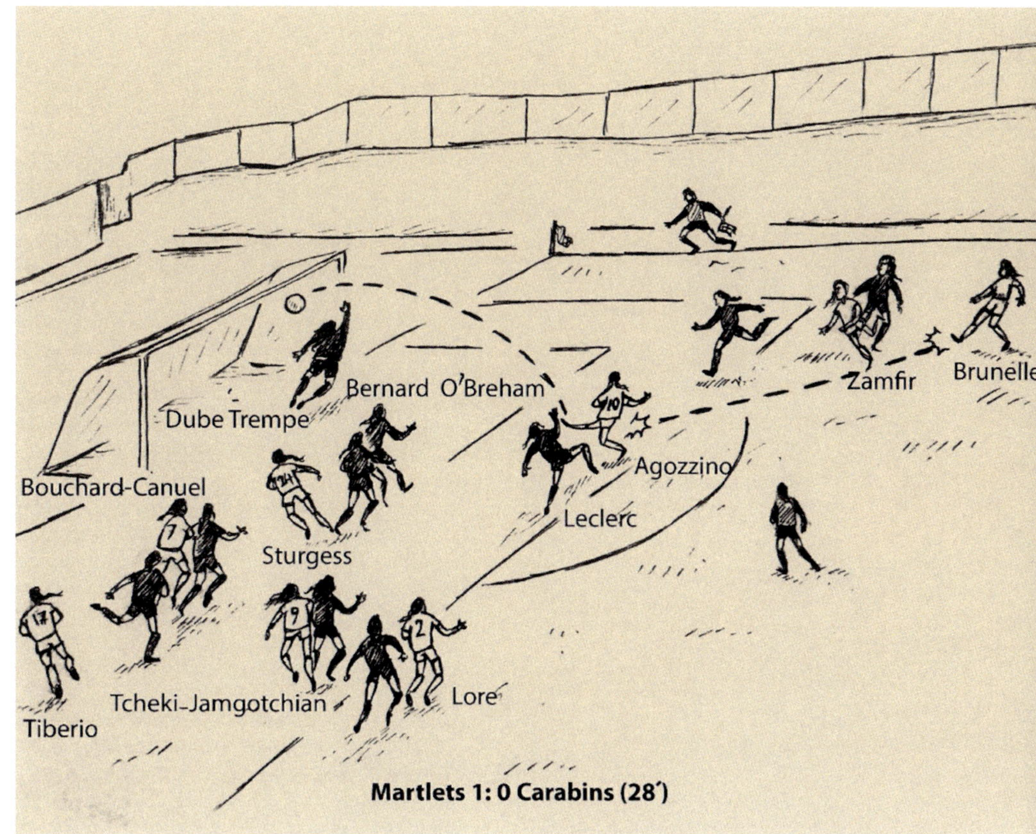

Martlets 1: 0 Carabins (28')

«C'EST SAVOIR QUAND INTERVENIR OU NE PAS NÉCESSAIREMENT INTERVENIR»

Quel est le geste le plus important pour toi durant une partie de soccer?

J-L.V Rassurer ou calmer certaines joueuses. Parfois, ne rien dire et laisser le jeu se dérouler. C'est savoir quand intervenir ou ne pas nécessairement intervenir. La deuxième chose, c'est d'être à l'écoute de mes adjoints. J'ai des adjoints extrêmement compétents qui voient le foot de façon intelligente. Quand ils me lancent des idées et me font penser à certaines choses, c'est être dans le moment pour les écouter et non dans les émotions du match, ça me permet de 1) me fermer la gueule et 2) réfléchir à quelque chose dont je n'ai pas nécessairement eu le réflexe de penser durant le match.

«JE N'IMPOSERAI PAS DE SERRER LA MAIN À QUELQU'UN APRÈS UN MATCH»

Qu'est-ce que tu ne ferais jamais durant un match?

J-L.V Ce serait plutôt après un match: me mettre en file à la queue-leu-leu et de donner la main à l'autre équipe. Ça m'énerve! Je ne le fais pas, je me mets dans le centre à côté et j'attends! Si quelqu'un veut venir me donner la main, il peut venir me donner la main, mais je n'imposerai pas de donner la main à quelqu'un après un match! Je sais que je suis vocal, je sais qu'il est possible qu'il y ait des filles qui soient blessées parce que je ne les ai pas recrutées donc je ne peux pas imposer à ces filles, qui peut-être viennent de perdre, qu'elles doivent me serrer la main. Je n'opposerai à personne de me donner la main, mais si tu veux me la donner, je suis là. Je sais que ça a dérangé certaines équipes, notamment celle de l'UDEM, jusqu'à qu'elles sachent que ça ne me dérangeait pas de serrer la main en retour. Je suis là. Je veux la donner, la main mais de là à l'imposer à tout le monde... moi en tant que joueur ça me faisait chier quand on le faisait. Quand tu m'as pilé dessus, tu m'as craché à la face et après à la fin du match, tu viens me serrer la main... non! Je ne te respecte pas en tant qu'adversaire alors pourquoi je te donnerais la main? Et ça, c'est ce que j'aime dans le foot normal: avant le match on se donne la main. C'est fait! Après le match j'ai apprécié toi, toi et toi alors je vais vous donner la main et je vais même jaser avec toi pas de problème! Mais de t'imposer que tu me serres la main alors que je suis un coach qui t'a peut-être fait chier durant le match, pourquoi la serrerais-tu? Ou alors comme joueur, je t'ai fait chier tout le match et je t'ai donné un tacle par-derrière, pourquoi vas-tu me donner la main? C'est quelque chose que je ne ferai jamais après un match. Certaines filles qui me connaissent vont me trouver là en marge (il dessine le rond central avec lui à l'extrémité) et certaines autres vont suivre la file, parfait! Mais celle qui n'est pas contente, elle a le droit de dire qu'elle n'en a rien à foutre! Moi, je respecte ça! Au début, on disait aux filles de cesser de faire la fille et de donner la main à qui elles voulaient. Mais culturellement au Québec, tout le monde donne la main, se met en file comme dans les séries éliminatoires du hockey. Et après, que se passe-t-il, surtout chez les garçons? D'ailleurs c'est arrivé avec l'UQAM et l'UQTR en 2016 quand il y a eu des bagarres. Pourquoi? Parce qu'on a imposé à des gars sur les émotions du match à se donner la main, mais il n'y avait aucun respect entre certains joueurs, donc, qu'est ce qui est arrivé? Un des joueurs a dit une connerie et ça a explosé! Mais si on n'impose pas de se donner la main et tout ce qu'ils font, chacun va voir tel gars et on lui dit: «Tranquille, lui il est juste chaud après un match, c'est tout! Mais le gars qui est chaud, il a le droit de partir.
Sinon je n'insulterai jamais un arbitre ni un adversaire dans un match! Est-ce que je vais les questionner? Oui à 100%! (rires), mais de là à les insulter, non, ce n'est pas mon genre. Je resterais toujours fidèle à moi et ma personne et ce n'est pas quelque chose que je valorise donc non!

Si vous pouviez inverser le résultat d'un match, d'un seul, lequel ce serait?

J-L.V La demi-finale où nous avons perdu aux tirs au but contre Montréal en 2018. Je pense qu'on a fait un très bon match, qu'on méritait beaucoup plus que de perdre aux tirs au but. Nous avons été beaucoup plus dangereux, nous avons eu plus d'opportunités et raté des occasions franches devant le but, mais à la fin ça n'a pas payé.

Était-ce voulu que la gardienne Sarah Dubois tire en premier lors de la séance de tirs au but?

J-L.V Honnêtement, je regrette qu'on n'ait pas désigné 7 à 8 joueuses à l'avance et après ça aurait été en fonction de qui le sentait. On a travaillé les tirs au but mais ça a été un manque d'expérience de mon côté sur cette journée-là. En tant que coach, je n'ai pas fait de séances de tirs au but. Mais cette année, nous avons décidé de désigner à l'avance 7 à 8 joueuses et rendu là, s'il y en a une qui est nerveuse, on ne la prendra pas et on donnera aux autres leur chance, on ne laissera pas la sélection ouverte à tout le monde comme ce jour-là en demandant qui le sentait bien de tirer. C'est sûr que si on avait gagné, on aurait crié au génie! Mais maintenant on y va d'une autre façon.

Avec quel(le) athlète as-tu adoré travailler?

J-L.V Il y en a beaucoup quand même! En ce moment, j'ai Kelsey Wilson, qui est mon adjointe. Je l'ai coachée comme entraîneur adjoint et comme entraîneur-chef deux ans plus tard. C'était une de mes adjointes à l'ARS Lac-Saint-Louis en sélection régionale et à présent, c'est mon adjointe à McGill. J'ai beaucoup aimé la coacher, son intensité et son intelligence de jeu. Ce n'est pas une fille qui parle beaucoup, mais chaque conversation avec elle donne à réfléchir. C'est une des athlètes avec qui j'aime beaucoup travailler. Sinon en ce moment il y a Tia Lore, qui est incroyable en tant que personne. Cette année elle s'est blessée, une déchirure des ligaments croisés antérieurs avec le FISU au mois de mai. Elle a raté un entraînement de toute la saison. Elle est tout sourire, prête à faire n'importe quoi pour l'équipe, à travailler. Nahida Baalbaki en sélection régionale, je l'ai adorée comme enfant. Une anecdote avec elle pour te montrer à quel point j'ai une bonne connexion avec elle... bon c'est une fan du Barça aussi malgré que des fois elle célébrait Cristiano Ronaldo et les buts qu'elle comptait, mais elle savait qu'elle le faisait pour me faire chier. Dans une discussion d'avant-match, je disais: «Les filles, une fois qu'on arrive dans la surface, gardez votre calme, ce sont elles qui sont en stress! S'il y a pression, que fait-on?» Et Nahida naturellement me dit: «Coach, je plonge!» (rires) C'est la seule joueuse sur le terrain qui aurait cette réponse! Toutes les autres ne penseraient jamais à plonger, à simuler et tout. Mais elle, elle a vu tellement de foot dans sa vie que la réponse est sortie d'elle-même.

«JE PENSE QU'ON A ÉTABLI UN LIEN DE CONFIANCE, UNE FAÇON DE TE DIRE: JE TE COMPRENDS»

À l'inverse, y a-t-il un(e) athlète avec qui la relation a été difficile, mais avec qui le travail s'est avéré payant?

J-L.V Je vais te donner deux joueuses, des gardiennes de but. Avec Victoria Villalba ça n'a pas été facile côté personnalité, travailler avec elle a été compliqué au début. Côté confiance oui, elle l'avait... mais elle ne l'avait pas! C'était facile de tout mettre à terre. Mais je pense qu'on a établi un lien de confiance, une façon de te dire «Je te comprends! On est bien! On est sur la même page» et derrière, la connexion s'est faite! Je ne sais pas combien de coachs ont été capables de bien connecter avec elle, ce serait quelque chose à débattre, mais à la fin du parcours, elle s'est imposée comme une des meilleures gardiennes universitaires au Québec.

Après il y en a une autre en équipe nationale dont je tairais le nom. Il y a eu une mauvaise connexion avec l'entraîneur-chef et les adjoints. Ça ne fonctionnait avec personne. Moi, je travaillais à la vidéo et avec les gardiennes de but. On a jasé puis essayé de travailler sur des choses, au point où elle est devenue une partante régulière et jouait en match, tu pouvais ressentir la reconnaissance.

Il y en a un troisième, Alexis Pradié, lors de ma seule année comme coach en chef des garçons à McGill. Il débarquait d'un autre niveau, venait de finir avec le Fc Dallas et était à Marseille avant. Il arrivait avec un autre profil et comprenait dans quoi il s'embarquait. Je te dirais qu'à un certain moment, il était plus expérimenté que moi dans certaines situations tactiques. Moi j'étais tout nouveau, sans expérience côté masculin. Et lui, il m'a aidé dans ça! Des fois il me disait: «Coach, je pense qu'on fait erreur!» Mais il a toujours été respectueux. Pour la saison intérieure, il finit et il sait qu'il ne rempile pas pour la saison extérieure qui suit. Je le mets à côté d'autres joueurs et il est toujours en mode: «Pas de problème, pas de problème, coach!» Il a soutenu nos idées dans ce qu'on essayait d'implanter dans le groupe. Il avait beaucoup de maturité. Il aurait facilement pu changer de bord en disant qu'on ne faisait pas bien les choses, mais jamais il ne l'a fait. Malgré que c'était le meilleur et de loin sur le terrain, il ne s'en est jamais vanté. Et quand on perdait un match, parce que le joueur à côté de lui n'était pas bon, dans le style qu'il a fait une erreur qui nous fait perdre le match 1-0, il n'a jamais rabaissé ce joueur. En bon coéquipier, il a plutôt donné les indications à suivre pour la prochaine fois. Quand je le croiserai, je serai vraiment content de le revoir.

Quelle a été ta plus grande émotion en tant que coach?

J-L.V L'hymne national canadien au Costa Rica en 2010. J'étais gérant d'équipement. J'arrive en sélection u17 féminine et là, il y a une joueuse qui enlève son top pendant une causerie à l'hôtel et le jette à terre. Le coach était dans une discussion où il demandait à chacune ce qui la dérangeait. C'était une causerie super émotionnelle, des filles se traitaient d'hypocrites, d'autres se traitaient de malhonnêtes. Moi, j'avais 29 ans à l'époque, j'avais travaillé plusieurs années pour être dans le top du top et quand j'arrive dans la compétition, il y a une fille de 17 ans qui prend le maillot canadien et le jette par terre. Mais moi c'est mon top! Et pour toi la joueuse, c'est de la merde! C'est venu me chercher et je me suis mis à pleurer pendant que j'expliquais ce que j'étais en train de ressentir à ce moment-là. Et tout de suite la fille va chercher son top en disant: «Non, ce n'est pas ça que je voulais faire!» Et à partir de ce moment, il n'y a plus rien eu comme équipement jeté par terre. Le groupe s'est rendu compte que le gérant d'équipement l'avait à cœur. On avance de 2-3 semaines, au premier match au Costa Rica. Je suis dans les estrades et l'hymne national retentit. Toutes les émotions passent dans mon corps dont la fierté de me dire: «Je travaille pour cette équipe!» Tous les sacrifices consentis en auront valu le coup! L'autre émotion, c'est lors d'une conversation avec ma mère où je lui demande si elle et mon père étaient d'accord avec mon choix de carrière parce que sur le plan académique, j'avais la possibilité d'être dans un programme de génie mais j'ai fait coach! C'était cinq ans après que j'ai pris la décision d'être coach et ma mère me répond: «Non, mais ton père est fier! Il en parle! Son fils, c'est un bon coach!» Quand j'ai eu cette conversation avec ma mère, je me suis dit que mes parents validaient mon choix de carrière malgré qu'il ne soit pas du tout celui qu'ils attendaient.

Si tu devais dire un mot au coach qui a mis le plus ton sens tactique à l'épreuve?

J-L.V En ce moment, ce serait Kevin McConnell (rires). Je ne supporte pas la façon dont il organise ses troupes. Malgré les joueuses que tu as Kevin, tu trouves toujours le moyen de gagner sur le long chemin donc chapeau à toi! Est-ce que je suis d'accord sur la façon dont tu gères les joueuses que tu as, que tu mets en valeur? Non, mais tu gagnes donc au bout du compte, tu fais quand même quelque chose de bien! Nous avons une bonne relation et d'ailleurs après un match, il est venu à mon bureau jaser, mais ouais ça me fait chier. Parfois il y a de meilleures joueuses sur le banc, mais je ne suis pas allé à son entraînement donc je n'ai rien à dire. Mais ça fait chier qu'il continue à gagner malgré le fait que je trouve qu'il ne joue pas bien... non je ne vais pas dire qu'il ne joue pas bien, je dirais qu'il ne joue pas à ma manière! Ma philosophie de jeu n'est pas représentée dans son style de coaching... mais il gagne! Heureusement cette année, on les a battus (1-0), mais il va falloir que je le batte plus souvent pour lui montrer que ma méthode est meilleure que la sienne! (rires)

Quelle est ta citation préférée et pourquoi?

J-L.V C'est un poème espagnol dont je ne connais pas l'origine, le titre c'est La Piedra. Je l'ai appris lors de la grave blessure d'un joueur barcelonais qui s'est déchiré les ligaments croisés du genou: Rafinha! Puis là un joueur lui lance comme message: Piedras! Je me demande de quoi il parle. Et je commence à faire mes recherches et je vois le poème. J'ai imprimé le poème, je l'ai traduit et mis dans notre vestiaire. Ça dit:

Le distrait trébuche sur elle
Le violent l'utilise comme un projectile
L'entrepreneur construit avec elle
Le fatigué l'utilise comme siège
Pour les enfants, c'est un jouet
Drummond en a fait une poésie
David a tué Goliath
Michel-Ange a sorti la plus belle sculpture
Dans tous les cas, la différence n'est pas dans la pierre, mais c'est l'homme derrière.
Il n'existe aucune roche sur ton chemin que tu ne peux pas utiliser pour ta croissance personnelle. »

Et ça s'est arrivé à un moment où ma mère a été diagnostiquée d'un cancer... elle est correcte (il prend une pause). Mais le moment était énorme et, quand ma mère a reçu la nouvelle, j'ai dit: «Oh f***! Piedras!» J'ai partagé ça avec ma mère et c'était un moment fort!

Brian Clough disait «le jour où je m'en irai, Dieu devra abandonner son siège favori.» Comment voudrais-tu que l'on se souvienne de toi?

J-L.V C'est le moment où une joueuse de Colombie-Britannique qui a fini ses études à McGill est en vacances à Montréal et prend le temps de venir me voir pour jaser ou pour me recommander une joueuse, c'est une réussite en tant qu'éducateur.

UQAM

CHRISTOPHE DUTARTE

UQAM

«Chaque match a une histoire et finit par un résultat», que t'évoque cette phrase?

C.D Probablement, le second titre de 2015 (victoire 2-1 face à l'UDEM) parce que le scénario n'était pas favorable pour nous. J'ai senti un groupe démuni à la mi-temps puis la réaction qu'ils ont eue pendant la deuxième mi-temps et les prolongations m'ont fait comprendre que c'était un groupe soudé, un groupe qui avait eu un déclic donc la victoire a été une épreuve.

Qu'est-ce qui t'a donné l'envie de faire ce métier?

C.D J'ai commencé jeune. Je pense que c'est mon entraîneur. J'étais en juniors et je donnais souvent des conseils. J'aimais bien mon entraîneur de l'époque parce qu'il avait une belle écoute. Il aimait transmettre sans obliger les joueurs et m'a demandé si ça ne me tentait pas d'entraîner les jeunes du club parce qu'il pensait que mon message pouvait être apprécié car mes partenaires m'aimaient bien. J'étais capitaine de l'équipe en juniors, il pensait que c'était pour moi un bon moyen de diffuser tout ce que je savais.

Faut-il forcément avoir été un bon joueur pour faire un bon entraîneur?

C.D Non, pas nécessairement. C'est sûr que d'avoir joué te permet d'avoir des perceptions. Être entraîneur, c'est aussi ne pas vouloir répéter ce qu'on a pu vivre comme joueur avec un entraîneur différent. C'est plus cette mission-là qui m'a intéressé. On s'aperçoit que parmi les entraîneurs de haut niveau, c'est assez mélangé, il y a beaucoup de gens qui ont une très bonne approche. Je pense que la dimension psychologique est très importante actuellement. Il y a un entraîneur qui arrive à mesurer et à comprendre son environnement et arrive à diffuser l'information auprès de ses joueurs et pour ça, pas besoin d'avoir été joueur.

Quelle est la plus grande qualité d'un entraîneur selon toi?

C.D C'est l'écoute, parce que c'est un métier où il faut savoir écouter, on a des convictions et on ne peut pas faire passer ce message si on ne comprend pas son groupe donc parfois ça prend plus de temps mais il faut beaucoup d'écoute. Le discernement dont on doit faire preuve avec une vingtaine de joueurs plus son staff, car le staff favorise la bonne vision. Le rôle de l'entraîneur c'est donc de synthétiser tous ces avis en un seul qui sera adopté à l'unanimité.

«L'HIVER EST UN EXCELLENT LABORATOIRE»

Comment faire jouer une équipe quand on a moins d'un mois pour faire connaissance avec la totalité de son effectif?

C.D Je n'attends pas l'automne. L'hiver est un excellent laboratoire parce qu'on arrive à gérer 70 à 80 % de l'effectif qui reviendra à l'automne. Donc c'est un travail qui est établi sur 6 mois, ce qui nous permet de se faire une bonne idée des joueurs que l'on aura à l'automne. Après les 20% restants sont les joueurs recrutés du Cégep et de l'étranger où là ce sont des maillons qu'il va falloir intégrer rapidement dans l'effectif. Je préfère travailler l'hiver parce qu'à l'automne tu as la pression des résultats et l'écoute est moins importante chez les joueurs à cause du résultat et de la dynamique de gagner rapidement.

D'après Aimé Jacquet, «le football est le reflet de notre société. Regardez bien l'expression d'un joueur sur le terrain, c'est sa photographie dans la vie.» Sur quels critères vous basez-vous pour recruter vos étudiants-athlètes?

C.D La première base, c'est l'instinct. On rencontre un joueur parce qu'on s'est aperçu, pas juste en professionnel, mais aussi au niveau de l'amateurisme, qu'on a beau avoir de bons joueurs, ça ne garantit pas le résultat. Donc les personnalités sont très importantes, on est dans l'ère de la personnalité, de la psychologie donc en discutant, il faut rapidement arriver à percevoir un profil de joueur très intéressant au niveau de sa disposition, de son intégration, de sa volonté d'engagement auprès de l'équipe et de l'université. Quand ces éléments sont réunis, on a beaucoup plus de chance de développer ce joueur au sein même de notre équipe, je dirais même qu'on obtient beaucoup plus qu'un joueur talentueux.

À quelles recommandations doit s'attendre l'athlète qui rencontre Christophe Dutarte pour la première fois, à son premier jour d'entraînement?

C.D Je dirais qu'il y a deux aspects. Le premier c'est «Je ne connais pas, je regarde!» Je laisse, j'ai besoin de sentir le pouls du groupe, de regarder les joueurs évoluer et comment ils vont répondre à un jeu tactique, cette équation-là, ce qu'ils feront avec le ballon et sans ballon. Je pense qu'on peut voir les qualités d'un joueur assez rapidement.

Des fois, ça peut-être, directif! J'ai changé! Avant j'avais tendance à intervenir beaucoup. Je regarde et j'attends de voir. Je mets plutôt des problématiques dans le jeu pour essayer de voir comment le joueur va réagir au niveau de l'intelligence de jeu.

«RESSENTIR LES AUTOMATISMES AU NIVEAU COLLECTIF»

Quelle est votre routine d'avant-match?

C.D C'est le préparateur physique qui s'occupe de ça. Le discours de match est très court parce que dans la semaine la plupart des attentes ont déjà été comblées, je ne veux pas bourrer le crâne aux joueurs donc c'est 5 à 6 minutes puis ils vont sur le terrain. Ils ont une routine qu'ils aiment bien, c'est se préparer individuellement et tranquillement entrer dans le collectif, mais je pense que les routines sont assez semblables partout notamment au niveau universitaire. On essaie de faire en sorte que les joueurs se sentent le mieux possible, qu'ils prennent le temps de pouvoir ressentir les automatismes au niveau collectif puis qu'ils arrivent aussi à se sentir bien au niveau de leur première touche de balle.

Faut-il imposer son style ou s'adapter à l'adversaire en face?

C.D Les deux, je pense que l'un n'est pas dissociable de l'autre, il faut savoir faire les deux. Je dis toujours aux joueurs que je suis plutôt dans un style hybride. Il faut savoir modifier une animation. De toute façon, c'est très réducteur de mettre sur un tableau une équipe. C'est selon la personnalité du joueur puis aussi selon l'animation de l'équipe en face qui peut avoir un secteur où ils sont beaucoup plus performants. On a des moments forts et des moments faibles. Dans les moments faibles, par rapport à une équipe qui peut nous poser des problèmes, il faut savoir les gêner justement dans le compartiment où ils excellent.

Citadins de l'UQAM - Champions provinciaux RSEQ, Médaille de Bronze championnat canadien 1998

De la gauche vers la droite: Au premier rang accroupis: Andrea Fratino, Hazouz Bezaz, Philip Pires, Nasson Theosmy, Patrice Jolivet, Reginald Pauyo, Nicolas Pinto, Talal Idelbi. *Debout:* Michel Volet (manager), Christophe Dutarte (entraîneur), Helder Alves, Koma N. Zafoe, Jacob Jacques, Ralph Laraque, Jean-Robert Merisier, Nicolas Gallai, Anthony Laurent, Stéphane Guibinga, Benjamin Commerie, Daniel Barros,Sidibé Souleymane, Christian NDong, Sophie Bouchard (physiothérapeute), Bertrand Coudraye (entraîneur), Njido Kane. *Absents:* Fodé Touré, Abdelhakim Nafa, Steeve Morello.

Quelle est la part de l'entraîneur dans le résultat final selon toi?

C.D Selon le scénario elle est variable, des fois ça roule sans qu'on ait besoin d'intervenir, car le travail a été fait en amont tout au long de la semaine. Les joueurs sont réceptifs, l'équipe est celle que tu désirais, le jeu est celui que tu désirais, le travail de lecture de jeu, l'intensité, etc., tout est présent donc à ce moment, ce sont des petits réglages pour faire tourner l'effectif. Quand c'est plus compliqué, la part de l'entraîneur, elle est sur deux aspects, sur le changement de joueurs d'une part, des joueurs qui peuvent amener une dynamique et une animation différentes. Et d'autre part, elle porte sur l'aspect psychologique, il s'agit de faire réaliser aux joueurs ce qu'ils font bien et ne font pas bien et ce qu'ils peuvent faire pour justement changer le scénario du match. Je pense que c'est cet apport-là qu'un entraîneur doit avoir.

Gère-t-on tous les athlètes de la même façon ou t'est-il arrivé de déroger à vos principes à l'occasion?

C.D Je préfère ne pas être hypocrite, je pense qu'on l'a tous fait pour diverses raisons. Parfois on déroge à nos principes, mais on sait qu'on le fait pour un joueur qui le mérite. Le joueur demande un passe-droit, c'est un joueur qui demande beaucoup, mais qui peut aussi t'apporter beaucoup. Il faut être profondément humain aussi pour comprendre que les joueurs, au-delà du terrain, vivent des soucis et des difficultés personnelles donc, à partir du moment où on a cette confiance en un joueur et qu'on arrive à mettre le doigt sur ces problèmes, je peux laisser un passe-droit. J'ai dérogé à mes valeurs probablement pour le bien de l'équipe. On ne s'entend pas toujours avec certains joueurs, mais c'est toujours l'équipe qui doit passer en priorité. J'ai pilé sur certaines valeurs importantes à mes yeux, mais le temps fait bien les choses!

Comment gère-t-on les remplaçants lorsqu'on a une saison qui ne dure que trois mois?

C.D Première chose, ce sont les profils. On a toujours eu des profils qui n'étaient pas des profils de grands joueurs, mais avec une générosité et une humilité très importante; ces personnes ont toujours permis l'équilibre au sein de l'équipe. Aux entraînements quand tu allais les voir, quelques mots, un regard, un sourire... ça, c'est très important parce qu'une équipe a besoin de ce genre de joueurs. Quand c'est plus problématique, quand ce sont de bons joueurs et que là c'est la concurrence qui rentre. La communication est importante à tout moment, à tout instant, c'est pour ça que je pense que toutes les universités ont beaucoup de staff pour faire ce retour. Quand tout va bien, c'est parfait; c'est quand ça va mal qu'il y a beaucoup de difficultés à gérer les résultats, l'animation de jeu, les présences, etc., ça devient plus difficile. C'est souvent après coup qu'on se rend compte qu'on a délaissé une partie de nos joueurs, c'est pour ça qu'il faut une équipe complète et un staff pour arriver à cerner les frustrations.

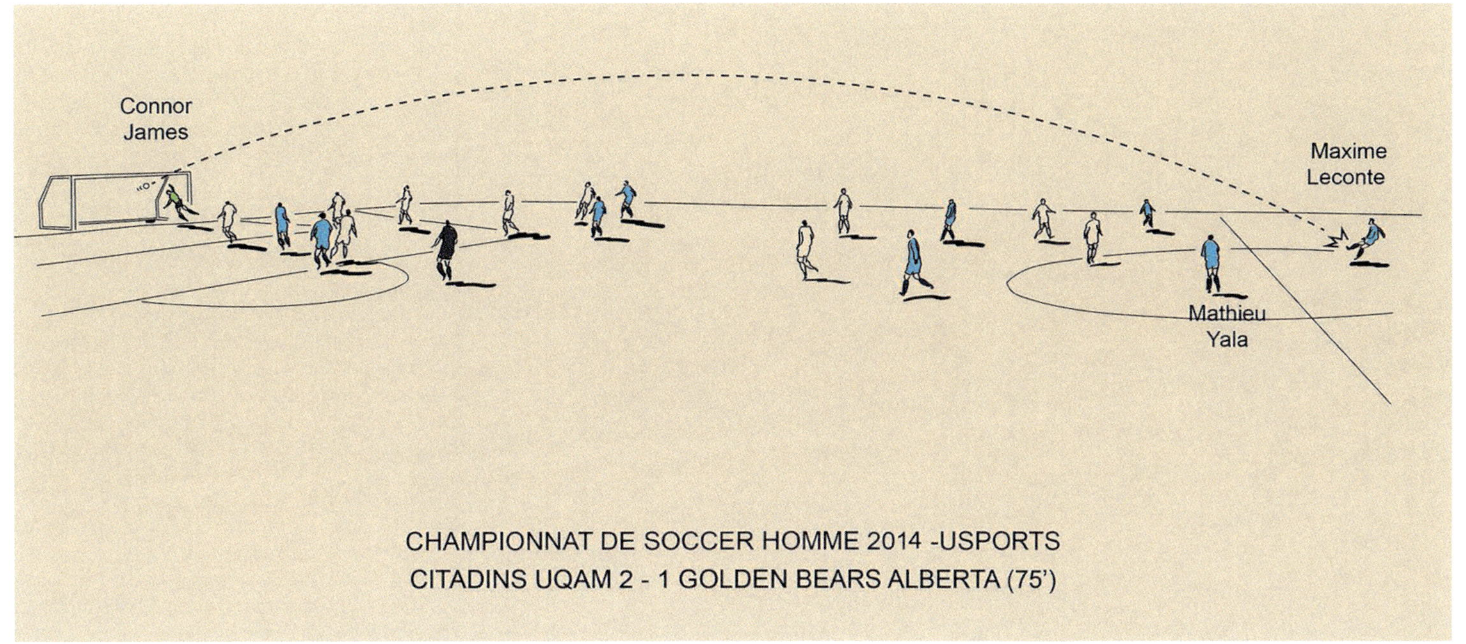

Raconte-nous ton match référence, celui où votre génie tactique s'est le mieux exprimé.

C.D Je pense à un match contre McGill où on a gagné 4-0 en demi-finale en 2015. Tous les principes travaillés à l'entraînement, le ballon qui tournait très vite, tout réussissait. Nous étions en harmonie à la fois avec nos principes de jeu et la qualité individuelle et collective de l'équipe donc ça s'est traduit par une équipe qui jouait 90 minutes sur un tempo extraordinaire. Tu avais l'impression de frôler je ne dirais pas la perfection, mais vraiment c'était en osmose avec les principes et la qualité des joueurs individuels.

À l'inverse, quel est le pire match de ta carrière de coach?

C.D Pire match... il y en a plusieurs. En 2019, il y a eu beaucoup d'incompréhension. On maîtrise les matchs et ça ne veut pas rentrer, tout s'acharne contre toi. Sinon il y a eu une grosse déception en 1998 aux championnats canadiens à McGill contre Western Ontario, nous prenons deux contre-attaques cliniques comme on dit sur des choses qu'on avait déjà énumérées. Je pense que cette année-là on avait le groupe pour être champion canadien. C'était dans ma jeune carrière, je commençais. Ça m'a donné l'envie de changer les choses auprès des joueurs parce que c'est dur pour un entraîneur, on ne peut pas être sur le terrain quand les joueurs ne maîtrisent pas le scénario qu'on leur avait expliqué. C'était un match frustrant parce qu'il y avait à la clé une finale canadienne.

Quel est le geste le plus important pour toi durant une partie de soccer?

C.D Je te dirais que les changements stratégiques font une grosse différence. Un changement, c'est sûr que ça entraîne souvent une période de flottement donc si tu ne le fais pas au bon moment tu peux le payer cher comme tu peux aussi passer pour un génie si tu fais un changement qui conduit à un but pour ton équipe, le but qui gagne le match. La clé, c'est le moment des changements.

Qu'est-ce que tu ne ferais jamais durant un match?

C.D Parler à un joueur de l'équipe adverse. Je pense que je respecte assez les joueurs pour comprendre qu'ils n'ont pas à faire les frais d'une frustration par rapport à un entraîneur même si ce n'est jamais facile et qu'il y a des enjeux autour, ça reste que c'est beaucoup de sacrifices en tant que joueur donc j'ai du respect pour eux. Je sais qu'en automne 2019, j'ai émis des commentaires à la fin du match contre Concordia, ce n'étaient pas des critiques méchantes, mais j'aurais dû me passer de les faire parce que Concordia avait gagné avec ses moyens. Je dirais donc essayer de ne pas m'acharner sur des joueurs de l'équipe adverse.

UQAM vs UNB

Si tu pouvais inverser le résultat d'un match, d'un seul, lequel ce serait?

C.D Les deux demi-finales des championnats canadiens 2014-2015 contre Mc Master et UNB, on menait deux fois 2-0 et on a perdu une fois aux tirs au but et l'autre fois 3-2. Je te dirais que le plus crève-cœur c'est le premier parce que les gars manquaient d'expérience. Le deuxième il est plus parce qu'on l'avait répété toute l'année et je pense même que le groupe était supérieur à l'équipe de UNB, mais bon on était déjà arrivés avant même d'avoir fini le match. Le premier était crève-cœur, le deuxième on n'avait pas compris le message. C'était frustrant en tant qu'entraîneur de voir qu'on avait les moyens pour aller jusqu'au bout et qu'on s'est heurté à notre propre difficulté au final.

«C'EST COMME ARRIVER À UN BUT DANS LE PARTAGE»

Avec quel(le) athlète as-tu adoré travailler?

C.D C'est même devenu un ami, il a fait un court passage à l'UQAM, il s'agit de Wilfried Nancy. Nous avons partagé, nous sommes toujours en train de parler de football en général, ce n'est pas juste un entraîneur, c'est quelqu'un qui a la même fibre que moi donc ça aussi c'est une sensibilité par rapport à la philosophie du foot. Sinon Hassan Tounkara et Jawad Guizaoui, Hassan est toujours là et Jawad est dans ma vie aussi. Ce sont des gens que j'ai vu grandir et évoluer jusqu'à devenir des pères de famille. J'ai continué ce métier, surtout à l'UQAM pour cette consécration-là au niveau des émotions puis au niveau des joueurs que j'ai pu côtoyer. Ce sont des petits plus, on se comprend les yeux fermés. On continue à se voir et à manger ensemble, nos familles se croisent. Pour les trois, c'est comme arriver à un but dans le partage. Il y a également James Louis-Jeune parce que c'est le capitaine qui est là depuis qu'on gagne, il ne faut pas oublier qu'il y a trois titres avec James. C'est quelqu'un qui ne parle pas beaucoup, mais qui est pétri de qualités. Il n'a pas le même leadership que les trois premiers, mais c'est une force tranquille.

À l'inverse, y a-t-il un(e) athlète avec qui la relation a été difficile, mais avec qui le travail s'est avéré payant?

C.D Je pense à un gars comme Felipe Costa De Sousa. Felipe, je l'ai eu aux équipes du Québec. Il est spécial, mais c'est un bon garçon. J'ai eu trois comités de discipline. On a créé le comité de discipline pour Mourad Bentouati, après j'ai eu Felipe puis dernièrement Mohamed Saïdi. Je me souviens des larmes de Felipe au championnat canadien à la mi-temps contre McMaster en 2014, il a parlé. J'ai l'impression qu'il s'était trouvé comme personne. C'était quelqu'un de très instable qui était arrogant et caractériel puis il s'est mis à pleurer et il a dit: «Écoutez les gars, je vais vous dire une chose. Cette année, peu importe ce qui va arriver, j'ai trouvé une famille!» Ça m'avait touché parce qu'il avait parlé avec son cœur puis même s'il fallait le reprendre, il a toujours pris à cœur les valeurs apprises avec nous et c'était quand même un beau défi.

Quelle a été ta plus grande émotion en tant que coach?

C.D Le titre de 2014 de champion RSEQ. C'est venu soulager. Je connaissais le scénario, quand tu véhicules quelque chose, tu sais le scénario que tu vas avoir. Tu expliques aux joueurs que ce sera dur, mais à un moment donné il faut passer ce cap, et là tout était réuni pour. Après ça se passe sur un match et ce but d'Issam Boussekri dans les arrêts de jeu.

«LES EXPÉRIENCES SONT FORMATRICES»

Quel est ton plus grand regret?

C.D C'est très délicat parce que les expériences sont formatrices. Chaque fois que j'ai eu à faire des choix, je me suis interrogé. Il faut les assumer. J'ai aimé le début de l'aventure avec l'Académie de l'Impact de Montréal avec Philippe Eulaffroy quand on a fait la transition entre l'Attak de Trois-Rivières et l'Impact. On a commencé avec une génération de jeunes joueurs et nous avons été champions canadiens en 2009. Je n'ai pas pu faire partie de l'aventure dans la continuité pour des problèmes extrasportifs, mais c'était un défi qui m'intéressait parce que c'était la naissance de quelque chose. Au départ, quand on a été approchés avec Philippe, c'était justement pour amener quelque chose de différent dans le paysage du soccer québécois. Je suis un formateur donc pour moi ça a été un regret de ne pas avoir fait pu faire partie de cette aventure au niveau sportif, mais après mon choix était bien réfléchi parce qu'au niveau extra-sportif c'était compliqué donc c'est comme ça.

«LA QUALITÉ NE SUFFIT PAS S'IL N'Y A PAS UN ÉTAT D'ESPRIT ET UNE VOLONTÉ»

La génération 2008-2009 avec notamment Henry N'Depo, Paul Darboux, Mathieu Saossi, Aubey Bonheur, Sydney Fowo, Christophe Bocquin et les autres a été une génération difficile à gérer sur le plan extrasportif. Comment ça t'a marqué pour la suite?

C.D J'en parlais dernièrement justement, il a fallu gérer les gros caractères. Lors d'un match contre Montréal, Bonheur et Henry n'ont pas été titularisés et on avait fait un bon résultat avec un doublé de Paul Darboux. J'ai failli me battre en demi-finale à Laval avec Henry, le joueur est parti avec mon directeur de l'époque. Il n'a pas voyagé avec nous donc ça m'a touché parce que je voulais inculquer aux joueurs que la qualité ne suffit pas s'il n'y a pas un état d'esprit et une volonté, mais bon la saison était partie de façon compliquée et s'est terminée de façon compliquée.

Citadins de l'UQAM 2007-2008

De la gauche vers la droite: Au premier rang: David Cossette, Kamel Bousmaha, Richard Deschampt, Réginald Joseph, Kévin Butler, Mourad Bentouati, Boudjemaa Khoufache. *Au deuxième rang:* Athanasio Destounis (physiothérapeute), Lamine Diallo, Yves Étamé, Lionel Macario, Jean-Lou Gosselin, Hassan Tounkara, Alexandre Rouge, Ismail Kourdassi, Baye Daraw Fall (Paco). *Au troisième rang:* Rick Lau (ostéopathe), Abdoulaye Cissé, Abdelaziz Ahmamad, Gabriel Lorrain, Adrien Moufflet, Sydney Fowo, Amir Essafi, Rémi Durand, Benoit Chalifoux, Christophe Dutarte (entraîneur-chef).

Citadins de l'UQAM 2009-2010

De la gauche vers la droite: Au premier rang: Hassan Tounkara (coach-assistant), Lamine Diallo, Jules Gueguen, Paul Darboux, Réginald Joseph, Christophe Bocquin, Athanasio Destounis (physiothérapeute). *Au second rang:* Alexandre Rouge, Andrea Romanelli, Mathieu Saossi, Henry N'depo, Sydney Fowo, Maciej Sowa, Benoit Chalifoux, Raphaël Schott. *Au troisième rang:* Éric Vigar, Abdoulaye Cissé, Aubey Bonheur, Ahmed Bouikni, Najib Addou, Mourad Bentouati, Étienne Gratton-Bourret, Christophe Dutarte (entraîneur-chef). *Absent:* Francis Molasoko.

Citadins de l'UQAM, promotion « Loups-Bâtards »[1] - champions du Québec 2016-2017

De la gauche vers la droite : Au premier rang : Athanasio Destounis (préparateur physique), Thibault Krbich, Taoufiq Hitrane, Djamel Zidani, Joderic Sedjro, Daivy Makunza, Valentin Lamoulie, Felipe Costa de Souza, Alexis St-Hilaire, Manuel Gerbelli-Gauthier, Jawad Guizaoui (assistant-entraîneur), Kévin Le Nours. *Debout au second rang :* Alexandre Rouge (entraîneur-adjoint), Dhia Omar Amara (préparateur physique), Benjamin Raoust, André Bona, Félix Audy-Favreau, Djery Samoura, Christophe Dutarte (entraîneur-chef), Karim Aït-Abdelmalek, Simon-Pierre Côté-Kougnima, James Louis-Jeune, Laurent Palacio-Tellier, Mathieu Yala, Hamza Methamem, Issam Boussekri, Geegna Patel (physiothérapeute), Jean-Pierre Hamel (Directeur du centre sportif UQAM), Daniel Méthot (Responsable du sport d'Excellence).

Citadins de l'UQAM, promotion « Loups-Bâtards » - champions du Québec 2014-2015

De la gauche vers la droite : 3e rang debout : Jawad Guizaoui (entraîneur-adjoint), Christophe Dutarte (entraîneur-chef), Maxime Leconte, Athanasio Destounis (préparateur physique), Issam Bousekri, Felipe Costa de Souza, Thibaud Moulinas, James Louis-Jeune, Armel Dagrou, Édouard Tessier-Blais, Aimé Kumuyange, Simon-Pierre Côté-Kougnima, Maisha Kalonda, Montassar Chebbi, Christian Ramirez et Hassan Tounkara (entraîneur-adjoint). *2e rang :* Manuel Gerbelli-Gauthier, Imad Agday, Guillaume Rochon, Mohamed Saïdi, Mathieu Yala, Francis Harel-Desgroseillers. *1e rang au sol :* Louis Lauzier-Jobin, Yannis Hammiche, Nizar Houhou.

[1] Surnom et cri de guerre dont s'affublaient les joueurs avant chaque match.

«IL FAUT QU'ILS COMPRENNENT QU'IL FAUT ÊTRE COMPLÉMENTAIRE AVEC MOI»

Comment les anciens peuvent-ils s'impliquer dans l'équipe de l'UQAM pour donner un coup de main?

C.D On ne peut pas impliquer tout le monde. Je ne veux pas me tromper. Depuis toutes ces années, je fonctionne avec un staff composé entièrement d'anciens. Si je regarde tous les staffs, nous sommes quand même des précurseurs sur ce plan. Moi je pensais tout simplement que la meilleure diffusion se ferait par des gens qui avaient compris les valeurs du réseau universitaire et de l'UQAM, qui en sont des ambassadeurs. Être un joueur universitaire, c'est une chose, être un entraîneur, c'est un métier. Tout le monde n'est pas disposé à pouvoir faire ce métier parce qu'il ne suffit pas de mettre un survêtement, il faut que j'ai des gens qui apportent une pierre supplémentaire et qui me complètent au niveau de la façon de travailler. À part Athanasio Destounis qui est un stagiaire que j'ai eu tout jeune, tout le reste du staff a toujours été composé d'anciens joueurs. Il faut qu'ils comprennent qu'il faut être complémentaire avec moi. Il faut qu'ils comprennent qu'ils passent de l'autre côté de la barrière où là c'est plus du copinage. Et souvent ce n'est pas évident de trouver des profils qui passent cette barrière, je ne peux pas prendre tout le monde. J'ai fait des expériences, j'ai essayé avec Simon-Pierre Côté-Kougnima, mais ça n'a pas marché. Ce n'est pas toujours très évident, ça reste très délicat. J'en ai beaucoup qui sollicitent, mais je ne peux pas prendre tout le monde. Armel Dagrou a demandé à aider, Mathieu Yala également. Je me fie beaucoup à mon instinct. Des fois ce n'est pas encore le moment, des fois ça l'est.

Si tu devais dire un mot au coach qui a le plus mis votre sens tactique à l'épreuve?

C.D Mon plus grand adversaire, c'est Pat Raimondo de l'UDEM. C'est celui contre lequel j'ai le plus joué en séries. J'ai joué 4 ou 5 fois contre McGill et 6 ou 7 fois contre Montréal parce que ce sont deux philosophies qui s'affrontent déjà dans la préparation des athlètes. Puis dans les confrontations UDEM-UQAM, il y a tous les éléments. C'est le derby, c'est l'intensité, ça se discute des semaines avant. C'est une motivation supplémentaire et comme il y a un état d'esprit très présent chez Pat pour la gagne, c'est celui qui m'a donné le plus de réflexion on va dire avec son équipe qui a toujours été performante depuis plusieurs années.

«IL Y A UN JUGE QUI S'APPELLE LE TEMPS ET QUI MET TOUT LE MONDE À SA PLACE»

Quelle est ta citation préférée et pourquoi?

C.D «Il y a un juge qui s'appelle le temps et qui met tout le monde à sa place.» J'ai beaucoup évolué comme entraîneur. J'étais souvent dans l'urgence, je perdais mes moyens parce que je n'arrivais pas à me faire suffisamment confiance et quand j'ai opté pour une philosophie des principes et des valeurs auxquelles je me suis attaché et que j'ai maintenues, j'ai vécu des tempêtes, mais je suis content d'avoir persévéré parce que ça m'a conduit à la victoire.

Brian Clough a dit «Le jour où je m'en irai, Dieu devra abandonner son siège favori!» Comment voudrais-tu que l'on se souvienne de toi?

C.D En tant qu'être humain, je suis profondément humaniste. En tant qu'être humain dans le relationnel. Je n'ai pas la prétention de pouvoir tout changer, mais c'est d'être reconnu comme une personne qui fait en sorte de vouloir changer les choses, mais sans les bousculer de manière excessive.

Ton équipe préférée de l'UQAM?

C.D J'ai eu de très très bonnes équipes avant que ça se dilue avec l'ajout de Laval et Montréal donc c'est difficile.

Tes trois équipes préférées alors...

C.D C'est sûr que durant ma première saison en 1998, dans l'état d'esprit tout y était. Puis il y a le premier titre en 2014, ensuite j'hésite entre 2015 et 2016. En 2016, c'était une génération où il n'y avait pas grand monde, même mon staff n'y croyait pas, c'est un groupe qui est parti de loin. Je mettrais donc 1998, 2014 et 2016.

LE MOT DE LA FIN

«Tant que la passion ne s'éteint pas, je continue!»

CITADINS
UQAM

SOPHIE DROLET

UQTR - UQAM

«Chaque match à une histoire et finit par un résultat», que t'évoque cette phrase?

S.D Beaucoup de choses. Ça fait longtemps que je suis dans le soccer, si on parle uniquement de niveau universitaire, je n'ai jamais eu en universitaire une équipe pour tout gagner. Par contre, j'ai souvent eu des équipes qui travaillaient très fort et qui sont allées chercher des résultats inespérés. Ça m'est arrivé une année, je ne me rappelle plus si c'était en 2004 ou en 2005, nous avions deux matchs par saison contre chacune des équipes et, cette année-là, nous avions fait match nul au Cepsum et gagné 2-1 au retour. C'était de grandes victoires pour nous autres. Quand j'ai pris l'UQAM en 2003, ça faisait trois ou quatre ans que l'UQAM n'avait pas gagné un seul match par saison et l'année où je suis arrivée, nous en avons gagné cinq. Dans mon parcours contre l'UDEM, nous avons deux victoires et deux matchs nuls dans ces années-là avant qu'ils se mettent à se pointer aux championnats canadiens presque chaque année.

«L'APPRENTISSAGE DE LA COMPÉTITION S'EST FAIT À LA DURE»

Qu'est-ce qui t'a donné l'envie de faire ce métier?

S.D J'ai débuté le soccer en jouant à l'école. À l'âge de 12 ans, j'allais aux pratiques de mon petit frère de 10 ans à Vasco De Gama et Willy Cognée décide de lancer une équipe féminine pour sa fille de 14 ans, Nathalie. Il y avait des filles de 16 ans. Je jouais entre autres avec Jeanne, l'ex-femme de Lyonel Joseph qui avait 19-20 ans, j'étais vraiment la recrue. L'apprentissage de la compétition s'est fait à la dure.

Par la suite, pendant que j'étais joueuse à Dorval, je coachais la sélection régionale du Lac-Saint-Louis et j'ai commencé aussi à coacher en équipe du Québec. À ce moment, c'était un passe-temps, il n'y avait pas beaucoup de femmes entraîneuses. J'ai été probablement avec Sylvie Béliveau, une des entraîneuses qui est restée le plus longtemps dans le milieu.

Faut-il forcément avoir été une bonne joueuse pour faire une bonne entraîneuse?

S.D Non parce que toutes les bonnes joueuses ne deviennent pas de bonnes entraîneuses et toutes les mauvaises joueuses ne deviennent pas non plus de mauvaises entraîneuses. Il n'y a pas de lien à part le fait d'avoir joué. Je pense que le fait d'avoir joué permet de comprendre ce qu'un joueur pense sur le terrain, pour l'avoir vécu soi-même, mais pour le reste, je pense qu'être bon ou ne pas être bon comme joueur, cela n'a pas d'impact sur ta carrière d'entraîneur.

Quelle est la plus grande qualité d'un entraîneur selon toi?

S.D Ce sont des qualités que j'ai toujours cherché à avoir. C'est d'être honnête, transparent et juste, ça a toujours été des qualités que j'ai recherchées chez les entraîneurs que j'ai eus. Ce sont des qualités que j'aimerai pouvoir transmettre à mes joueuses.

Comment faire jouer une équipe quand on a moins d'un mois pour faire connaissance avec la totalité de son effectif?

S.D C'est sûr que le talent y est pour beaucoup. Moi, j'ai toujours utilisé la saison du civil en parallèle pour pouvoir préparer l'équipe parce que si tu arrives le 15 août avec des joueurs qui n'ont pas joué l'été et que tu commences le camp d'entraînement, la quantité de travail qu'il y a à faire pour le premier match est trop élevée pour quelqu'un qui n'aurait rien fait durant l'été. Donc, moi, j'ai toujours préparé mon équipe d'automne avec la saison d'été. Mes dernières années avec l'UQAM, j'avais lancé une équipe à Repentigny qui était en AAA. J'avais aussi une équipe réserve qui était en AA. Les deux équipes s'entraînaient ensemble dès le mois de janvier et une bonne partie de ces joueuses-là jouaient finalement à l'UQAM pour moi. Ça aidait surtout pour la forme physique et l'aspect technico-tactique.

Selon Aimé Jacquet, «le football est le reflet de notre société. Regardez bien l'expression d'un joueur sur le terrain, c'est sa photographie dans la vie.», sur quels critères te basais-tu pour recruter tes étudiants-athlètes?

S.D Il y a des choses sur lesquelles je n'avais aucun contrôle, à commencer par la nature des programmes offerts à l'UQAM. C'est sûr que si j'allais recruter quelqu'un qui voulait être en physiothérapie, en médecine ou en ingénierie, je devais abandonner l'idée de le faire venir à l'UQAM parce que l'université n'avait pas ces programmes. Outre le fait d'aller voir les joueuses, j'ai toujours eu des joueuses travailleuses qui ne lâchaient jamais, qui allaient au bout, qui étaient intenses et agressives. Ce sont toujours ces joueuses que j'allais chercher en premier parce que souvent les joueuses de plus grand talent étaient aussi de bonnes étudiantes qui cherchaient à rentrer dans des programmes que l'UQAM n'offrait pas.

Lorsque tu rencontrais tes athlètes pour la première fois, quelle philosophie souhaitais-tu leur inculquer?

S.D Le résultat pour moi, c'est juste une conséquence de ce que l'on fait. J'ai toujours été beaucoup plus centrée sur le fait d'avoir une bonne performance et une belle réussite que le résultat final parce que tu peux super bien jouer et perdre quand même. Je vais être beaucoup plus satisfaite de ce genre de matchs que de gagner 10-0 contre un adversaire qui n'en vaut pas la peine. J'ai toujours vendu l'idée de ne pas lâcher indépendamment du score, de travailler continuellement et de temps en temps, d'aller gagner.

Quelle était ta routine d'avant-match?

Personnellement je n'ai pas de routine, par contre 1 h 15 avant le match, ça commence pour le groupe. Je m'assure d'avoir vu tous les étudiants athlètes rentrer dans le vestiaire ou être dans le corridor. Ensuite, je m'assure que l'atmosphère dans le vestiaire est positive et intéressante. Au bout de 25 minutes, je rentre dans le vestiaire pour m'adresser aux joueuses, nous sortons ensuite pour l'échauffement. La dernière partie de l'échauffement finissait toujours avec un petit match avec les partantes à 5 contre 5 sur un tiers de la moitié du terrain donc 1/6 de terrain.

«JE SUIS PLUS FORTE, J'IMPOSE; JE SUIS MOINS BONNE (...), JE M'ADAPTE»

Faut-il imposer son style ou s'adapter à l'adversaire en face?

S.D Les deux: je suis plus forte, j'impose; j'ai une moins bonne équipe, je m'adapte. J'ai eu de très bonnes équipes avec lesquelles j'ai imposé mon style de jeu et j'ai eu des équipes à l'UQAM où je n'avais pas d'autre choix que de m'adapter à l'adversaire si je voulais survivre. En civil et en collégial, j'ai eu beaucoup plus de succès qu'en universitaire. Dans ce genre de situations, j'ai imposé mon style de jeu tandis que quand j'étais à l'UQAM et à l'UQTR, j'ai subi le style de jeu des autres du coup je me suis adaptée.

Citadines de l'UQAM - Équipe féminine 2005 - 2006

De la gauche vers la droite: En haut: Caroline Gélinas (entraîneuse-adjointe), Francois Huchette (entraîneur-adjoint), Amélie Couture, Véronique Bujold, Marianne Desgagné, Nadia Leblanc, Josiane Robert, Julie-Anne Buckland, Stéphanie Vallée, Stéphanie LeLan, Isabelle Beyrouti, Sophie Drolet (entraîneuse-chef). *En bas:* Pascale Chatigny, Amélie Rouette, Audrey Leclair, Sanja Milic, Terry Cianni, Claudia Avon, Claudia Andersen, Anne Choquette, Caroline Belli, Athéna Cyr.

Quelle est la part de l'entraîneur dans le résultat final selon toi?

S.D Une partie, mais ce n'est pas toi qui es sur le terrain. Il y a des matchs où ça vaut plus que d'autres. Il y a des matchs qui sont très serrés et où tu peux prendre une bonne ou une mauvaise décision qui peut faire pencher la balance. Dans ces matchs-là, tu peux dire que la part de l'entraîneur représente plus de la moitié puis, il y a d'autres matchs où tu as moins d'impact sur le résultat, ce sont les athlètes qui font tout le travail et la part de l'entraîneur est peut-être de 20%. Globalement, si je prenais tous les matchs, je dirais que la part de l'entraîneur dans le résultat final d'un match devrait tourner autour de 35 à 40%.

Gère-t-on tous les athlètes de la même façon ou t'est-il arrivé de déroger à vos principes à l'occasion?

S.D Les rares fois où j'ai dérogé à mes principes, j'ai considéré que j'y dérogeait pour le mieux. Par contre, j'ai essayé le plus possible de toujours être transparente et juste et je ne pense pas que tu puisses traiter tous les athlètes de la même façon. Tout le monde n'est pas pareil, et si tu essaies, tu fais des mécontents. J'ai toujours essayé de gérer l'individu avant l'athlète. Par exemple, j'avais Justine Labrecque, qui était probablement la meilleure joueuse à avoir joué pour l'UQAM. Je l'ai coachée au civil et en équipe du Québec. Elle est allée en équipe nationale des moins de 19 ans. Je l'avais recrutée pour venir à l'UQAM, c'était la meilleure joueuse sur le terrain et probablement l'une des quatre ou cinq meilleures joueuses de la ligue universitaire. C'est sûr que c'est quelqu'un qui avait énormément de fierté donc la journée où je n'allais pas la mettre sur le onze partant, je devais prendre le temps de lui expliquer pour éviter d'avoir à gérer une situation en début de match parce que ça aurait été une grosse surprise pour elle. Je ne l'aurais probablement pas fait pour une autre joueuse, mais pour Justine je le faisais.

Comment gère-t-on les remplaçants lorsqu'on a une saison qui ne dure que trois mois?

S.D Contrairement à d'autres universités qui pouvaient se permettre de faire rouler leur banc parce qu'après une mi-temps, ils étaient déjà en avance par deux ou trois buts, moi, j'ai eu des joueuses qui n'ont pas joué du tout dans des matchs. Par contre, elles ne peuvent pas dire qu'elles ne s'y attendaient pas parce que je mettais ça bien au clair en début d'année. Tu en avais 18, tu en gardes 22 en tout de l'équipe et il y en a 4 qui ne sont pas alignées. Sur les 18, j'en fais peut-être jouer 13 ou 14, parfois 15 donc il y en a toujours 3 qui sur une saison de 14 matchs, ont joué peut-être l'équivalent d'un match et demi, mais elles ont fait ce choix. Il n'y a personne qui peut-être surprise de ne pas jouer. Elles ont toutes eu cette information selon laquelle elles doivent s'attendre à ne pas jouer beaucoup cette année, rentrer 10 ou 15 minutes dans un match. Es-tu capable de vivre avec ça? Si oui, bienvenue dans l'équipe! Si non, je vais choisir quelqu'un d'autre!

«JE RÉPONDAIS QUE C'ÉTAIT LA VIE»

Raconte-nous ton match référence, celui au cours duquel ton génie tactique s'est le mieux exprimé.

S.D Ce n'est pas un match auquel je vais faire référence tout le temps parce que c'est quelque chose que j'ai répété à plusieurs endroits différents. C'était mon premier match en tant que coach à l'UQTR en 2000. Je n'ai fait aucun recrutement pour cette équipe parce que je suis arrivée au mois d'août et j'ai pris l'équipe telle qu'elle était... non ce n'est pas vrai, j'avais recruté une joueuse que je connaissais et qui venait de Sherbrooke. Je l'ai convaincue de venir faire un bac à l'université. Son nom, c'est Véronique Durand. Nous sommes parties avec l'effectif en place, c'était une équipe qui n'avait pas gagné depuis plusieurs années. Premier match de la saison et nous allons à McGill. Je savais qu'on n'aurait pas le ballon souvent et j'avais décidé de paqueter la défense et de mettre la pression basse. C'était une équipe des Patriotes qui s'était fait démolir les années précédentes par des scores allant de 8-9 voire 10 à 0. À la mi-temps, le score était de 0-0 et les filles au vestiaire n'en revenaient tout simplement pas et ce qui sortait de ma bouche c'était des: «Bravo, on continue, on n'arrête pas!» Et je faisais mes ajustements, tout le monde était surpris, les filles ne pouvaient pas croire que je leur disais qu'on jouait bien. Je leur disais que j'étais contente de leur performance quand bien même nous jouerions contre McGill, je ne voyais pas le problème. Elles me répondaient: «Mais nous ne sommes pas en train de gagner!» et je répondais que c'était la vie, qu'elles faisaient un bon match contre une superbe équipe. Le match avait fini 3-0, mais le 0-0 était demeuré jusqu'à la 70e minute. Puis 1-0 de la 70e, un autre à la 82e puis à un moment donné, nous avons manqué de jus! Les deux derniers buts sont arrivés dans les dix dernières minutes. Quand j'ai à faire du travail défensif avec une équipe qui est beaucoup moins forte que l'adversaire, je reviens souvent à cette anecdote.

À l'inverse, quel est le pire match de ta carrière de coach? Celui où rien n'a fonctionné comme prévu.

S.D C'est un match qui avait lieu au Cepsum en 2009. Ces années-là, l'UDEM avait eu une idée, idée qui venait probablement du football et qui était de mettre de la musique à tous les matchs, incluant tous les arrêts de jeu comme les touches alors qu'il y avait peut-être un arrêt de jeu de 15 secondes. Tous les moments où je pouvais donner des instructions aux joueuses sur le terrain étaient enterrés par de la musique qui jouait à tue-tête. Les haut-parleurs étaient tournés vers les bancs. Ce match-là, ma gardienne était grippée, j'avais deux ou trois bonnes blessures. Ce n'était pas une équipe qui devait battre l'UDEM, mais qui aurait dû être capable de faire un bon match malgré tout. Nous avons perdu 10-0. Il n'y avait aucun changement, rien que je ne pouvais faire. J'aurais pu m'asseoir et faire la touriste sur le bord du terrain, ça aurait été la même chose.

Quel est le geste le plus important pour toi durant une partie de soccer?

S.D De trouver la bonne chose à dire qui va relancer l'énergie de ton équipe. Des fois, ça peut juste être un joueur clé sur qui tu tapes, ce que je faisais souvent. Je lançais à un joueur: «Là, le match a commencé. Réveille-toi!» Et cette personne étant la leader naturelle de l'équipe, si elle rehausse son jeu, ça a automatiquement un impact sur le reste de l'équipe. Ça m'est arrivé régulièrement de faire ça: donner une brève intervention, une phrase clé.

«NI DONNER LE MATCH, NI EMBARQUER SUR LE TERRAIN, NI JETER L'ÉPONGE»

Qu'est-ce que tu ne ferais jamais durant un match?

S.D Je n'ai jamais ni donné le match, ni embarqué sur le terrain, ni jeté l'éponge. J'aurais pu saboter mon équipe, mais je ne l'ai jamais fait. Même à 2-0, même à 3-0, j'ai toujours pensé que le match valait la peine d'être joué jusqu'au bout. On ne sait jamais la roue peut vite tourner.

Si tu pouvais inverser le résultat d'un match, d'un seul, lequel ce serait?

S.D Si je pouvais inverser le résultat d'un match, ça ne serait pas comme entraîneur. Au championnat canadien 1990 avec Dorval, on était championnes en titre et ça faisait deux ans et demi qu'on n'avait pas perdu de match, soient 35 matchs sans défaites. On jouait contre l'Alberta en demi-finale, on menait 2-0 et j'ai une échappée que je manque qui aurait fait 3-0. C'est sûr que l'Alberta n'en revenait pas! Les gars des Lakers du Lac-Saint-Louis voient qu'on mène 2-0 à la mi-temps, ils font c'est cool, ils s'en vont jouer leur match. Joey Cant l'une des trois sœurs Cant prend un carton rouge pour une faute comme dernière défenseure et l'Alberta a marqué six buts en trente minutes pendant qu'on était à 10. Ça s'est terminé par un score de 6-2! Dean Howie, qui est maintenant responsable des sports au cégep Champlain sur la Rive-Sud, était notre coach, il était aussi K.O que nous et a tenté de trouver les mots pour nous requinquer, mais nous étions finies!

Avec quel athlète as-tu adoré travailler?

S.D Il y en a beaucoup, la plupart viennent de la région de Québec parce que j'ai longtemps coaché le Dynamo de Québec. Ces mêmes personnes, je les ai coachées en équipe du Québec parce qu'il y avait beaucoup d'années où je coachais deux équipes civiles plus une équipe de sélections régionales plus en équipe du Québec donc au cours d'une même année, j'allais coacher à deux ou trois endroits.

J'ai adoré coacher Marie-Pier Bilodeau parce que c'est quelqu'un d'hyper compétitif, elle voulait toujours gagner. C'était une des rares au Dynamo de Québec sur qui je pouvais taper dessus à la mi-temps pour la faire réagir et elle avait tellement de leadership qu'elle répondait présente! Justine Labrecque, c'est une joueuse avec qui j'ai dû m'adapter. Tu ne peux pas traiter tous tes joueurs de la même façon et Justine était la plus forte de l'équipe. Alors quand tu parles de traitement particulier, avant un match où elle ne débutait pas je lui disais en aparté qu'elle ne commencerait pas. Cela évitait les soucis de vestiaire au moment d'annoncer ton équipe partante. Justine était quelqu'un qui pouvait jouer n'importe quelle position, et elle était prête à tout pour son équipe. Niveau talent, ma meilleure joueuse, celle qui pouvait tout faire et que j'aurais aimé voir en équipe nationale... mais je pense que ça ne l'intéressait pas tant que ça, c'est Francine Brousseau de l'université Laval: un pied gauche magique! J'en aurais pris 50 comme elle! Elle pouvait tout faire cette fille, puis c'était mon style de joueuse. C'était quelqu'un de très introverti qui manquait un peu de confiance en elle. J'ai commencé à la coacher à 14 ans et quand j'ai arrêté de la coacher, elle en avait 22-23 ans. Après chaque match, elle demandait comment j'avais trouvé son match et si je pensais qu'elle pouvait mieux faire certaines choses. C'était quelqu'un qui était, je pense, un peu anxieux par rapport à ses performances. Je ne sais pas si c'est cela qui l'a empêché d'aller en équipe nationale ou pas. Je ne sais pas si c'est quelqu'un qui aurait aimé beaucoup voyager ou qui aimait être près de la maison, mais c'est sur elle que j'aurais misé parce que c'était un talent exceptionnel.

Dorval United SC – championnes canadiennes 1989

De la gauche vers la droite: Au premier rang: Connie Cant, Debbie Doyle, Sharon Oleskevich, Tanya Oleskevich, Terry Cianni, Annie Caron, Laurie Rogers et Sophie Lord. *Debout:* Cheryl Moore, Joey Cant, Barbara Grant, Dean Howie (entraîneur-chef), Sophie Drolet, Chantal Cardinal, Maureen Cant, Lea-Anne Thomas, Angie Pidgeon et Amico Di Barthelemeo (entraîneur-adjoint). *Absentes:* Chantal Golding, Nancy Gamache et Valmie Ouellet.

À l'inverse, y a-t-il un(e) athlète avec qui la relation a été difficile au début, mais avec qui le travail s'est avéré payant?

S.D Je n'ai pas eu d'athlète avec qui c'était difficile au début. J'ai eu des athlètes avec qui c'était facile au début, à mi-chemin, ça s'est compliqué et c'est à nouveau devenu facile après, c'est ça que j'ai eu. Justine Labrecque, c'était ma joueuse que j'allais chercher partout puis, à un moment donné, il y a eu des affaires qui se sont passées et nous nous sommes ramassées dans une situation où elle était frustrée, elle a arrêté de jouer. Je lui ai dit si elle devait arrêter, qu'elle le fasse. Je ne pouvais rien y faire. Nous nous sommes ramassées à ne pas nous parler pendant pratiquement 2 années puis elle jouait plus pour moi. Puis un moment donné, elle est revenue me parler puis je lui ai dit: «Tu sais Justine, si tu veux revenir, tu reviens!» Puis elle a dit: «Oui, j'aimerais ça, revenir!» Nous avons recommencé à parler et la relation est revenue exactement à ce qu'elle était avant.

Quelle a été ta plus grande émotion en tant que coach?

S.D C'était avec le Dynamo de Québec, nous étions allées au championnat canadien avec les u19 en 2000. On avait gagné le championnat de saison et nous sommes arrivées en demi-finale contre les Lakers du Lac-Saint-Louis. J'avais une joueuse, Geneviève Marcotte, qu'on surnomme «Barb» pour «Barbie». Elle a joué plus tard à l'université Laval. Barb, c'était quelqu'un qui pouvait marquer des buts d'à peu près n'importe où et de n'importe quel pied. Elle nous a sauvées parce qu'elle a marqué le but décisif, c'était un énorme soulagement à la fin du match. Les filles m'ont couru après avec le galon de Gatorade pour me le verser sur la tête.

Si tu devais dire un mot au coach qui a mis le plus ton sens tactique à l'épreuve, qui ce serait?

S.D Ce serait Dean Howie. On n'a pas toujours eu une belle relation parce qu'il me poussait beaucoup et il me piquait beaucoup. J'ai toujours été un athlète fier et il jouait beaucoup là-dessus. Mais c'est celui qui n'a jamais accepté de matchs moyens de ma part, il s'est toujours attendu à plus venant de moi. Cela m'a forcé à lui donner encore plus. Plusieurs des filles qui ont joué pour lui puis pour moi m'ont souvent dit que mon style de coaching ressemblait au sien.

Quelle est ta citation préférée et pourquoi?

S.D «You can't hire someone to practice for you». Tu ne peux pas engager quelqu'un à ta place pour pratiquer. Toutes les personnes qui ont joué pour moi pourront te dire qu'il fallait s'entraîner. J'ai toujours eu la présence de tous mes athlètes à tous mes entraînements.

Quelle est l'équipe ou la génération que tu as préféré coacher?

S.D Le Dynamo de Québec des années 2000 avec Virginie Jacques, Marie-Pier et Audrey-Anne Bilodeau, Ève Brière, Marie-Claude Nadeau, Roxanne Andersen, etc., si tu vas voir les alignements de F-X Garneau et Université Laval, je les ai toutes coachées de 1996 à 2003, toutes les générations du Dynamo de Québec.

Brian Clough disait «Le jour où je m'en irai, Dieu devra abandonner son siège favori.» Comment voudrais-tu que l'on se souvienne de toi?

S.D Comme quelqu'un qui tire le meilleur de ses joueurs, quelqu'un capable de faire fonctionner n'importe qui et quelqu'un de difficile à battre, indépendamment de la qualité de son équipe.

Nous sommes dans les années 80-90. Parle-nous de la rivalité entre Stingers de l'Université Concordia et Martlets de McGill.

S.D Nous étions huit filles de Dorval et six filles de Lakeshore. Au classement du civil, les quatre ou cinq années précédentes, c'était soit Dorval soit Lakeshore qui finissait premier. Il y avait une grande rivalité et tout ce monde s'est ramassé à McGill et Concordia. C'étaient de vrais derbys. C'était intéressant de lancer des niaiseries de l'autre côté parce qu'il avait un historique. Il n'y avait pas énormément d'équipes dans le RSEQ non plus. Sherbrooke, c'était du monde francophone comme moi, il y avait beaucoup de guéguerres français-anglais. À Concordia et McGill, nous étions trois ou quatre francophones dans chaque université. La guerre se faisait avec le Vert et Or dans le RSEQ et dans le civil.

Pour revenir à Concordia, nous avions un sentiment d'infériorité selon lequel, si tu n'étais pas assez bon sur le plan académique pour aller à McGill, tu allais à Concordia. Aux Stingers, nous avions quelque chose à prouver. Nous avons dû faire une réunion en camp d'entraînement pour dire: «On oublie qu'on est Lakeshore, on oublie qu'on est Dorval!». Nous sommes en août 1988. Ensuite, nous abordons le premier match de la saison à McGill, elles menaient 2-0. J'ai marqué les deux buts de l'égalisation dont un auquel personne ne s' attendait parce que j'avais poussé le ballon trop loin sur la ligne de sortie de but, à gauche du but de la gardienne adverse et j'ai tiré dans un angle fermé. On avait commencé le match en pensant qu'on limiterait les dégâts puis on a fini le match en étant déçues de ne pas les avoir battues parce que dans le fond, nous étions meilleures.

Ça a été le déclic, nous n'avons pas perdu un seul match RSEQ, cette saison-là. À cette époque, nous jouions trois matchs contre chaque équipe. Au match retour chez nous, Nous leur avons mis 5-1 et j'ai marqué quatre de ces cinq buts. En finale, nous avons gagné 2-1 sur un penalty d'Heidi Jones qui jouait gardienne pour ce match. Heidi jouait également milieu de terrain. Lyonel alternait entre elle et moi parce que nous n'avions pas de gardienne titulaire, mais pour la finale Lyonel a décidé de me laisser en attaque. Heidi a quitté les buts pour venir tirer le penalty.

Je ne me rappelle pas des chandails U.B.C dont parle Lyonel Joseph (l'entrevue a été réalisée après celle de Lyonel Joseph, ndlr), mais ce dont je me rappelle très bien, c'est que nous avions des filles qui à la fin du match ont formé un message avec leurs chandails: il y avait Sheryl More, Heidi Jones, Annie Caron, Leslie Clément, Suzanne Dufresne qu'on appelait «Sue», Connie Cant et deux autres que j'ai oubliées. Les spectateurs n'ont pas vu le message qui était «K.I.L.L M.C.G.I.L.L»!

Ça n'avait rien à voir avec les joueuses de McGill qui étaient nos amies. C'était plus un message vers l'institution qui voulait dire: «Dans vos dents les snobs, de la part du petit frère Concordia!»

Citadines de l'UQAM - Équipe féminine 2011-2012

De la gauche vers la droite: Au premier rang: Pascale Hébert, Maude Fortin, Pamela Ghaleb-Poitras, Valérie Labbé, Sabrina Addona, Marie-Michel Girard, Constance Laroche-Lefebvre, Catherine Jean, Jeanne Paquette, Andrée Gariépy. *Au second rang:* François Huchette (entraîneur-adjoint), Sarah Bernard-Lacaille, Myriam Bennhalia, Evelyne Côté, Justine Labrecque, Marie-Pier Chicoine, Gabrielle Dreau, Maude Perras-Joly, Caroline Michaud-Morasse, Kara-Christine Cyr, Myriam Sansregret (entraîneure des gardiennes), Sophie Drolet (entraîneure-chef).

Par la suite, tu te rends à Sherbrooke...

S.D De 1995 à 1998.. J'étais en équipe nationale et je voulais continuer d'y travailler. J'étais allée jouer pour le Dynamo de Québec puis je voulais faire un bac pour devenir professeur d'éducation physique et coach parce que mon premier bac était en kinésiologie spécialisée en entraînement sportif. Arrivée à Sherbrooke, il y avait une dizaine de filles qui jouaient pour Mistral Estrie, mes adversaires quand j'évoluais dans le civil avec Dorval. Nous avons perdu la finale provinciale contre McGill 2-1. C'était Sylvie Béliveau qui coachait McGill et qui m'avait recruté pour l'équipe nationale.

Comment se faisait le passage à l'équipe nationale pour une Québécoise?

S.D Sylvie Béliveau m'a donné l'opportunité de jouer en équipe nationale, j'ai eu 3 sélections. Sylvie m'a dit que si elle me prenait en équipe nationale, c'était pour me mettre défenseure centrale parce que j'étais très rapide, grande et costaude. J'ai toujours été attaquante dans ma vie, mais j'ai dit oui. Ma première sélection, c'était en 1996 avec Neil Turnbull. On travaillait beaucoup en marquage individuel et lors d'un match contre les États Unis, Neil me fait rentrer et me demande de marquer Tiffeny Milbrett! À côté il y avait Mia Hamm, derrière Julie Foudy, une partie de l'équipe qui sera championne du monde en 1999. Au bout de cinq minutes, j'étais à bout de souffle tellement le jeu allait vite, dans ma tête, je me disais: «Je ne vais jamais y arriver!» Mais après le deuxième souffle a embarqué et j'ai pu finir le match qui s'est terminé 5-0 pour les États-Unis. Après nous avons joué contre la Chine et le Japon. Contre le Japon, il y avait Isabelle Morneau, qui faisait ses débuts à 18 ans et qui jouait à l'avant. Elle a manqué je ne sais combien de buts contre le Japon et tout ce que je me disais, c'était: «Ils devraient me mettre à l'avant plutôt qu'en défense parce que moi, je les marquerais ces buts!» Je ne suis jamais allé devant! C'est très drôle parce que quand j'ai eu cette réflexion-là sur Isa, j'ai été une de ses premières entraîneuses, quand elle avait 10 ans, dans ma tête, c'était: «Ça ne se peut pas qu'Isabelle devienne attaquante internationale; elle va jouer à une autre position!» L'année suivante, elle était rendue en défense et elle a fait une excellente carrière en équipe nationale à cette position.

LE MOT DE LA FIN

«Pour l'instant, je coache encore au scolaire et au secondaire dans la région de Lanaudière où nous avons produit quelques pépites. Parmi mes derniers boys coachés, il y a Charles Joly de l'Académie de l'Impact et du Rouge et Or de Laval et Félix Bouchard de l'UQTR récemment champion canadien. Félix étudie en éducation physique et me remplace de temps en temps. Je pense que j'aurai peut-être l'occasion de retourner au niveau universitaire éventuellement. Si l'occasion se présente, je sauterai probablement dessus.»

adidas
UQAM

ALEXANDRE DA ROCHA

UQAM

«Chaque match a une histoire et finit par un résultat». Que signifie cette phrase pour toi?

A.D-R À la base, ce qui m'énerve au niveau universitaire, c'est qu'on joue deux matchs en trois jours. On se prépare sur une semaine pour jouer le vendredi et ensuite on essaie de jongler pour le dimanche. Quand je suis arrivé à l'UQAM, je me suis dit que j'avais un processus à vivre. Je devais m'assurer qu'à chaque match ou à chaque petit cycle, il y ait des objectifs qui soient atteints, des messages qui ressortent de ce qu'on a voulu faire. C'est très long pour un coach et aussi un peu long pour l'athlète qui le vit. Mes athlètes d'il y a huit ans n'ont pas réussi à vivre la saison qu'on a vécu cette année, mais, si elles n'avaient pas fait partie de ce processus, on n'y serait pas arrivés. J'ai tellement de matchs qui me ramènent des souvenirs, des bons ou des moins bons, mais chaque partie amène toujours son lot d'apprentissages. Après ça dépend comment le staff prend ce message et le redistribue aux joueurs.

Qu'est-ce qui t'a donné l'envie de faire ce métier?

A.D-R Un accident de parcours! Au secondaire, je faisais du volleyball, de l'athlétisme et du soccer. Lorsque j'ai fini le secondaire, je suis allé au Cégep et j'ai décidé de jouer au volleyball mixte et non pas au soccer et je coachais une équipe de volleyball au secondaire. Mon responsable des sports a changé d'école et m'a amené avec lui pour continuer à coacher du volleyball. Il vient me voir à une pratique le matin en me disant: «Alex, j'ai quelque chose à te demander. J'ai un groupe de garçons secondaire 5, majoritairement, ils veulent jouer au soccer, est-ce que ça te tente de les coacher?»

Nous étions en 1994, au début j'ai dit non! Après j'ai dit les pratiques le matin, ça ne va pas suivre. Tout le monde a déjà vu des films comme *The Big Green*, où tu as des jeunes du quartier qui sont moches dans le sport... et c'est exactement ça que j'avais: une bande de garçons qui voulaient faire du foot, qui aimaient le foot, mais qui n'étaient pas très doués! Et ils étaient là chaque matin. Dans le scolaire, notre saison finissait au mois de novembre et les gars demandaient même si on pouvait encore pratiquer tant qu'il n'y avait pas de neige. Et crois-le ou pas, les journées de neige, ils prenaient leur pelle et déneigeaient le terrain pour pouvoir pratiquer: ils étaient cinglés (rires). Et on perdait des matchs. On perdait à la mi-temps avec des 4 ou 5-0 et les gars venaient me voir en sprint pour avoir les consignes parce qu'ils avaient hâte de revenir pour la deuxième demie: c'était hallucinant! L'année d'après, j'ai pris un autre groupe de filles qui jouaient majoritairement en AA à Saint-Lambert. Un papa est venu me demander de les prendre durant l'été et j'ai accepté. Cette année-là je crois qu'on a fini premières et gagné les séries. L'année d'après, c'était la création du FC Sélect dans lequel j'allais être joueur, puis le président m'a demandé si je voulais diriger l'équipe des filles. C'était en 1996, j'avais 21 ans et je dirigeais les u17 du FC Sélect et la première fille qui a mis les pieds dans mon gymnase pour le camp d'entraînement, c'était Cindy Walsh. L'année suivante on s'est classés pour le championnat canadien des clubs à Brossard et tous les gens de la fédération étaient présents. André Gagnon est venu me voir pour me dire: «Alex, on aimerait que tu viennes travailler avec nous aux équipes du Québec!» En novembre 1997, j'étais en équipe du Québec. Ce n'était pas ma voie du tout parce qu'avant de faire ça, j'avais eu des offres de bourses pour jouer aux États-Unis et j'avais trouvé l'université et le programme qui me convenait, il s'intitulait «management of sports industries.» À cause de soucis personnels dans ma famille, j'ai dû y renoncer. Ils ont démarré le sport-études au Collège Français et j'ai travaillé là-bas donc tout est arrivé par accident.

Faut-il forcément avoir été un bon joueur pour faire un bon entraîneur?

A.D-R Je ne pense pas qu'il faut forcément avoir été un bon joueur. Je peux le dire, car j'étais très moyen à la fois sur la technique et sur la tactique, mais j'avais énormément de vitesse, j'étais peut-être le plus rapide de mon groupe. Je jouais devant dans un 4-4-2. Je pense qu'avoir joué dans de bonnes équipes, avec de bons joueurs et pour des entraîneurs qui m'ont plus tard permis de comprendre le jeu, ça m'a aidé! Je te dirai que si j'ai un regret, c'est que plus jeune, j'allais tellement vite qu'on voulait juste que je marque des buts au lieu de m'apprendre à jouer au foot. Je n'en veux pas à ces entraîneurs qui étaient des bénévoles, mais, si j'avais eu la chance de faire partie de programmes comme les jeunes en ont avec les sports-études, j'aurais joué arrière-droit, et j'aurais connu une carrière différente. Je pense qu'avoir joué à un bon niveau, ça aide.

«IL NE FAUT PAS MÉLANGER RIGUEUR AVEC SÉVÉRITÉ»

Quelle est la plus grande qualité d'un entraîneur selon toi?

A.D-R C'est d'avoir de la rigueur, mais en même temps d'être à l'écoute de ses athlètes, et quand je dis «à l'écoute», ce n'est plus l'écoute comme il y avait avant. Heureusement aujourd'hui, beaucoup de jeunes se sentent plus à l'aise de communiquer par écrit, par texto peu importe, et souvent, il y a une barrière qu'ils franchissent, qu'ils ne franchiraient peut-être pas en personne. Je leur dis toujours que ma porte est toujours ouverte, même si très peu franchissent le pas de la porte. Avec le temps, j'ai appris à mieux vivre avec. L'athlète, contrairement à ce qu'on pense, estime la rigueur. Il ne faut pas mélanger rigueur avec sévérité. La rigueur c'est si la pratique est à 15h30, à 15h30 elle commence. Je l'ai dit lors de mon discours à Victoria pour le gala du championnat canadien, les athlètes pour moi sont des héroïnes. De faire tout ce qu'elles font, c'est remarquable. Tu en vois qui ont 4 cours, jouent universitaires, en club, ont une équipe de futsal en plus d'avoir un emploi et elles ne se lamentent pas comme les autres. Je leur dis souvent «Bravo!», je les trouve remarquables.

Comment faire jouer une équipe quand on a moins d'un mois pour faire connaissance avec la totalité de son effectif?

A.D-R C'est le gros avantage de notre ligue d'hiver, la plupart des gens commencent en janvier la préparation en vue de l'automne. Après dans ton recrutement, tu n'as pas forcément les athlètes que tu veux avoir, car tout le monde recherche les mêmes athlètes, mais quand tu greffes quelqu'un, tu as intérêt à la connaître déjà un peu avant comme ça dès qu'elle arrive, tu n'as pas à te demander si tu la fais jouer à gauche ou à droite. Plus tu connais d'athlètes, mieux c'est. Je te dirais qu'avec un mois de préparation, tu es généreux parce que je pense que c'est deux semaines et demi. (rires) C'est difficile! Plus la saison avance, plus la qualité de jeu devrait augmenter, mais malheureusement la fatigue rentre en ligne de compte. Tu es rarement au maximum de tes capacités durant la saison.

D'après Aimé Jacquet «Le football est le reflet de notre société. Regardez bien l'expression d'un joueur sur le terrain, c'est sa photographie dans la vie.» Sur quels critères te bases-tu pour recruter tes étudiants-athlètes?

A.D-R Dans ta gestion de groupe, 9 fois sur 10, les coachs te diront que dans l'idéal tu voudras recruter des athlètes qui correspondent à tes valeurs de coach. Mais parfois tu prends des athlètes avec qui tu sais que l'entente ne sera pas facile parce que tu es convaincu d'avoir la formule gagnante avec eux. Even Pellerud l'ancien entraîneur de l'équipe nationale canadienne féminine parlait du concept d'«energy sapping» (dépense d'énergie): tous les athlètes ont un niveau d'energy sapping qu'ils te demandent en tant qu'entraîneur. Le calcul que tu dois faire, c'est est-ce que ce que l'athlète t'apporte, sur le terrain et en dehors, vaut tous les efforts que tu fournis pour lui? L'objectif, c'est de trouver un juste équilibre! J'avais trouvé cela brillant. Je pense qu'on a tous des fois cette fibre en nous de dire: «Mais avec moi ça va marcher!» Des fois ça marche et des fois ça ne marche pas non plus! Tout le monde va vouloir prendre des athlètes qui ont une valeur humaine et se fondent dans le groupe.

Lorsque tu rencontres tes athlètes pour la première fois, quelle philosophie souhaites-tu leur inculquer?

A.D-R Quand je suis arrivé à l'UQAM la première année, j'ai rencontré le groupe puis je leur ai dit qu'on avait deux options: «L'option 1, c'est qu'on continue à essayer d'aller chercher des résultats en ne jouant pas au foot et on va finir la saison avec une ou deux victoires et l'option 2, c'est qu'on essaie de jouer au foot et on va finir pareil, avec peut-être une ou deux victoires. Là c'est à vous de décider ce que vous voulez!» Et dès le début, elles ont dit: «Nous, on va essayer de jouer!» Et année après année, notre projet est resté orienté sur la possession et la recherche constante de solutions. C'est sûr que quand les éléments ne sont pas tous réunis, tu subis l'échec. Je le dis de façon humble mais quand je regarde cette année, nos sept premiers matchs à l'automne 2019, je n'ai pas vu beaucoup d'équipes universitaires dans le pays qui avaient autant d'outils que nous. On pouvait déranger l'adversaire autant en possession, que sur les côtés, en contre et sur coups de pied arrêtés. Si on n'avait pas insisté pendant sept ans sur ces principes-là, on n'aurait pas été aussi bons cette année malgré qu'on avait de bons éléments. C'est quelque chose qui s'est ancré dans le groupe cette année mais s'est bâti sur plusieurs années. Quand tu as plus d'outils, tu as plus de solutions.

Quelle est votre routine d'avant-match?

A.D-R Je pense qu'actuellement, on a le meilleur staff du pays. Avant le match, je n'ai pas à me soucier de plein de détails. Adel ou Athanasio fait le début de l'échauffement, Andréa s'occupe de l'échauffement avec les filles. Florian et Hansito s'occupent des gardiens de but et Alexandra Brunelle s'occupe des statistiques. Je sais que je vais arriver au match puis je n'ai pas de souci à avoir. Ce que j'ai à faire avant que le match ne commence, c'est de voir l'adversaire qui joue, quelle formation va-t-il utiliser et est-ce que nous avons bien préparé ce match? Quand je suis arrivé à l'UQAM, avec la limite de staff que j'avais au début surtout, le staff n'était pas habitué à ce qu'on voulait avoir. Je m'occupais d'aller chercher les ballons, de les gonfler, de prendre les dossards, etc., comme ça, ta tête n'est pas complètement dans le match avant qu'il commence. Avant que le match ne commence à domicile, j'arrive facilement 4 heures avant, sans m'occuper de rien. Je vais juste mettre le vestiaire le plus propre possible, c'est tout. Je vide complètement mon esprit. J'envoie des courriels, je reçois des appels, je prépare mon match.

Faut-il imposer son style ou s'adapter à l'adversaire en face?

A.D-R En général, on aime imposer notre façon de jouer. Par contre, tu as des éléments chez l'adversaire que tu dois gérer du mieux que tu peux. À l'UQAM, l'adversaire qui m'a le plus imposé sa façon de jouer, c'est probablement le Rouge et Or de Laval. J'avais beau préparer ce que je voulais, je savais que je concédais la possession du ballon. Si tu prends Ottawa Gee-Gees, qui a gagné les championnats du monde universitaires FISU 2019, nous avons une victoire et deux matchs nuls. Le fait d'accepter de gagner des matchs en concédant la position a été admis par le groupe l'année passée, il faut apprendre à le faire. On bat cette année Laval 3-0 en les tuant en contre. Ce qu'on souhaite, c'est de nous imposer en offrant une certaine qualité à notre jeu.

Quelle est la part de l'entraîneur dans le résultat final selon toi?

A.D-R C'est la part de tout le staff. Le seul regret que j'ai eu en gagnant le titre de coach de l'année au Canada, c'est que tout mon staff ne soit pas à Victoria avec moi parce que je pense sincèrement que je n'aurai jamais pu réaliser le travail qui a été réalisé si j'avais été seul, c'est impossible! Quand tu as la chance d'avoir à chaque entraînement et à chaque match ce staff-là, ça change la dynamique. Un groupe devient rapidement à l'image de son staff.

Gère-t-on tous les athlètes de la même façon ou t'est-il arrivé de déroger à vos principes à l'occasion?

A.D-R On ne gère pas tous les athlètes de la même façon, chacun est différent. Peut-être qu'il faut avoir des niveaux de tolérance, mais je pense qu'on essaie de régulariser le tout le plus possible. Je prends l'exemple de cette année, les trois fois où on a dû lever le ton suite aux mésaventures des athlètes, à la base ce n'est pas la vingtième joueuse dans l'équipe qui va nécessairement recevoir le coup de marteau sur la tête. Je pense que c'est important que tout le monde comprenne que peu importe le statut que tu as dans le groupe ou la qualité que tu as comme joueuse, tu ne peux pas déroger à certaines règles et à certaines valeurs.

Comment gère-t-on les remplaçants lorsqu'on a une saison qui ne dure que trois mois?
A.D-R C'est très difficile, on essaie de gérer nos changements un peu comme lors des matchs pros donc très rarement une fille qui a quitté le jeu va rembarquer. On fait des changements surtout selon les besoins sur le terrain. C'est difficile parce que le temps manque pour rencontrer ces athlètes. Parfois des athlètes décident de partir en cours d'année, pourtant tu sais que c'est le type de filles qui va jouer l'année prochaine, que c'est un peu l'année d'apprentissage. Quand tu gagnes c'est plus simple mais quand tu perds, c'est plus compliqué. Je reviens à la communication, je pense que l'athlète ne fait pas la distinction entre «je suis allée voir le coach parce que je suis mécontente!» et «je viens voir le coach pour voir tous les trucs que je pourrai mieux faire!» Tu sais parfois l'athlète va t'aborder avec émotion, tu vas lui répondre avec émotion et ça va juste partir en vrille des deux côtés. Je suis certain que cette année, il y en a qui ont été déçues de ne pas avoir joué autant, mais j'ai quand même senti la grosse solidarité du groupe content de la saison qu'on a eu. Quand tu gagnes, c'est différent, mais la gestion ne sera jamais facile. Quand un professionnel ne joue pas, quand bien même il est payé, il n'est pas heureux. L'athlète amateur qui ne joue pas, qui prend son temps pour pratiquer plusieurs fois par semaine, ça peut être éreintant mentalement.

Raconte-nous ton match référence, celui au cours duquel votre génie tactique s'est le mieux exprimé.
A.D-R On a gagné deux fois contre Laval à domicile. Une fois à ma deuxième ou troisième saison et l'autre où nous avons fait match nul, il y a 4 ans je pense, en 2015. Le dernier je crois que c'est Chloé Malette qui marque de la tête sur un corner puis on avait décidé de mettre Megan Matsubara au marquage sur Joëlle tout le match puis sa réponse a été: «Tu es fou!» On avait pris un pari qui s'était avéré payant je pense, même si on avait fait match nul. Nous étions hystériques parce que cette année-là, il me semble que Laval n'avait pas perdu de la saison; les battre chez nous sur un grand terrain, c'était quelque chose. C'est ce match qui a vraiment été une belle réussite comme programme, même si on avait concédé la possession du ballon. J'hésitais entre ce match et le match à domicile d'il y a deux ans, que nous avons gagné contre l'UDEM, sur un but de Marie-Pier Gougeon. Celui-là, aussi c'était un moment pivot.

À l'inverse, quel est le pire match de ta carrière de coach? Celui où rien n'a fonctionné comme prévu?
A.D-R La finale contre l'UDEM cette année (2019, ndlr). C'est la première fois qu'on atteint la finale en tant que programme et c'est la première année où on finit premier au classement. Nous sommes classés 5e du pays puis ça se retrouve à être un match de foot bizarre avec le vent très intense, un arbitrage correct. C'est le match le plus crève-cœur parce que jusqu'à la fin, on se

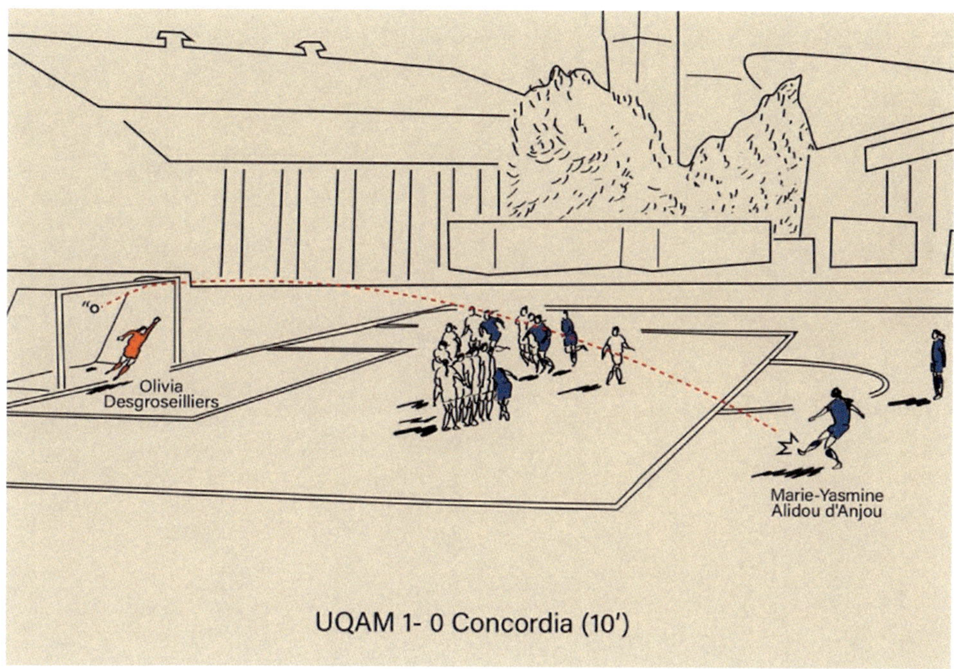

UQAM 1- 0 Concordia (10')

disait qu'on ne pouvait pas perdre. Même sans les Haïtiennes, on savait qu'on était capables de battre tout le monde. Ça a été difficile même pour le staff, ça été dur pour moi pendant 24 heures, après la douleur est passée. Au championnat canadien, on regardait les matchs et on se disait qu'on aurait pu être là et gagner, c'est donc probablement le match le plus difficile à gérer jusque-là.

«ON A LE DROIT DE FAIRE DES ERREURS, DERRIÈRE IL FAUT LES ASSUMER»

Quel est le geste le plus important pour toi durant une partie de soccer?
A.D-R C'est de ne pas avoir peur de prendre des décisions. Avec Andréa, nous sommes selon moi, deux têtes de foot avec beaucoup de vécu. Lorsqu'on se pose une question et qu'on y répond, on agit dans la minute qui suit. L'année passée, nous n'avons pas eu de fiches comme cette année, mais nous n'avons pas eu peur de prendre les décisions qui s'imposaient. Faire les ajustements sur le terrain et les changements nécessaires et malgré notre vécu, il s'est avéré qu'à la fin du match on n'a pas eu le résultat voulu mais on vit avec! On a le droit de faire des erreurs, derrière il faut les assumer.

«JAMAIS JE NE MANQUERAI DE RESPECT AU JEU NI AUX JOUEURS»

Qu'est-ce que tu ne ferais jamais durant un match?
A.D-R Jamais je ne manquerai de respect au jeu et aux joueurs. Si le ballon sort en touche, je ne vais pas volontairement bloquer le passage à la fille pour aller au ballon; ou alors quand des athlètes sont chauds par rapport à une situation, tu vois qu'ils s'adressent au banc, au staff alors qu'ils ne devraient pas. Je ne vais pas répliquer à l'athlète, impossible!

Si tu pouvais inverser le résultat d'un match, d'un seul, lequel ce serait?
A.D-R La finale 2019 perdue contre l'UDEM. Tu peux mettre le score que tu veux, 34-2, 34-33, ça ne me dérange pas.

Avec quel athlète as-tu adoré travailler?
A.D-R Il y en a eu tellement... je vais dire Valérie Labbé. Valérie a joué à McGill, quand elle a quitté McGill pour aller à l'UQAM, elle n'a pas joué et quand je suis arrivé en poste c'était sa première année de joueuse à l'UQAM. Il faut que tu remettes dans le contexte que Valérie Labbé va demeurer potentiellement la gardienne de but qui a accordé le plus dans l'histoire de l'UQAM et la moitié de ces buts-là ne sont pas de ma faute, ils sont le résultat de sa constante intention de vouloir jouer puis je te dirais qu'elle a touché plus de ballons dans sa première saison universitaire avec ses pieds que durant toute sa carrière de joueuse de soccer. Je me rappelle qu'après un match elle me dit: «Tu es fou! Je n'ai pas les pieds d'un milieu de terrain!» Et je lui dis: «Non! Je t'enlève de mon équation, c'est mieux de jouer à 10 parce que j'ai besoin que tout le monde participe!» Valérie a toujours cru à 100% dans ce qu'on faisait. Elle s'est impliquée dans le staff et ensuite comme entraîneuse des gardiennes de but. Si elle n'est pas là avec nous aujourd'hui, c'est parce qu'elle habite un peu plus loin et c'est difficile pour elle de se déplacer. Elle a aussi eu une opération très sévère aux deux hanches, c'est une pure leader, une fille qui ne triche jamais. Je trouve que c'est une belle image de ce à quoi une athlète des Citadins soccer féminin devrait ressembler.

Montréal Xtreme - Équipe féminine 2004

De la gauche vers la droite: Rangée du haut: Alexandre Da Rocha (entraîneur-chef), Mélissa Lesage, Caroline Vanderpool, Isabelle Morneau, Marie-Claude Pinard, Patricia Bourcier, Josée Bélanger, Veronick Gagnon. *2e rangée:* Owen Braun, Sarah Walsh, Amy Walsh, Karina Leblanc, Stacey Van Boxmeer, Julianna Di Placido, Véronique Maranda, Marie-Ève Nault, Lyonel Joseph. *1er rang:* Justine Labrecque, Kelly Hemsley, Anne-Marie Lapalme, Marie-Pier Bilodeau, Sabrina Mariani, Erin Holland, Marie-Émilie Perreault-Morier, Myriam Gousse. *Absentes:* Sharolta Nonen et Katie Radchuck.

À l'inverse, y a-t-il un(e) athlète avec lequel la relation a été difficile, mais avec qui le travail s'est avéré payant?

A.D-R Julia Liguori. Je vais être très honnête, je savais exactement à quoi je devais m'en tenir. Je ne veux pas dire que c'est au début que j'ai eu des problèmes avec Julia, c'était plutôt lors de la deuxième année. Julia est une personne qui va faire des erreurs et les assumer. Est-ce qu'elle va les reproduire? Possible, mais elle les assumera. C'est une fille de cœur, une fille qui a besoin de sentir qu'on l'apprécie et, moi, je l'apprécie, je pense que c'est une très bonne joueuse de foot et avec un bon niveau de maturité: c'est vraiment devenue une jeune adulte. C'est sûr qu'elle a sa personnalité et son franc-parler, mais il y a des matchs cette année où je voulais lui couper la tête parce qu'elle rentrait dans une humeur où elle voulait faire la différence toute seule. Après, je comprends, quand tu regardes son match contre Laval (3-0) et son triplé, jamais une fille de l'UQAM n'avait réussi une telle performance dans les huit années où j'étais là. La clé de ce changement, c'est que Julia a énormément de respect pour le staff; avoir cette relation de respect représente une des valeurs de base dont elle a besoin. Je ne te cacherais pas que je dois parfois la ramener à l'ordre et on ne peut pas dire qu'elle soit heureuse de se le faire dire, mais elle prend et elle fait avec. Je pense sincèrement que même si aujourd'hui l'UDEM est au championnat canadien chaque année, si demain matin on lui demandait ce qu'elle voudrait faire, elle voudrait rester à l'UQAM. Elle a fait le choix de venir à l'UQAM et elle ne le regrette pas.

«J'AI BEAUCOUP DE MOMENTS MARQUANTS ET J'EN REMERCIE LA VIE»

Quelle a été ta plus grande émotion en tant que coach?

A.D-R Le premier championnat canadien que nous avons gagné en club avec le FC Sélect avec Mélissa Busque, d'ailleurs en u15, c'était en 2005. Après ça, avec le Xtreme de Montréal, on a atteint la demi-finale de la W-League et perdu contre New Jersey Wildcats 6-5. Et qui marque 5 buts contre nous: Marinette Pichon! Le championnat canadien qu'on a gagné à Laval avec l'équipe du Québec, c'était quelque chose. Les jeux du Canada en u18 avec les Casselman, Charron-Delage, De Chantal Dumont, Cordisco. L'anecdote, c'est qu'avant les jeux du Canada, nous sommes partis au Mexique pendant 12 jours et l'on a joué 3 matchs préparatoires contre l'équipe nationale du Mexique u20. Le premier match joué à Mexico City, nous perdons 2-0 et à la 65e minute des filles comme Vanessa Cordisco et Constance de Chantal Dumont qui peuvent courir toute la journée me disent: «Alex, nous en ce moment, on a frappé un mur!» Et le match suivant, il fait 38 degrés Celsius et on réussit à battre le Mexique 1-0! C'était vraiment impressionnant! Geneviève Richard dans les buts dans ce match! Non seulement on joue ce match contre un pays de la Concacaf de catégorie d'âge supérieure: elles avaient 2 ans de plus que nous, voire 3 ans parce que j'avais beaucoup de filles de 17 ans cette année-là. J'ai vraiment beaucoup de moments marquants et j'en remercie la vie.

Si tu devais dire un mot au coach qui a mis le plus ton sens tactique à l'épreuve, qui ce serait?

A.D-R C'est sûr, c'est mon ami Helder Duarte du Rouge et Or de Laval. Il a eu la chance d'avoir d'excellentes joueuses, mais je pense que ce qu'il a surtout su bien faire, c'est leur imposer un projet de jeu qui mise sur la possession et elles étaient assez bonnes pour le réussir et c'était pénible de jouer contre le Rouge et Or. Je pense sans mentir que les 7 premières années à jouer à Laval, j'ai une fiche de 0 victoire, 7 défaites, 1 but pour, 35 buts contre. C'est énorme! Donc de les avoir battues cette année chez eux, j'étais ailleurs! Je crois qu'il le sait, il est toujours là dans mon bureau et dans mon cœur et je pense qu'il sait le respect que j'ai pour lui!

«ON ESSAIE D'AMENER UN ESPRIT SAIN DANS LE GROUPE ET ON ESSAIE DE VIVRE AVEC CES VALEURS»

Quelle est ta citation préférée et pourquoi?

A.D-R J'en ai plusieurs, mais celle que je dis souvent aux athlètes, c'est «de ne pas s'en faire avec les choses que tu ne contrôles pas!» L'arbitrage et les performances de l'adversaire par exemple, il ne sert à rien de t'inquiéter des choses que tu ne contrôles pas.

J'adore voyager et vivre des expériences. Quand nous sommes allés au Championnat du monde au Kazakhstan, notre vol a été retardé, ce qui fait qu'on a manqué notre vol de correspondance et sommes restés pris douze heures de plus à l'aéroport. Tu as deux choix: tu te lamentes, tu te plains, et ça va ne rien changer ou tu vis avec et ça va ne rien changer quand même! Est-ce qu'on a un contrôle sur le fait que l'avion soit en retard? Non! Quand tu es tout seul, c'est une chose, mais quand vous êtes 24, ça fait qu'on essaie d'amener un esprit sain dans le groupe et qu'on essaie de vivre avec ces valeurs.

«TRAVAILLER AVEC RIGUEUR ET AVEC PASSION»

Brian Clough disait «le jour où je m'en irai, Dieu devra abandonner son siège favori.» et toi, comment voudrais-tu que l'on se souvienne de toi?

A.D-R Je veux que les gens se souviennent que je travaillais avec rigueur et avec passion, que j'étais quand même toujours ambitieux et très humain et proche de mes sentiments. Je ne suis pas quelqu'un qui ignore que l'athlète est avant tout un être humain, pour moi c'est important. Je pense que j'ai un franc-parler. C'est de ça que je veux qu'on se souvienne.

Citadines de l'UQAM - Équipe féminine 2016-2017

De la gauche vers la droite: Au premier rang: Geegna Patel (thérapeute), Dafné Roldan, Marie-Pier Gougeon, Pamela Duret, Alexandre Da Rocha (entraîneur-chef), Érika Pion, Émilie Carrier, Chloé Malette, Valérie Labbé (entraîneure des gardiennes). *Au second rang:* Joe Landé (entraîneur-assistant), Laurence Beaulieu, Marie Yasmine Alidou D'Anjou, Léa Palacio-Tellier, Jessica Lebrasseur-Gauthier, Julia Liguori, Sofia Smati, Louis-Frédérick Levasseur (entraîneur-adjoint). *Au troisième rang:* Alexandra Brunelle (entraîneure-assistante), Amélie Charron-Delage, Gabrielle Brouillard, Laurie Cousineau, Valérie Moisan, Laurence Martel, Tarik Azlag (préparateur physique).

Quelle est l'équipe que tu as préféré diriger?

A.D-R L'équipe de Xtreme de Montréal est quand même une équipe spéciale à mes yeux, très spéciale parce qu'on a démarré un projet qui a juste duré un an, c'était en 2004 si je me souviens bien. Lorsque tu regardes les athlètes, la numéro 1 c'est Karina LeBlanc, ensuite tu as Stacey Vanboxmeer qui était la gardienne numéro un des u20 de l'équipe nationale puis Marie-Pier Bilodeau. Il y avait aussi Sabrina Mariani, qui avait entraîné avec Jorge Sanchez à Concordia, Marie-Émilie Perreault-Morier, qui était avec les u20, Sharolta Nonen, qui était titulaire arrière central avec les seniors, Justine Labrecque, qui jouait en équipe nationale u17, Marie-Ève Nault et Myriam Gousse, qui a joué en u17-u20. Puis Katie Radchuck qui jouait en U20, Sara Walsh, Caroline Vanderpool, Véronique Maranda, Amy Walsh, Anne-Marie Lapalme, Patricia Bourcier qui était à Québec, Isabelle Morneau, Mélissa Lesage, Josée Bélanger, Caroline Vaillancourt, je te dirais que d'avoir pu regrouper tout ça la première année, d'avoir terminé la saison avec une fiche de 11 victoires, 3 défaites dans la saison, d'avoir donné la seule défaite à Ottawa Fury dans son année qui avait la grosse équipe de la Conférence, d'avoir perdu 6-5 contre les New Jersey Wildcats avec les 5 buts de Marinette Pichon. C'est quand même impressionnant comme groupe et si tu regardes au niveau des assistances, premier match: 1634 spectateurs et au deuxième match: 1170 spectateurs. Ensuite, on a toujours oscillé entre 500 et 1000 spectateurs à chaque match. Je voyais dans cette équipe-là le début d'une belle histoire avec le public, Patrick Vallée, maintenant à l'Impact, qui gérait la communication. Mes adjoints, c'était Owen Braun, maintenant à l'Impact, et Lyonel Joseph. Aujourd'hui, j'ai fait renaître Xtreme en ayant le nom de notre programme de soccer, ici à De Mortagne, puis en ayant aussi les équipes de futsal, tout est parti de là.

LE MOT DE LA FIN

«Je me trouve tellement choyé d'avoir eu la vie que j'ai eu au niveau professionnel et sportif. J'ai dû faire des choix difficiles dans ma vie qui m'ont amené où je suis aujourd'hui. Si j'ai un message à faire passer à qui aurait l'ambition d'avoir un parcours: je me suis toujours dit que si je voulais avoir un jour le droit de me plaindre, j'avais intérêt à travailler plus fort que n'importe qui d'autre sur qui j'avais à me plaindre. Pour moi, c'était la base. Si je me plaignais que Laval était meilleur que moi, mais que Helder travaillait plus fort que moi, je devais revenir et travailler plus fort et je pense que les gens le savent, je suis quelqu'un qui s'investit beaucoup dans ce que je fais, tout le temps. Souvent quand je vois des coachs, peu importe lesquels, arriver aujourd'hui, on dirait qu'ils veulent récolter la gloire tout de suite sans être passés par toutes les embûches. Moi je le dis, j'ai été choyé parce que j'ai toujours eu de bonnes équipes, j'ai souvent eu de bons projets, de bons contrats, de bonnes offres. Si tu m'avais dit il y a 10 ans que j'allais coacher l'équipe nationale de futsal masculine, j'aurais dit «Wow, ce n'est pas dans mes cordes!» Après l'expérience FISU, après avoir travaillé avec Kyt Selaidopoulos, qui est aussi un ami, quand il me l'a demandé, j'ai aussi dit oui! Par contre, j'aurais pu ne pas travailler, ne pas bosser, ne pas faire ce que j'avais à faire, mais non! Le matin je me lève, je me dis «Tu es en vie, prends ta journée et fais du mieux que tu peux toute la journée!» Si je regarde Helder Duarte, il a fait tellement de choix difficiles, de sacrifices dans sa vie, sa famille a dû accepter qu'il ne soit pas là. Il dirigeait une région et à mon avis, le meilleur programme de soccer universitaire féminin du pays au cours des sept à huit dernières années: c'est monstrueux comme travail. Tu n'y arrives pas si tu ne bosses pas! Impossible!»

ETS

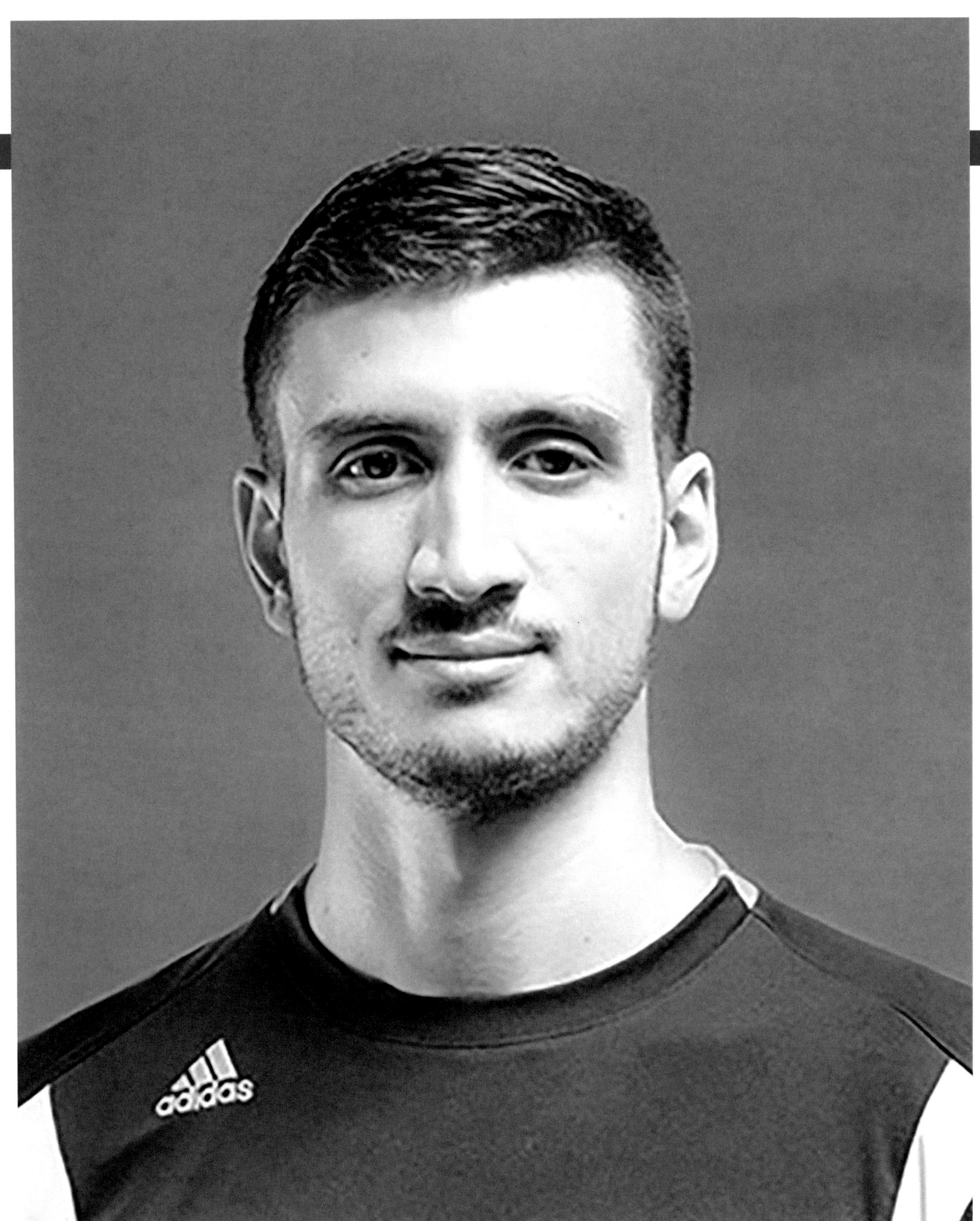
adidas

RACIM KEBBAB

ETS

Qu'est-ce qui t'a donné l'envie de faire ce métier?

R.K J'ai commencé le coaching comme bénévole au loisir Sainte-Claire dans Hochelaga, une petite ligue amicale pour les écoles primaires dans un quartier défavorisé, la majorité des joueurs ne jouaient pas en club et le niveau de compétition était surtout récréatif. Ensuite, j'ai eu une offre pour être assistant chez les Griffons, ce que j'ai fait pendant 3 ans, mais je n'étais pas très présent, avec l'université, le travail et le foot c'était difficile de me libérer. Ma première expérience réelle de coaching a commencé avec les u14 de FSS, j'avais l'équipe A et Mous Sall avait l'équipe AAA. Ce parcours est important parce que c'est à travers ces rencontres que j'ai pu voir ce que c'était que le dévouement pour le coaching. Ludovic Varga, qui était alors le coach des u13 d'Outremont, se dévouait complètement à son équipe, je me rappelle même la première rencontre où il m'annonçait qu'il avait commandé la collection complète d'une revue de coaching pour bien préparer les séances et s'assurer que l'équipe serait à la hauteur. Il ne ratait les entraînements que pour des déplacements à l'étranger et même là, il restait au taquet sur ce qui se passait sur le terrain. Ça paraît banal, mais il avait deux garçons qui ne jouaient pas pour son équipe, mais jouaient plus jeune, donc, il faut trouver le temps et la motivation de faire les deux. L'autre coach que j'ai côtoyé, c'est Mous Sall, qui était mon coéquipier et capitaine dans mes années universitaires. Ce fut pour moi très inspirant de voir un coach donner autant d'énergie, de temps, et d'affection à une équipe de jeunes pas toujours facile à gérer, mais ils ont progressé. Dans les deux cas, j'ai pu observer cet impact sur les jeunes et c'était beau à voir. Donc en plus de ces coachs qui m'ont donné envie de partager une passion, j'ai une formation et un grand intérêt pour la pédagogie, qui anime un désir de transmettre un savoir aussi. L'opportunité m'en a été donnée à l'École de technologie supérieure où j'ai débuté en tant qu'entraîneur-chef en avril 2016, et là le défi était à la hauteur de mes ambitions, car tout était à faire. Le programme n'avait pas de soccer à 11 contre 11 depuis 2005 et n'évoluait qu'à 7 contre 7, c'est là que la piqûre, probablement administrée dans mes années à Outremont a commencé réellement à faire effet.

«Chaque match a une histoire et finit par un résultat» que t'évoque cette phrase?

R.K Si on lit cette phrase sans trop pousser la réflexion, je dirais que ça veut dire que chaque match a ses statistiques et chaque match finit par un résultat au tableau de pointage. Ce qui est sûrement la définition que n'importe quelle personne qui n'a pas été impliquée dans ce sport aurait. Mais quand on a vécu ce sport, il est clair que ce ne sont pas que des chiffres qui s'y déroulent, mais bien des émotions et des moments de vie importants. Chaque match auquel j'ai pris part en tant que joueur ou coach avait sa signification bien particulière: rivalité, enjeux au classement, revanche, établissement d'un record, une place dans l'équipe, prouver notre valeur, et biens d'autres enjeux. La beauté de la chose c'est qu'il y a autant d'histoires d'un même match que de gens qui y ont participé, et ça inclut les arbitres, les entraîneurs, les spectateurs, pas que les joueurs. Au bout de ça, il y a un résultat qui transcende celui de la feuille de match. Il y a une réelle expérience qui découle de cette histoire particulière, positive ou négative, ça dépend de l'apprentissage qu'on en fait, mais au bout, il y aura toujours une leçon à retenir.

Faut-il forcément avoir été un bon joueur pour faire un bon entraîneur?

R.K Je suis de ceux qui ne croient pas aux absolus donc ma réponse est non, par contre, je mets un gros bémol. Un bon coach, c'est un coach qui a de l'expérience de jeu, ainsi, un mauvais joueur à un niveau pro peut être un bon entraîneur, les exemples sont nombreux, mais des joueurs n'ayant joué que dans des ligues de bas niveaux ont, selon moi, une lacune qui sera difficile à compenser simplement en étudiant les livres et les matchs à la télé. Je ne dis pas que ce n'est pas possible, mais je pense que c'est un gros handicap. De plus, un joueur peut être bon parce que techniquement il est doué, mais les meilleurs coachs sont souvent des joueurs qui comprennent bien le jeu tactiquement et maîtrisent toutes les subtilités du jeu. Nous n'avons qu'à penser à Zidane vs Maradona.

«UNE ATTENTION VISUELLE, ÉMOTIONNELLE, PSYCHOLOGIQUE ET GESTUELLE»

Quelle est la plus grande qualité d'un entraîneur selon toi?

R.K Si la question m'avait été posée dans mes années en tant que coach en U15, j'aurais répondu la patience. Avec l'expérience et du recul, tu te rends vite compte que le rôle d'un coach et ses interventions sont tellement larges et divers que l'écoute est pour moi la qualité première. Quand je parle de l'écoute, ce n'est pas seulement du sens auditif dont je parle. Il y a une attention visuelle, émotionnelle, psychologique, mais aussi une attention gestuelle qui est importante, et même essentielle à tout coach.

Je sais qu'il y a des fois une confusion qui est créée dans le milieu des éducateurs quand on parle d'être à l'écoute, pas juste dans le soccer. J'ai entendu à quelques reprises, lors de discussions ou pendant des formations, que cela n'est pas possible d'écouter toutes les demandes des joueurs et qu'on ne peut pas plaire à tout le monde. Je ne dis pas qu'il faut que tous les joueurs aient ce qu'ils veulent, mais pourquoi ne leur donnerions-nous pas droit de parole? Il n'y a rien de plus frustrant pour un joueur que de subir des décisions sans justifications et de ne jamais être pris en considération. Il m'est arrivé plusieurs fois d'avoir des joueurs à mon bureau qui m'ont exposé leurs idées tactiques ou leur critique sur mon système. C'est difficile pour l'orgueil, certes, mais il y a deux choses importantes dans ce genre de discussion. Premièrement, a-t-il bien compris le but et les raisons de la tactique ou des choix de jeux? Peut-être que cette incompréhension freine le joueur à bien s'y intégrer et il y a alors des chances que d'autres joueurs soient dans le même cas. Donc, il pourrait être bénéfique de revenir sur les points clés avec le groupe. Deuxièmement, peut-être que ses commentaires peuvent être exploités, car il a peut-être vu quelque chose qu'il est difficile de voir du banc de touche. Si ce n'est pas le cas au moins il saura que son opinion a été prise en compte et que la décision est prise en sachant qu'il y a un désaccord. De mon expérience, le joueur est par la suite beaucoup moins rigide à suivre les consignes. Donc, pour en revenir à cette qualité d'écoute, elle est pour moi primordiale à la gestion d'une équipe. Les gestes de frustration, les baisses de motivation, les manques de concentration, sont tous des détails que le coach doit déceler et pouvoir intervenir, ou du moins comprendre la raison, pour éviter que ça ne devienne problématique, mais surtout pour optimiser la performance, sans parler de l'effet de valorisation que ça apporte à un joueur dans son développement humain de se sentir considéré.

Comment faire jouer une équipe quand on a moins d'un mois pour faire connaissance avec la totalité de son effectif?

R.K C'est très difficile, et dans mon cas, on peut même plutôt demander comment faire jouer une équipe en moins de 2 semaines de préparation. Si je parle de mon expérience universitaire en tant que joueur, c'est presque impossible de faire jouer une équipe en moins d'un mois, mais ce n'est pas vraiment le cas. La majorité des équipes recrutent et connaissent leurs nouveaux joueurs avant de les voir fouler le terrain. Le noyau quant à lui reste semblable en grande partie. Quand un cycle d'une génération passe, on le voit souvent dans les résultats de l'équipe, donc quand l'entraîneur se voit perdre son noyau, il y a forcément une année de transition parce que le temps de préparation est beaucoup trop court dans le circuit. Pour nous, tout est différent, nous avons une saison d'automne, mais elle est officieuse et commence à la mi-septembre. Ça peut paraître une bonne marge de manœuvre mais à l'ÉTS, il y a trois sessions par année, les étudiants n'ont que trois semaines de vacances et ça tombe durant le camp d'entraînement en fin août. Donc la majorité des joueurs ne commence à reprendre l'entraînement qu'à la dernière semaine du camp. Pour le recrutement, eh bien ça, c'est notre talon d'Achille. Nous n'avons pas encore de système de bourse donc il est très difficile pour nous de recruter les joueurs que l'on veut, en plus du fait qu'il faut que le joueur veuille s'orienter en ingénierie. Pour résumer, mes anciens arrivent la dernière semaine et je ne peux pas recruter aux postes où il y a eu des pertes ou un manque de profondeur, je dois donc chaque année faire un compromis entre établir un style de jeu fixe et sélectionner les joueurs avec un profil compatible au style et faire les ajustements nécessaires pour faire de la place aux joueurs un peu moins compatibles mais qui ont un niveau de jeu au-dessus du lot; c'est tout un défi. Je pense que la clé pour bien préparer une équipe, c'est cette capacité d'adaptation qui fait une structure assez rigide pour que tout le groupe s'oriente dans la même direction, mais également assez malléable pour que tout le monde y adhère. Cela exige également une bonne préparation, en général j'incite les étudiants-athlètes à prendre en main de façon individuelle le côté physique pour qu'on puisse beaucoup plus se concentrer sur le côté tactique. Il est important aussi d'avoir de bons leaders, qui vont instaurer une certaine mentalité qu'on souhaite voir dans l'équipe et surtout avoir une moins grande charge au niveau de la discipline.

Selon Aimé Jacquet «le football est le reflet de notre société. Regardez bien l'expression d'un joueur sur le terrain, c'est sa photographie dans la vie.» Et toi, sur quels critères te bases-tu pour recruter tes étudiants-athlètes?

R.K Comme nous n'avons pas encore de système de recrutement en place, je vais répondre à la question plutôt sur la sélection des joueurs. Je suis limité au niveau de mes choix c'est sûr, mais il y a des critères qui pour moi sont incontournables. La priorité est mise sur l'attitude, nous avons beaucoup de contraintes et ça fait que les conditions pour nos joueurs ne sont pas faciles: horaires chargés et peu flexibles, terrain à l'extérieur du campus, charge de travail élevée, donc il faut que le joueur soit prêt à s'investir et à serrer les dents dans les moments difficiles. J'ai eu plusieurs très bons joueurs qui n'avaient pas la bonne attitude et qui au final nous ont plus ralentis qu'aider à progresser. Un joueur poli et avec de bonnes manières, ça fait partie du minimum requis dans l'attitude de notre groupe, ensuite, il y a l'expérience tactique. Comme je l'ai dit, nous avons très peu de temps donc pour moi, un joueur qui a du mal à comprendre son poste tactiquement ou qui n'a pas les automatismes tactiques de base que son poste exige, il part avec un handicap parce que je sais très bien que je n'aurais pas le temps de le former. Le troisième critère qui est essentiel à mes yeux, c'est la capacité à apprendre. Un joueur qui est un peu en dessous des demandes, mais qui s'ajuste rapidement aux consignes et aux instructions peut amener plus qu'un joueur qui a le niveau mais qui est très rigide aux corrections. Après je ne cacherais pas non plus qu'on fait des exceptions quand un joueur est largement au-dessus du niveau des autres, mais il faut qu'il ait la bonne attitude.

«LA RELATION DE CONFIANCE: C'EST UN ÉLÉMENT IMPORTANT ET PRIMORDIAL»

Lorsque tu rencontres tes athlètes pour la première fois, quelle philosophie souhaites-tu leur inculquer?

R.K Je mets beaucoup d'emphase sur le respect et l'ouverture. Nous sommes un programme qui renaît et qui est donc très jeune, j'aime bien faire sentir aux nouveaux joueurs qu'ils participent à l'établissement d'une histoire, d'un projet. Je tente d'impliquer chaque joueur dans l'organisation et l'évolution de ce programme de sport. Je veux qu'ils se sentent comme des membres à part entière d'un collectif. Lors des premières rencontres, je pose carte sur table, je suis le plus transparent et honnête possible. Je m'assure que le joueur sente qu'il est dans un élément où son opinion comme son succès sont importants pour nous et qu'il est essentiel qu'il s'engage pour nous aider à évoluer. C'est un élément important et primordial, la relation de confiance entre les joueurs et le groupe d'entraîneur. Dans mon inexpérience, j'ai parfois été maladroit et le résultat n'était pas celui que j'aurais voulu donc je m'oblige à rencontrer tous les joueurs individuellement afin d'établir avec eux les attentes et mettre au clair la mentalité du staff.

Quelle est votre routine d'avant-match?
R.K Je pense que la routine d'avant match est très importante pour mettre les joueurs dans une zone de concentration. Quand les conditions le permettent, j'aime arriver un peu plus tôt que les joueurs, afficher l'alignement partant et indiquer l'heure du début de l'échauffement. Après l'échauffement, retour au vestiaire pour les consignes tactiques mises en emphase et ensuite, les joueurs ressortent pour la mise en action avec ballon. J'insiste pour que les tireurs de coups de pied arrêtés en pratiquent quelques-uns, et que les défenseurs travaillent les longs ballons aussi. Ensuite, on se regroupe au banc pour un petit discours de ralliement, provenant du capitaine, d'un autre leader ou d'un des membres du staff. Pour ma part, je n'ai pas encore trouvé de routine fixe, mais j'aime bien faire un petit tour du terrain, installer le matériel pour l'échauffement et prendre à part les joueurs qui je pense auront une plus grande influence sur le match, pour les briefer sur les attentes.

«JE PRÔNE LE JEU PROPRE, LE JEU VERS L'AVANT, MAIS LE JEU CONSTRUIT»

Faut-il imposer son style ou s'adapter à l'adversaire en face?
R.K Je pense que ça dépend beaucoup de nos ressources. Il est difficile de concevoir pour notre modeste équipe par exemple, de garder exactement la même stratégie de jeu en affrontant l'UdeM avec l'effectif complet qu'en affrontant l'UQO, sans rien enlever à cette dernière, mais le niveau et le style de jeu sont juste complètement différents. Je prône le jeu propre, le jeu vers l'avant, mais le jeu construit, donc le moins de longs ballons possibles, mais contre des équipes qui ont une bien meilleure maîtrise du ballon que nous, c'est compliqué parfois et le jeu force à s'adapter ou s'ajuster comme je préfère dire. À mon avis, une équipe ne devrait jamais changer de style de jeu en fonction de l'adversaire, mais il est impossible pour de plus petites équipes de ne pas l'ajuster contre des têtes de championnat ou même contre une équipe qui joue un jeu incompatible à notre style de jeu. Donc, adapter la tactique, oui; ajuster la stratégie de jeu, peut-être; changer de style, moi je dis non. Il est important de s'appuyer sur des fondements et le style de jeu en fait partie.

Quelle est la part de l'entraîneur dans le résultat final selon toi?
R.K J'ai pu plusieurs fois constater l'impact d'un entraîneur dans des situations de match par sa capacité à réagir. Je pense qu'un entraîneur a sa part de mérite lorsque l'équipe démontre une maîtrise tactique ou quand des changements sont opérés lors d'un manque de maîtrise justement. Combien de fois avons-nous assisté à des remontées spectaculaires? Est-ce la bonne gestion du coach meneur de la remontée, ou au contraire, une mauvaise gestion de la part du coach qui subit la remontée? Je réponds les deux. Autant dans sa gestion que dans sa préparation de match, l'entraîneur a pour responsabilité de mettre l'équipe dans les meilleures conditions possibles. Par cette logique, un coach mené au score et qui fait des changements clés de joueurs ou juste de tactique, renverse l'allure du match et accomplit son devoir autant que le coach mené au score qui a confiance en sa tactique et sa préparation qui finissent par payer quand son équipe reprend l'ascendant du match. Il y a le facteur «motivation» aussi. Oui il faut bien préparer les joueurs, mais il faut également assurer leur motivation et leur engagement dans le but d'avoir la confiance de tous et de garder l'énergie haute dans les moments faibles.

Gère-t-on tous les athlètes de la même façon ou t'est-il arrivé de déroger à vos principes à l'occasion?
R.K Je pense que c'est encore une question d'expérience, j'ai fait des erreurs d'inexpérience dans ma jeune carrière qui m'ont fait réaliser que les principes, on en a préétabli et on en développe. Ma réponse à la question est simple: chaque joueur reçoit le traitement le plus équitable possible en lien avec ce qu'il mérite et ce qu'il apporte à l'équipe. Je m'explique. Dans le cas de mon équipe, il est très difficile d'avoir un engagement complet de tous les joueurs à cause du cadre académique et des circonstances logistiques de notre établissement. Nous prenons donc les décisions au niveau du temps de jeu avec le reste du groupe d'entraîneurs selon ce que le joueur peut amener au collectif. Donc forcément, certains joueurs plus talentueux, mais moins présents aux entraînements arrivent à percer l'alignement partant et d'autres joueurs, malgré leur assiduité, n'ont pas le niveau pour le faire. La petite précision que je me permets, c'est de faire la différence entre la gestion du temps de jeu et la gestion du joueur. Certains points sont pour moi des principes essentiels, tels le respect et la transparence qui sont les mêmes pour tous. Aucun joueur n'a de traitement de faveur au niveau du comportement sur le terrain et en dehors, aucun joueur n'a le droit de manquer de respect à un autre joueur sans conséquence et ce, même si c'est un «joueur vedette». De notre côté, nous donnons la même tribune d'expression à tous nos joueurs. Tout le monde a le droit à son avis, mais il reste que certains joueurs ont plus de poids dans les discussions que d'autres et je pense que ça fait partie de l'apprentissage à faire, car tout dans la vie est fait ainsi.

«LE RÉSULTAT D'UN MATCH NE PRIMERA JAMAIS SUR LA SANTÉ D'UN JOUEUR»

Comment gère-t-on les remplaçants lorsqu'on a une saison qui ne dure que trois mois?
R.K C'est très complexe, j'ai une formation de kinésiologue donc pour moi le résultat d'un match ne primera jamais sur la santé d'un joueur. J'ai eu plusieurs critiques sur ce point de la part de mes joueurs et c'est une décision extrêmement difficile à prendre parce que je suis un compétiteur. Je pense que le taux démesuré de blessures dans le sport universitaire passe par cette gestion. Un joueur qui enchaîne deux matchs en trois jours pendant trois mois, en plus de trois à quatre entraînements et une hygiène de vie d'un étudiant universitaire, forcément les blessures frappent à la porte. Je le fais souvent aussi, de laisser un joueur en me disant que si je le sors, le niveau de jeu va baisser, mais je tente le plus possible de tourner l'effectif un minimum pour pas surcharger les joueurs qui ont le plus gros volume. Je rajouterais à ça que la préparation physique est très importante et facilite cette gestion des changements.

Raconte-nous ton match référence, celui où votre génie tactique s'est le mieux exprimé.

R.K Notre première saison en ligue d'hiver RSEQ a été une saison très satisfaisante au niveau des résultats et nous sommes allés chercher une très belle victoire contre McGill. (Ndlr: victoire 3-1) Je savais que le match était à notre portée puisque McGill est une équipe très en place tactiquement, mais qui avait des lacunes physiquement. Cette année-là, j'avais trois attaquants qui allaient très vite. Nous avions fait un match amical contre eux et j'avais remarqué qu'ils jouaient haut, mais n'étaient pas très rapides donc j'ai mis en place un système avec des latéraux qui défendent plus l'axe et deux milieux récupérateurs pour bloquer le milieu créatif et j'ai laissé mon 10 s'occuper de leur 6. Le mot d'ordre était simple: les étouffer au milieu et trouver le 10 sur la récupération pour après jouer dans le dos de la défense. Nous avons pris le contrôle du match et même limité la possession de balle de McGill à force d'envoyer des courses et d'avoir des actions dangereuses. J'étais très fier de l'application de la tactique par les joueurs et surtout de la qualité qu'ils ont mis à la tâche. On a même pris une bonne confiance et on a failli surprendre l'UQAM en quart. (défaite 2-1)

À l'inverse, quel est le pire match de ta carrière de coach? Celui où rien n'a fonctionné comme prévu.

R.K Nous avons eu une deuxième saison très difficile à l'inverse de la première. Le pire des matchs aura été le quart de finale contre l'université de Laval. Je savais que ce serait un match très compliqué puisque c'était une des équipes les plus techniques et tactiques sur lesquelles on pouvait tomber, donc on avait préparé un système de jeu basé sur des contre-attaques avec le moins de perte de balle possible en zone défensive. Début du match, erreur énorme du défenseur et boom, but! La suite du match n'a fait qu'aller de pis en pis, les joueurs n'écoutaient plus les consignes et ne suivaient plus le plan de match. Une très lourde défaite où le seul point positif aura été que certains joueurs ont montré qu'ils avaient le potentiel pour gagner une place dans l'alignement. (Ndlr: défaite 6-0)

«LE DÉNOMINATEUR COMMUN DE TOUTES LES ACTIONS DANS UN MATCH EST LA PRISE (OU NON) D'INFORMATIONS»

Quel est le geste le plus important pour toi durant une partie de soccer?

R.K Le geste le plus important pour moi au foot, c'est la prise d'informations. C'est le geste le plus négligé dans la formation de jeunes joueurs à mon époque. Aujourd'hui, avec le développement du soccer qu'on observe au Québec, et même au Canada, je pense que c'est remis sur le devant de la scène, ce qui est une très bonne chose. Après, on ne se mentira pas en disant qu'un contrôle, une technique de frappe ou encore un dribble ne sont pas des gestes importants, mais la base commune ou le dénominateur commun de toutes les actions dans un match est la prise (ou non) d'infos préalable. Je m'évertue donc à la rechercher chez mes joueurs durant chaque entraînement et chaque match.

Qu'est-ce que tu ne ferais jamais durant un match?

R.K Je ne pourrais jamais faire rentrer un joueur pour blesser un autre joueur, ou dans un rôle antisportif. Ça m'est arrivé dans ma carrière de joueur de voir ce genre de choses. Pour moi, c'est vraiment honteux de vouloir sortir un joueur adverse de force ou d'avoir comme unique but de nuire au jeu de l'adversaire en envoyant des ballons par-dessus les clôtures ou en faisant des simulations de blessure. Pour moi, c'est des choses qui sont tolérables quand elles sont faites à des moments pertinents, mais quand ça devient ton plan de match j'ai du mal à respecter ce genre d'initiative. Donc pour moi, bâtir une stratégie sur de l'antijeu, je ne ferais jamais ça.

Si tu pouvais inverser le résultat d'un match, d'un seul, lequel ce serait?

R.K Le quart de finale contre l'UQAM lors de notre première saison hivernale en RSEQ. Nous menions 1-0 puis nous avons eu une énorme occasion de mettre le score à 2-0. Je crois que si on avait marqué, le match aurait fini 2-1 pour nous au lieu de 2-1 pour eux. Je pense que nous méritions cette victoire même si l'UQAM ne l'a pas volée non plus, mais le match pouvait facilement aller dans les deux sens et malheureusement il est allé du leur.

Avec quel athlète as-tu adoré travailler?

R.K Mon capitaine et désormais assistant, Omar Lasfar. Très bon joueur, très équilibré, bonne technique et très physique, ce que j'adorais chez Omar, c'était son état d'esprit, toujours à l'écoute, proactif, il donnait toujours tout ce qu'il avait et en redemandait toujours plus. C'est un joueur qui se dévoue et qui y met du cœur et ça, je l'ai réalisé le jour où un de mes joueurs qui était un peu plus difficiles au niveau du caractère est rentré dans mon bureau et on parlait du fait que justement il m'avait surpris dans son niveau d'engagement et de sérieux et il m'a dit «ben je n'ai pas le choix, avec Omar à côté, qui fait tout pour l'équipe et qui nous répète qu'il compte sur nous, je ne peux pas juste être là, et ne pas être à 100%». C'est le rêve de tout coach d'avoir un leader comme Omar, il a été un modèle pour les jeunes et les anciens et je ne pourrais jamais lui en être trop reconnaissant.

À l'inverse, y a-t-il un(e) athlète avec qui la relation a été difficile, mais avec qui le travail s'est avéré payant?

R.K Je n'ai pas vraiment eu d'athlète dans ce cas particulier, mais il y a un athlète donc je suis fier du travail; ce fut parfois difficile, pas de travailler avec lui mais plus de lui offrir une opportunité de progresser. Il s'agit de Louis-Philippe Campagna, qui évolue maintenant comme défenseur central pour le semi-pro d'Outremont. Pour ceux qui le connaissent, c'est un très bon gars qui travaille très fort et a une très bonne éthique de travail, mais il a un tempérament explosif. Il est jeune et a beaucoup à apprendre, mais il a travaillé fort pour arriver où il est et il est notre capitaine à présent en plus d'être notre pierre angulaire.

Quel est le plus grand regret de ta carrière?

R.K J'avoue avoir pris quelques mauvaises décisions, mais je n'ai pas de grands regrets pour l'instant.

Quelle génération as-tu préféré coacher et pourquoi?

R.K Je n'en ai pas eu beaucoup, mais je ressors encore l'équipe 2017-2018 de l'ÉTS, qui était la première en Championnat d'hiver RSEQ, c'était un groupe extrêmement motivé, solidaire et surtout talentueux. Chaque poste était bien garni et la chimie se faisait sentir. Nous avons eu deux victoires, un match nul et cinq défaites, mais les défaites étaient très respectables. Les matchs étaient toujours riches en émotion et en qualité et c'était un plaisir de coacher un tel groupe. Les leaders avaient pris leur responsabilité donc mon travail était simple: mettre en place un schéma pour les faire briller. J'espère avoir l'occasion de revivre une telle solidarité et un tel dévouement dans un groupe parce que cette année-là m'a rappelé mes belles années universitaires.

Quelle a été ta plus grande émotion en tant que coach?

R.K Je suis quelqu'un de très nerveux, du coup j'ai beaucoup de mal à me gérer, j'argumente souvent avec les arbitres et perds patience avec les joueurs à l'occasion. Je suis de moins en moins réactif, mais il reste que durant les matchs, j'ai beaucoup de frustrations et d'énervement même si ce qui prime à la fin, c'est un sentiment de fierté pour mon groupe.

Si tu devais dire un mot au coach qui a le plus mis ton sens tactique à l'épreuve, qui est-ce que ce serait et que lui dirais-tu?

R.K Sami Ghrib est le coach dont la formation m'a posé le plus de problèmes tactiquement. Donc je pourrais dire à Sami que c'est à la fois un plaisir de jouer contre une formation qui a des automatismes tactiques rarement vus dans le circuit, mais aussi une corvée pas possible de trouver un plan tactique pour réussir à perturber son plan de match.

«UN ENTRAÎNEUR FORME DES JOUEURS, LES MEILLEURS ENTRAÎNEURS FORMENT DES HOMMES.»

Quelle est ta citation préférée et pourquoi?

R.K «Un entraîneur forme des joueurs, les meilleurs entraîneurs forment des hommes.» J'avais lu cette citation d'un entraîneur de football américain de la NCAA et en tant que kinésiologue, éducateur et coach, je trouve que c'est une citation qui veut tout dire (si on prend le terme homme pour définir un être humain). Si on veut amener une équipe à un niveau supérieur et surtout si on veut amener nos joueurs à un autre niveau, il faut les développer dans leur personnalité et leur maturité ou du moins, leur offrir un espace pour se faire. Le développement du joueur en dehors du terrain reste un des rôles d'un entraîneur dans le cadre scolaire.

Brian Clough disait «Le jour où je m'en irai, Dieu devra abandonner son siège favori.» comment voudrais-tu que l'on se souvienne de toi?

R.K J'aimerais laisser ma trace comme un éducateur, un mentor pour le développement personnel des joueurs que j'aurais la chance d'avoir sous mon aile. Je ne cherche pas la gloire et les trophées, mais j'aimerais aider ce sport, qu'on aime tous et qui m'a tant apporté, à se développer dans un pays et une province qui m'ont adopté. J'aimerais inscrire mon nom dans les livres du soccer québécois et canadien.

BI SHOP'S

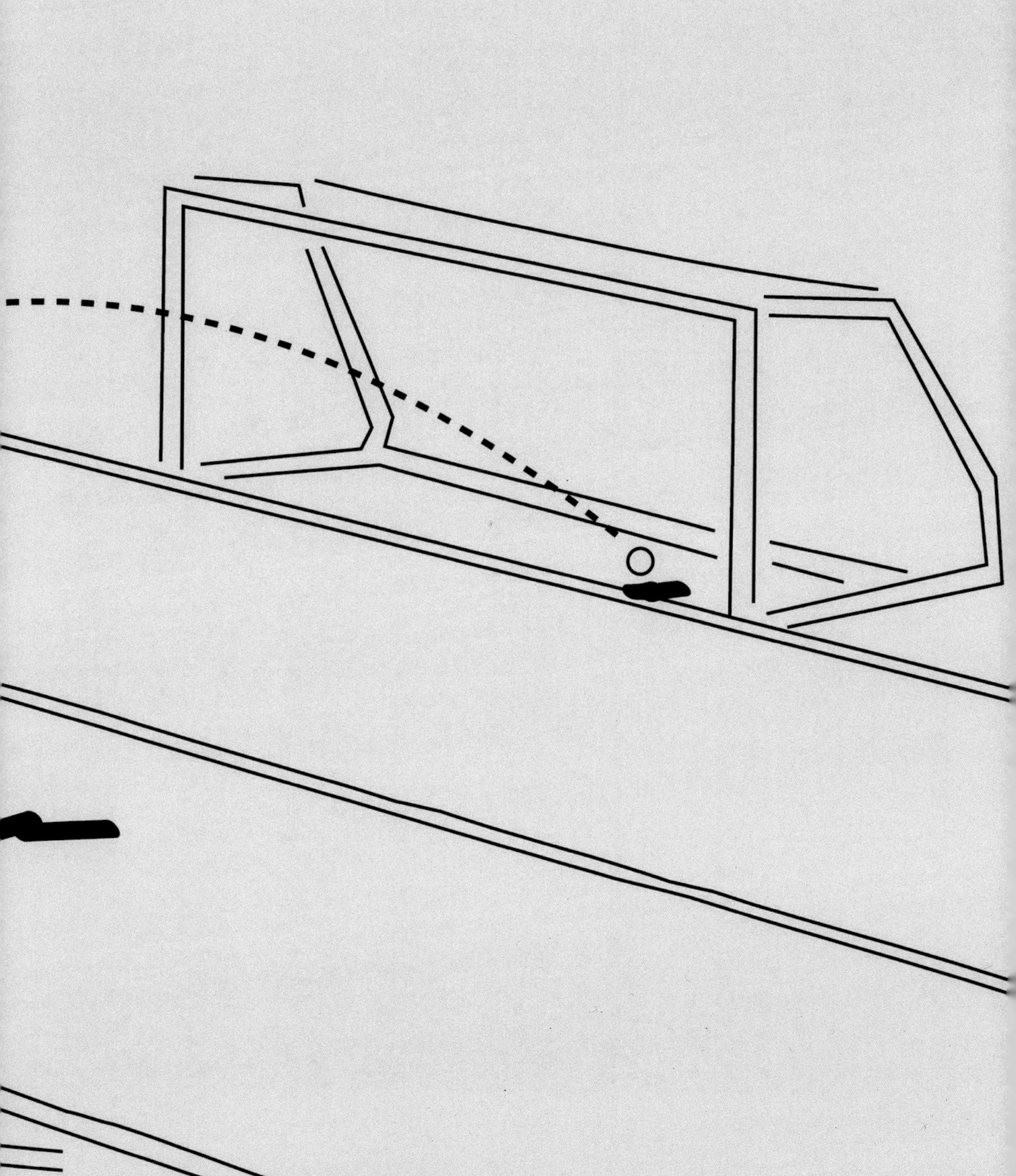

Gaiters
SOCCER

PAUL BALLARD

BISHOP'S

« Chaque match a une histoire » Que signifie cette phrase pour toi?

P.B Pour moi elle signifie que les résultats peuvent être différents pour chaque personne! Quand nous avons perdu notre match cet automne contre McGill, tout le monde était bouleversé dans le bus. Nous analysons certaines des statistiques clés du jeu, les étapes clés du jeu comme nous les appelons, des objectifs de jeu que nous cherchons à atteindre notamment la possession du ballon à 50/50, le nombre de duels défensifs gagnés, le nombre d'occasions franches de marquer des buts, le nombre d'occasions adverses de marquer des buts, etc. Nous suivons tous ces paramètres parce que nous voulons être les meilleurs dans ces aspects du jeu. Nous avons perdu 6-0 dans cette partie, mais nous avons atteint plus d'objectifs nous étions fixés au cours de ce match que lors d'autres matchs que nous avons gagnés lors de cette même saison. Alors oui, nous avons perdu, mais nous avions quand même des choses à célébrer ; la perception que les gens peuvent avoir des résultats n'est pas la même que les résultats que moi je sais avoir obtenus, c'est donc mon interprétation contre la leur.

Qu'est-ce qui t'a donné l'envie de faire ce métier?

P.B Avant tout parce que le jeu fait partie de ma vie depuis que j'ai appris à marcher. J'adore le soccer et ça m'a apporté de grandes joies et de grands chagrins. Il fait partie de qui je suis, et même lorsque ma carrière de joueur touchait à sa fin, la passion du jeu m'animait toujours. La passion et l'envie de m'entraîner, de mettre sans relâche mon corps à l'épreuve, jour après jour, me vivifiaient. Alors quand je pense au coaching, la raison pour laquelle j'ai choisi cette carrière c'est parce que j'aime les gens, j'aime aider les gens à réaliser leurs rêves. Si vous le faites pour la bonne raison, je pense que le coaching est une opportunité incroyable d'avoir une influence et un impact positifs dans la vie des gens. Ainsi lorsque l'occasion s'est présentée d'en faire une carrière à temps plein, je savais que c'était là que je voulais être et, en toute honnêteté, la joie que je tire du coaching à bien des égards est supérieure à la joie que j'ai eue à jouer parce qu'en tant que joueur, tu devais avant tout être intrinsèquement motivé à te développer. Tu avais autour des joueurs pour lesquels tu jouais, mais en tant qu'entraîneur, tu dois intégrer les gens autour de toi, autrement, tu n'obtiendras pas les résultats escomptés et les joueurs non plus n'obtiendront pas les résultats qu'ils souhaitent avoir. Entraîner remplit vraiment beaucoup de mes aspirations en tant que personne, en tant qu'être humain tout simplement.

Faut-il forcément avoir été un bon joueur pour faire un bon entraîneur?

P.B Je ne pense pas que vous devez être un excellent joueur de football pour devenir un excellent entraîneur, mais je pense que vous devez avoir compris vos limites en tant que joueur de football avant de devenir un excellent entraîneur. Penser que vos athlètes sont ce qu'ils ne sont pas est une grosse erreur et si vous-même lorsque vous étiez un joueur aviez une image erronée de ce qui vous étiez, comment pouvez-vous entraîner des joueurs et leur apporter votre authenticité? Je pense que vous devez avoir atteint le niveau le plus élevé auquel vous pouvez jouer, puis reconnaître que: « Voici mes limites, voici pourquoi je ne suis pas passé au niveau suivant! » afin que vous puissiez continuer à être un entraîneur honnête et intègre.

Quelle est la plus grande qualité d'un entraîneur selon toi?

P.B Je pense que ce sont ses valeurs, ce n'est pas une question de tactique. Il ne s'agit pas de connaître tel ou tel exercice et de voir que ça ne donne pas le résultat attendu. Il s'agit de savoir comment vous le mettez en place, ce que vous dites aux athlètes et comment vous vivez avec vos décisions. Je suis fidèle à qui je suis en tant que personne et aux valeurs qui régissent ma vie et je pense que vous connaissez des entraîneurs capables de soutenir le succès et encore une fois, chaque entraîneur est libre de définir ce que représente le succès pour lui. Mais pour soutenir ce succès dont vous avez besoin, vous devez vivre votre vie d'une manière qui est centrée sur des principes et des principes cohérents. C'est cette idée que je veux inculquer à mes athlètes. Je ne veux rien obtenir d'eux et je ne peux pas les contraindre à me donner ce que je veux en espérant que je vais obtenir un retour égal, car ce n'est pas comme ça que ça marche. Si je ne fais qu'exploiter mes athlètes, ils arrêteront de me faire confiance. Les athlètes veulent être aimés, soignés et remarqués. Et votre écoute sera la plus grande chose que vous pourrez leur apporter. Retenez juste que vous devez permettre à votre joueur d'évoluer positivement, avec un état d'esprit transformationnel et non transactionnel.

Comment faire jouer une équipe quand on a moins d'un mois pour faire connaissance avec la totalité de son effectif?

P.B Je vois vraiment que tu connais notre saison, elle commence en fait lorsque les filles retournent à l'école le 5 janvier, alors quand nous sommes de retour pour la pré-saison, en août ce sont plus des retrouvailles. C'est donc l'occasion de nous rappeler nos principes et notre valeur en tant qu'équipe. Nous rappelons aux filles la façon dont nous souhaitons jouer. Nous sommes très méticuleux avec la façon dont nos joueurs s'entraînent à partir de janvier, mais aussi lors de notre période hors saison d'avril à juillet quand elles sont de retour avec leurs équipes de club. Nous leur envoyons toutes les cinq semaines des missions à accomplir de nature physique, technique, tactique et cognitive. Le 10 août, à notre arrivée en pré-saison, elles sont prêtes à démarrer. Il ne s'agit pas de se dire: « Très bien! Maintenant, nous allons en apprendre plus sur elles, leur apprendre nos tactiques et vérifier si elles ont compris! » Alors nous leur donnons des devoirs, elles doivent remplir de petits questionnaires pour qu'on sache où elles en sont. Elles doivent regarder les matchs, et en faire une analyse parce que nous voulons garder leur esprit éveillé et ouvert. Encore une fois ce n'est rien de sorcier, on ne va pas leur dire: « Hey, tu sais quoi? Tu as échoué! » nous leur dirons plutôt quelque chose comme: « D'accord, quand vous regardez cette partie, comment ce système utilisé par l'une des deux équipes correspond-il à notre système? » On leur apprend à penser et analyser par elles-mêmes parce que nous voulons qu'elles rejoignent notre équipe et aient une certaine autonomie, autrement dit, qu'elles ne comptent pas sur moi pour résoudre tous les problèmes. Les meilleures équipes sont celles qui ont un coach qui établit les plateformes et les balises pour résoudre les problèmes. Un entraîneur interrompt quand il en a besoin, mais si vous avez des joueurs compétents et matures qui peuvent corriger l'erreur sur le moment, vous aurez des équipes qui connaîtront le succès. Je veux que les joueuses puissent penser par elles-mêmes, mais qu'elles comprennent ma conception du jeu. Je leur donne donc des séquences de jeu et je veux qu'elles « pensent » le soccer. En ce qui concerne la pré-saison, lorsque nous nous réunissons, c'est pour consolider nos acquis, même si c'est plus facile à dire qu'à faire. Nous aimons jouer des matchs compétitifs et ce que nous avons constaté au cours des dernières années, c'est que les matchs d'exhibition ne se préparent pas dans les matchs de conférence. Nous sommes allés aux États-Unis; nous avons aussi joué contre l'Université Saint-François-Xavier et contre Acadia dans les Maritimes. Deux équipes invaincues en saison régulière que nous avons battues en pré-saison et nous sommes en compétition pour notre premier match contre McGill pensant que nous étions prêts et nous avons obtenu une fessée de 6-0. J'ai appris une leçon en ce sens: rien ne peut mieux vous préparer que de jouer contre des équipes provenant du RSEQ et, à l'avenir, nous devrons peut-être voir si nous pouvons jouer un match d'exhibition, que ce soit contre un cégep ou une équipe de notre championnat.

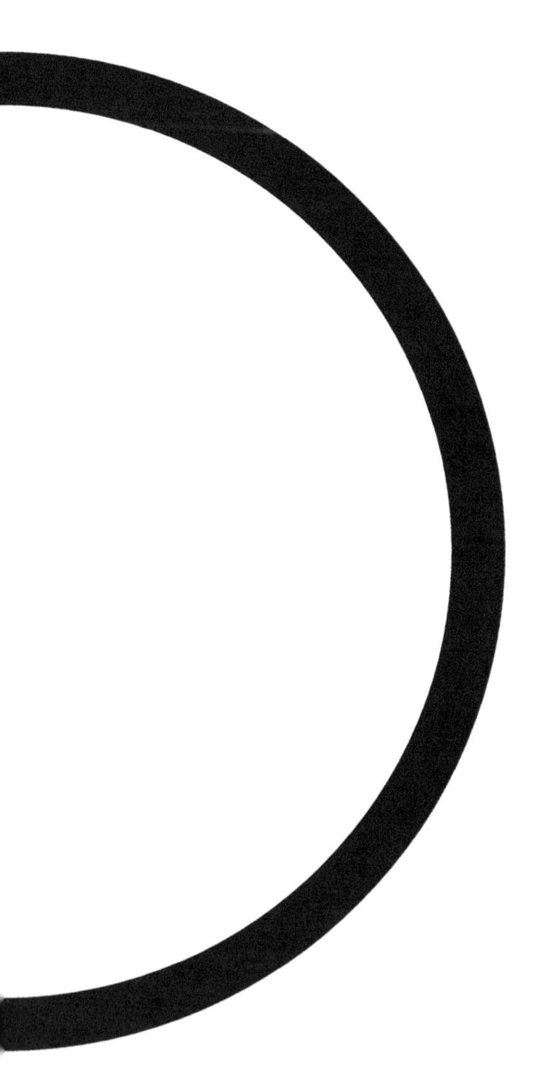

D'après Aimé Jacquet, «le football est le reflet de notre société. Regardez bien l'expression d'un joueur sur le terrain, c'est sa photographie dans la vie.» Sur quels critères te bases-tu pour recruter tes étudiants-athlètes?

P.B La personnalité est primordiale, nous aimons utiliser ce mot «grit» (ténacité). La ténacité, c'est la passion et la persévérance pour des objectifs à long terme. Ainsi, lorsque vous connaissez votre objectif, cela vous permet d'avoir une plus grande passion, laquelle alimente votre capacité à persévérer. Lorsque je recrute des joueuses, je recherche leur objectif, leur passion et leur capacité à persévérer, ce sont des questions que je pose aux entraîneurs. Des questions que nous posons aux filles lorsque nous les faisons venir sur le campus. Notre coach de vie, Angela Duckworth, leur fait passer un test de précision. Ses travaux sont d'ailleurs présentés dans son livre et son discours TED. Elle y aborde notamment le «growth mindset» ou la mentalité axée sur la croissance, qui expose le fait que l'échec n'est pas permanent et que s'il est bien utilisé, il permet de devenir plus fort. J'invite tous les entraîneurs à en prendre connaissance. Pour ma part, j'ai besoin de filles qui comprennent pourquoi elles sont venues chez nous et pourquoi il ne suffit pas de dire «je veux jouer au football» ou «je veux aller à l'école». Il faut qu'elles se disent «je veux étudier tel programme à l'Université Bishops et jouer au football pour cette équipe, pour cet entraîneur, avec ces joueuses, pour réaliser ce rêve.» Il faut que ce soit tout un ensemble parce que si elles n'ont pas un but en tant qu'étudiantes ou joueuses et si elles ne sont pas passionnées, comment peuvent-elles persévérer quand les choses deviennent difficiles? C'est ce type de personnalités que je recherche et que nous évaluons quand nous faisons notre recrutement.

«IL S'AGIT DE DÉVELOPPER DES ATHLÈTES QUI PEUVENT CONTINUER À ÊTRE DES CHAMPIONS DANS LA VIE»

Lorsque tu rencontres tes athlètes pour la première fois, quelle philosophie souhaites-tu leur inculquer?

P.B Je veux les connaître en tant que personne, je les ai déjà regardé jouer au football, je me suis renseigné sur elles et j'ai probablement parlé à leur entraîneur. Je n'ai donc pas besoin de connaître leur position préférée, je souhaites savoir qui elles sont et je veux qu'elles sachent que je connais leurs insécurités. Je veux connaître leur honnêteté. Un bon exemple, je suis avec une athlète au téléphone et c'est une fille qui nous intéresse vraiment. Nous passons la première partie de la conversation à parler d'autres sujets que de soccer. Nous parlons de ses projets, de son job d'été, de comment ça se profile. Je veux la faire sentir à l'aise et qu'elle voie que je ne suis pas seulement un entraîneur de football. Je suis quelqu'un qui se soucie de qui l'athlète est en tant que personne parce que cela est important pour moi. Il ne s'agit pas seulement de gagner des matchs, il s'agit de développer des athlètes qui peuvent continuer à être des champions dans la vie et pas seulement pendant les trois à cinq ans qu'elles sont à l'université.

«CONTRÔLER VOS ÉMOTIONS EST LA PLUS GRANDE FORCE QUE VOUS POURREZ AVOIR DANS VOTRE PARCOURS»

Quelle est ta routine d'avant-match?

P.B Je suis une personne incroyablement émotive. J'étais un joueur émotif avec un côté positif et un côté négatif. Lorsque vous êtes une personne émotive, cela peut vous conduire à l'échec. Vos émotions peuvent vous conduire à commettre des fautes inutiles, à avoir un manque de confiance et cela crée une spirale infernale. En revanche, contrôler vos émotions est la plus grande force que vous pourrez avoir dans votre parcours. J'aime faire de l'exercice, que ce soit de la bicyclette, de l'elliptique ou toute autre sorte d'entraînement cardiovasculaire pour me détendre, car je suis une personne active. Pendant que je fais cela, j'écoute une sorte de podcast, que ce soit un discours de motivation ou un sermon religieux. C'est quelque chose qui n'a rien à voir avec le sport, mais qui concerne la vie et qui me rappelle pourquoi je fais ce que je fais. Après cela, je passe un peu de temps calme et immobile et j'écris mes peurs et mes angoisses dans un carnet pour me libérer des pensées négatives afin qu'elles n'interfèrent pas durant une partie. Ensuite je prépare mon discours pour l'équipe, j'aime raconter un épisode d'une tranche de vie à mes joueuses à chaque match. Quelque chose qui peut les inspirer sur le terrain et en dehors. Ma routine d'avant-match est assez cohérente et régentée et ma femme ne l'aime pas toujours, mais j'ai appris en tant que joueur que je devais considérer chaque match comme une finale. Je veux respecter l'opposition et respecter mes joueurs. En tant que joueur, je me suis toujours méticuleusement préparé pour un match. En tant qu'entraîneur, je dois faire la même chose et parce que les joueurs ont besoin que je sois dans un bon état d'esprit, je fais tout ce qui est en mon pouvoir pour arriver dans les meilleures conditions possibles au match.

Faut-il imposer son style ou s'adapter à l'adversaire en face?

P.B Dans l'idéal, il faut toujours garder les choses simples. Je regardais une analyse tactique d'un match Manchester City vs Liverpool. Pep Guardiola a dû changer sa philosophie quand il jouait contre Liverpool. Il n'y a pas beaucoup d'autres matchs où c'est à l'adversaire de s'adapter à son style, mais contre Liverpool, il doit prendre des précautions. Vous devez d'une manière ou d'une autre avoir une idée de la façon dont votre configuration tactique va être affectée par ce que les adversaires vont faire. Que ce soit un adversaire inférieur ou un adversaire supérieur, ce qu'ils vont essayer de faire aura en quelque sorte un impact sur la façon dont vous faites votre mise en place tactique. Nous savons que nous sommes une équipe jeune et avec peu d'expérience et nous nous préparons à jouer contre des équipes avec un calibre élevé, avec des joueuses d'élite et avec des systèmes très distincts. Nous nous sommes de plus en plus adaptés à ce que l'opposition pourrait faire et nous essayons toujours de déterminer le meilleur système à mettre en place pour contrecarrer les plans de l'adversaire.

J'ai eu 22 nouvelles joueuses au cours des deux dernières années avec chacune beaucoup de qualités différentes. Si nous nous préparons à jouer contre Montréal vendredi, nous allons mettre en place un système parce qu'ils jouent un 3-5-2. Si nous jouons contre l'UQAM dimanche, nous allons jouer différemment parce qu'ils vont jouer en 4-3-3. Tout dépend de la façon dont ils agissent par rapport à nos meilleurs atouts. J'espère qu'à l'avenir, ce sera aux autres équipes de s'adapter à notre façon de jouer mais pour le moment, nous passons beaucoup de temps à analyser l'opposition et à chercher des solutions pour aller chercher un bon résultat.

«DÉVELOPPER LA CAPACITÉ D'ÉMETTRE UN RAISONNEMENT CRITIQUE ET (...) ANALYTIQUE»

Quel est ton style de jeu préféré? Aimes-tu la possession de jeu ou cela dépend des joueurs que tu as?

P.B Dans les 90 minutes d'un match, nous n'avons qu'une influence tellement minime, elle se résume aux joueuses que nous alignons sur le 11 partant, à la stratégie et le système d'avant-match et également aux bons changements effectués au bon moment. Nous pouvons également essayer d'influencer en transmettant des consignes sur la ligne de touche ou en faisant des ajustements tactiques à la mi-temps, mais le plus gros du travail se passe à l'entraînement.

Comment préparons-nous les 90 minutes à venir? C'est vraiment le plus grand impact que nous puissions avoir. À la fin de la journée, je pense que nous jouons une partition, mais ce sont les joueuses qui ont vraiment le dernier mot. Elles peuvent se dire: «Vais-je vraiment respecter ce que dit l'entraîneur? Vais-je vraiment écouter ses points de coaching?» Les joueuses sont-elles réellement présentes le mardi où nous leur donnons notre analyse tactique de l'équipe en face? Vont-elles poser les questions cruciales au cours de la semaine avant le match? Parce que si elles développent la capacité d'émettre un raisonnement critique et un esprit d'analyse, elles auront de meilleures chances de succès. Alors oui, nous jouons un rôle, mais nous sommes quand même à la merci de nos joueuses parce qu'au final, ce sont elles qui décident de jouer pour nous et avec nos stratégies et systèmes de jeu.

«LA PORTE DE MON BUREAU LEUR EST TOUJOURS OUVERTE»

Gère-t-on tous les athlètes de la même façon ou t'est-il arrivé de déroger à vos principes à l'occasion?

P.B Avant toute chose, je veux que mes athlètes sachent que c'est le même Paul Ballard qui entraîne sur le terrain, le même Paul, quand il est au bureau avec son personnel d'entraîneurs, le même Paul, quand il est avec sa femme et le même Paul, quand il est avec ses enfants. Il n'y a aucun masque. Si avec une joueuse nous sommes en désaccord, est-ce que ça m'arrive parfois de perdre mon sang-froid? Oui, je l'avoue, mais je vais prendre soin d'elles et je veux ce qui est le mieux pour elles et, s'il y a déviance, c'est de pouvoir montrer de l'empathie et leur pardonner leurs écarts. Voilà qui je suis et je pense que la réalité est que chaque joueuse réagira différemment face à la contrainte. Si dans un entraînement, je suis très dur avec elles, que cela les blesse et que certaines ne réagissent pas bien, alors je vais peut-être les prendre à part pour aborder le point de coaching qui est nécessaire.

Il peut également y avoir une joueuse avec qui j'ai une relation très forte et qui comprend qui je suis. Elle fait confiance à mes commentaires pour que je puisse être directe avec elle. Les joueuses doivent savoir qu'elles peuvent vraiment me faire confiance et que la porte de mon bureau leur est toujours ouverte. Quand nous serons sur le terrain, «Saint Paul» sera là pour elles! (rires)

Comment gère-t-on les remplaçants lorsqu'on a une saison qui ne dure que trois mois?

P.B Je pense que c'est délicat parce que vous voulez que chaque joueuse sente qu'elle contribue aux performances de l'équipe. Une petite blessure, une maladie ou une suspension par exemple rendent vraiment les choses difficiles. Une joueuse de première année venant en août et commençant tout de suite la saison, ce n'est également pas facile. Mais au-delà de toutes ces contraintes, je veux que mes changements soient basés sur la fatigue donc si une joueuse est fatiguée et n'est pas en mesure de faire le travail nécessaire, qui va pouvoir accomplir la même chose? C'est dans cet ordre d'idée qu'interviennent les remplacements.

Le second aspect de mes changements se fait par rapport à la tactique. Si nous devons changer notre système et jouer plus défensif, j'ai la remplaçante qu'il faut. Pareil s'il s'agit d'attaquer.

Le troisième aspect dans lequel les remplaçantes sont utiles est lors d'une blessure.

Enfin la quatrième chose, c'est que les joueuses ne sont tout simplement pas au niveau attendu, mais malgré tout ça, je ne veux pas que les filles se sentent analysées et surveillées en permanence, elles doivent se sentir libres de faire une erreur.

Les joueuses doivent comprendre qu'elles auront le ballon et le perdront par moment. Parfois ce sera sur une mauvaise passe, tout ce que je leur demande, c'est de ne pas laisser l'erreur se produire deux fois de suite, et si je vois une joueuse qui a du mal à respecter cette consigne sur le terrain, c'est pour moi un signal d'alarme qu'elle n'est pas prête pour ce match, que ce soit mentalement ou bien physiquement et alors c'est le signe qu'il faut procéder à un remplacement. Je veux donner aux joueuses des minutes sur le jeu, mais, si en 20 minutes, une joueuse me perd 6 ballons sur 7, je vais devoir procéder à un changement.

«NOUS VENONS AUX MATCHS ET À L'ENTRAÎNEMENT TOUS LES JOURS AVEC L'UNIQUE OBJECTIF DE NOUS AMÉLIORER»

Raconte-nous ton match référence, celui où ton génie tactique s'est le mieux exprimé.

P.B Nous avons eu un changement de mentalité collective cette saison. Nous sommes une équipe perdante depuis 2003, la dernière fois que Bishop's a fait les séries éliminatoires, c'était en 2002. Quand j'ai repris l'équipe, je pensais que ce que je devais faire était de dire à tout le monde: «Hey, les filles, vous êtes des athlètes du USPORTS.» Et puis le thème est devenu: «Nous ne sommes pas aussi talentueuses que nos adversaires, mais le travail acharné peut battre le talent! Donc, si nous travaillons plus dur, si nous surpassons l'adversaire sur un match, tout peut arriver!» Donc année après année, c'est avec cette idée en tête que nous venons aux matchs et à l'entraînement tous les jours avec l'unique objectif de nous améliorer. Si nous nous améliorons d'un pour cent chaque jour, que ce soit sur notre état d'esprit ou sur les plans technique et tactique, c'est déjà quelque chose, allons chercher cet un pour cent. Cette année, nous sommes entrés dans la saison avec l'idée de nous pousser hors de notre zone de confort comme si les résultats n'avaient pas d'importance, que nous gagnions ou que nous perdions, peu importe. C'est l'exécution de nos principes qui comptait. À la fin de quelques parties, nous avons commencé à réaliser que nous devions aller plus loin cette année, nous dire que lorsque nous sommes au meilleur de notre forme, nous pouvons battre certaines équipes, nous pouvons battre Concordia, l'UQTR ou Sherbrooke. Quand nous sommes au meilleur de notre forme, nous pouvons rendre les choses difficiles pour McGill et quand nous jouons le meilleur match de notre vie, nous pouvons nous donner une chance d'obtenir un bon résultat face à Montréal. Je prépare chaque match de la même façon avec des tactiques, mais c'est toujours, je pense, l'état d'esprit et la croyance en leurs potentiels qui ont permis aux joueuses d'obtenir ces résultats. Contre Concordia, c'était la première victoire depuis deux ans pour Bishop's. Nous étions tellement heureux de gagner ce match! C'était notre troisième match cette saison et nous avons essayé de contrôler le milieu de terrain, de condenser les espaces, d'insister sur les transitions, de gagner les 50/50 et les seconds ballons et cerise sur le gâteau, nous avons pu avoir la possession du ballon, aligner trois passes, obtenir certains buts sur coups de pied arrêtés et limiter leurs possibilités de marquer des buts. Au coup de sifflet final, nous avons célébré comme si c'était une finale de Coupe du Monde.

À l'inverse, quel est le pire match de ta carrière de coach? Celui où rien n'a fonctionné comme prévu.

P.B Deux matchs de la saison dernière me viennent à l'esprit. Le premier match, contre McGill, a été une révélation pour nos joueurs, que ce soit au niveau du jeu, de l'intensité physique, du rythme avec tant de nouvelles joueuses sur mon alignement. J'avais quatre ou cinq joueuses de première année, quatre de deuxième année, puis les autres étaient dans leur troisième année à l'exception d'une joueuse de quatrième. Nous n'avions pas joué à ce niveau depuis la fin de saison de l'automne 2018 parce que nous n'étions pas dans l'urgence lorsque nous jouions la saison intérieure, donc il y en avait qui avaient presque oublié à quoi ressemblait le rythme. Tout nous prédisposait à nous faire détruire dès le départ, McGill était rapide, clinique et finissait sur toutes ses actions. Je pense que José est un très bon entraîneur et il met en place son équipe correctement. McGill a insisté sur nos faiblesses et ça a payé, du coup si je pouvais rejouer ce match, ce serait avec plaisir.

Un autre match dont je pourrais parler serait notre premier match de la saison contre Sherbrooke. C'est eux qui nous accueillaient et nous avons joué sur un terrain en herbe, pour nous, c'était une surface différente qui changeait de notre synthétique de Coulter Field et nous jouions le derby. Ce fut une journée émotionnelle pour moi. Je viens de Port Coquitlam en Colombie-Britannique, je suis allé à l'école secondaire Terry Fox. Terry Fox était un de mes héros et mon frère avait un cancer. Les deux premières années où il bataillait contre le cancer, je vivais à Vancouver et nous avons commencé à faire la course Terry Fox ensemble. Depuis que j'ai déménagé ici, je n'ai pas pu la faire avec lui. Donc, chaque troisième dimanche de septembre, lorsque la course Terry Fox arrive et que nous avons un match, c'est un match émouvant pour moi. Du coup, la combinaison des émotions que je ressentais par rapport à mon frère, l'émotion de jouer contre une équipe rivale, tout ce cocktail était dur à avaler pour moi. J'ai permis à l'arbitre de vraiment entrer dans ma tête. Je pensais que nous avions préparé l'équipe correctement, mais dans le jeu, je me suis comporté d'une manière qui n'a pas servi aux filles, sans aucune stabilité émotionnelle. Nous avons concédé un but à la 90e minute parce que nous avons donné un penalty sur un corner. Pour moi, il n'y a aucune raison pour laquelle nous aurions dû faire match nul. Le match était à notre portée, mais lorsque je regarde ma routine d'avant-match, je ne me suis pas bien préparé mentalement pour ce match. Je n'ai pas bien géré mes émotions avant le match et j'ai perdu le contrôle.

Quel est le geste le plus important pour toi durant une partie de soccer?

P.B Au plus haut niveau, je pense que le moment des changements est important, si vous avez une joueuse sur votre banc capable de faire basculer le match en votre faveur lorsque vous la faites entrer. Il s'agit de trouver le bon moment pour le faire et savoir qui remplacer. Mais si vous ne disposez pas d'une équipe qui a un banc composé de «party changer», je pense que la chose la plus importante, c'est aussi comment tu communiques avec ton groupe. Quel est le ton approprié? Comment être plus compétitifs? Faut-il dire: «Nous devons commencer à presser plus!» ou est-ce plutôt: «Hé les filles, vous vous débrouillez bien! Continuez à croire en vous! Faites les petites choses correctement et ça va venir!» Parfois vous devez fournir cette énergie supplémentaire disponible sur le banc et vous devez la fournir au bon moment.

«JE SUIS PLEINEMENT ENGAGÉ (...) JE DONNE TOUT»

Qu'est-ce que tu ne ferais jamais durant un match?

P.B Je ne crierai jamais contre un arbitre. Quand je suis là, pleinement présent, je ne m'arrête pas et ne pense même pas à ce que je vais avoir pour le dîner. Je ne pense à rien d'autre qu'au match à ce moment-là, je suis présent mentalement et physiquement. Je suis pleinement engagé et c'est pourquoi après un match je suis épuisé, parce que je donne tout.

Je sais que je ne peux pas aller sur le terrain et marquer un but, mais je vais faire tout ce qui est en mon pouvoir pour avoir un impact et donner mon maximum pour l'équipe.

«OBTENIR UNE VICTOIRE CONTRE MCGILL SERAIT MON PLUS BEAU CADEAU»

Si tu pouvais inverser le résultat d'un match, d'un seul, lequel ce serait?

P.B Il y a cette statistique ridicule qui montre que le soccer féminin de l'Université Bishop's n'a jamais battu les Martlets de McGill dans toute l'histoire du RSEQ et de l'USPORTS. Pourtant au fils des ans on a sû mettre des bâtons dans les roues de nos adversaires. Par exemple, il y a 3 ans, nous étions en avance 1-0 jusqu'à la fin du match et elles ont égalisé tandis que l'année dernière, nous étions à 0-0 jusqu'à la 90ᵉ minute et elles ont marqué dans les arrêts de jeu. Cette année, j'aimerais changer la donne, j'aimerais battre les Martlets de McGill, rien que pour les anciennes. J'ai le plus grand respect pour José Valdes, il est bon, c'est un excellent entraîneur, une excellente personne-ressource et un ami depuis que je suis dans cette ligue. Je ne veux pas qu'il soit l'entraîneur qui dirige l'équipe qui perdra finalement face à Bishop's (rires)! Mais honnêtement, obtenir une victoire contre McGill serait mon plus beau cadeau!

Avec quel athlète as-tu adoré travailler?

P.B Sarah-Kim Bergeron, qui est maintenant mon entraîneuse-adjointe, était une ancienne joueuse pendant cinq ans à Trinity Western où j'entraînais avec les hommes. Elle a vécu deux ans sur la touche où elle n'a pas utilisé son admissibilité en raison de la rééducation de son genou. Elle était originaire du Québec et voulait continuer à jouer et finir ses années d'admissibilité alors elle est venue à Bishop's, l'avoir avec nous a été génial. Elle voulait tellement une première équipe qu'elle en aurait fait deux et un filet plaqué si j'avais lui a demandé de jouer un filet. Elle aurait joué arrière latéral ou gardienne pour le bien de l'équipe, s'il l'avait fallu. Elle nous a vraiment aidés au cours des deux premières saisons à trouver un peu plus de stabilité et d'énergie et maintenant c'est une joie de l'avoir comme entraîneuse. Elle apporte ce même état d'esprit et c'est toute l'équipe qui en bénéficie.

À l'inverse, y a-t-il un(e) athlète avec qui la relation a été difficile, mais avec qui le travail s'est avéré payant?

P.B Les joueuses les plus difficiles à entraîner pour moi sont celles qui ont toutes les capacités, parlent beaucoup, mais n'agissent pas. Vous les mettez sur un match et elles n'assurent pas tout simplement parce qu'elles ne font pas l'effort nécessaire pour arriver à leurs fins. Je me suis rendu compte qu'il y avait tellement de joueuses talentueuses au Québec, que si nous limitions nos recrutements aux joueuses anglophones, nous n'aurions pas beaucoup de choix. Nous avons donc recruté ces dernières années des filles francophones qui voulaient venir à Bishop's et apprendre l'anglais et la première que j'ai fait venir était Frédérique Rivard. Elle avait des capacités athlétiques et une vivacité incroyables, mais elle manquait de sang-froid et de compréhension tactique du jeu, ce qui était nécessaire pour réussir au niveau RSEQ. La première année, je pouvais à peine communiquer avec elle alors je l'ai simplement laissée faire en lui disant: «Fred, va, joue et fais ce que tu as à faire!» En tenant pour acquis qu'elle était vraiment d'accord avec ça et après la saison, vous savez qu'elle m'a dit?» Paul, tu ne m'entraînes pas! Tu ne me parles pas! Tu ne te comportes pas comme si j'étais une joueuse de ton équipe!» Et, moi, j'avais vraiment honte parce qu'elle était ma joueuse préférée. C'était la joueuse à qui je faisais le plus confiance, celle dont nous avions le plus besoin parce qu'elle avait le niveau, l'engagement et la passion. Je devais vraiment essayer de trouver un moyen de ne pas la briser, alors notre mode de coaching a changé. Il est devenu beaucoup plus individuel et moins global. Lorsque j'expliquais une tactique, je prenais mon temps pour qu'elle comprenne. Elle posait une question et on n'avait même pas besoin de traduction. Nous avons travaillé ensemble pendant une année entière pour l'amener au niveau où elle était en fin de la saison, je peux dire qu'elle était une attaquante de niveau RSEQ. Il lui a fallu me faire confiance et comprendre qu'elle n'allait pas devenir une étoile en un claquement de doigts.

«C'EST QUE JE VEUX GAGNER AUTANT, SINON PLUS, QU'ELLES»

Quelle a été ta plus grande émotion en tant que coach?

P.B Je suis très intense. Quand je deviens intense, soit c'est une source d'inspiration, soit ça inspire la peur (rires). J'essaie de rester cohérent. Je sais que je suis passionné et elles savent que je tiens à elles et me soucie d'elles avant tout. Mais si elles me voient devenir intense, serrer mes poings ou jeter quelque chose, ce n'est pas par colère ou rage envers elles, c'est juste parce que je veux leur bien. Ça m'arrive parfois de tomber sur les arbitres ou les joueuses, mais encore une fois, je pense qu'en même temps, ce que les joueuses aiment chez moi, c'est que je veux gagner autant, sinon plus, qu'elles.

Si tu devais dire un mot au coach qui a mis le plus ton sens tactique à l'épreuve?

P.B Si je pouvais dire une chose à l'entraîneur qui m'a le plus poussé dans mes derniers retranchements pendant le match, c'est à José Valdes de McGill, quand ils nous ont battus 6-0. Après ce match, je lui ai dit: «Bien joué José! Votre équipe volait sur le terrain aujourd'hui et vous étiez prêts pour ce match! Ton système a fonctionné et nous n'avons pas su élever notre niveau de jeu!». Il ne s'est pas simplement présenté ce jour-là pour jouer un match, il lui a fallu s'entraîner, faire des ajustements et des corrections parce qu'il avait des joueuses blessées. À lui, je dis: «Bravo José! Bravo pour la façon dont tu as préparé ton équipe à jouer comme vous l'avez fait lors de ce match.»

«VEUX-TU SIMPLEMENT VIVRE TA VIE ET ÊTRE BIEN OU VEUX-TU QU'ELLE SOIT EXCEPTIONNELLE?»

Quelle est ta citation préférée et pourquoi?

P.B Mes joueuses diraient probablement: «Il aime toutes les citations!» J'adore les citations. Une citation de vie pour moi est cette citation de Jim Collins tiré de son ouvrage «Good to Great» dans lequel il dit que «le bien est l'ennemi du mieux!» La raison en est que cette citation a vraiment changé la trajectoire de ma vie à bien des égards. J'avais arrêté ma carrière de joueur et j'étais revenu à Vancouver. Je dirigeais un club et travaillais comme entraîneur adjoint à Trinity Western. Je travaillais dans une organisation à but non lucratif et j'avais une belle famille avec ma femme et nos enfants, les choses allaient bien en apparence.

Un jour, un de mes mentors m'a demandé un peu nonchalamment comment allait la vie et je lui ai répondu: «La vie est belle, tout va bien!» Et il m'a demandé: «Veux-tu simplement vivre ta vie et être bien ou veux-tu qu'elle soit exceptionnelle?»

Et il a partagé cette citation, «le bien est l'ennemi du mieux» il a dit: «Paul ta vie est bien et tu es juste parti pour être «bien» c'est correct, mais tu ne seras jamais mieux!» Je me suis demandé ce que je faisais dans la vie et ce que cela coûterait de passer de bien à mieux, ce que cela me prendrait pour devenir un meilleur mari, un meilleur père, un meilleur entraîneur de soccer. Que faudrait-il faire pour que ma carrière passe de simple assistant et entraîneur de club puis à entraîneur universitaire à temps plein ou au-delà? C'est là que j'ai commencé mes maîtrises en leadership transformationnel parce que, non seulement je savais que si je voulais être entraîneur-chef d'université, avoir un diplôme allait être important. De retour en Irlande, je me suis inscrit à la licence UEFA A et j'ai commencé à faire mon UEFA A. J'ai commencé à prendre des décisions dans ma vie personnelle afin d'être plus présent en tant que père et plus disponible en tant que mari.

Cette citation me suit. Je l'utilise quand je me présente aux recrues parce que je pense qu'il est important qu'elles sachent d'où je viens et où je vais et puis je me pousse toujours à être la meilleure version de moi-même.

«LES AMENER À SE DÉVELOPPER, À DEVENIR LA MEILLEURE VERSION D'ELLES-MÊMES»

Brian Clough disait «Le jour où je m'en irai, Dieu devra abandonner son siège favori.» Comment voudrais-tu que l'on se souvienne de toi?

P.B Je veux que les gens se souviennent de moi comme quelqu'un qui se souciait des autres et de leur développement. Quand vous devez prendre des décisions difficiles et couper les filles ou ne pas donner aux filles le temps de jeu qu'elles veulent ou encore prendre des décisions critiques en tant qu'entraîneur qui les pousserait à dire: «Il dit qu'il se soucie des gens, mais il s'en fout en fait!» À moins qu'elles ne deviennent elles-même entraîneuses, les joueuses ne sauront jamais combien de temps et d'énergie nous investissons dans leur développement en tant que personnes. Mais à la fin de la journée, je ne veux pas que les gens se souviennent de moi en pensant: «Wow, c'était un si bon tacticien ou un homme qui développe ses joueuses sur l'aspect technique.» Je voudrais qu'ils se souviennent de moi comme quelqu'un qui se souciait profondément de ses joueuses et voulait les amener à se développer, à devenir la meilleure version d'elles-mêmes.

«Pour moi, le coaching est une expérience transformationnelle et non transactionnelle»

Il y a un truc qui me chiffonne, pourquoi as-tu autant d'objets de Tottenham dans ton bureau?

P.B (Il rit) En tant que Canadien, je ne savais pas ce que cela signifiait de soutenir pleinement un club nouvellement introduit dans notre société au cours de la dernière décennie. Voir les supporters du Toronto FC, les supporters de l'Impact de Montréal, les Whitecaps de Vancouver, ces partisans, ces groupes de soutien, ceux-là devenaient supporters seulement quand la MLS commençait. Alors en tant que jeune garçon, quand quelqu'un me demandait mon équipe de Premier League anglaise préférée, je cherchais qui gagnait ou quels joueurs j'aimais ou qui avait le plus beau maillot, j'ai ainsi navigué entre les équipes. Je suis passé de supporter d'Arsenal à fan de Liverpool et j'ai probablement aimé Newcastle à un moment donné. Puis, quand j'ai déménagé en Irlande et que je jouais en première division, dans le vestiaire, tout le monde disait: «Alors Canada, qui aimes-tu?» et moi: «Je suis un supporter de Liverpool!» Gerrard était à son apogée et Torres marquait des buts mais je ne savais rien de leur glorieux passé. Je ne connaissais rien de l'équipe avant, je ne connaissais rien de la philosophie de l'équipe, j'ai juste aimé certains de leurs joueurs. Tu sais que je suis fan de soccer donc je regardais d'autres matchs. Nous avions quelques jours de repos et je suis allé à Londres avec mon beau-père, nous sommes allés regarder les Spurs jouer et de retour en Irlande et j'ai dit à mes coéquipiers: «J'ai vu les Spurs jouer! J'ai vu Gareth Bale comme si je pouvais le sentir courir devant moi!» Et les gars m'ont dit: «comment toi, Paul, qui soutient Liverpool, tu peux aller à un match des Spurs? Les vrais supporters ne font pas ça! Si tu es un vrai partisan d'un club, tu ne vas pas à la concurrence! C'est tout ou rien!»

Et les gars m'ont littéralement viré du club des supporters de Liverpool au sein de notre équipe. Tous les gars de Liverpool et les gars de United étaient là, puis tous les autres se sont dispersés. Je n'étais plus autorisé à être un supporter de Liverpool à leurs yeux. Donc, ce que j'ai fait après ça a été de me conformer, de choisir un club pour moi et non de surfer sur la vague. J'avais des critères très distincts: ça ne pouvait pas être Liverpool parce que j'avais été viré! (rires) ça ne pouvait pas être Manchester United parce qu'ils venaient de gagner et que tu ne peux pas simplement choisir les champions. Ça ne pouvait pas non plus être Manchester City parce qu'ils achetaient leur équipe et n'avaient pas d'âme avant et enfin, ça ne pouvait pas être Chelsea parce qu'ils faisaient la même chose. Je ne pouvais pas choisir ces quatre équipes et je voulais que ce soit une équipe originale de Premier League anglaise. Ça se jouait donc entre Everton, Arsenal, Newcastle, West Ham et les Spurs, je voulais aussi que ce soit une équipe qui aspirait à conquérir le championnat. Newcastle était près de la zone rouge et West Ham venait d'être relégué je crois. Everton était toujours en train de surnager, Arsenal était toujours dans le top 5 et il y avait les Spurs... J'ai réduit mes choix à seulement deux-trois équipes sur 32 équipes. C'était en fait entre Tottenham et Arsenal. Arsenal venait de vendre Cesc Fabregas et n'avait investi aucun argent dans qui que ce soit. Ils étaient sur une lancée où ils étaient en lice pour cinq trophées. Ils vendaient un de leurs meilleurs joueurs, couraient après leurs cinq trophées comme s'ils étaient sur la lancée d'une excellente saison. La fenêtre de transfert est arrivée et tout le monde s'attendait à ce qu'ils achètent de nouveaux joueurs pour injecter du sang neuf: ils n'ont pas remporté un seul trophée cette saison. Donc, à la fin, je me suis demandé comment je pouvais soutenir une équipe comme celle-là, qui vend son meilleur joueur et ne réinvestit pas.

Alors je me suis retrouvé avec les Spurs. Donc, avant de prêter allégeance à une équipe, j'ai fait mes recherches. L'été, je suis allé sur les forums de discussion de supporters où j'ai demandé pourquoi les Spurs? Comment c'est d'être un supporter des Spurs? Dites-moi tout. Un gars m'a répondu que soutenir les Spurs, c'est à la fois le meilleur et le pire jour de votre vie en 90 minutes, ils jouent avec ton cœur. J'étais donc toujours partagé.

J'ai ouvert le magazine FourFourTwo où on comparait tous les pays aux différents clubs à travers le monde et je vois que le Canada est jumelé avec... Tottenham Hotspurs, avec la légende suivante: «Grand club, grand pays, mais ne font pas grand chose dans le monde!» (rires) C'est là que j'ai décidé que ce serait mon équipe, j'ai donc fait ce que tous les vrais supporters font: ils vont au magasin et s'achètent un kit pour eux-mêmes, leur femme et leurs enfants et le portent, prennent une photo et font une déclaration. Donc en 2012, je déclare solennellement mon soutien aux Tottenham Hotspurs, et ce fut l'une des meilleures décisions que j'ai prises, pas nécessairement d'avoir choisi ce club en particulier mais d'avoir fait un choix, d'avoir choisi un club et de rester fidèle à ce club à travers les hauts et les bas. Maintenant, il y a eu beaucoup de bons moments depuis l'époque, parce que je pense que je suis devenu un fervent supporter au moment où Gareth Bale était sur le point de partir, mais ils ont réinvesti l'argent et ont ensuite fait appel à un mauvais entraîneur, puis Pochettino est entré dans la danse ce qui a été une très bonne nouvelle pour les supporters des Spurs, je resterai un supporter des Spurs jusqu'à ma mort. (rires)

LE MOT DE LA FIN

«Pour moi, le coaching est une expérience transformationnelle et non transactionnelle. Mes joueuses dans ce programme sont traitées comme des êtres humains et non pas comme des objets. Je n'exige pas de résultats, je souhaite en avoir, je veux les voir obtenir des résultats parce que c'est pour cette raison qu'elles sont ici. Je ne veux pas que ce soit à sens unique, je veux que les joueuses me voient travailler dur, aussi dur qu'elles, c'est ça une expérience transformationnelle. Il ne s'agit pas d'ordonner: «Marque-moi quatre buts ou tu restes sur le banc!», mais plutôt «Fais de ton mieux! Si tu tombes, relève-toi et recommence, fonce! Il y aura sans doute des matchs où tu ne marqueras pas, des matchs où tu ne joueras pas ou même des matchs où tu ne seras pas habillée mais sache que je tiens toujours à toi, et que je suis toujours convaincu que tu as un rôle à jouer dans cette équipe et dans ce match. Je suis persuadé que dans quatre ans, tu seras devenue une meilleure personne, prête à entrer dans l'étape suivante de sa vie.»

LES FILIATIONS DES COACHS

UNIVERSITAIRES

ÉQUIPES DU QUÉBEC

CLUBS

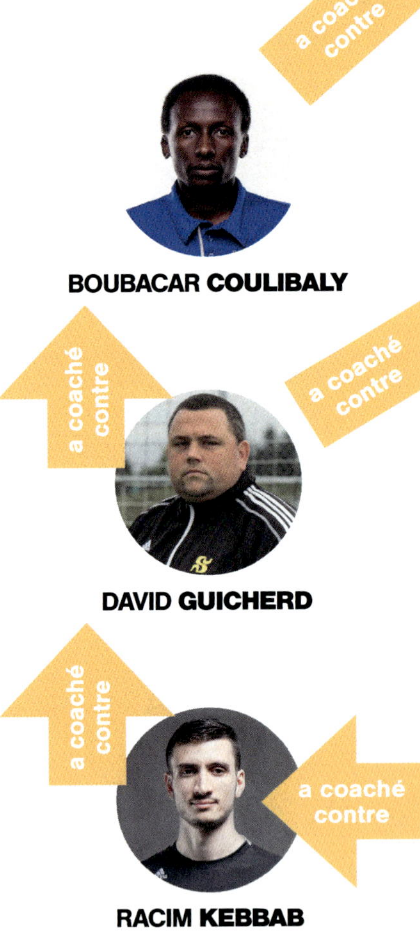

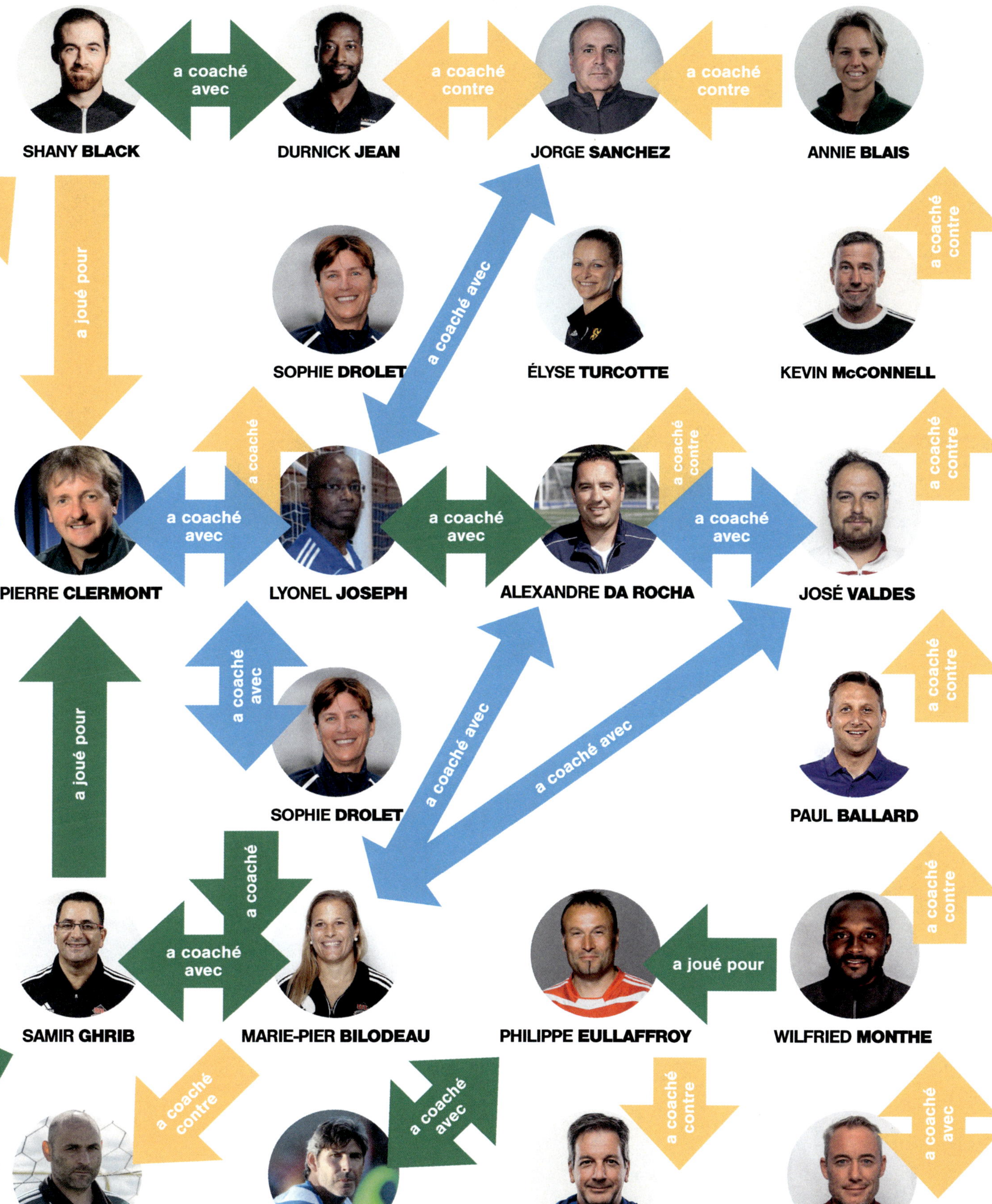

SHANY BLACK
a coaché avec
DURNICK JEAN
a coaché contre
JORGE SANCHEZ
a coaché contre
ANNIE BLAIS
a joué pour
SOPHIE DROLET
a coaché avec
ÉLYSE TURCOTTE
a coaché contre
KEVIN McCONNELL
a coaché
a coaché contre
a coaché contre
PIERRE CLERMONT
a coaché avec
LYONEL JOSEPH
a coaché avec
ALEXANDRE DA ROCHA
a coaché avec
JOSÉ VALDES
a coaché avec
a joué pour
a coaché avec
a coaché avec
a coaché contre
SOPHIE DROLET
PAUL BALLARD
a coaché
a coaché contre
SAMIR GHRIB
a coaché avec
MARIE-PIER BILODEAU
PHILIPPE EULLAFFROY
a joué pour
WILFRIED MONTHE
a coaché contre
a coaché avec
a coaché contre
a coaché avec
ALFRED PICARIELLO
CHRISTOPHE DUTARTE
PAT RAIMONDO
GREG SUTTON

Un merci spécial à :

Diane Cohen, Sarah El Ouafi, Dre Héloïse Sirois-Leclerc et Julie Nantel-Major.

Ce livre est dédié à Maman Ndeye Yacine Coulibaly Sissoko.

Ce livre est l'aboutissement de plusieurs mois de travail. Je tenais à remercier les entraîneurs qui ont contribué de près comme de loin à la création de cet ouvrage.

Je voulais également à adresser mes sincères remerciements à :

Charles, Angèle, Somdo, Fafadji, Cyprien,Seth et Éric Amegavie, Gisèle Franklin, Julien, Maryline, Sandra, Joseph Koumako, Claire Bartier. Franck Bamezon, Serge Akpabie, Colette Labitey, Samia, Nadia Tefridj, Ajax Irinah, Bruno Michée, Margot Grandjean, Éric Assane, Amabel Dee, Winiefred et Sacha N'diaye, Tidiane Séri-Gnoléba. Armelle, Adjokè et Kémi Vieyra, David Pain, Sydney Fowo, Julie Bouchard, Sofiane Benzaza, Reginald Joseph, Vireak Lim, Martial Nkamani, Somisso Ongoly, Georges-Éric Painson, Moustapha Sall, Steffy Roy-Ouellet Ibrahima Sylla, Idriss Camara, Jonathan Chabert, Elom Defly, François Bourgeais, Alain Bakayoko, Frantz-Kenley Pierre, Sylvain Bilodeau, Luc Carbonneau, Abdul-Rahman Ahmed,Mélissa Imbeault, Lassey Wyclief, Béatrice, Joël, Alice et Étienne Sagnier, François Poulet, Damien Jurie, Guy-Nelson Yeboh, Franck Tegnet, Anas Ghemmar, Mario Al-Ayass, Brouillard, Joël Chancy, Julie Casselman, Kyt Selaidopoulos, Abraham François, Nizar Houhou, Émilie Duquette, Kosta Zampanis, Geoffrey Jouvin, Ahmad El-Maala, Armel Dagrou, Néma Gaye. Demba, Adama, Aboubacar et Aïssata Sissoko. Amadou Lam, Mathilde Aimée, Chris Dinga, Alexandra Farhat, Hugo Hamel, Lucie Ruel, Laurence Guyomard, George Lyberopoulos, Lohan Lefèvre, Shaquille «Chocolate» Michaud, George Mackay, Carole Parville, Max-Henri Mételus, Luc Brutus, Marcelle Lavoie, Ludovic Godefroy, Martin Bojinov, Natalie Jacques, Natalie Barcelò, Inès Maurette, Patricia Girard, Delphine Huvé, Audrey Jouslin de Noray, Virginie Lamblin Colmart, Fanny Magini, Maxime Nantel-Major, Stéphanie Fortier-Grondin, Baboucar N'diaye, Sylla Boubacar, David Béneteau, Carlos Adjaho, Chloé Villeneuve, Virginie Labossière, Philippe Ménard, Florian Lautissier, Nour Allah Ennabil, Paul Mortas, Basil More-Chevalier, Schneider Augustin, Islande Sylvain, Stéphane Soutenare, Katia Sviderskaya, Raoul Martens, Hakim Belembaogo, Delors Koyo, Mbagnick Diouf, Souleymane Diagne, Micael Bolamba, Ferroudja Smaïli, Cassandre Antenor-Habazac, Éric Rouillon, Benoit Girouard-Sauvé, Siena Tsitouras, Sara Djebri, Dafné Roldan, Alejandra Médina Lopez, Catherine Béland, Stéphanie Lavigne, Marc Cayer, Claude Lavoie, Maxime Olivieri, Sid Farah, Frédéric Trudel-Martineau, Érika Vallerand, Olivia, Lusterio-Adler, Pascale Ducas, Anabelle Jogama-Andy, Linda Giguère, Roland Mailhot, Stéphane Le Duc, Malcolm Aquino Adam Nemri, Dimitri et Franz Nana, Tom Sedzro, Bocar Sissoko, Léopold Yahouédéou, Chloé Blossier, Marguerite Edorh, Nizar, Houhou, Camille Testa-Gratton, Manuel Escalante, Mathieu Dauphinais, Aicha Nafii, Frédérique Labelle, Alexandra Guibault Maltez, Véronique Codjo, Caroline Boulé, Rebecca Iliescu, Yves Diop, Moussa Diop, Sophie Taty, Lisa-Marie Tanguay, Myriam Le Quoc, Arianne Codere, Roland Mailhot, Stéphane Le Duc, Dominique Frégault, Lina Thériault, Sebastian Victorica, Camila Marquez, Diego Forlan, Chloé Décarie, Hagop Bayramian, Andréanne Péloquin, François Cabaret, Laurent Chevrot, Ana Abecia, Nathalie Nguyen familles Vaucelle-Deroubaix, Mousseau-Teucke, Cecere-Petrucci, Angeloni-Frenette, Woloz-Pascal, Dupin, Pomerleau, Burrows, Jawich-Odeau, David-Melançon, Tzimopoulos et Mourgues, Patricio Calvopina, Monique Gillet, Stéphanie Kwan, Delphine Poyet, Christiane Dubreuil, Moctar Maïga, Kamory Kéïta, Franck Lenoir, Yannick Diagou, Axel Dovi, Florence Widoot, Laurent Ciechelski, Karolanne Montpellier, Jérôme Lebel, Raphaël Larocque-Cyr, Jonathan Bazié, Baye Daraw Fall, Alyson Claybourne, Abel Yemane Nibal Baki, Georges et Christina Hage, René, Yolande, Audrey et Henri Magny, Nicolas-Éric Marquis, Thierry Devaux, Nadine et Diane Bobi, Docteur Valérie Jodoin, et Charles Brochu.

Crédits photographiques:

Pages 8, 15, 16, 103, 105 © James Hajjar Photographie
Pages 14, 15, 16, 142, 146, 147, 149, 152, 155 © Earl Zuckerman - Archives de McGill
Pages 68, 71, 74, 79, 80, 83 © Yves Longpré Photographie
Page 88 © Martin Lachambre
Page 91 © La Tribune
Page 94 © Le Nouvelliste
Page 106 © Olivier Croteau
Page 114 © L'Écho de Laval
Page 120 © Archives Université Concordia
Page 122 © Alexander Perez
Page 128 © Laura Lalonde
Page 130 © Elisa Barbier - The Link Newspaper
Page 142 © Pablo.A.Ortiz
Page 149 © Olivier Pontbriand - La Presse
Page 119 © Kader Khedaim
Pages 102, 110, 111© Audrey Magny
Page 184, 187, 188 © Lino Cipresso
Pages 195 © Archives Université de Trinity Western
Pages 192, 198 © Archives Université de Bishop's
Pages 164, 167, 168, 170, 172, 175 © Cyril Debrumetz - Archives UQAM
Pages 162, 176, 178, 181 © Andrew Dobrowolskyj
Page 180 © Charles Tousignant
Page 174 © Flickr - Canada Soccer
Pages 56, 59, 60 © Philippe J. Ménard - Archives Université de Sherbrooke
Pages 41, 48 © Journal Le Soleil

Corrections: Samia Tefridj
Édition et mise en page: Margot Grandjean
Illustrations: Dariush Ramezani

UQTR 2-0 Concordia (60') - 16/09/2016

À l'illustrateur qui a mis en lumière les archives universitaires du passé.

DARIUS RAMEZANI

Dariush Ramezani est né en 1976 à Rasht, une ville du nord de l'Iran. Il a commencé à dessiner des bandes dessinées en 1997 en tant que dessinateur professionnel et a obtenu un diplôme en génie civil à l'Université Gilan à Rasht en 2000. Ses dessins et bandes dessinées sont publiés dans certains journaux et magazines en Iran. Son dernier livre illustré s'intitule « NWSL MOMENTS » et narre une saison de soccer professionnel féminin en images.

Mamnoun*

** « Merci » en farsi*

«Vous savez pourquoi les enfants aiment les athlètes? (...) C'est parce qu'ils suivent leurs rêves.»

«You know why kids love athletes? (...) Because they follow their dreams.»

Ryan Bingham - *Up In the air* (2009)

Lili Brochu s'entraînant par tous les temps.

Lili Brochu et Marie-Ève Jacques.

Lili Brochu et Manue Alcindor.

Manufactured by Amazon.ca
Bolton, ON

18409282R00126